INDICADORES PSICOPATOLÓGICOS EM TÉCNICAS PROJETIVAS

Elsa Grassano

INDICADORES PSICOPATOLÓGICOS EM TÉCNICAS PROJETIVAS

Tradução ROSÂNGELA DANTAS

SÃO PAULO 2012

Esta obra foi publicada originalmente em espanhol com o título
INDICADORES PSICOPATOLOGICOS EN TECNICAS PROYECTIVAS
por Ediciones Nueva Visión
Copyright © 1984 por Ediciones Nueva Visión SAIC, Buenos Aires
Copyright © 2012, Editora WMF Martins Fontes Ltda.,
São Paulo, para a presente edição.

1ª edição 2012

Tradução
ROSÂNGELA DANTAS

Revisão da tradução
Joseli Nunes
Acompanhamento editorial
Luzia Aparecida dos Santos
Revisões gráficas
Ivani Aparecida Martins Cazarim
Solange Martins
Produção gráfica
Geraldo Alves
Paginação/Fotolitos
Studio 3 Desenvolvimento Editorial

Dados Internacionais de Catalogação na Publicação (CIP)
(Câmara Brasileira do Livro, SP, Brasil)

Grassano, Elsa
 Indicadores psicopatológicos em técnicas projetivas / Elsa Grassano ; tradução Rosângela Dantas. – São Paulo : Editora WMF Martins Fontes, 2012. – (Coleção textos de psicologia)

 Título original: Indicadores psicopatologicos en tecnicas proyectivas.
 Bibliografia.
 ISBN 978-85-7827-537-2

 1. Indicadores psicopatológicos 2. Psicodiagnóstico 3. Técnicas projetivas I. Título. II. Série.

12-01492   CDD-616.89075

Índices para catálogo sistemático:
 1. Técnicas projetiva : Indicadores psicopatologicos : Psicologia clínica : Ciências médicas   616.89075

Todos os direitos desta edição reservados à
Editora WMF Martins Fontes Ltda.
Rua Prof. Laerte Ramos de Carvalho, 133 01325.030 São Paulo SP Brasil
Tel. (11) 3293.8150 Fax (11) 3101.1042
e-mail: info@wmfmartinsfontes.com.br http://www.wmfmartinsfontes.com.br

Sumário

Capítulo I
Objetivo do trabalho **1**

1. Objetivo do trabalho **3**
2. Enfoques teóricos **7**
    a) Enfoque teórico geral **7**
    b) Enfoque teórico específico: psicodiagnóstico com testes projetivos **7**
3. Psicodiagnóstico com testes projetivos **8**
    a) Conceito operacional **8**
    b) Utilidade do psicodiagnóstico na clínica **14**
    c) Áreas sobre as quais o psicodiagnóstico informa **15**
4. Bibliografia **16**

Capítulo II
Indicadores diferenciais de graus de patologia.
Produções neuróticas, psicopáticas e psicóticas **19**

Breve delimitação teórica de neurose, psicose e psicopatias **21**
Conceitualização dos testes projetivos na perspectiva da teoria das relações objetais **26**

Teste desiderativo. Indicadores diferenciais de psicose, psicopatia e neurose   **33**
   Nova hipótese teórica de abordagem para o teste. Revisão do conceito de simbolização. Indicadores   **33**
   Processo de simbolização. Diferença entre símbolo, equação simbólica e pseudossímbolo. Desenvolvimento evolutivo normal e patológico   **38**
   Indicadores diferenciais   **55**
      I. Capacidade de diferenciação e vínculo emocional diferenciado   **56**
      II. Desenvolvimento do pensamento simbólico. Criatividade e sublimação   **87**
Teste de Relações Objetais de H. Phillipson. Indicadores diferenciais de psicose, psicopatia e neurose   **97**
      I. Capacidade de diferenciação   **98**
      II. Capacidade de pensamento simbólico (contraposto a pensamento concreto)   **117**
      III. Capacidade de *insight* e elaboração   **125**
Testes gráficos. Indicadores diferenciais de psicose, psicopatia e neurose   **132**
   Teste das Duas Pessoas. Teste da árvore. HTP   **132**
      1. Integração do aparelho psíquico e desenvolvimento das funções de diferenciação   **134**
      2. Desenvolvimento de funções simbolizantes. Pensamento lógico-abstrato. Reparação e sublimação   **154**
   Bibliografia   **173**

Capítulo III
Indicadores psicopatológicos   **177**

   Introdução   **179**
      Indicadores para a investigação do Teste Desiderativo nos diferentes quadros psicopatológicos   **183**
      Indicadores para a investigação do Teste de Phillipson nos diferentes quadros psicopatológicos   **185**

Indicadores para a investigação dos testes gráficos nos diferentes quadros psicopatológicos   *186*
Personalidade esquizoide. Esquizoidia. Esquizofrenia   *187*
   Teste Desiderativo   *187*
      Personalidade esquizoide. Esquizoidia   *187*
      Esquizofrenia   *192*
   Teste de H. Phillipson   *203*
      Personalidade esquizoide. Esquizoidia   *203*
      Esquizofrenia   *208*
   Testes gráficos   *230*
      Personalidade esquizoide. Esquizoidia   *230*
      Esquizofrenia   *232*
Personalidade depressiva. Depressão neurótica. Melancolia. Hipomania   *247*
   Teste Desiderativo   *247*
      Personalidade depressiva. Neurose depressiva   *247*
      Estrutura de personalidade hipomaníaca   *252*
      Melancolia   *257*
   Teste de H. Phillipson. Indicadores   *274*
      Personalidade depressiva. Depressão neurótica   *274*
      Melancolia   *280*
      Hipomania   *284*
   Testes gráficos   *294*
      Personalidade depressiva. Neurose depressiva   *294*
      Melancolia   *297*
      Hipomania   *299*
Psicopatia. Traços psicopáticos   *321*
   Teste Desiderativo   *321*
   Teste de H. Phillipson   *337*
   Testes gráficos   *351*
      Homossexualidade   *353*
Personalidade obsessiva. Neurose obsessiva   *365*
   Teste Desiderativo   *365*
   Teste de H. Phillipson   *378*
   Testes gráficos   *388*
      Personalidade obsessiva. Neurose obsessiva   *388*

Personalidade fóbica. Histeria de angústia   *395*
   Teste Desiderativo   *395*
   Teste do H. Phillipson   *407*
   Testes gráficos   *420*
Personalidade demonstrativa. Histeria de conversão   *429*
   Teste Desiderativo   *429*
   Teste de H. Phillipson   *444*
   Testes gráficos   *455*
   Bibliografia   *462*

Capítulo IV
A *história pessoal nos testes projetivos*   *465*

   Introdução   *467*
   Teste Desiderativo   *470*
   Teste de Relações Objetais de H. Phillipson   *481*
   Testes gráficos   *502*

Apêndice

   Introdução teórica   *527*
   Esquizoidia   *528*
   Esquizofrenia infantil   *530*
   Depressão e tendências maníacas   *543*
   Tendências impulsivas. Traços psicopáticos   *552*
   Traços obsessivos   *561*
   Traços fóbicos. Fobias   *568*
   Traços histéricos   *573*
   Bibliografia do apêndice   *581*

Para Ayelen, Yanina e Fernando

Capítulo I
Objetivo do trabalho

1. Objetivo do trabalho

O psicólogo que realiza um psicodiagnóstico passa por diferentes etapas ao longo do processo. A primeira é a aplicação dos testes, que compreende normas técnicas específicas e uma seleção de instrumentos projetivos. A segunda corresponde à elaboração da informação coletada e a terceira e última, à devolução da informação ao paciente e ao profissional que fez o encaminhamento para a consulta. Neste livro, trato especialmente do momento de elaboração e processamento das respostas obtidas.

Aprofundo as possibilidades informativas dessa etapa pesquisando em duas direções que correspondem aos dois grupos de necessidades no trabalho com testes projetivos: 1) concentro a pesquisa nas possibilidades de exploração do teste de H. Phillipson, do Teste Desiderativo, e dos testes das Duas Pessoas e da Casa-Árvore-Pessoa (HTP), com o objetivo de ampliar suas possibilidades de informação na tarefa psicodiagnóstica e 2) explicito os critérios implícitos na interpretação e no diagnóstico, para obter uma base de critérios comum com os psicólogos interessados nessa área de trabalho.

1) A primeira linha investigativa visa ampliar a área de investigação diagnóstica e prognóstica de cada teste. Assim, elaboro

hipóteses teóricas que permitem novas abordagens interpretativas, sem a necessidade de incluir alterações técnicas durante a realização do teste nem alterações estruturais nos instrumentos projetivos.

Esse aspecto do trabalho responde ao problema da extensão diagnóstica e, portanto, à necessidade de utilizar um número restrito de testes projetivos capazes de fornecer a informação necessária para satisfazer às perguntas diagnósticas e prognósticas.

Na prática clínica, às vezes se aplica um grande número de testes a cada entrevistado. Isso representa uma exigência excessiva para o paciente, que precisa suportar uma longa situação de estresse, e, do ponto de vista institucional, uma demora na resolução dos casos, que resulta em menor capacidade de admitir novos pacientes. A necessidade de fazer um "novo" teste cresce no sentido inverso à possibilidade de responder às perguntas propostas a partir dos testes já realizados. Essa impossibilidade resulta, em parte, do grau de experiência adquirido, mas também, e este é o ponto que me interessa, do aprofundamento inadequado dos instrumentos projetivos. Um mesmo teste pode ter seu panorama diagnóstico ampliado muitas vezes sem alterar sua estrutura. Tomemos como exemplo o Teste Desiderativo, que até pouco tempo só informava sobre fantasias inconscientes, úteis para a compreensão da dinâmica interna, mas tinha pouca utilidade para delimitar tipos de personalidade, defesas e prognóstico. A pesquisa realizada em 1966 na cadeira de Técnicas Projetivas[1], naquele momento sob a direção do professor Jaime Bernstein, seguiu justamente nesse sentido e permitiu uma redefinição do teste, que "passou a informar" sobre áreas muito precisas, tais como defesas, identidade, produções neuróticas e psicóticas (2, 4).

Acredito que outros testes, e o próprio Teste Desiderativo, possibilitam novos agrupamentos sistematizados de respos-

....
1. Faculdade de Filosofia e Letras, Universidade de Buenos Aires.

tas, trabalho que me proponho desenvolver aqui e que origina a segunda linha investigativa.

2) Essa linha tem como finalidade desenvolver indicadores que permitam estabelecer grupos coerentes de respostas projetivas manifestas aos quais os casos individuais possam ser referidos. As séries de indicadores permitem agrupar e diferenciar as produções de acordo com:

a) os *graus de patologia*: possibilitam delimitar características de integração da personalidade diferenciando funcionamentos neuróticos, psicopáticos ou psicóticos, como categorias clínicas e/ou como áreas coexistentes numa mesma personalidade;
b) os *quadros psicopatológicos ou tipos de personalidade*: permitem delimitar as características *diferenciais* quanto a vínculos, ansiedades e defesas dominantes;
c) a *dinâmica individual*: possibilita, por fim, sistematizar indicadores para delimitar, no *material* projetivo, as respostas ligadas à biografia pessoal.

Respondo à necessidade, inerente ao psicodiagnóstico clínico, de relacionar diferentes produções projetivas a determinados quadros nosográficos, dar indicações de graus de patologia, com fins tanto de diagnóstico como de prognóstico, e determinar a incidência da história pessoal na personalidade atual.

A sistematização e a explicitação dos critérios que fundamentam as conclusões diagnósticas, nessas três áreas de questões, podem ser úteis para a aprendizagem de profissionais que realizam sua formação no trabalho de psicodiagnóstico.

Diferentes psicólogos com experiência clínica chegam na prática a conclusões semelhantes, a partir de um longo processo individual de síntese de critérios e indicadores interpretativos.

Essa sistematização, baseada numa síntese pessoal, pode oferecer um contexto de referência organizado, útil para a aprendizagem, a partir do qual poderão ser desenvolvidas novas sínteses, baseadas na experiência clínica de cada psicólogo.

Minha sistematização baseia-se sempre no material projetivo manifesto, devido ao interesse que despertou em mim, há vários anos, a reiteração de configurações manifestas em protocolos de pessoas diferentes. Propus-me a agrupar esses protocolos semelhantes (por exemplo, na temática do Teste de Phillipson, ou nos símbolos escolhidos no Teste Desiderativo, ou nas características de localização, tamanho e forma dos objetos gráficos) e em seguida investigar as constantes quanto ao conflito latente e à história pessoal. Encontrei as primeiras constantes na área das defesas, o que originou meu primeiro trabalho nessa linha, *Defesas nos Testes Gráficos* (1964), na cadeira de Técnicas Projetivas I, da UNBA[2], publicado em 1974 (3). Posteriormente, na pesquisa sobre o Teste Desiderativo já mencionada, trabalhei com a psicóloga María Carposi, que compartilhava o mesmo interesse, e publicamos *Defesas no Teste Desiderativo* (2).

Neste livro, utilizo indicadores elaborados por mim para os alunos de Técnicas Projetivas II, durante o período em que trabalhei como professora adjunta, e que foram inicialmente publicados de forma mais sintética e esquemática como material interno da cadeira. Para sistematizar esses indicadores, trabalhei com uma metodologia inversa à utilizada nos trabalhos sobre defesas: em um grupo de 250 produções previamente diagnosticadas, investiguei se apresentavam características semelhantes na estruturação manifesta do material projetivo.

As constantes que delimitei nessa pesquisa são as que, sistematizadas por áreas de funções, discuto nos capítulos II e III.

Em síntese, este trabalho insere-se na elaboração do processo psicodiagnóstico. Tem por finalidade: 1) evitar os problemas de extensão diagnóstica mediante o aprofundamento das possibilidades contidas em cada um dos testes e 2) estabelecer séries de indicadores que permitam propor critérios explícitos

....
2. Professor titular: Professor Jaime Bernstein.

de processamento das respostas projetivas, tanto para fins de diagnóstico como de prognóstico.

2. Enfoques teóricos

a) Enfoque teórico geral

A perspectiva teórica na qual estruturo o trabalho pressupõe, primeiramente, o reconhecimento das técnicas projetivas como instrumentos mobilizadores de respostas emocionais diferenciadas. O enfoque interpretativo do material compreende as contribuições da teoria psicanalítica freudiana e os aportes de Melanie Klein, teorias do vínculo, das etapas, da inveja e da identificação projetiva (I.P). Para a diferenciação entre produções neuróticas e psicóticas, tomo como base as propostas teóricas de W. Bion. O elo entre a produção projetiva e as contribuições psicanalíticas e os quadros psicopatológicos corresponde às propostas da Teoria da Comunicação, tal como integradas e desenvolvidas pelo doutor David Liberman em nosso meio.

b) Enfoque teórico específico: psicodiagnóstico com testes projetivos

O conceito de psicodiagnóstico como processo dinâmico, bem como a importância da devolução da informação, é produto da concepção de psicodiagnóstico elaborada e desenvolvida na cadeira de Técnicas Projetivas I e II, da Faculdade de Filosofia e Letras, à qual pertenci como professora assistente de Técnicas I, no período de 1961/1966[3], e como professora adjunta de Técnicas II, no período de 1968/1972[4].

....

3. Professor titular: professor Jaime Bernstein, professora adjunta: psicóloga María L. S. de Ocampo.
4. Professor titular: psicóloga María L. S. de Ocampo.

3. Psicodiagnóstico com testes projetivos

a) Conceito operacional

Descrevo o conceito de psicodiagnóstico em que me baseio para explicitar o substrato teórico por meio do qual será desenvolvida a sistematização.

O trabalho de psicodiagnóstico compreende uma série de entrevistas realizadas num ciclo ou processo claramente delimitado no tempo. Começa normalmente com o encaminhamento de um paciente por parte de outro profissional para fins de diagnóstico, que está inserido no campo clínico, educacional ou de trabalho. Encerra-se com a devolução da informação ao profissional (relatório) e, segundo nossa concepção, também ao paciente e aos pais no caso de o entrevistado ser uma criança. Entre a aplicação do teste e a devolução da informação situa-se o momento de elaboração do material obtido, ponto central de que me ocupo neste trabalho.

Meu interesse é redefinir aqui as características implícitas na situação projetiva em sua totalidade, uma vez que criam uma situação de vínculo particular, que configura o contexto situacional em que se desenvolve o processo.

A situação projetiva tem as seguintes características:

1) é um processo vincular com uma limitação temporal explícita;
2) é normalmente inserida em outra situação vincular prévia e posterior: por exemplo, encaminhamento do paciente para psicodiagnóstico pelo profissional que realizará a psicoterapia;
3) a comunicação é mediada por instrumentos projetivos (prancha, instruções);
4) o entrevistado adota comportamentos pouco frequentes para expressar sua problemática (uma criança conta histórias a um adulto, um adulto desenha ou conta histórias imaginárias a outro adulto desconhecido etc.);
5) o psicólogo segue regras técnicas no que se refere a um mínimo de participação emocional manifesta na situação.

Essas características configuram um contexto vincular específico comum, no qual surgirão respostas pessoais diferentes. A peculiaridade desse contexto nos permite reconhecer que se trata de uma situação atípica na vida de uma pessoa e que, portanto, sinais de ansiedade, desconforto e medo, sobretudo no início, estão mais de acordo com a situação real que comportamentos muito "adaptados".

O entrevistado encontra-se diante de um profissional desconhecido, que lhe proporciona uma relação pouco continente (por causa de sua curta duração, da falta de resposta verbal direta aos conflitos que propõe) e a quem deve expor múltiplas facetas de seu mundo interior. O meio de comunicação que o psicólogo oferece (o teste) lhe é desconhecido: não conhece suas regras, nem sabe como é interpretado; mas sabe que o psicólogo efetivamente as conhece. Também intui que o teste mobilizará aspectos de sua personalidade e que eles estarão em evidência, apesar de não saber quais nem de que perspectiva serão compreendidos pelo psicólogo. Diminuem, portanto, as possibilidades de regulação consciente entre o que pode e o que não deve contar sobre si mesmo. Desconhece seu interlocutor não só no que se refere a sua história pessoal, mas também, e isto é o mais importante, quanto às suas reações emocionais ou atitudes diante das diversas situações emocionais que serão apresentadas. Receberá informação sobre como foi visto e entendido somente nas entrevistas de devolução.

O reconhecimento desse contexto vincular específico avaliza a necessidade de fechar o processo projetivo com entrevistas de devolução, nas quais o psicólogo encarregado do psicodiagnóstico informe detalhadamente o entrevistado sobre as conclusões a que chegou na tarefa conjunta. Num trabalho realizado em colaboração (1), fundamentamos essa necessidade e propusemos normas técnicas para o desenvolvimento das entrevistas de devolução. O trabalho era dirigido fundamentalmente ao diagnóstico de crianças, porque apesar de ser comum os adultos serem informados pelo profissional que os havia encaminhado à consulta, era mais factível que recebessem alguma informação por parte do psicólogo; porém, as crianças ficavam excluídas da parte final do processo, e a informação diagnóstica ficava circunscrita aos pais.

Focalizamos a necessidade de encerrar o processo com a devolução da informação e afirmamos que:

> O exame psicológico implica, pelos depósitos no psicólogo de partes adaptativas e doentes do paciente, um processo em que sua identidade é atacada, exigindo uma reconexão interna entre certos aspectos que o sujeito reconhece como seus (identidade manifesta) e outros que desconhece, mas que atuam (identidade latente). Essa reestruturação já implica uma modificação da dinâmica interna e exige, para se resolver no sentido da integração, que seja devolvida ao examinado essa identidade latente que contém, além dos aspectos desvalorizados e temidos, outros, enriquecedores e potencialmente adaptativos.
>
> Se essa reintegração não se produz, o paciente fica vinculado ao psicólogo numa relação de objeto que o privou, e o psicólogo experimenta dificuldades para conseguir uma boa separação, porque se sente em dívida com o paciente, de quem se lembra com preocupação durante muito tempo ou se esquece totalmente.
>
> A devolução funciona como prova real de que o psicólogo saiu ileso do depósito dos aspectos mais destruídos e danificados do paciente, que os aceitou junto com os bons e reparadores, reconhecendo-os como coexistentes e próprios do examinador.
>
> É recomendável usar essa técnica porque, do contrário, se estará favorecendo, no paciente, fantasias de empobrecimento e roubo pela alienação de partes egoicas; fantasias que adquirem realidade se, efetivamente, se retém tudo o que o paciente deposita na relação. Nesse sentido, a devolução funciona como mecanismo de reintrojeção, sobretudo de sua identidade latente, que, de outra forma, ficaria alienada no psicólogo. A falta de devolução favorece o aparecimento de sentimentos de roubo, curiosidade, inveja etc., cuja elaboração não é sequer tentada se o vínculo entre o psicólogo e o paciente acaba com o último teste.
>
> Quando o paciente não sabe se o psicólogo lhe dirá algo sobre o que pensa de seu problema e, mais ainda, quando lhe é dito que não será informado sobre nada, sente-se submetido passiva-

mente a uma série de estimulações às quais procurará responder, mas nem sempre com vontade de colaborar com o psicólogo...

Se o paciente souber que, no final, os resultados ser-lhe-ão fornecidos, sentir-se-á comprometido no processo e mais disposto a colaborar. Alguns pacientes, sobretudo os encaminhados para a consulta pelo professor, pediatra, neurologista etc., bloqueiam ou rejeitam abertamente a possibilidade de saber o que o psicólogo pensa, porque a devolução desperta muita ansiedade persecutória. Se as resistências são muito intensas, é possível que a criança adote uma atitude negativa durante o momento de jogo e a aplicação dos testes e que, ao ser chamada para a devolução de informação, resista a comparecer, adoeça, ou promova algum tipo de complicação no grupo familiar para evitá-la. É pouco provável que não venha, pois nisso depende de seus pais. Não obstante, se as resistências da criança combinam com as dos pais, é possível que não consigamos concretizar a entrevista. Sob a perspectiva da problemática do filho, podemos pensar que ele mobiliza os pais para que ambos evitem enfrentar uma situação tão ansiogênica. Isso constitui, em si mesmo, um índice negativo, tanto no nível diagnóstico como no prognóstico.

Em geral, pode-se afirmar que se o paciente não sabe, ou sabe pouco e mal, a razão por que vem e, além disso, não espera que ao final a informação lhe seja devolvida, o psicólogo assumirá, desde o princípio, para ele, o papel de uma figura extremamente ameaçadora em que é depositado todo o persecutório que abriga em seu mundo interior. Ocupar-se-á, quase que exclusivamente, de controlá-lo, de mantê-lo à distância e de evitá-lo. Isso pode ser registrado como bloqueios totais e reiterados frente às pranchas que lhe são apresentadas, negativas a desenhar ou respostas reticentes, triviais, sucintas.

Se a informação não é devolvida, intensificam-se as fantasias de doença, gravidade, incurabilidade, loucura etc.

Se desde o começo deixamos claro que o que pedimos para que ele faça destina-se a conhecê-lo melhor e que, no final, lhe daremos nossa opinião a respeito, estamos esclarecendo algo em sua mente e readquirindo as qualidades de um personagem mais real com quem ele pode conversar e a quem pode fazer perguntas sobre suas dificuldades. Isso converte seu sintoma em algo que não chega a ser tão grave que não se possa falar dele.

Se devolvemos informação, damos ao paciente uma oportunidade de se ver com mais critério de realidade, com menos distorções idealizadoras ou depreciativas.

A situação vincular específica que examinamos mobiliza diversas respostas manifestas, tais como desvalorização, desprezo, ceticismo ou excesso de interesse, mas em geral, num nível mais profundo, são atribuídas ao teste e ao psicólogo características mágicas de "adivinho".

Dessa ilusão sobre a magia do teste participam, às vezes, profissionais vinculados à psicologia clínica, o que cria toda uma patologia que oscila entre o desprezo e a superidealização das técnicas.

Na verdade, o teste projetivo nos permite obter num curto intervalo de tempo informação precisa sobre diferentes níveis de funcionamento mental, mas também nos deixa lacunas por não ser possível, justamente por sua curta duração, comparar todas as nossas hipóteses com novas condutas do entrevistado. É um meio adequado para conhecer o entrevistado, pois o teste confronta-o com aspectos de uma realidade com características não estruturadas, ou de estruturação pouco comum, que deve ser reorganizada apelando-se para modelos internos. O modelo pelo qual ele percebe, estrutura e responde a essa situação-estímulo tem por objetivo, portanto, configurações emocionais específicas. Tornam-se evidentes os meios qualitativamente diferentes de vinculação objetal, os conflitos e ansiedades que dominam suas relações e as defesas que elaborou em busca de equilíbrio, o que proporciona a toda produção projetiva uma marca distintiva, derivada da própria equação pessoal.

As conclusões sobre a vida mental do entrevistado só terão sentido e validade se o psicólogo puder vincular as respostas emocionais tanto com a situação projetiva (contexto geral) quanto com o instrumento projetivo (contexto específico) que as suscitaram. Não há sentido em informar que o paciente fica deprimido ou rígido porque, se assim for, trata-se de um dado de observação e/ou um dado que o próprio paciente pode fornecer. Terão, no entanto, sentido se pudermos situar essa característica no contexto vincular e dizer, por exemplo, que essa pessoa reage com uma sobreadaptação intelectual e dissociação afetiva quando imersa numa situação emocional ambígua e frustrante diante de um personagem que representa autoridade.

É importante delimitar as variações emocionais e de conduta com relação às temáticas específicas mobilizadas pelo material e às diferentes técnicas aplicadas (gráficas, verbais) que apontam para diferentes conflitos ou áreas de relacionamento.

Por exemplo, contrastando várias pranchas do Teste de Phillipson, podemos observar que nosso entrevistado fica deprimido cada vez que, em situações vinculares de três pessoas, emerge sua necessidade de luta e competição, apelando para atitudes de submissão ao rival, mas que pode ser criativo quando não estão presentes conflitos de rivalidade e competição. Ou, em outro sentido, que o entrevistado apresenta um adequado ajuste formal à realidade nos testes verbais, mas que isso é aparente, posto que o material gráfico oferece informação clara sobre uma área de funcionamento psicótico com risco de irrupção desorganizativa. Esse tipo de informação diagnóstica é, sim, de utilidade instrumental para o profissional que receberá o relatório, porque ampliará sua compreensão dinâmica sobre as condutas que ele observou no paciente e lhe permitirá definir uma adequada abordagem terapêutica ou interpretativa.

Em síntese, quanto menos rotular o paciente e mais informação oferecer sobre a variedade de atitudes possíveis com relação aos diferentes contextos emocionais em que esse paciente pode estar comprometido, mais útil o psicodiagnóstico será. Essa informação poderá ser obtida se levarmos em consideração o desempenho do entrevistado ao longo de *todo o processo*, incluídas suas atitudes e respostas na entrevista de devolução. As variações de conduta em sua totalidade, e não em partes, oferecerão informação adequada sobre suas diferentes possibilidades de funcionamento mental. Na variação de conduta incluo a observação das mudanças conseguidas por meio da aprendizagem da situação de teste. É de grande valor para detectar essa capacidade de aprendizagem comparar a atitude do entrevistado na primeira entrevista e na entrevista de devolução de informação, em aspectos como capacidade associativa, *insight* e colaboração.

b) Utilidade do psicodiagnóstico na clínica

A utilidade do diagnóstico na clínica está diretamente associada ao trabalho terapêutico. Visto que permite esclarecer diferentes possibilidades de funcionamento mental, permite elaborar tanto o tipo de recomendação terapêutica como a abordagem interpretativa adequada às características do caso. Também permite prever as possíveis resoluções do caso, bem como as áreas de maior dificuldade ou resistência (prognóstico).

Considero indiscutível o valor do psicodiagnóstico nas terapias de tempo limitado, em que é necessário um conhecimento profundo do paciente e das áreas às quais a psicoterapia nos permite, ou não, ter acesso para programar a abordagem terapêutica. Nas terapias de longa duração, normalmente se recorre ao diagnóstico quando há dúvidas diagnósticas sérias, ou quando se torna necessário prever a possibilidade de um surto psicótico.

O fato de contar com muito tempo possibilita a descoberta gradual do paciente. No entanto, o psicodiagnóstico prévio ao início da terapia, por um lado, evita "surpresas", como por exemplo em pacientes *borderline*, que em entrevistas podem se apresentar como pacientes neuróticos, ou, por outro lado, sem chegar a essas situações, fornece dados sobre a personalidade que, caso possam ser claramente vinculados a situações contextuais, permitem enfoques interpretativos mais eficazes e rápidos desde o início do tratamento. Do ponto de vista técnico, parece-me conveniente que o psicodiagnóstico seja realizado por um profissional diferente daquele que se encarregará da terapia (caberá a este outro profissional a tarefa de informar ao terapeuta e ao paciente). Por um lado, porque se trata de uma situação com regras técnicas especiais e diferentes das da psicoterapia, por outro, porque se o psicodiagnóstico for realizado pelo mesmo profissional que depois fará a psicoterapia, a situação projetiva se instalará como um elemento de separação com o terapeuta, com diferentes características persecutórias, conforme o caso, mas sempre se mantendo como elemento comum a certeza, por parte do paciente, de que o terapeuta sabe muito mais sobre ele do que aquilo que lhe diz e que, portanto, o engana. Isso perturba a relação em diferentes níveis, conforme o grau de hostilidade que a situação projetiva provoque no paciente.

c) *Áreas sobre as quais o psicodiagnóstico informa*

Quando informamos sobre a elaboração do material projetivo, implícita ou explicitamente lidamos com três áreas de questões, que separamos para tornar mais clara a exposição.

1. Diferenciação de graus de patologia
O desenvolvimento desse ponto e de seus indicadores corresponde ao capítulo II deste livro. Em um diagnóstico procuramos detectar o grau de integração e desenvolvimento conseguido pela personalidade do paciente. É necessário delimitar as áreas adaptativas, neuróticas, psicóticas e psicopáticas e determinar o grau de incidência sobre a personalidade em sua totalidade. Deve ser especificado, por exemplo, se são observados traços psicopáticos, se se trata de uma personalidade neurótica que apela para esses traços como defesa em situações de pânico ou se, ao contrário, trata-se de uma organização psicopática clínica. Neste último caso, especificamos se subjazem estruturas neuróticas, o que daria um prognóstico melhor ou, ao contrário, organizações psicóticas das quais está se defendendo.

2. Diferenciação de tipo de personalidade ou quadro psicopatológico
O desenvolvimento desse ponto e das séries de indicadores diferenciais corresponde ao capítulo III do livro. Em um psi-

codiagnóstico, procuramos delimitar qual é a modalidade de comunicação, as defesas e pontos de fixação dominantes que permitem relacionar o caso individual aos quadros nosográficos ou de estruturas de personalidade gerais. Essa questão diagnóstica está diretamente relacionada com a anterior, por exemplo, uma modalidade depressiva recebe um diagnóstico diferencial importante, conforme seja uma psicose melancólica, uma psicopatia depressiva ou uma neurose.

3. Explicação dinâmica do caso individual
   Corresponde à possibilidade de explicar dinamicamente as condutas manifestas do entrevistado e seus sintomas, incluindo hipóteses sobre a incidência do nível histórico. Esse nível é possível desde que possamos enfocar o diagnóstico de um modo operacional. O paciente, em uma situação projetiva de mínima estruturação, nos informa verbal ou graficamente sobre suas defesas, ansiedades, hipóteses inconscientes acerca de sua doença e fantasias de cura.

Os pontos 1 e 2 fornecem o contexto do caso, que permite determinar o tipo de abordagem terapêutica, e o ponto 3 informa sobre os condicionamentos dinâmicos de sua conduta, bem como sobre o grau de estereotipia, colaboração, consciência da doença, tolerância à situação de dependência terapêutica, capacidade de manter vínculos, capacidade de desenvolvimento e reparação.

Bibliografia

1. Amigorena, E.; Carposi, M.; Grassano, E.; Ocampo, M. L. *La importancia de la devolución de los resultados en el psicodiagnóstico de niños*. Trabalho apresentado na X Conferencia Argentina de Salud Mental, Mar del Plata, 1966.
2. Carposi, M.; Grassano, E., "Defensas en el test desiderativo", *Revista de psicología*, ano 1, nº 3, 1970; "Índices diagnósticos y prognósticos en el test desiderativo a partir del estudio de las defensas",

in Ocampo, M. L. S. de; García Arzeno, M. E. e col., *Las técnicas proyectivas y el proceso psicodiagnóstico*, vol. l, Nueva Visión, Buenos Aires, 1974.
3. Ocampo, M. L. S. de; García Arzeno, M. E. e col., "Las defensas en los tests gráficos", in *Las técnicas proyectivas y el proceso psicodiagnóstico*, cit.
4. Ocampo, M. L. S. de; García Arzeno, M. E., "Fortaleza y debilidad de la identidad en el test desiderativo", in *Las técnicas proyectivas y el proceso psicodiagnóstico*, cit.

Capítulo II
**Indicadores diferenciais de graus de patologia.
Produções neuróticas, psicopáticas e
psicóticas**

Breve delimitação teórica de neurose, psicose e psicopatias

O diagnóstico diferencial por graus de patologia objetiva determinar, além das modalidades clínicas de comunicação, as características qualitativas de estruturação e funcionamento do aparelho psíquico mediante a investigação das conquistas ou perturbações apresentadas pelas funções mentais que estabelecem relações com o mundo externo e com a realidade psíquica.

As categorias diagnósticas por graus de patologia referem-se fundamentalmente à diferenciação entre neurose e psicose; meu interesse é considerar também a psicopatia como outra categoria diagnóstica. Desenvolverei critérios diferenciais; primeiro, teoricamente e, no restante do capítulo, por meio de evidências decorrentes do rendimento nos testes projetivos (indicadores). Esses critérios têm por objetivo distinguir as neuroses, psicoses e psicopatias não só como configurações clínicas diferenciais (quadros nosográficos), mas também como modos de funcionamento mental coexistentes, em variados graus e relação, numa mesma personalidade.

A passagem evolutiva dos níveis primitivos de funcionamento mental para os níveis neuróticos baseia-se na possibilidade de estabelecer vínculos objetais continentes. O estabelecimento e a assimilação de objetos internos com qualidade de símbolos dentro do ego promovem a integração e o crescimento.

Esses objetos internos diferenciados dos objetos externos ao ego são motor e, ao mesmo tempo, parte do desenvolvimento correlato de funções psicológicas que determinam mudanças qualitativas na vida mental. A passagem para níveis neuróticos supõe a mudança de um funcionamento mental com predomínio de mecanismos violentos de identificação projetiva evacuativa, equação simbólica e pensamento concreto para um crescente desenvolvimento das funções de percepção e diferenciação da realidade externa e psíquica, das funções de juízo de realidade, manejo simbólico e aquisição progressiva de sentido de realidade. O desenvolvimento de mecanismos obsessivos de controle adaptativo e o estabelecimento da repressão como mecanismo evolutivo permitem a organização do aparelho psíquico.

A repressão como mecanismo adaptativo marca a possibilidade de clivagem entre a vida consciente e a vida inconsciente. Essa clivagem não se refere a uma divisão rígida e irreversível, mas a uma membrana permeável, porosa, que, apesar de possibilitar a separação dos dois aspectos da realidade psíquica, permite ao ego se conectar com fantasias ou lembranças funcionalmente reprimidas (processo primário e processo secundário).

Como mecanismo adaptativo, mantém operacionalmente dissociadas as fantasias inconscientes, que se fossem permanentemente conscientes impossibilitariam o contato com a realidade. Favorece o bom funcionamento psíquico mediante o esquecimento do que é trivial, acessório e secundário.

Essa evolução, no entanto, mesmo no desenvolvimento normal, nunca é absoluta, e em diferentes níveis de organização do aparelho psíquico permanecem áreas de funcionamento mental que correspondem a modos primitivos de vinculação.

W. Bion (2,3,4,9) pesquisou profundamente essa característica de funcionamento da mente humana e delimitou-a como a área psicótica da personalidade. Considera a psicose e a neurose dois modos de funcionamento mental que coexistem em qualquer personalidade. Toda personalidade, mesmo a mais integrada, mantém áreas de funcionamento psicótico, nas quais os mecanismos de identificação projetiva hostil e desorganizativa dominam. Nesse sentido, é interessante determinar o grau de participação dessa área na personalidade total. Mas o contrário também é verdadeiro, ou seja, que toda psicose contém aspectos neuróticos da personalidade, atacados hostilmente pelos aspectos psicóticos.

Bion propõe a noção de parte psicótica como um modo de funcionamento mental que se caracteriza por um ataque hostil e violento ao aparelho psíquico. Retomando as ideias de M. Klein sobre os ataques sádicos destrutivos aos objetos internos, Bion afirma que na psicose esses ataques dirigem-se ao aparelho psíquico e têm por objetivo destruir todas as funções destinadas a manter contato com a realidade externa e interna: percepção, memória, atenção, juízo de realidade e funções de vinculação.

M. Klein atribuiu as origens do desenvolvimento psicótico (11, 15, 16) ao produto da interação entre um montante exagerado de inveja constitucional e a presença de uma mãe, ou substituto, incapaz de empatia com as necessidades biológicas e psicológicas da criança. Bion retoma essa proposta e privilegia a interação entre um bebê com alto montante constitucional de inveja e uma mãe incapaz de metabolizar as intensas situações de pânico. A mãe não consegue conter o medo da morte do bebê e, além disso, despoja-o de seu sentido de vida (o medo de morrer implica o desejo de viver) e devolve-o para o bebê como um terror de intensidade igual e carente de sentido (terror sem nome). A intensidade da dor psíquica, aliada à incapacidade de tolerar a frustração, leva a um ataque ativo à parte do aparelho psíquico que contém a percepção de necessidade e dor. Ataca-se essa parte e toda função psíquica capaz de estabelecer um elo com a realidade externa e interna numa tentativa de evitar a dor, mas à custa da destruição do aparelho psíquico.

Na neurose, o aparelho psíquico consegue se organizar graças aos mecanismos adaptativos de repressão. Os fracassos evolutivos são centrados em alterações parciais na resolução do conflito inerente à situação depressiva infantil; cada modalidade neurótica elabora diferentes métodos defensivos, com o propósito de evitar a dor dessa situação, por meio de novas dissociações e parcializações do objeto. A instalação da situação depressiva corresponde ao momento de desenvolvimento das funções de diferenciação, juízo de realidade, princípio de realidade e à instalação da repressão como mecanismo evolutivo; marca, portanto, o momento de passagem da psicose para a neurose.

Como consequência dessa evolução obtida na neurose, observamos evidências de um aparelho psíquico capaz de organização intrapsíquica, em razão do mecanismo de repressão (consciente e inconsciente), que possibilita o desenvolvimento do pensamento simbólico e o estabelecimento de relações simbólicas com a realidade, bem como o desenvolvimento nas funções de juízo de realidade, diferenciação e sentido de realidade. Os fracassos parciais na elaboração depressiva marcam as áreas de bloqueio e inibição de funções ou falhas de simbolização, mas essas funções são, em seu aspecto geral, preservadas.

Na neurose, o conflito central é a necessidade de instalar e reparar o objeto bom total em luta com sentimentos ambivalentes que ameaçam essa conquista. Na psicose, o problema é muito anterior e de gravidade excessivamente maior; está centrado na necessidade de construir um aparelho mental como único meio de sair do fechamento persecutório, mas, ao mesmo tempo, qualquer função psíquica é temida, por sua característica de despertar consciência de dor e doença, e precisa ser submetida a novos e ativos ataques hostis, invejosos e despojantes. Faltam as precondições mínimas para estabelecer contato com a realidade, para desenvolver vínculos e qualquer função de síntese e integração.

As psicopatias apresentam problemas diagnósticos e prognósticos específicos pelo fato de, como estruturação clínica, poderem ocultar tanto personalidades psicóticas como neuróticas, de qualquer modalidade. A personalidade de base é a que nesses casos determina o prognóstico; a evolução é muito diferente conforme se trate, por exemplo, de uma psicopatia defensiva em um quadro histérico que fracassou como técnica defensiva, ou de uma psicopatia que oculta uma personalidade esquizofrênica ou melancólica a qual evidencia um déficit de formação e integração do aparelho psíquico (Liberman [17]).

O elemento central e comum às diferentes personalidades psicopáticas é o uso da comunicação e do contato com outras pessoas com o fim de identificar projetivamente nelas as ansiedades e os conflitos que o "ego" não pode elaborar. O psicopata sempre necessita de um ou mais depositários que sofram em seu lugar os conflitos que mantém cindidos de sua personalidade. Precisa projetá-los e mantê-los depositados ativamente no outro para evitar todo perigo de reintrojeção. As funções de juízo e sentido de realidade parecem adquiridas, de um ponto de vista clínico, mas o código de valores e os significados que em razão deste último são atribuídos aos fatos da realidade e às relações interpessoais ficam seriamente alterados. Usa um código próprio, ao qual está subjacente uma alteração na diferenciação de bom e mau. Os impulsos seriamente hostis e invejosos orientam toda sua atividade para conseguir vingança e reivindicação (Liberman [18]).

O mecanismo central é a identificação projetiva indutora; o conflito ou emoção pode corresponder a qualquer modalidade ou ponto de fixação, desde um sentimento de exclusão ou ciúme até situações de desagregação ou confusão. O pensamento e a linguagem psicopáticos mantêm, do ponto de vista formal, as características lógico-formais próprias do desenvolvimento adequado do processo secundário. Em contrapartida, sua utilização como meios não de elaboração ou comunicação, mas sim de evacuação de sentimentos não tolerados, especialmente em depositários externos, evidencia o fracasso do ego no processo de simbolização e no uso de símbolos verbais como objetos concretos tendentes a manobras evacuativas. Essa característica do processo de simbolização na psicopatia foi denominada pseudossímbolo pelos doutores G. Ferschtut e R. Serebriany (6).

Conceitualização dos testes projetivos na perspectiva da teoria das relações objetais

Os diferentes testes projetivos oferecem estímulos de estruturação ambígua ou de formas bem definidas, mas pouco usuais. Essa característica mantém-se como elemento comum, ainda que o entrevistado necessite apelar para condutas diferentes, sejam verbais, gráficas ou lúdicas. O psicólogo observa nessas respostas a capacidade de o entrevistado dar forma, organização e sentido emocional ao aspecto da realidade que o estímulo projetivo representa. Cada produção projetiva é uma criação que expressa o modo pessoal de estabelecer contato com a realidade interna e externa, em uma situação vincular ampla, dada pela situação projetiva, e em uma situação vincular específica, configurada pela prancha ou instrução com a qual está relacionado em cada momento do processo. As pranchas ou instruções atuam, na situação projetiva, como objetos mediadores das relações vinculares pessoais, que mobilizam ou reeditam aspectos variados da vida emocional. Nesse sentido, toda produção projetiva é o produto de uma síntese pessoal.

As pranchas, sobre as quais o entrevistado deve elaborar uma história, ou a folha em branco, em que deve desenhar, por serem objetos incompletos ou ausentes aos quais ele deve dar forma, estado completo e sentido, operam como objetos que devem ser recriados. Durante essa experiência, o entrevistado atravessa uma intensa situação emocional, que começa com o contato com esse objeto incompleto, que ele deve reconstruir mediante um intenso trabalho interno, com sucesso ou não, de busca de significados, estabelecimento de nexos, que originará, como produto, sua resposta, seja ela gráfica ou verbal. A história, o desenho ou a resposta desiderativa é um novo objeto, uma criação pessoal, com base no elemento da realidade (instrução ou prancha). Cada estímulo projetivo põe à prova a capacidade de recriação, que se assenta na capacidade reparatória.

Dessa perspectiva, podemos analisar cada prancha ou cada desenho realizados como um modelo do tipo de objetos, com características de completos ou incompletos, danificados ou harmônicos, integrados ou desorganizados, que a pessoa é capaz de criar. Nesse sentido, cada produção pode ser concebida como resultado e evidência das tentativas bem-sucedidas ou fracassadas, total ou parcialmente, da capacidade de integração e reparação. Os impulsos reparadores, inseparáveis da sublimação e da criatividade, tendem a integrar, completar, dar vida emocional ao objeto prancha ou instrução, que adquire o caráter de um objeto a ser recriado.

A hostilidade contra os objetos internos e contra a capacidade de pensamento, união e integração interfere na criatividade e dá origem a criações projetivas com diferentes graus de fracasso em sua integração, evidenciados por desarticulação, desagregação, empobrecimento, estereotipia, ausência de vinculação, ausência de mobilidade emocional e falta de vitalidade.

As tendências organizativas e desorganizativas coexistem em diferentes graus e características em qualquer personalidade, e de fato originam áreas de produção adaptadas e desorganizadas. A comparação de diferentes aspectos da produção de um mesmo entrevistado, quanto ao predomínio de produções desintegradas e danificadas, em relação a produções íntegras e harmoniosas, fornece informação sobre áreas de adaptação e enfermidade, bem como sobre possibilidades de crescimento ou, ao contrário, de estereotipia ou regressão (prognóstico).

O predomínio de tendências reparatórias torna-se evidente não só nas características do objeto terminado (protocolo), mas também durante a realização do teste, mediante atitudes de reflexão e busca interna, interesse por descobrir as razões emocionais que originaram suas associações e necessidade de dar sentido completo à produção. Nesses casos o entrevistado "sabe" que está comprometido, como pessoa, com seu produto e se mostra ansioso por conseguir, ou não, realizar um bom trabalho, ansiedade que se refere, na realidade, ao fato de sua tarefa reparatória poder, ou não, ser levada a termo.

A possibilidade de diferenciar graus de patologia, ou seja, diferentes conquistas na integração e no desenvolvimento do ego nas produções projetivas, fundamenta-se na observação das duas linhas propostas anteriormente: 1) cada produção em sua totalidade, atendendo às características de inteiras ou danificadas, integradas ou desagregadas, criativas ou estereotipadas e empobrecidas, pois essas características dominantes nas criações do sujeito são as que nos informam sobre sua capacidade reparatória e, consequentemente, integrativa, e 2) a atitude reflexiva e de busca durante a realização da tarefa.

Convém diferenciar descritivamente os atributos e características das produções que correspondem a configurações psicóticas, neuróticas e psicopáticas.

É *nas produções que correspondem ao funcionamento psicótico* que podemos observar com mais clareza e dramatismo o fracasso do entrevistado em conseguir produções com algum grau de sentido e integração. O produto projetivo (a história, o desenho) tem as características de objeto danificado, desintegrado, desarticulado e desvinculado. A prancha ou a folha em branco atuam como disparadores para a identificação projetiva de aspectos minúsculos e fragmentados do corpo e aparelho mental do entrevistado e são a causa de produções confusas e fragmentadas, com carência dos mecanismos de ordenação e integração próprios do processo secundário. O ataque ativo à capacidade de perceber a realidade evidencia-se na incapacidade de "ver" a prancha e no desenvolvimento do processo contrário: a prancha como objeto de realidade passa a encher-se de partes minúsculas e desagregadas, que não estão na prancha, mas são produto da projeção de partes da personalidade do entrevistado (olhos, dedos, pernas, animais etc.), ou os personagens inteiros são danificados e fragmentados: "vejo um braço, uma cabeça, uma mão". A folha em branco passa a ter um tratamento semelhante: fragmentam a folha em várias partes pequenas ou fazem muitos desenhos de partes do corpo, objetos, partes de animais que não mantêm relações lógico-formais entre si, mas que demonstram a necessidade de se livrar dos mínimos fragmentos persecutórios e informam sobre os intensos processos de *splitting* que levam à confusão e à desintegração.

O dano às funções de percepção, diferenciação, juízo e teste de realidade impede o ajuste perceptual ou a possibilidade de retificação. A interpretação do sentido dos objetos projetivos e da situação de teste é altamente distorcida e com interpretações delirantes, nem sempre expressas claramente.

Fracassa toda tentativa de vincular, referindo-me com isso tanto à capacidade de síntese, em um sentido evoluído, como à capacidade de estabelecer nexos mínimos de causalidade emocional, em um sentido mais primitivo. São frequentes as experiências alucinatórias durante a realização do teste.

É *nas produções com características neuróticas* que são adequadamente mantidos a percepção da realidade, o juízo de realidade e a atribuição de sentido ou significado à realidade percebida. As tendências desorganizativas afetam áreas da personalidade, ocasionando inibições, bloqueios, sintomas, mas sem alterar de forma notável a percepção e a interpretação da realidade. Na produção projetiva, isso se manifesta por omissões em testes verbais ou por bloqueios diante de algumas pranchas, ou partes destas que estejam relacionadas a conflitos específicos, ou pela sobrevalorização de alguns aspectos dos objetos e minimização ou omissão de outros (inteligência, bondade ou beleza, honestidade ou coragem etc.), ou pelo privilégio de alguma área de funcionamento sobre outras (sentir, pensar, agir).

Essas características neuróticas de adequação à realidade aparentemente se mantêm nas *produções verbais psicopáticas*, mas nestas últimas o sentido atribuído à criação projetiva é alterado, passando a ter características evacuativas. O entrevistado cria histórias com a finalidade de impactar, paralisar, despertar curiosidade, em suma, mobilizar emocionalmente o entrevistador. Isso se evidencia, numa análise mais detalhada, pela presença de histórias grandiloquentes, mas que "dizem pouco", não expressam emoções, não esclarecem a interação, os personagens são incapazes de amor, dependência, empatia. A atitude emocional pouco "comprometida" manifesta a dissociação emocional. As dificuldades de se adequar ao interrogatório indicam as falhas reparatórias. As produções gráficas que impedem o controle intelectual demonstram claramente as limitações reparatórias e as falhas de simbolização.

Essa caracterização diferencial entre produções psicopáticas, neuróticas e psicóticas tem valor sobretudo se levamos em conta que são modos de funcionamento mental que podem coexistir na produção de um mesmo entrevistado. É especialmente importante detectar as áreas de funcionamento psicótico numa neurose e determinar o grau de incidência sobre a personalidade total. Da mesma forma, numa psicose clínica, é indispensável determinar se há áreas mínimas que lhe permitam estabelecer contato com a realidade e favoreçam, por exemplo, o desenvolvimento de atividades simples.

Toda produção, ainda que apresente claras características neuróticas, mantém áreas mobilizadas por algum dos estímulos projetivos, que comprovam funcionamentos de maior patologia, da mesma forma que produções patológicas oferecem alguma área de ajuste, ainda que muito restrita.

Como exemplo, encontramos produções "neuróticas" na série B do Teste de Phillipson e psicóticas ou psicopáticas nas séries A ou C. Ou encontramos produções com características psicóticas nos testes verbais e, em contrapartida, testes gráficos preservados com estruturação neurótica. Nesse caso o prognóstico é melhor, e normalmente essa discrepância apresenta-se quando o entrevistado está atravessando uma crise vital grave (evolutiva, por perda real de situações ou pessoas necessitadas), ou uma crise de descompensação fóbica. Nesses casos, trata-se de pessoas que contam com capacidade integrativa para conseguir reestruturar-se.

Por outro lado, testes verbais nos quais coexistem características neuróticas (fóbicas, histéricas), traços psicopáticos e produções gráficas francamente psicóticas, correspondem a personalidades *borderline*, e o prognóstico é grave pois supõe a possibilidade de desorganização psicótica clínica. A diferença entre uma produção *borderline* compensada e um quadro pré-psicótico, com iminência de um "surto", manifesta-se na produção verbal. As personalidades *borderline* apelam para defesas neuróticas variadas e podem proporcionar produções "floreadas" e aparentemente típicas de histerias e fobias; mas em quadros pré-psicóticos a produção verbal é acentuadamente pobre, com predomínio de mecanismos de dissociação e isolamento afetivo, marcante controle obsessivo da fantasia e da descarga emocional, e certas condutas estranhas na manipulação das pranchas (viram-nas, tocam-nas, raspam-nas). Os testes gráficos em ambos os casos têm características psicóticas; e quando há perigo iminente de crise psicótica (surto), as figuras humanas apresentam expressão de horror e "cabelos em pé" como manifestação de pânico diante da percepção de desmoronamento. A maior evidência de gravidade é oferecida, nesses casos, pelos testes gráficos, que são os primeiros a detectar situações psicóticas, por estar menos sujeitos à possibilidade de controle racional do entrevistado.

TESTE DESIDERATIVO

Indicadores diferenciais de psicose, psicopatia e neurose

Nova hipótese teórica de abordagem para o teste.
Revisão do conceito de simbolização. Indicadores

Para desenvolver indicadores diferenciais de respostas psicóticas, neuróticas e adaptativas no Teste Desiderativo (25, 26, 27), é preciso propor uma nova hipótese de abordagem para o teste.

Em um trabalho anterior sobre as defesas no Teste Desiderativo, realizado em colaboração com a psicóloga María Carposi (5), postulamos um novo enfoque do teste, que nos permitiu investigar índices diagnósticos e prognósticos com base nas defesas. Nesse trabalho, baseamo-nos no contexto vincular estabelecido pela instrução (O que você mais gostaria de ser se não pudesse ser uma pessoa?) e consideramos:

> A instrução pede ao examinado, de forma explícita e direta, que renuncie à sua identidade humana, e lhe oferece a possibilidade de assumir outras identidades não humanas.
>
> Implicitamente, coloca-o diante da morte, especialmente da própria morte. O entrevistador é o portador da morte, o objeto do qual provém a ameaça.
>
> Considerando essa situação vincular, tornou-se evidente para nós que as dificuldades de diagnosticar as defesas estavam no fato de que elas não aparecem isoladas no teste, mas que toda verbalização expressa a organização defensiva diante do ataque implícito na instrução.

Com as respostas, verbais ou corporais, que o examinado nos oferece, podemos observar o esforço defensivo do ego para recuperar-se e absorver o impacto sofrido e sua modalidade defensiva predominante.

O ego e seus objetos são ameaçados de morte na situação de teste, portanto são mobilizados recursos defensivos: o sujeito, mediante as catexias positivas, explicita as fantasias inconscientes das defesas, descreve simbolicamente sua forma de evitar os perigos inerentes à ameaça fantasiada.

Toda a verbalização das catexias positivas contém a fantasia inconsciente da defesa; é como se o examinado respondesse: "Quando estou com medo (e agora eu estou), faço tal coisa"; ou seja, "diante do medo (de si mesmo ou de seus objetos), o ego tenta reforçar determinados aspectos e se livrar dos outros, ou aprofundar ou evitar o vínculo com determinados objetos".

A verbalização das catexias negativas expressa:

a) tanto a fantasia sobre aquilo que o ego teme que lhe aconteceria caso não pudesse apelar para os recursos defensivos que mostrou nas catexias positivas;
b) quanto às consequências negativas que o uso específico dessas defesas tem sobre seu ego; ou seja, a percepção interna sobre quais aspectos instrumentais do ego são cerceados pela defesa.

Concluímos que "a nova abordagem nos revelou a eficácia desse teste para o diagnóstico das fantasias inconscientes defensivas predominantes em cada sujeito. Com base nisso, confrontamos os diagnósticos obtidos com os derivados da aplicação de outros testes.

Posteriormente, investigamos a relação entre modalidades de resposta ao Teste Desiderativo e quadros nosográficos. Isso nos permitiu determinar quais são as características dos símbolos e das racionalizações desiderativas nas organizações defensivas inerentes a cada quadro".

Essa nova perspectiva nos permitiu desenvolver indicadores de defesas e inferir as tendências organizativas ou desorganizativas do ego.

Continuou despertando meu interesse investigar de que maneira o teste poderia fornecer informações mais detalhadas sobre o grau de integração ou patologia e, em outro sentido, como a história individual se revelaria na produção. A segunda dessas questões é desenvolvida no capítulo IV. Quanto à primeira, cheguei a uma nova hipótese teórica: o Teste Desiderativo propõe um trabalho de criação de símbolos, portanto a produção desiderativa registra as qualidades do processo individual de simbolização.

Essa nova perspectiva teórica abre a possibilidade de examinar, por meio desse teste, o grau de integração do ego, visto que a capacidade simbólica supõe um desenvolvimento evolutivo, inseparável do desenvolvimento das funções de diferenciação, de contato com a realidade interna e externa, reparação e sublimação. A simbolização é a precondição para a passagem do pensamento concreto para o pensamento lógico-abstrato, do processo primário para processo secundário e do domínio da identificação projetiva para o estabelecimento da repressão como mecanismo organizador do consciente-inconsciente.

Para desenvolver essa hipótese teórica, convém analisar a instrução. No trabalho sobre defesas citado anteriormente, focalizamos nossa atenção na primeira parte da instrução, que coloca o entrevistado diante da noção de morte e mobiliza uma situação de pequeno luto pelo ego e pelos objetos internos e externos queridos. Neste momento, é necessário observar conjuntamente as duas partes da instrução.

A primeira parte produz um impacto emocional intenso, porque propõe fantasiar com a ideia da própria morte, que é provavelmente o conhecimento a que mais se resiste. O grau de desorganização que o entrevistado sofre depende da tolerância e da aceitação inconsciente, ou da recusa desse reconhecimento.

Se essa verdade do desenvolvimento biológico é extremamente intolerável para o entrevistado, e portanto cindida de sua vida mental, a instrução é uma intrusão violenta e provavelmente uma ameaça homicida.

A segunda parte, "O que você mais gostaria de ser...?" ou "O que você menos gostaria de ser...?", oferece a possibilidade de assumir diferentes personificações na fantasia. É esse jogo de personificações fantásticas que confere certo matiz lúdico ao teste.

Se examinarmos mais profundamente essa segunda parte, podemos observar que ela se propõe como método para elaborar as ansiedades mobilizadas num trabalho de "criação" ou de "recriação" de símbolos. A realização do teste, portanto, põe à prova a capacidade de simbolização, que na vida mental é o método mais eficaz para a resolução de ansiedades tanto depressivas como paranoides.

A cada escolha e a cada rejeição desiderativa está subjacente um complexo processo de seleção inconsciente de vínculos e aspectos valorizados e rejeitados, e de seleção e busca no mundo interno de objetos da realidade capazes de representá-los. Esses objetos têm a capacidade de conter em si, seja por suas características plásticas reais, seja pelo sentido que passaram a ter culturalmente, a identificação projetiva dos vínculos e funções selecionados. A resposta desiderativa (a personificação e sua explicação) é produto desse complexo processo interno, e nesse sentido cada escolha é uma criação pessoal que se vale de símbolos universais, mas que são novamente recriados para abrigar, de forma sintética e condensada, tanto a biografia como a história pessoal de relações de objeto.

A concepção da instrução varia conforme a capacidade de admitir e reconhecer a ideia da morte biológica. Podemos delimitar uma escala: desde equiparar a instrução a um objeto homicida, do qual o ego só pode se defender desorganizando-se ou apelando para mecanismos de controle e negação onipotente, até reconhecer de modo depressivo a morte como uma verdade dolorosa, o que origina respostas integradas, pelo incremento da criatividade simbólica. Esse incremento da simbolização marca o reconhecimento realista do modo de permanência humana, baseado na procriação tanto biológica como psicológica.

Cada escolha é o produto de um intenso trabalho de simbolização, e quando a escolha é obtida como símbolo diferenciado permite confrontar o estado de vida e criatividade mental atual com o estado de morte e paralisação temidos. Nesse sentido, cada escolha simbólica é um passo crescente na elaboração da angústia inicial, que incrementa a capacidade simbolizante do ego.

Quanto maior for a capacidade do entrevistado de reparar seu mundo interno, apelando para um trabalho de criação de símbolos, maior será a possibilidade de modificar as ansiedades mobilizadas pela instrução. Isso se evidencia por uma crescente capacidade para obter respostas altamente simbólicas e condensadoras de sua situação emocional (sequências organizativas). Os fracassos nessa capacidade são demonstrados pelas diferentes inadaptações ao teste: bloqueio, sequências desorganizativas, perda de distância do objeto escolhido, incoerências entre o objeto e as características atribuídas.

O entrevistado vive, e na realidade revive, uma situação de ameaça à sua identidade, de reiteração de uma situação de perda e luto. A possibilidade de enfrentá-la e modificá-la, ou de sucumbir ao peso da ansiedade, depende da capacidade para reestruturar o mundo interno pela criação de símbolos representantes do ego e dos objetos que está ameaçado de perder.

Sabemos pelas contribuições de M. Klein (11,15) que toda situação de luto atual reatualiza a situação de luto central na evolução, a situação depressiva, e que o sucesso ou o fracasso da elaboração atual dependem da capacidade obtida na evolução para resolver a situação depressiva infantil.

A possibilidade de resolver a situação de luto depende da capacidade do ego para reinstalar o objeto necessitado perdido como um objeto interno simbólico. A simbolização madura é uma conquista da situação depressiva infantil, fator de desenvolvimento do pensamento e coexistente com o desenvolvimento da capacidade de diferenciação, juízo de realidade, reparação e sublimação (M. Klein [14,15], H. Segal [20]).

Nesse sentido, a capacidade ou a incapacidade do entrevistado para obter respostas adequadas (criar objetos-símbolos) informam-nos sobre o desenvolvimento obtido no processo de simbolização e, portanto, sobre o grau de integração do ego. Proponho-me a desenvolver indicadores que permitam investigar cada escolha desiderativa, e também a produção total, como expressão de conquistas ou de diferentes tipos de fracasso (paralisação, bloqueio, ataque ativo) nesse processo.

Mas antes convém delimitar a concepção teórica de simbolização na qual me baseio: descrever o desenvolvimento evolutivo do processo de simbolização para poder diferenciar os conceitos de símbolo, pseudossímbolo e equação simbólica.

Processo de simbolização. Diferença entre símbolo, equação simbólica e pseudossímbolo.
Desenvolvimento evolutivo normal e patológico

A revisão teórica feita a seguir procede, em seus pontos centrais, da conceitualização sobre o processo de simbolização desenvolvida por M. Klein e seus seguidores.

Conceito de símbolo. Processo de simbolização

Um símbolo é todo objeto, representação plástica, abstrata ou verbal, que adquire capacidade representativa de outros objetos, representações e experiências emocionais (simbolizado) sem se confundir com eles, com base em uma relação constante de significado (relação simbolizante).

O objeto que adquire a capacidade de representar outro pode ser tanto uma representação plástica como uma ideia, um conceito abstrato ou uma palavra. Podemos abstrair duas possibilidades pelas quais um objeto pode ser selecionado para representar significativamente um outro:

1. Um objeto pode ser símbolo porque é capaz de representar plasticamente (por sua forma, movimento, funcionamento,

som) as características do objeto ou situação emocional simbolizada (um exemplo dessas representações simbólicas são os símbolos oníricos).
2. Um objeto pode ser símbolo porque foi estabelecida uma relação de significado pela reiteração de experiências emocionais. Nesse caso, a escolha do símbolo é em parte produto da evolução cultural e pessoal porquanto não reproduz em sua estrutura qualidades ou características do que é simbolizado (esse é o caso da palavra).

Mas nos dois casos cada indivíduo, em sua evolução, adquire e recria esse objeto-símbolo em suas múltiplas experiências vinculares. Quando esse processo simbólico fracassa encontramos, para usar um exemplo no âmbito da linguagem, as reproduções verbais imitativas, estereotipadas mas desprovidas de significado, de certas crianças esquizofrênicas.

Todos os primeiros símbolos evolutivos, e posteriormente os símbolos inconscientes, têm características de representatividade plástica. São representações plásticas com qualidades mais reprodutivas, sínteses de imagens cenestésicas, táteis, visuais, que reproduzem experiências emocionais, concepções sobre partes do corpo, funções corporais, de uma maneira mais próxima da experiência perceptual. O estabelecimento da palavra como continente simbólico é uma conquista posterior na evolução. A concepção da palavra como representante simbólico dos objetos, emoções, vínculos é o resultado do árduo processo evolutivo de simbolização já realizado. Por sua vez, a concepção da palavra como símbolo assenta as bases indispensáveis (é origem) do pensamento verbal como instrumento eficaz de vinculação e modificação da realidade interna e externa. No pensamento concreto, a palavra está longe de ser concebida como um símbolo, não chega a ser "representante de", mas é tomada como indistinta do que é simbolizado (21).

O símbolo consegue sintetizar em si mesmo, por suas qualidades plásticas, verbais ou abstratas, um contexto de significado e adquire, em razão disso, a capacidade de representar ou "rememorar". A construção de cada símbolo mental supõe um longo processo de múltiplas e variadas experiências de contato emocional com a realidade. O símbolo condensa essas experiências e abstrai aqueles elementos emocionais comuns a diversos vínculos com diferentes objetos e em diferentes tempos e espaços.

Nesse sentido, os símbolos são emergentes criativos de um longo processo evolutivo e conjugam em si situações vitais universais com a história pessoal de relações objetais, originando criações únicas.

Em toda sua obra, M. Klein (11, 12, 14, 15) confere importância fundamental ao processo de simbolização, por considerá-lo o motor do desenvolvimento e da evolução mental, a base do interesse pela realidade psíquica e externa e o fundamento da capacidade de reparação e sublimação. Está na base do desenvolvimento psicológico do curso vital, que parte do pensamento primitivo concreto e evolui para a conquista do pensamento abstrato, que implica o estabelecimento de símbolos diferenciados.

Estruturalmente inscreve a simbolização no ego como uma função baseada na capacidade egoica de estabelecer relações simbolizantes. Essa função é promovida pela angústia tanto persecutória como depressiva, e tem por finalidade a resolução dessas situações de ansiedade.

Os objetos inicialmente simbolizados são partes e funções do corpo em relação com o seio materno, posteriormente com o pênis, o corpo da mãe, o corpo do pai, os irmãos, as funções mentais, as emoções e situações vinculares, numa escala de progressiva complexidade. Todo símbolo adquire sentido e significado sempre nos contextos emocionais, nas relações vinculares específicas; portanto, todo objeto-símbolo supõe a simbolização de uma relação vincular.

Ao longo de sua obra, M. Klein investiga as características e qualidades desse processo, tanto no desenvolvimento normal quanto no patológico, no qual se descrevem totais fracassos da capacidade simbólica ou alterações parciais, que se expressam em inibições, bloqueios ou paralisação da simbolização (14, 1).

Equação simbólica e pseudossímbolo

O fenômeno de equiparação entre o representante simbólico e o simbolizado foi denominado por Hanna Segal *equação simbólica*, e compreende todos os processos de identificação e confusão entre o símbolo (seja ele uma palavra, um objeto da realidade ou uma imagem) e a situação simbolizada.

Em "Notes on Symbol Formation", Hanna Segal exemplifica, com o material de dois pacientes, a diferença entre o símbolo e a equação simbólica:

> A *(esquizofrênico)*: "Uma ocasião o terapeuta perguntou-lhe por que havia deixado de tocar o violino quando ficou doente. O paciente respondeu-lhe bastante agressivo: Por quê? Por acaso o senhor espera que eu me masturbe publicamente?
> B: Sonhou que tocava um duo para violino com uma jovem. As associações levaram-no a falar de coçar-se e de masturbar-se, o que tornou claro que o violino representava seus genitais e que tocar o instrumento representava uma relação masturbatória com a jovem.

Temos dois pacientes que aparentemente empregam o mesmo símbolo: o violino representa o pênis e tocar o violino, a masturbação. Esses símbolos, no entanto, funcionam de forma muito diferente. Para A era algo tão equiparável a seu pênis que nem sequer podia aproximar-se dele em público. Entretanto, ser violinista, durante a vigília, era uma importante fonte sublimatória para B.

A equação simbólica, no entanto, corresponde às primeiras tentativas evolutivas de simbolização. A possibilidade de estabelecer as identificações entre objetos diferentes fundamenta-se, tal como inicialmente desenvolvido por E. Jones, na capacidade de "dois objetos diferentes serem equiparados devido a um vínculo afetivo de interesse".

É muito útil fazer referência ao conceito de *pseudossímbolo*, como fenômeno intermediário entre símbolo e equação simbólica. O conceito foi desenvolvido pelos doutores Guillermo Ferschtut e Reggy Serebriany em "Notas sobre a simbolização na psicopatia" (6).

Referindo-se à psicopatia, os autores observam que, aparentemente, esses pacientes utilizam símbolos (usam palavras, expressam-se com uma linguagem adequadamente articulada), mas que estes, embora formalmente tenham as características do símbolo, conservam para o paciente o significado de equações simbólicas. As palavras não são usadas para comunicar experiências emocionais, mas são um "modo de ação", um veículo de ação para promover emoções e/ou ação nos outros. As palavras são concebidas como objetos concretos portadores de emoções violentas. Da mesma forma, as mensagens dos outros não são tomadas em sentido simbólico, mas também como ações (ordens, pressões) e utilizadas como ações. Guillermo Ferschtut e Reggy Serebriany assim definem esse conceito: "Vemos nesses pacientes (psicopatas) um defeito na simbolização, mas não têm o pensamento concreto e desarticulado do esquizofrênico, embora conservem da equação simbólica a identificação com o objeto e a incapacidade de elaborar o luto pelo objeto, [o pseudossímbolo] tem do símbolo maduro uma aparente coerência lógica e mesmo teórica". Para esses autores "o pseudossímbolo [encontra-se] entre o símbolo e a equação simbólica" [...], "tem a aparência do símbolo, mas carregado de todo o conteúdo persecutório da equação simbólica".

Processo de simbolização. Desenvolvimento evolutivo normal e patológico

No desenvolvimento evolutivo normal, o processo parte, em seu momento inicial, do concretismo e da não diferenciação entre o símbolo, o simbolizado e o ego simbolizante até conquistar os símbolos diferenciados que capacitem o ego para a relação com a realidade psíquica e externa e assentem as bases para o desenvolvimento do pensamento verbal.

A conquista de representações simbólicas supõe certo grau de maturidade e integração do ego com base na passagem dos mecanismos primitivos de identificação projetiva evacuativa para o desenvolvimento progressivo das funções de percepção e diferenciação da realidade, e do estabelecimento da introjeção como mecanismo fundamental para a elaboração das ansiedades derivadas das relações de objeto. Ao mesmo tempo, a conquista dessas representações simbólicas marca uma importante mudança qualitativa na vida mental: as múltiplas e diversas lembranças de imagens, ideias, que ameaçam sobrecarregar o aparelho psíquico em razão do aumento da complexidade mental, passam, mediante os processos de diferenciação, síntese e abstração, a estar contidas e condensadas nos símbolos.

Retomamos o conceito de M. Klein a respeito da angústia depressiva e paranoide como o motor que conduz o ego à busca de objetos substitutos externos e à criação ou tentativa de recriação dos objetos no mundo interno.

Nos trabalhos sobre simbolização (13,14), M. Klein desenvolveu inicialmente de forma mais explícita o processo progressivo de relação simbólica com a realidade externa. Integrou os conceitos de Jones e Ferenczi e afirmou que o progressivo interesse do bebê pelos objetos da realidade baseia-se na identificação destes tanto com os objetos originais, quanto com partes e funções do próprio corpo. O interesse inicialmente dirigido ao corpo materno e ao próprio desloca-se para novos objetos da realidade que funcionam como substitutos, equiparados aos objetos originais.

O desencadeador do deslocamento é a angústia predominantemente persecutória, mas também depressiva, contida no vínculo com objetos parciais, dos quais o ego precisa deslocar a fonte de perigo e, portanto, de ansiedade. Esses novos objetos, pela equiparação emocional (equação simbólica), transformam-se, por sua vez, em novas fontes de angústia e promovem novos deslocamentos sobre objetos que novamente passam a ser objetos de amor ou temor. Nos deslocamentos progressivos, os objetos da realidade adquirem as qualidades dos objetos internos, marcados nesse primeiro momento de qualidades altamente emocionais. No desenvolvimento normal, esse mecanismo assenta as bases do interesse pelo mundo externo.

As primeiras tentativas do bebê para estabelecer ordem na realidade e criar nexos entre seus primeiros objetos e os novos tomam a forma de equações simbólicas.

Nesse momento da evolução o ego ainda não é capaz de desenvolver funções de comparação e juízo de realidade; não é, portanto, capaz de diferenciar entre fantasia e realidade, interno e externo. Não consegue ainda conhecer o objeto em suas características reais, mas o constrói com suas experiências emocionais, mutantes e polares. A introjeção permite retificar progressivamente as fantasias por meio da realidade, mas nesse primeiro momento suas possibilidades de retificação são escassas.

As primeiras concepções sobre o seio (primeiro objeto da realidade externa) são equiparadas e confundidas com as emoções e sensações corporais. Em contrapartida, os novos objetos de interesse do mundo externo são equiparados concretamente ao objeto seio original, e a representação interna em imagens (gratificação alucinatória) é equiparada à presença real do objeto. A equação simbólica marca, nesse sentido, o começo do desenvolvimento evolutivo do processo simbólico, que origina, no desenvolvimento normal, o símbolo como produto da elaboração depressiva.

Com base nessa evolução que capacita o ego a estabelecer progressivamente relações simbólicas com a realidade, M. Klein dedicou-se posteriormente (11, 12, 15) à contraparte interna inerente a esse processo: a construção dos objetos internos como símbolos dentro do ego.

Correlativamente à equiparação indiferenciada dos objetos da realidade com partes do ego e do objeto, subjaz a equiparação das representações mentais do objeto com o próprio objeto. As intensas ansiedades paranoides e também depressivas que mobilizam o ego na busca por objetos da realidade para equiparar com os objetos primários originam, no contexto da realidade psíquica, a recriação de imagens do objeto. Num primeiro momento, essas representações não têm esse sentido, mas estão confundidas e equacionadas com o objeto real (gratificação alucinatória de desejos). Na gratificação alucinatória de desejos, o objeto ausente e necessitado é "recriado" magicamente e vivido como uma presença real, por outro lado a representação simbólica permite evocá-lo ou recordá-lo, ainda que não esteja presente. É a aquisição evolutiva da noção de "objeto ausente" que marca a precondição mental para a criação de símbolos diferenciados (Bion, 2,3).

Nas primeiras fases do desenvolvimento mental, bem como no desenvolvimento adulto patológico, a ausência do objeto não é concebida como tal, mas sim como uma presença má. O objeto mau como construção mental é um objeto necessitado presente que priva. A ausência do objeto, evidente diante de uma situação de frustração, é uma presença dolorosa: de fome, de mal-estar, de tensão ou de dor, em suma, uma presença má. Para evitar essa relação hostil com um seio mau presente, o ego recorre à gratificação alucinatória de desejos, que implica substituir a presença má (ausência) pela presença do objeto idealizado.

Na gratificação alucinatória de desejos domina a crença mágica de recuperação real do seio, com base em "imagens" sensoriais de experiências satisfatórias com o objeto real. Essas imagens têm por finalidade negar a ausência do objeto e a frustração. O seio alucinado não é para o bebê uma representação mental do seio, mas "é o seio"; a representação plástica (imagem) ocupa o lugar do objeto simbolizado (seio), configurando a experiência mental que Hanna Segal denominou "equação simbólica".

Se a frustração prossegue paulatinamente, a presença má impõe-se e aqui o ego pode resolver a situação de angústia por dois caminhos: tolerar a frustração e procurar métodos de modificação primitivos, apelando para sua capacidade de provocar a aproximação do objeto seio necessitado, ou evitar a percepção da necessidade dolorosa. Se a pressão persecutória é intolerável para o ego, ele pode encontrar como saída patológica, tendente a evitar a dor psíquica, o ataque à parte do aparelho mental que contém a percepção de necessidade (fome, por exemplo) (Bion, 2, 3, 4).

Nesse modo de funcionamento mental a representação do objeto assume a forma de equação simbólica, e se o montante de ansiedade é intolerável, toda representação, seja plástica, seja verbal, adquire o significado de uma violenta evidência de que o objeto não está presente; transforma-se em uma presença má que desencadeia uma situação emocional desesperadora e causa o ataque hostil da representação e da função simbolizante.

O reconhecimento da ausência do objeto necessitado e valioso, que se teve mas que não está presente, em um contexto emocional de sofrimento psíquico e ansiedade depressiva pelo objeto, é a precondição que impulsiona o ego a reconstruí-lo no mundo interno, por representações simbólicas, inicialmente plásticas (imagens) e depois verbais (representações de palavras, ideias, conceitos).

Assim como a diferenciação entre presença e ausência é a precondição e o motor para a construção simbólica, os símbolos conquistados são o incremento da capacidade do ego de tolerar novas experiências de ausência, de frustração pela separação do objeto necessitado.

Na evolução normal, a conquista de representações simbólicas decorre da elaboração da situação depressiva infantil, e implica um momento evolutivo com mudanças significativas na vida emocional e intelectual do bebê, com base nos processos de integração e síntese.

O lactente aumenta progressivamente sua compreensão do mundo externo e da realidade psíquica, o ego conhece mais sobre si mesmo e desenvolve mais sua capacidade de percepção; pode progressivamente comparar suas fantasias e a percepção da realidade, ao mesmo tempo em que os mecanismos de identificação projetiva progressivamente cedem lugar ao mecanismo de introjeção, como mecanismo central de elaboração das situações de ansiedade.

A constância de situações externas (11) mais a capacidade de integração dessas percepções vão lhe permitindo unir, como provenientes de uma mesma pessoa (a mãe), "a partir de uma relação com partes do corpo (da mãe) e aspectos de sua personalidade (como seu cheiro, tato, voz, sorriso, o barulho de seus passos), e formular o conceito mental de mãe como pessoa única e total".

É a situação de dor pela ausência de um objeto agora reconhecido como necessitado que promove a tentativa de recriação interna do símbolo (a palavra mamãe, a representação onírica simbolizante de mamãe). Nesse caso, a representação diferencia-se da presença concreta do objeto original, ainda que em sua criação estejam sintetizadas várias experiências reais de contato com o objeto (a palavra mamãe contém inúmeras experiências com uma voz, um rosto, um contato, uma atitude emocional, que se cristalizam e são condensadas na representação verbal).

O símbolo (palavra "mamãe") já não é a violenta evidência de que o objeto não está, mas sim uma forma de evocação e recuperação de experiências emocionais boas, uma forma de manter a ligação interna com o objeto necessitado e uma esperança de reencontro com o objeto na realidade.

Nesse momento, a atividade de formação de símbolos e a atividade lúdica desempenham papel predominante. O bebê procura na realidade objetos substitutos representativos dos objetos internos com a finalidade, por um lado, de deslocar sobre eles os impulsos hostis dos quais precisa preservar seus objetos (primeiras fobias infantis) e, por outro lado e de forma conjunta, de elaborar nessa nova atividade lúdica os temores depressivos e a culpa. A nova atividade tem funções elaboradoras e reparatórias para o objeto e para o ego. Nesse momento a busca por objetos substitutos concentra-se em evitar e modificar ansiedades por perdas referentes ao medo de ter destruído definitivamente ou chegar a destruir o objeto necessitado (surgem os primeiros objetos transicionais).

A passagem da forma de funcionamento que corresponde a equações simbólicas para a possibilidade de estabelecer uma relação simbólica com os objetos externos e com a realidade psíquica é gradual e apresenta retrocessos.

Resumindo o que vimos até agora, as equações simbólicas dominantes na construção do objeto interno e na relação com o objeto externo referem-se à indiferenciação entre:

1) o seio externo real e o ego: o bebê atribui ao seio real impulsos próprios (a concepção de um seio que "morde" é expressão da indiferenciação seio-boca);
2) a imagem interna do seio e o seio real externo: a imagem interna do seio é vivida como um objeto concreto dentro do corpo (não há diferenciação entre representação e objeto representado);
3) o objeto interno e o ego: interpreta as sensações corporais (fome e bem-estar) como ações de objetos concretos dentro do corpo;
4) todas essas experiências expressam-se em fantasias inconscientes, anteriores à conquista de palavras e, portanto, representadas plasticamente mediante imagens.

Essas primeiras fantasias são concepções sobre os objetos da realidade (o seio, nesse momento) e correspondem, como já vimos, às primeiras tentativas de representação sob a forma de equações simbólicas. São os antecedentes do símbolo, produto da elaboração depressiva.

As mudanças qualitativas implicadas na passagem da equação simbólica para o símbolo são, a título de síntese:

1) a passagem da convicção da existência de objetos concretos que atuam dentro do corpo para o conhecimento de um mundo interno povoado de representações: emoções, imagens e, em um plano mais abstrato, lembranças, ideias, conceitos;
2) a passagem de representações predominantemente plásticas para representações verbais e a conquista da diferenciação

entre o pensamento verbal da vigília e a representabilidade plástica inconsciente e onírica;
3) capacidade crescente para diferenciar entre imagens criadas no mundo interno e percepções da realidade. Incremento das funções de percepção e diferenciação entre fantasia e realidade (juízo de realidade).

Essas diferenciações supõem uma capacidade crescente para distinguir entre o objeto externo e o ego, o objeto externo e o interno e, posteriormente, o objeto interno e o ego.

Referindo-se ao momento evolutivo de desenvolvimento simbólico correspondente à etapa depressiva infantil, H. Segal escreve (20):

"Nesse ponto pode-se ver a gênese da formação de símbolos. Para proteger o objeto, o bebê inibe parcialmente seus instintos e desloca-os parcialmente sobre substitutos; aqui começa a formação de símbolos. Os processos de sublimação e de formação de símbolos estão estreitamente vinculados com conflitos e ansiedades da posição depressiva e são uma consequência deles. Uma das maiores contribuições de Freud para a psicologia foi sua descoberta de que a sublimação é o resultado de uma renúncia bem-sucedida a um fim instintivo; gostaria de sugerir aqui que somente por meio de um processo de luto se pode produzir uma renúncia bem-sucedida. A renúncia a um fim instintivo, ou a um objeto, é uma repetição e ao mesmo tempo uma revivência da renúncia ao seio. Como nessa primeira situação, obtém-se sucesso se o objeto ao qual se deve renunciar pode ser assimilado pelo ego graças a um processo de perda e recuperação internas. Sugiro que um objeto assimilado dessa maneira se converte em um símbolo dentro do ego. Todos os aspectos do objeto, todas as situações aos quais se deve renunciar durante o processo de crescimento originam a formação de símbolos".

Considerada assim, a formação de símbolos é a consequência de uma perda; é um trabalho criativo que implica a dor e todo o trabalho de luto.

Se a realidade psíquica é vivenciada e diferenciada da realidade externa, o símbolo se diferencia do objeto[5]; é sentido como criado pelo ego, e o ego pode usá-lo livremente.

Durante a posição depressiva, muda inteiramente o modo de pensar. É nesse momento que se desenvolve a capacidade de estabelecer vínculos e a de abstrair, base do tipo de pensamento que esperamos do ego maduro, em contraste com o pensamento desarticulado e concreto característico da posição esquizoparanoide.

Os objetos externos tornam-se substitutos dos objetos internos, partes do corpo e órgãos, mas pouco a pouco passam a ser diferenciados e tomados como representantes simbólicos, o que permite o desenvolvimento da capacidade lúdica.

A afirmação de H. Segal de que "um objeto assimilado dessa maneira se converte em um símbolo dentro do ego" refere-se ao fato de os objetos internos deixarem de ser sentidos como partes de pessoas concretas atuando no corpo do bebê para transformar-se em ideias, conceitos, imagens mnésicas, fantasias e funções. O ego consegue, por identificações introjetivas, assimilar aspectos de seus objetos e sintetizá-los de uma maneira pessoal.

Os processos de identificação introjetiva não são "cópia" ou "imitação" do exterior do objeto real, mas implicam um intenso processo de luto, com análises progressivas, escolha de características, recusa de outras e sínteses posteriores. O ego consegue, num processo que compreende toda a vida, mas cujas bases se encontram nesse momento evolutivo, abstrair qualidades, capacidades ou funções do objeto que passam a desenvolver funções do ego, ainda que se manifestem em áreas de interesse muito diferentes e distantes daquelas do objeto original. Por exemplo, a capacidade de assimilar e identificar-se com um seio bom supõe o desenvolvimento da capa-

....

5. Isso contrasta com a "equação simbólica", na qual o símbolo é equiparado ao objeto original e origina o pensamento concreto (cf. "Notes on Symbol Formation", *International Journal of Psychoanalysis*, 1957).

cidade de registrar as próprias necessidades, generosidade, capacidade de criar, de estabelecer vínculos e uniões, de tolerar a dependência. Nesse sentido, o objeto interno torna-se um símbolo, pois é um objeto representante das funções do objeto original e ao mesmo tempo uma criação do ego, criação à qual subjaz um intenso processo de luto, de perdas sucessivas, ataques, reparação e recuperação. A "cópia imitativa" do objeto externo refere-se a identificações maníacas fracas, pouco estáveis. Está muito mais perto da equação simbólica visto que, por um lado, se "copia" o exterior (o corpo) do objeto e, por outro lado, o ego passa a "ser o objeto". Evita-se o reconhecimento da diferença objeto externo e objeto interno e fundamentalmente a diferenciação ego-objeto interno e o luto que isso implica.

A capacidade de atribuir aos objetos da realidade a qualidade de símbolos dos objetos internos, dos objetos externos originais (pais, irmãos) e do próprio ego, mas diferenciados deles, é o que possibilita o desenvolvimento de todas as sublimações, incluindo a atividade lúdica como instrumento de elaboração e crescimento. Se os objetos externos (brinquedos, por exemplo) são equiparados aos objetos reais, a possibilidade de instrumentalizá-los como substitutos fracassa, detém-se o processo de simbolização e ampliação de interesses e, por conseguinte, a capacidade de brincar.

Com base no trabalho de M. Klein sobre "Personificação na brincadeira das crianças", o doutor Emilio Rodrigué (19) assim se refere a esse problema: "A criança pode *playout* seus conflitos quando consegue que o brinquedo personifique o drama de seus objetos internos. Para que isso aconteça, o brinquedo tem de adquirir as qualidades de um 'caráter', isto é, ser uma criação conjunta da realidade e da fantasia inconsciente. A projeção da criança no brinquedo deve 'combinar', de certa maneira, com as 'características reais' do objeto brinquedo. Só dessa maneira essa 'figura intermediária' pode atuar como símbolo, já que o objeto externo retém seu *status* de coisa enquanto reflete uma experiência interna. Quando a identificação projetiva adquire uma modalidade maciça, impede que o objeto se transforme em 'caráter', já que a identificação projetiva transforma o objeto externo em um ente controlado, em uma extensão do próprio *self*."

Nesse mesmo sentido, Emilio Rodrigué propõe que o símbolo, do ponto de vista psicanalítico, é "um objeto capaz de representar o objeto original, mas que possa ser diferenciado não só dele, como também do próprio ego". O símbolo maduro é uma conquista da posição depressiva infantil. O luto pelo objeto perdido cria a necessidade de construir um símbolo que, sem negar a perda, evoque o objeto e que também determine que o objeto não é mais "a própria pessoa".

Os processos de simbolização, sublimação e reparação são estreitamente vinculados e constituem aspectos de um mesmo desenvolvimento. A sublimação supõe uma atividade simbolicamente reparatória dos objetos originais. A reparação do objeto interno baseia-se na capacidade de reconhecê-lo como um objeto total, valioso e necessitado mas autônomo, e na manutenção de uma relação de amor, mesmo em experiências de frustração e perda (simbolizá-lo).

Quando por fatores internos (relacionados com montantes excessivos de inveja) e/ou externos (falta de boas experiências reais continentes), a diferenciação fracassa, a equação simbólica permanece como o modo de funcionamento mental, situação predominante na psicose e na área psicótica da personalidade.

M. Klein delimita a importância da capacidade do ego de tolerar a angústia como condição para uma simbolização bem-sucedida; uma quantidade excessiva (para o ego) de angústia persecutória de origem interna (inveja constitucional) em interação com um déficit da mãe real (falta uma mãe ou substituto capaz de entender e atender as necessidades do bebê) interfere na capacidade de simbolização, produzindo diferentes graus de patologia (detenção, bloqueio, inibição de diferente ordem).

Referindo-se a isso em um trabalho anterior à sua conceitualização da inveja (14), M. Klein nos diz: "Uma quantidade suficiente de angústia é a base necessária para a formação de símbolos e fantasias, mas para que esse processo possa ser levado a termo é necessária uma tolerância adequada da angústia." "Uma defesa prematura e excessiva do ego contra o sadismo impede o estabelecimento de uma relação com a realidade e o desenvolvimento da vida de fantasia." "A exploração e o contato do corpo materno e do mundo externo (corpo materno por extensão) ficam detidos, e isso produz a suspensão mais ou menos completa da relação simbólica com coisas e objetos que representam o corpo da mãe e, por conseguinte, o contato com a realidade em geral."

Em trabalhos posteriores, M. Klein (12, 15, 16) enfatiza a importância da inveja no desenvolvimento patológico da simbolização. O poder destrutivo da inveja constitucional para o desenvolvimento emocional decorre da intolerância aos objetos capazes de dar satisfação, "leva a arruinar o bom que o objeto possui como uma maneira de suprimir a fonte da inveja" (H. Segal, 20). "Transforma em má a própria fonte do que é bom, da qual o bebê depende e, por conseguinte, impede a realização de boas introjeções." Impede o estabelecimento de uma dissociação adequada com uma boa diferenciação de bom e mau, visto que o bom é mau pela intolerância invejosa. Essa diferenciação é indispensável para a conquista posterior da síntese depressiva que dá origem ao símbolo maduro. O processo fica prejudicado já em suas precondições. Essa interação patogênica foi detidamente estudada pela escola inglesa e mais especificamente por W. Bion (2,3). Bion delimita as diferenças estruturais do desenvolvimento normal e neurótico com relação ao desenvolvimento psicótico, que assenta suas bases nas primitivas experiências objetais. Retoma conceitos de M. Klein, mas ocupa-se fundamentalmente dos métodos que o ego emprega para resolver as situações de frustração: Quando o ego do bebê não pode tolerar o montante assustador de ansiedades persecutórias (em razão da inveja constitucional e da falta de objetos continentes do terror), recorre a violentos ataques destrutivos, que têm por objeto atacar o aparelho psíquico em suas funções de conexão e percepção da realidade tanto externa como psíquica.

A desintegração e fragmentação do aparelho psíquico é uma tentativa desesperada para evitar as experiências de terror e dor psíquica. A desintegração do ego e dos objetos em múltiplos fragmentos persecutórios e a localização por identificação projetiva destes, na realidade, produzem um mundo de objetos estranhos altamente perigosos e nova fonte de terror. Para fugir do perigo da realidade externa e interna, o ego apela repetidamente para o ataque ativo e hostil de todas as funções psíquicas.

Fracassa toda possibilidade de ordenação e classificação da realidade (dissociações claras) visto que essa organização só é possível mediante sucessivos momentos de dissociação e síntese. Ficam, portanto, impossibilitados o desenvolvimento psicológico e o crescimento mental.

Na relação adulta madura com a realidade, a atribuição de significados simbólicos aos objetos da realidade, às tarefas e relações emocionais faz parte das fantasias inconscientes inseparáveis do pensamento abstrato maduro, mas instrumentalmente reprimidas (fora da consciência) durante a vigília, em razão da repressão como conquista evolutiva.

Assim, por exemplo, o aprender como sublimação implica para a realidade psíquica inconsciente nutrir-se de todas as prováveis variáveis pessoais que isso supõe: a capacidade de alimentar-se de um seio cheio, de discriminar tomando o que necessita e descartando o que é pouco nutritivo, de conservar o alimento intelectual etc.

Quando na vida adulta algumas atividades deixam de ser sentidas como representantes simbólicas e passam a ser concebidas como concretizações (equações simbólicas) das situações emocionais originais, surgem áreas de inibição ou fobias. (Por exemplo, inibição intelectual por equiparação do conhecimento com penetração violenta no seio, por medo de destruir o objeto seio no ato de introjeção, por intolerância invejosa etc.) Nos níveis de integração neurótica, a permanência de equações simbólicas diferencia-se dos processos psicóticos clínicos em que esses processos estão reprimidos e não invadem a vida consciente, mas se manifestam em sintomas ou em sonhos. Coexistem juntamente com níveis de integração e abstração maduros. O indivíduo não só desconhece a equação, como também, pelo desenvolvimento da capacidade de teste e juízo de realidade, não considera plausível a equiparação, diferentemente do exemplo de H. Segal que citei anteriormente, em que violino e pênis, tocar o violino e masturbar-se eram equiparações concretas que o ego do paciente era incapaz de cotejar e diferenciar.

Indicadores diferenciais

Baseando-me nessa conceitualização de simbolização, sistematizei indicadores centrados na investigação de duas áreas de desenvolvimento do aparelho psíquico:

I) *Capacidade de diferenciação* (entre interno e externo, fantasia e realidade, bem e mal): funções de juízo e sentido de realidade.

Mediante os seguintes indicadores:

1) Captação concreta ou simbólica da instrução. Sequências progressivas ou regressivas (diferenciação entre realidade e fantasia).
2) Coerência entre as características do objeto escolhido e as características atribuídas (diferenciação ego e não ego, realidade e fantasia).
3) Relação emocional diferenciada ou não diferenciada com o objeto escolhido ou rejeitado. Distância emocional (diferenciação ego e não ego).
4) Capacidade ou incapacidade para diferenciar o objeto-símbolo de outros objetos da realidade (delimitação corporal).
5) Diferenciação adequada ou inadequada de escolhas positivas e negativas. Atribuição adequada ou inadequada de qualidades boas e más (diferenciação entre bom e mau, amor e ódio).

II) Desenvolvimento do pensamento simbólico: criatividade e sublimação.

Mediante os seguintes indicadores:

1) Possibilidade de diferenciar no objeto as características principais das secundárias (capacidade de análise, síntese e abstração).
2) Capacidade de aprendizagem criativa durante o teste (sequências progressivas). Criação de objetos-símbolos capazes de transmitir informação (criatividade, reparação, sublimação).

I. Capacidade de diferenciação e vínculo emocional diferenciado

Indicador 1: Captação concreta ou simbólica da instrução. Sequências progressivas ou regressivas (diferenciação entre realidade e fantasia).

A instrução que o psicólogo verbaliza, tal como descrevi, põe o entrevistado diante da possibilidade simbólica de morrer e mobiliza, portanto, as ansiedades e defesas inerentes ao reconhecimento da própria morte. A instrução oferece também a possibilidade de preservar ou desfazer-se de aspectos vinculares mediante um jogo de sucessivas personificações na fantasia.

A resposta ao teste e a elaboração do impacto emocional com diferente grau de adaptação ou patologia dependem da capacidade para metabolizar a ideia da morte pessoal e enfrentar o luto pelo ego, os objetos internos e externos que esse conhecimento mobiliza.

Mas para que a instrução desencadeie o jogo de personificações tendentes a elaborar a ansiedade de morte é necessária uma precondição: que o entrevistado esteja psicologicamente capacitado para interpretar o sentido metafórico ou simbólico da instrução.

Se é obtido um grau de integração suficiente que o capacita a diferenciar fantasia e realidade e a utilizar a linguagem e o pensamento verbal de modo simbólico, pode considerar a instrução um "como se" (algo que acontece no terreno da imaginação) e fantasiar as sucessivas personificações sem senti-las como um risco para sua identidade. Quando as funções de diferenciação e sentido de realidade são prejudicadas e no plano do pensamento domina o concretismo, o entrevistado toma a instrução de forma literal e concebe o psicólogo como alguém que o ameaça concretamente, ou que lhe anuncia um perigo iminente, ou que o obriga a pensar em morrer, e isso equivale a morrer. Em qualquer um desses casos observamos fracassos e graves alterações da capacidade de assumir personificações, porque assumir qualquer personificação não humana é concretamente "deixar de ser humano" e, portanto, morrer.

Nos processos psicóticos claros, a interpretação literal da instrução origina um completo fracasso na elaboração simbólica que se expressa em:

1) Aparente desconhecimento da instrução, que parece não ter sido escutada pelo entrevistado, o qual responde com:
   a) bloqueio absoluto e atitude de afastamento autista;
   b) respostas incoerentes, desorganizadas, verbalizações estranhas, neologismos;
   c) verbalizações extensas com grande carga emocional (evacuativas), alheias à instrução no aspecto lógico-formal;
   d) necessidade de escutar reiteradamente a instrução; em alguns casos tratam de escrevê-la como tentativa patológica de mantê-la sob controle.
2) Respostas francamente paranoides contra o psicólogo e/ou contra o teste (o entrevistado se nega a responder, sente-se enganado, considerado como criança, agredido pelo psicólogo).
3) Respostas chorosas e de autodesqualificação (o entrevistado insiste em que não pode, não sabe, nunca soube, sempre fracassou em tudo, não serve para nada).

4) Grande dispersão (milhares de ideias) e bloqueio no desenvolvimento tanto da racionalização como do teste em sua totalidade (por exemplo: "Poderia ser uma árvore, ou Deus, ou sua lâmpada, ou um cigarro, não sei, tanta coisa, sei lá, milhares de coisas").

Como exemplo da impossibilidade de compreensão simbólica da instrução vemos a produção de um *homem adulto de 26 anos*:

1+: ... Eu acho que sou pessoa... ...terra... ...
2+: (*Induzida*) Boi... ... há uma pessoa que se chama boi... é o sobrenome.
3+: (*Reiteração da instrução. Silêncio. O paciente se retrai.*)
1−: ... ... mas eu já lhe falei terra... ...
2−: Esperança é o que não tem de haver numa pessoa.
3−: (*Induzida*) Homossexual, é o que não se pode ser, não? ... Isso, homossexual.
4−: A natureza...

Exemplo: Mulher de 24 Anos

1+: Psicólogo: Bem. Agora imagine se você pudesse não ser uma pessoa, o que você mais gostaria de ser?
Entrevistada: Como?
Ps.: Se você não fosse uma pessoa, o que mais gostaria de ser?
E.: Que não fosse uma pessoa?
E.: (*Sorri.*) Como não vou ser uma pessoa?! (*Ri.*) Que não seja uma pessoa? ... (*Pensa.*)
Ps.: Como se fosse uma brincadeira. Se você pudesse se transformar em alguma coisa de que gosta muito.
E.: Ah, me transformar! Que possa me transformar em fruta, é isso? Ou se me transformasse em passarinho? (*Ri.*)
Ps.: Em que se transformaria?
E.: Eu me transformaria em passarinho.
Ps.: Em qual?

E.: Qualquer passarinho. Voar, assim, para ir, pode ser ir até a minha casa, depois voltar, depois ir outra vez. (*Ri.*) Ir até onde a gente quiser. Me transformar em passarinho e ir até onde a gente quiser e depois voltar outra vez.
2+: E.: Me transformar em fruta.
Ps.: Em qual fruta?
E.: Em qualquer fruta que servisse para comer.
Ps.: Por quê?
E.: Assim serviria para os filhos.
3+: E.: Nada, então. (*Ri.*)
Ps.: Nenhuma coisa?
E.: Não.
1—: E.: Má. Eu não gostaria de ser má.
E.: Má. Eu não gostaria de ser má com as pessoas.
Ps.: Pode pensar num animal que não gostaria de ser?
E.: Eu não gostaria de ser nenhum animal.
Ps.: Por quê?
E.: Porque os animais são maus. O único, passarinho. Os passarinhos não fazem mal.
2—: Ps: Existe alguma planta que você não gostaria de ser?
E.: Comigo-ninguém-pode.
Ps.: Qual?
E.: (*ri*) Não sei como se chama aqui.
Ps.: Como ela é?
E.: É uma planta má, que faz mal aos animais.
Ps.: Por quê?
E.: Porque quando a comem lhes faz mal, eles morrem.
3—: E. (*olha como que perguntando*).
Ps.: Alguma coisa em que não gostaria de se transformar?
E.: Não.
Ps.: Você gostaria de desenhar uma comigo-ninguém--pode? Ou alguma das coisas que escolheu?
E.: O que eu não gosto.
Ps.: Ou o que gostaria. O que quiser.
E.: Com a planta ou o fruto.
Ps.: O que quiser (*desenha um ramo com uma flor, diz que é uma rosa*).

EXEMPLO: MULHER DE 24 ANOS

Em 3+ e 3– confunde a instrução "ser" com fazer. Produção pobre, concreta, com traços de debilidade mental. Os elementos psicóticos claros do teste de Phillipson e desenhos permitem concluir que os traços de deterioração intelectual correspondem a uma oligotimia.

1+: Pomba. Para voar, para ficar com Deus lá em cima.
2+: Como o que eu gostaria de ser? A borboleta ou a margarida (?), eu gosto dessas flores, minha mãe planta margaridas, minha mãe tem uvas, trepadeiras, no inverno fica seca e no verão fica cheia de frutas.
3+: Não posso dizer fazer limpeza. (*A instrução é esclarecida.*) Vento para sentir, pode ser?
1–: Tigre porque é mau se agarra alguém ele come.
2–: Acelga porque é amargo.
3–: Dançar porque nunca vou ao baile.

Em casos não tão extremos, o paciente compreende a instrução, tenta algumas personificações, mas apresenta bloqueios por áreas: por exemplo em todas as racionalizações das escolhas positivas ou em todas das escolhas negativas.

Um fenômeno comum que indica certo concretismo no registro da instrução é o empobrecimento progressivo (sequências desorganizativas). Ocorre nas personalidades que mantêm certo grau de contato formal com a realidade, que, muito precário, cede rapidamente e emerge a equação simbólica entre instrução e morte real. Esse processo corresponde também a processos psicóticos e se evidencia, em síntese, por:

a) Sequências progressivamente desorganizadas. O entrevistado consegue uma primeira e segunda resposta habitualmente pobre ou muito formal (rosa porque é bonita, livro porque é útil, cadeira é cômoda) e, em seguida, se bloqueia e não consegue continuar. Ou começa a dar sinais de "incompreensão da instrução" e pede que lhe seja repetida, ou escolhe pessoas. "Gostaria de ser uma pessoa boa, que ajude a todos". (Exemplo: produção de mulher de 24 anos citada anteriormente.)

Essas sequências indicam pseudoadaptações formais ou apoiadas em mecanismos de negação onipotente do impacto emocional. A tentativa de encapsulamento da ansiedade paranoide fracassa e surge o bloqueio como expressão da claudicação do ego que "morre" simbolicamente.

b) Bloqueio nas respostas positivas e, em contrapartida, possibilidade de verbalizar respostas negativas (mais que as três, inclusive), que se caracterizam por um alto grau de sadismo e evidentes confusões entre ego e objeto (por exemplo: uma planta carnívora porque *comeria,* um animal selvagem porque *morderia* e *mataria*).

Predomina nesses casos a necessidade de o paciente se livrar da ansiedade de morte e da violência mobilizada pela instrução, através dessas verbalizações; o ego não é capaz de desenvolvimentos criativos porque está invadido pelo objeto-morte-instrução. As respostas negativas têm por finalidade desembaraçar-se do que é mau (a morte, o ódio), como tentativa de expulsar a perseguição. Domina a equação simbólica, por um lado, entre a instrução com a morte real e, por outro, entre a verbalização negativa e expulsão concreta do ódio e do medo.

c) Escolhas positivas de objetos carregados de sadismo (por exemplo: 1+: planta carnívora ou 1+: tubarão, porque poderia pegar todo mundo, teriam medo de mim, ficariam longe).

Essas produções expressam uma patologia maior. Mantêm em comum com a) e b) a equiparação da instrução com a morte real e a identificação do psicólogo com um objeto assassino, mas nessas produções o paciente procura como ideal do ego a identificação com o perseguidor; subjaz, portanto, uma confusão patológica entre bom e mau.

Nos itens a), b) e c) a capacidade de interpretação simbólica e a capacidade de criar símbolos (como objetos diferenciados do ego) fracassa. Em a), a intolerância com as ansiedades paranoides bloqueia a capacidade simbólica. Esse bloqueio tem aqui por finalidade controlar o sadismo, que o entrevistado tenta manter dissociado mas que ameaça com o descontrole, pela reiteração da ameaça de morte (reiteração das instruções). (Restrição do ego.)

Em b) também há bloqueios da capacidade de criar símbolos, pelo excesso de ansiedade paranoide que leva a utilizar a identificação projetiva evacuativa como uma maneira de liberar-se do estado de perseguição provocado pela instrução. Há mais características expulsivas e maior tendência a "criar" objetos perseguidores externos, depositários da própria violência (restrição do ego e elaboração paranoide da realidade).

Em c), a patologia é mais séria, porque o ego assume pelo incremento paranoide condutas sádicas egossintônicas, nas quais subjaz a indiferenciação entre o bem e o mal.

EXEMPLOS: MULHER DE 45 ANOS

Bloqueio na simbolização:

1+: Pessoa boa.
2+ e 3+: (*Sem resposta*) Não sei, não consigo.
1—: A maldade.
2—: Pior que a maldade... não sei.
3—: (*Sem resposta*)

HOMEM DE 50 ANOS

Bloqueio nas respostas positivas:

"Não sei, não me ocorre, tudo tem seus inconvenientes, prefiro ser pessoa... eu sou uma pessoa e não acredito nessas coisas." *(Reiteração da instrução no sentido de "tente imaginar, isto é algo imaginário".)*

1+: Um pássaro é bonito, canta mas é caçado e preso, não, não gosto. Prefiro ser uma pessoa forte.

Bloqueio nas respostas negativas:

1—: Câncer, come tudo, se agarra a tudo o que está vivo e a partir dali destrói aos poucos, lenta mas permanentemente.
2—: Bomba atômica, destruição e espanto, desintegração, loucura, desespero.
3—: Hiena, o pior animal da espécie, come o que está morto e o que está por nascer, come os filhotes.

HOMEM DE 25 ANOS

Escolha de objetos negativos nas respostas positivas:

1+: Raio, cruza noite, tem poder, pode iluminar e queimar.
2+: Leão tigre, é forte, come para sobreviver e encontra comida porque é forte.
3+: Águia para descobrir de longe as presas que precisasse e descer a pique com a velocidade do raio.
1—: Cavalo, montam nele e o maltratam.
2—: Ouro, é muito vulgar prefiro ser prata.
3—: Galinha, são tontas, ciscam e cacarejam como tontas. Minha avó tinha galinhas, eu atirava pedras nelas com o estilingue porque me incomodava que elas fossem tão estúpidas.

MULHER DE 23 ANOS

Bloqueio progressivo:

1+: Um pássaro que ninguém quisesse caçar. Apesar de estar conformada em ser humana.

2+: Não sei... flor... porque gosto muito de flores.
3+: Não sei, nada me ocorre. (*Olha em direção à biblioteca.*) Livro Espártaco, é emotivo, desperta emoções. Poder despertar nas pessoas o que esse livro me fez sentir.

Bloqueio nas respostas negativas:

"Não sei... poderiam ser muitas coisas. Não sei, neste momento não me ocorre nada."

Encontramos produções (que habitualmente correspondem às psicopatias) que apresentam como característica comum uma boa captação da instrução nas respostas; o entrevistado entende e pode dar respostas sem apresentar bloqueios. O exame das respostas, no entanto, evidencia que sua verbalização tem como finalidade provocar diferentes reações emocionais no entrevistador, mediante condutas de ocultar ou de ironizar e desprezar a atividade projetiva. Subjaz a interpretação literal da instrução à qual respondem com um uso de palavras (pseudossímbolos) tendentes não a comunicar vivências, mas a liberar o ego de emoções desagradáveis e depositá-las no psicólogo, equiparado a um perseguidor. Por exemplo:

1+: Poderia ser uma borboleta e, se você gosta da ideia, voamos juntos.
2+: Um marciano, e teria duas anteninhas que acenderiam luzes e talvez sangue verde.
3+: Um computador eletrônico... poderia fazer coisas científicas *e não brincadeiras de crianças*.

Quando o entrevistado consegue perceber a tarefa do teste como uma atividade que se desenvolve no plano da fantasia, pode assumir diferentes personificações e criar novos símbolos com base nos objetos reais. Essa tarefa lhe fornece uma nova oportunidade de pôr à prova sua criatividade e, portanto, sua capacidade de reconstruir o mundo interno mediante as progressivas reintegrações de vínculos desejados, separados dos vínculos negativos.

Esse processo de discriminação exige um trabalho mental intenso de seleção inconsciente (análise, síntese, abstração) de diferentes aspectos de sua personalidade, que se expressa clinicamente por:

1) Atitude reflexiva e de busca antes da verbalização de cada resposta, como expressão de um trabalho interno de análise, síntese e criação. Interesse na tarefa baseado em uma melhor captação do caráter lúdico do teste.
2) Progressivo enriquecimento das respostas das sequências primeira a terceira positivas, e primeira a terceira negativas.

Observamos que cada nova escolha oferece maior condensação e as racionalizações, maior riqueza associativa: as descrições são mais precisas, mais completas e os símbolos têm maior capacidade de informar sobre o entrevistado, são mais originais e pessoais. (Condensação resultante de um processo mais maduro de síntese e integração.)

Essa modificação da produção decorre da progressiva diminuição da ansiedade, graças à capacidade de confrontar a fantasia aterrorizante da morte com a realidade (a ansiedade de morrer contrasta com a capacidade de criar, dar vida, estar mentalmente vivo) e à maior confiança na capacidade reparatória, com base na prova de realidade, com relação à capacidade que o ego tem de realizar criativamente uma tarefa à qual subjazem intensas situações de luto.

Indicador 2: Capacidade de discriminar as características reais do objeto. Coerência entre as características reais do objeto escolhido e as atribuídas na racionalização desiderativa.

Esse indicador nos permite discernir a possibilidade de o entrevistado conhecer a realidade, com base no juízo de realidade adequado e na diferenciação obtida entre mundo interno e externo. A percepção distorcida da realidade evidencia-se em respostas em que as características atribuídas aos objetos não coincidem com as do objeto real. Essa distorção é consequência de mecanismos de identificação projetiva evacuativa, que apagam a diferenciação e impedem o conhecimento da realidade. Na vida adulta a permanência de mecanismos de identificação projetiva evacuativa em objetos da realidade mostra a alteração no processo de formação de símbolos maduros, enquanto diferenciados do ego e dos objetos internos, originando, em seu lugar, equações simbólicas em que as representações "são o objeto".

Ao analisar um Teste Desiderativo diferenciamos símbolos de equações simbólicas examinando se as características e/ou funções que foram atribuídas ao objeto escolhido, ou rejeitado, correspondem às qualidades que lhe podem ser atribuídas ou se são arbitrárias. Se são arbitrárias, observamos se o entrevistado sabe que "ele imagina assim", "que para ele sempre representaram", ou seja, se se refere a uma fantasia ou se, ao contrário, acredita que o objeto realmente possui essas qualidades.

Por exemplo, se alguém escolhe montanha por "sua majestosidade" demonstra ter uma base maior de realidade do que alguém que a escolhe "porque pode ver o futuro do homem". Ambas são escolhas de produções neuróticas, mas no segundo caso atribuir a função de "olhar, ver" nos faz pensar que para essa pessoa é uma função que tem um alto valor e por isso a privilegia, mas que está sendo "forçada" num objeto inanimado e que, portanto, é mau continente. É uma resposta analiticamente interessante porque informa sobre uma maneira curiosa de observar a vida mental de outros de uma perspectiva não humana, portanto fria e sem afeto. Mas o que aqui é importante para desenvolver esse ponto é acentuar a tendência do entrevistado a depositar projetivamente funções por ele privilegiadas, independentemente de que o outro (a montanha) tenha ou não essas características.

Essa é uma situação diferente da de um entrevistado que escolhe "montanha", "porque sempre me impressionou pensar que as montanhas estiveram presentes em outra época e quando viviam outros homens, e que estarão presentes quando nós já não estivermos mais aqui, ainda que seja duro não poder viver, mas só estar". Nessa escolha, a montanha é respeitada como objeto e descrita de uma perspectiva humana, no final a racionalização consegue diferenciar entre animado e inanimado (entre viver e permanecer).

Em toda produção desiderativa encontramos certos desvios da realidade. Nas produções neuróticas, eles se expressam comumente como omissões na descrição de certas características que o objeto real possui e reforço de outras, que o entrevistado precisa privilegiar porque respondem mais a funções ou vínculos valorizados. Raramente encontramos descrições "objetivas", por causa do compromisso emocional com que o entrevistado trabalha. Por outro lado, uma descrição exatamente objetiva, que suporia uma intensa dissociação dos afetos, não é o que entendemos como respostas "sadias" (pela dissociação de afetos). A ênfase de certos traços e a omissão de traços secundários são adaptativas, desde que respeitadas as características centrais do objeto.

"Forçar" no objeto real características que ele não tem sempre indica patologia, porque assinala zonas de confusão ego/não ego, apesar de responder a uma área restrita dentro de uma organização neurótica. Quando dominam mecanismos psicóticos severos, a relação de racionalização com as características reais do objeto é nula ou escassa.

As produções neuróticas caracterizam-se por déficit de produção, que se expressa por omissões ou parcialização (idealização ou periculosidade exagerada) do objeto.

Em cada quadro neurótico existem certas características comuns quanto aos traços ou funções omitidos ou enfatizados; sistematizo esse ponto mais detidamente no capítulo III, mas a título de exemplo observamos que: nas histerias de angústia enfatiza-se a capacidade de movimento expansivo e, em contrapartida, são omitidas as características agressivas e instintivas de animais que realmente as têm. Na esquizoidia enfatiza-se a capacidade de manter distância emocional, privilegia-se o ver e são omitidas, em contrapartida, as necessidades de cuidado e atenção, mesmo em objetos que, na realidade, dependem de outros para sobreviver.

As distorções das características reais dos objetos nos quadros neuróticos estão circunscritas, podem ser retificadas, não compreendem toda a produção e têm as seguintes características:

1. A distorção refere-se a um aspecto do objeto; as características gerais do objeto, de localização, forma e uso são respeitadas.

Se ao final do teste for realizado um interrogatório sobre as respostas apresentadas, os entrevistados, normalmente, irão corrigi-las; explicar o uso metafórico da verbalização, retificá-lo como uma fantasia, relacioná-lo com algum fato histórico ou com algum sintoma atual. Podemos relacionar esse fato com os exemplos da "montanha porque pode ver" – interrogado, o entrevistado poderia corrigir sua produção e explicar o sentido metafórico – ou, com a produção em que a entrevistada recusou "carro" "porque é inevitavelmente uma armadilha mortal" – interrogada, pôde fazer associação com um acidente muito sério que representou para ela a situação de maior perigo de morte pela qual passou, e surpreender-se por essa situação ter ainda tanto peso, já que em sua vida cotidiana ela conseguia dirigir sem temor.

2. A distorção aparece em algumas das respostas, normalmente na primeira positiva e/ou negativa, e está sempre conectada a situações de alto conteúdo emocional.

Essas situações altamente afetivas podem estar relacionadas com:

a) Intensa ansiedade persecutória mobilizada pelo impacto inicial da instrução, do qual depois poderá se recuperar. Exemplos dessa situação são as respostas anteriores de "montanha", dadas como primeiras respostas e que mantêm em comum apelar para a fantasia de imortalidade, ainda que à custa de renunciar à vida, pelo impacto da noção de morte.

b) A mobilização de situações históricas não assimiladas pelo ego, que originam respostas como a do "carro", ou como a de outra produção: "Eu não gostaria de ser uma garrafa com uma mensagem perdida no mar, porque seria horrível morrer com uma mensagem que não pode ser transmitida." Aqui há uma evidente "humanização" de um objeto inanimado (atribui--lhe a possibilidade de morrer) (distorção, equação simbólica); interrogada, a entrevistada associou a racionalização a uma situação de perda familiar grave. A essa perda de pessoas muito significativas em sua vida ela definiu como um verdadeiro "naufrágio" e a brutalidade da perda criou-lhe intensas situações de angústia, relacionadas a coisas que não foram ditas a essas pessoas. Nesse caso, a paciente humanizou um objeto, mas numa tentativa de condensar uma situação emocional complexa, muito difícil de expressar nas racionalizações desiderativas.

c) A presença de uma fobia. Nesse caso as distorções aparecem subitamente nas respostas negativas (comumente na primeira), numa daquelas bastante carregadas emocionalmente. É atribuído ao objeto rejeitado um grau de maldade exagerado, que chama a atenção porque geralmente se trata de animais ou objetos que, na realidade, não oferecem tanto perigo. O entrevistado faz muitas verbalizações emocionais do tipo "que nojo, que sujeira, são horríveis". Essas escolhas contrastam com outras, em que o entrevistado mostra um adequado ajuste à realidade. Nesses casos, o processo de simbolização foi alcançado, com exceção dessas áreas (fóbicas) nas quais alguns objetos da realidade foram transformados, por equação simbólica, em representantes concretos de aspectos aterrorizantes, vinculados com a agressão e a sexualidade.

Por exemplo, uma mulher de 35 anos dá como segunda resposta negativa: "Aranha, ai que nojentas, você já viu, acho que é o animal mais nojento da criação. As piores são aquelas de patas peludas que se estendem pouco a pouco, lentamente, até ficarem erguidas. Acho que se encontrar uma perto de mim desmaio, são perigosas, dissimuladas e vorazes".

Quando se trata de respostas fóbicas, o entrevistado não pode "se corrigir" no interrogatório, todavia pode oferecer mais informação confirmatória sobre a fobia.

A distorção ou a arbitrariedade de características nos processos psicóticos compreende toda a produção ou se alterna com uma produção padrão muito empobrecida. Não há possibilidade de retificação.

Expressa-se em:

a) Verbalizações cuja relação com as características reais do objeto é escassa ou nula.

EXEMPLO: HOMEM DE 24 ANOS

1+: Cachorro – porque são marrom-claro, são dos poucos animaizinhos simpáticos, observam com atenção. *Sofrendo posso me sentir cachorro.* São gente boa pelo seu aspecto carinhoso. São indivíduos muito castigados pela vida.
2+: Agulha – porque conforme meus sonhos mais antigos são pequenas e escapam dos grandes vultos negros que tentam se chocar com elas.
3+: (*Sem resposta*).
1–: (*Induzida vegetal*) Vegetal eu nunca gostaria de ser porque tem um movimento de *relação muito pastosa* com o sol e todas as coisas. As flores são bonitas mas estão presas às plantas, por isso eu não gostaria de ser flor.
Seria tão repugnante ser árvore!
2–: Como eu falei antes, o que eu menos gostaria de ser seria planta carnívora, porque essa sinuosidade e seu caráter de agarramento é levado ao seu ponto extremo.
3–: Não sei... me incomoda pensar, se chego a pensar mais descubro alguma coisa feia...
Inseto. Qual? Aranha caranguejeira, tarântula, porque as tarântulas são extremamente repugnantes, as patas sobem e descem (*imita com os dedos o movimento que verbaliza*).
4–: "Você", porque me faz muitas perguntas que são agressivas.

b) Respostas muito pobres, comuns ou com descrições desiderativas secas: porque eu gosto, porque é útil, porque faz bem. Nesse contexto, podemos encontrar alguma resposta positiva totalmente distorcida (presença de delírios), ou respostas delirantes a partir de alguns dados da realidade, ou respostas negativas com exagerada ênfase no sadismo, mas, diferentemente das fobias, com uma grande complacência na descrição das qualidades sádicas.

Exemplo
Homem de 53 anos

Diante da instrução, o entrevistado reagiu com um tremor generalizado em todo o corpo e inicialmente se negou a responder.

1+: "Você me coloca num beco sem saída, uma ajudinha; há tantas coisas que são úteis para a humanidade" (*silêncio*).
Eu gostaria de ser um leão da selva, apesar de não ser tão útil para a humanidade. Mas um leão é útil porque depois de ser preso sabe fazer várias coisas, demonstrações, ginástica e entretém as crianças.
2+: Com a experiência de agora, o que poderia ser? Disse um leão, e agora, o que poderia ser? Acho que alguma coisa de utilidade. Um cisne, não, pode ser um cisne que fica nas lagoas, com sua cauda maravilhosa. Sinto, não graça, uma satisfação observá-los, essa tranquilidade, vai para os lagos, navega, nada, melhor dizendo, e é a admiração do público.
3+: Vegetal. Existe uma planta que é muito útil para a humanidade e que combate uma certa doença, mas que eu não lembro o nome. Esse é o problema. Combate o mal de Hansen, a tuberculose, pode ser a lepra; também combate uma doença incurável. Eu li isso, tenho memória ruim. Sei que vem da África, que é boa para a medicina. É uma planta medicinal. É para um bem à humanidade.
4+: O que poderia escolher? Ser um córrego porque me fascina. Tínhamos um em Luján, ótimo para nadar. Embaixo era

tudo pedra e dos lados também. Tinha dois metros de profundidade. Era majestoso, uma coisa linda ao entardecer, rodeado de plantas.

1—: Em víbora, porque não. São peçonhentas. Lidei com elas várias vezes, eu as ataquei, matei, apesar de que dizem que se não são tocadas não ficam bravas. Eu passei ao lado e não me fizeram nada. Mas a própria intuição da gente, o medo do perigo faz com que a matem.

2—: Em gambá porque, Deus me livre, tem um cheiro que a gente não pode nem chegar perto.

3—: Rato, porque transmite a peste bubônica.

4—: Em acácia, por causa dos espinhos que tem.

Homem de 40 anos

1+: Pedra, é forte, vive milhares de anos.

2+: Árvore, não tem problemas, tem terra e chuva.

3+: Não sei, não me ocorre nada. Animal? Eu não gosto de animais.

1—: Existe um peixe que não sei o nome, tem uma peculiaridade para caçar suas presas que é toda uma arte e uma técnica infernal, mas típica de uma mente inteligente. Solta um líquido que paralisa o adversário e com umas ventosas suga o interior da presa viva. Deixa uma carapaça vazia e inútil. É um mestre do assassinato.

2—: Planta carnívora tem um movimento lento e untuoso, algo de dança macabra no seu devorar.

3—: Pior que o que eu lhe disse, quer que lhe conte.

Em ambos os casos a equiparação do sujeito com a racionalização (equação simbólica) é absoluta, não há, portanto, capacidade de correção pelo juízo de realidade, já que se trata de "crenças delirantes" não modificáveis pela comparação com a realidade.

Distorção nos quadros psicopáticos. Nas psicopatias podemos encontrar alguma resposta com predomínio manifesto de equação simbólica como evidência do sistema subjacente de crenças delirantes. O entrevistado não é capaz de corrigir essas respostas e apresenta, nesse sentido, características semelhantes às dos quadros psicóticos. Todavia, essas distorções manifestas podem não se evidenciar em toda a produção. Embora um tipo de distorção peculiar e própria dessas personalidades seja a distorção na interpretação da realidade: as características atribuídas ao objeto "respeitam" suas características reais, observa-se, por outro lado, distorção ou no sentido, ou na finalidade que o entrevistado atribui a essas características, ou na finalidade pela qual ele desejaria ter essas características. Aqui estamos novamente diante do problema do pseudossímbolo: formalmente os símbolos estão bem descritos, mas a intencionalidade ou finalidade que atribui a essas características está muito distante da realidade (semelhante às estruturas psicóticas delirantes, embora nelas o "ajuste" formal fracasse rapidamente). Por exemplo:

> "Um cervo, sempre me chamou a atenção a graciosidade de movimentos, a rapidez, é uma beleza a galharada pungente e harmoniosa, a pelagem de vários tons, os olhos. Sim, não tenho dúvidas, um cervo, *acredito que possuindo essa beleza até meus adversários ficariam imóveis, contemplativos, e mesmo não tendo muita força poderia vencê-los*".

Quase todas as respostas têm esse conteúdo de ação: a escolha pode estar centrada na beleza, ou no poder, ou na força, mas sempre a finalidade é imobilizar e dominar.

Durante a realização do teste, geralmente os entrevistados impressionam como pessoas muito criativas (realmente causam impacto), mas uma análise mais detida põe em evidência essas distorções e certo caráter infantil nas racionalizações.

Subjazem alterações de sentido de realidade e também de juízo de realidade, porque os métodos utilizados para conseguir domínio são pobres e infantis, apesar de na vida de relação adquirirem poder, pelos mecanismos de identificação projetiva violenta sobre a capacidade de pensar dos outros. Nas respostas negativas, expressa-se de forma manifesta a impulsividade violenta e hostil.

Exemplo: Homem de 26 anos

1+: Cervo (*antes de responder, disse rapidamente um animal*), antes de mais nada porque é esteticamente lindo, tem chifres com que pode se defender, porque é rápido e dá saltos.
2+: Quadro (*disse rapidamente um objeto*), um quadro famoso, não por ser famoso, mas por ter sido pintado por alguém que tenha condições, que tenha uma visão cultural. É difícil se despersonalizar se o objeto é inanimado, talvez para não me sentir inútil...
3+: Ar, porque é indispensável, sentir-me indispensável, conforme o lugar, é bonito.
4+: Carvalho, porque vive muitos anos, porque em outro tempo foi bonito (*diz isso olhando vagamente por uma janela*), o que eu não gostaria é que me cortassem para fazer alguma cadeira, alguma mesa, não me interessaria (*olha pela janela*).
1−: Mosca, porque são sujas, porque incomodam, se metem em tudo.
2−: Copo (*demora em decidir-se, cruza os braços, joga-se para trás na cadeira*), porque é manuseado por todos, e todo mundo pega nele, especialmente os copos de confeitaria e de restaurante.
3−: Pedra, talvez raio, porque é destruidor, porque é bonito e destruidor (*tira as mãos da mesa e as apoia nas pernas*), onde cai causa a morte, destrói, apesar de ser muito bonito.
4−: Planta, porque as plantas são estúpidas, não gostaria de ser nenhuma planta de vaso, me parece uma vida muito boba, colocam-nas num cômodo e elas morrem ali.

Exemplo: Homem de 30 anos
Tempo para reação: muito lento

1+: Rio (*por quê?*), primeiro porque seria eterno, apesar de que a água corre, se evapora. Eu me evaporaria, seria nuvem, cairia em forma de chuva e tornaria a ser rio. Segundo, correria livremente; ainda que tivesse um leito, aumentaria do meu jeito. Seria algo útil, serviria para navegar. Sem um rio, seria impossível a existência de vida. Não se poderia cultivar, não se poderia viver. As comunicações fluviais são vitais para um país. Mais que tudo, porque eu adoro a água (*que tipo?*). Como o Paraná, longo, caudaloso, poderoso e ao mesmo tempo essencial pela vida que produz ao seu redor. Alimenta não menos que uma, duas, três, quatro..., sete províncias. Uma quantidade enorme de gente, canaliza as exportações. A navegação argentina se move pelo Paraná. Eu gosto não pela importância mas por... pela vida que dá.

2+: Pássaro, pela liberdade. Não gosto de ficar fechado, odeio a rotina, por isso tenho esse trabalho. Está cheio de imprevistos. Qualquer tipo, já que eu gosto de água: gaivota. Outros pássaros podem chegar a viver em cativeiro; apesar de tristes. A gaivota não; se suicida. Além disso para pegar uma gaivota...

3+: Música, entendendo por música qualquer som harmonioso. Eu gosto porque pode influenciar no ânimo de uma pessoa, seja para cima ou para baixo, em geral eu gosto da música de câmara, dos autores violentos como Wagner ou os impulsivos como Beethoven.

4+: Cacto (*induzido*), não existe em Buenos Aires, mas no norte há muito. É como um tipo de cacto. É uma coisa que se parte em dez pedaços que caem na terra e de cada um deles sai um novo. Em La Rioja, eu vi cactos crescendo nos terrenos mais áridos, onde não chove nunca. Aguapé eu não gostaria de ser, porque a correnteza leva.

1—: Deserto, pela aridez. É inútil, está ocupando um espaço que não serve para nada. As condições de vida são quase impossíveis... arenoso, árido e pedregoso, inóspito, não serve para nada.

2—: Réptil, não gosto de me arrastar. Por orgulho. Eu não peço uma coisa duas vezes... serpente, víbora, algo que se arraste, me dão repulsa.

3—: Planta, porque vivem à custa de outras, como os liquens ou as heras. Não suporto as pessoas que são assim.

O entrevistado durante todo o teste manteve uma postura tensa, retorcendo as mãos. Geralmente exclamava a cada nova instrução: "você me pega de surpresa", "nunca teria me ocorrido pensar uma coisa assim".

No primeiro exemplo, observamos uma boa sequência: cervo-quadro-carvalho, mas centrada na necessidade narcisista de ser célebre, diferente e indispensável. Nas respostas negativas há indícios da indiferenciação bom-mau (raio "bonito e destruidor"), (plantas "estúpidas"), e ao longo de todo o teste há intolerância com qualquer vínculo humano que implique contato e dependência afetiva.

No segundo exemplo, observamos uma superelaboração onipotente da primeira resposta positiva, tendente a negar o impacto da instrução pela transformação em fonte indispensável de vida, como modo de inversão de sua situação de temor e desamparo. A negação da morte e as fantasias de imortalidade se evidenciam também em 4+, e contrastam com a alusão à prisão intolerável na situação de teste que promove fantasias de suicídio (2+).

Observa-se que a hiperatividade é privilegiada, enquanto é evitado, como no caso anterior, o vínculo humano de dependência afetiva que leva à rotina, à prisão e ao suicídio ou a uniões parasitárias (terceira negativa).

(Ver no capítulo III os exemplos de psicopatias, examinando-os desse ponto de vista da distorção do sentido de realidade.)

Indicador 3: Relação emocional diferenciada com o objeto escolhido ou rejeitado (distância emocional)

Sabemos que o entrevistado precisa elaborar uma experiência emocional intensa, relacionada ao reconhecimento da própria morte, e que o método de elaboração que o teste lhe oferece, nem sempre possível para o entrevistado, é a recriação de objetos-símbolos.

Supomos que somente se o entrevistado conseguir conectar-se simbolicamente com a noção de morte poderá se recuperar dessa situação de pequeno luto pela progressiva criatividade. Essa criatividade é parte da tentativa reparatória tendente a recriar seu mundo interno.

Podemos pensar em diferentes modelos de resposta emocional a essa situação de ansiedade que nos mostram o grau de tolerância à angústia, a capacidade de enfrentar o luto e, portanto, a possibilidade de modificar a situação pela simbolização.

a) Distância emocional adequada

Descrevi no item sobre resposta à instrução que o grau de tolerância e compromisso emocional manifesta-se por preocupação, introspecção reflexiva e interesse pelo aspecto criativo e também lúdico do teste. Isso evidencia que "o entrevistado sabe" que está, como pessoa, comprometido e contido nos objetos que escolhe ou rejeita. Os processos de dissociação são menores, portanto, o entrevistado pode reconhecer o aspecto da criação pessoal e ao mesmo tempo os elementos reais do objeto: se escolhe um cachorro "sabe" quais são suas características, mas também "sabe", intuitivamente, que não fala do cachorro e sim de sua versão deste, portanto a escolha é um mediador para comunicar experiências emocionais.

Ele compreende que o objeto escolhido é uma criação pessoal (símbolo) baseado em dados da realidade (as características reais) que pode descrever de forma completa, mas enfatizando os aspectos que sente como comuns entre ele e o objeto. Alude ao fato de a caracterização do objeto ser feita de sua perspectiva, de seu modo de perceber a realidade, mediante frases do tipo "para mim representa", "eu sempre imaginei que...", "eu posso imaginar que se fosse". Também surgem evidências verbais da capacidade para comparar a opinião comum ou de outras pessoas com a própria, por exemplo: 1—: "Eu não gostaria de ser pomba, eu sei que para muitas pessoas ela é um animal pacífico, mas eu observei condutas muito nocivas e sádicas, até entre membros de um mesmo grupo."

Os graus de patologia quanto à aproximação emocional evidenciam-se pela distância ou pela aproximação excessivas; em ambos os casos leva ao déficit criativo e a falhas no processo de simbolização.

b) Distância emocional excessiva

Esta é uma defesa contra o impacto da instrução. Subjaz uma alteração do sentido do teste, que é tomado ou como um exercício intelectual, ou como entretenimento. No primeiro caso, as respostas são corretas, mas formais, comuns, sucintas, com baixa criatividade pessoal. No segundo, o entrevistado manifesta um entusiasmo exagerado e enfatiza o aspecto lúdico, de entretenimento ou diversão, da tarefa; dá respostas comuns, infantis, com ênfase em objetos alegres e com movimento.

No primeiro caso, dominam mecanismos de isolamento, no segundo, maníacos, mas em ambos estão presentes a negação do impacto emocional e a baixa relação com os objetos escolhidos que, portanto, diminuem em riqueza e transmitem pouco. O entrevistado apela para os símbolos criados culturalmente, para o simbolismo convencional. Ao evitar o compromisso emocional, torna-se incapaz de "criar" ou recriar, com os dados da realidade e dos símbolos universais, criações pessoais e novas.

Nesses casos, portanto, se evidenciam o bloqueio e a restrição da capacidade simbólica. O fechamento defensivo tem por finalidade preservar a identidade. Subjaz nesses casos a equiparação da criatividade autêntica com a ameaça de perder concretamente conteúdos valiosos (esvaziamento) pela própria verbalização, ou pelo efeito do estado de confusão que as emoções poderiam provocar se se abrir mão do controle. Estão subjacentes, portanto, equações simbólicas entre criação e esvaziamento e entre fantasiar a morte e morrer, o que leva à necessidade de negar a morte mesmo na fantasia.

Essas produções indicam áreas de patologia centradas na inibição da criatividade e na capacidade de sublimação, mas, por si mesmas, não indicam organizações psicóticas. Passam a ser indicadores de psicose quando coexistem com outras respostas com as características de distorção descritas anteriormente (por exemplo, se coexistem com respostas paranoides, forçamento do objeto, bloqueios bruscos).

c) Excessiva "aproximação" emocional (perda de distância do objeto)

   1. Na perda de distância emocional, encontramos algumas das respostas psicóticas que descrevi sobre a interpretação literal da instrução: o entrevistado toma a instrução como uma ameaça de morte e responde com condutas paranoides, respostas chorosas, bloqueio.

   2. A perda de distância expressa-se por verbalizações em que o sujeito assume explicitamente a personificação e se refere ao objeto escolhido em primeira pessoa ("cuidariam de *mim, seria, mato*"). Por exemplo:

"Cachorro, porque, se for cachorro, cuidam de *mim, me* alimentam".

"Trigo, porque *sou* útil e *me* dão valor".

"Não quero ser cobra porque *enveneno* e *mato* as pessoas".

Esses tipos de verbalização evidenciam a perda da diferenciação ego/não ego: o objeto deixa de ser um representante simbólico e passa a ser o sujeito. Em contrapartida, põe em evidência a captação literal de um aspecto da instrução (indiferenciação fantasia-realidade) visto que o sujeito "acredita" ser possível transformar-se, na realidade, em outros objetos, como a instrução sugere.

   3. A perda de distância evidencia-se também na atribuição de características ao objeto de forma rígida, não admitindo a possibilidade de erro, não aceitando o critério de outros que possam se opor e não levando em consideração outras características do objeto escolhido. O objeto "possui" as características rigidamente atribuídas. Essa modalidade verbal evidencia a presença de equações simbólicas. Relaciona-se clinicamente

a estruturas delirantes; também está presente nas fobias, mas nesse caso só em uma ou duas escolhas. Por exemplo:

1—: Eu não gosto de ser vaca. (*por quê?*) Como assim, não viu como olham, são idiotas; ou
1+: Leão, não há animal igual, é majestoso, belo, acho que não há nada mais perfeito; ou
2+: Rosa (?), e existe alguém que não goste de uma flor, é bela, não acredito que alguém possa desprezá-las.

Indicador 4: Capacidade de diferenciar o objeto-símbolo de outros objetos da realidade (delimitação corporal)

A má delimitação do ego com relação à realidade externa pode se evidenciar através dos indicadores anteriores (coerência, distância emocional) mas também pelo grau de delimitação do objeto-símbolo que o entrevistado consegue pela caracterização deste (26).

a) Características do objeto símbolo na realidade

É interessante determinar aqui se o entrevistado tende a escolher objetos que têm uma clara delimitação física ou, ao contrário, objetos com limites difusos, que não se destacam com clareza do meio ambiente, porque não têm uma estrutura física diferenciada. Como exemplo de objetos-símbolos com baixa delimitação temos respostas como: água, ar, algas, mar, nuvens, neve, areia, "fungos pequenos que se formam sobre comida velha", plantas trepadeiras, águas-vivas; diferentemente de cachorro, cachorra de caça, tulipa, relógio de pé. Essas escolhas indicam má delimitação e diferenciação do ego (imagem corporal) com relação aos outros objetos e referem maior patologia quando estão presentes como escolhas positivas. Sua presença nas escolhas negativas indica diferentes graus de tendência à desorganização, à perda de limites e à confusão pelo incremento de identificação projetiva, mas dos quais o ego tenta se diferenciar e se recuperar.

b) Capacidade de especificar claramente os objetos-símbolos e descrevê-los de forma completa

Nesse ponto é interessante determinar se o entrevistado pode delimitar objetos específicos ou se faz referência a categorias gerais, amplas, que impedem uma delimitação clara. São exemplos de categorias amplas: "uma ave", "um pássaro", "um mineral útil", "alguma máquina de precisão", "um animal selvagem"; por outro lado, respostas delimitadas correspondem a "andorinha", "pintassilgo", "ouro", "um avião de guerra". A delimitação indica o grau de reconhecimento e delimitação da identidade com relação à identidade dos demais. A presença de categorias gerais expressa a tendência a confundir-se com a identidade de outros e atribuir-lhes, ou atribuir-se, características semelhantes em razão de algum traço comum (por exemplo: os homens ou as mulheres, os estudantes ou os trabalhadores, os jovens ou os velhos). A capacidade de delimitação crescente é medida pela possibilidade de especificar, entre os animais, por exemplo, qual em especial, e dessa escolha conseguir uma inscrição completa, diferenciando entre os animais, o cachorro, por exemplo, a raça, a cor, o comportamento, a habilidade.

Quanto mais um símbolo estiver circunscrito a uma categoria, quanto mais detalhada for sua descrição, maior é a capacidade do ego de delimitar-se e diferenciar-se não só de pessoas e objetos diferentes, como também de pessoas com características semelhantes, mas reconhecidas como não idênticas. A difusão de limites, somada a categorizações amplas, que, portanto, impedem uma descrição personalizada, indica a presença de perturbações na delimitação ego/não ego pelo predomínio de mecanismos projetivos que apagam a diferenciação entre o ego e o mundo dos objetos e provocam confusão entre ambos.

Essa indiferenciação corresponde a áreas de funcionamento psicótico que podem coexistir com áreas de maior organização (por exemplo, só alguma resposta negativa tem essas características ou a primeira positiva pelo impacto da instrução).

Quando compreende toda a produção e/ou coexiste com distorções, estamos na presença de traços psicóticos graves.

Exemplos:
Mulher de 23 anos

1+: Um pássaro que ninguém se interesse por caçar. Apesar de eu estar conformada em ser humana.
2+: Não sei... flor... porque gosto muito de flores.
(*não consegue outras respostas.*)

Homem de 24 anos

1−: (*induzida vegetal*) Vegetal eu nunca gostaria de ser porque tem um movimento de *relação muito pastosa* com o sol e todas as coisas. As flores são bonitas mas estão presas às plantas, por isso eu não gostaria de ser flor.
Seria tão repugnante ser árvore!

Quando essas respostas compreendem todo o material e coexistem com racionalizações sucintas, referem-se a entrevistados com um alto grau de desconfiança transferencial, que respondem vagamente para "tirar o problema de cima", dando a menor informação possível para não serem conhecidos. Nesses casos, as respostas são vagas, pobres, mas formalmente "corretas" (sem distorção aparente).

Exemplo: Homem de 45 anos

1+: "Ar", porque precisariam de mim.
2+: "Um vegetal", qualquer um é útil (?), um cereal, por exemplo.
3+: "Algum animal doméstico". Não tenho preferência.
1−: Animal selvagem. (?) São nocivos. Não?
2−: Ouro, desperta a cobiça.
3−: Vegetais, eu gosto de todos.

Nesse exemplo, a única resposta específica é ouro, e incluída nas respostas negativas põe em evidência o temor, por projeção, aos sentimentos invejosos e vorazes de outras pessoas contra suas possessões valiosas. Esse tipo de defesa, baseada na desconfiança, é comum em quadros paranoides com importante comprometimento psicótico e também em personalidades psicopáticas que evitam ser "conhecidas" na situação de teste. Recorrem a respostas vagas e recusam de forma consciente as verdadeiras escolhas que associam durante a realização do teste.

Nos quadros psicóticos clínicos coexistem respostas com alto grau de incoerência, arbitrariedade, equações simbólicas evidentes e respostas verbais e emocionais estranhas.

Indicador 5: Diferenciação adequada ou inadequada de escolhas positivas e negativas. Adequação de atribuição de qualidades boas e más (diferenciação bom e mau; amor e ódio)

Evolutivamente, a dissociação do ego e do objeto em pares de qualidades opostas (idealizadas e persecutórias) é uma precondição para a posterior síntese depressiva. A impossibilidade de conseguir boas dissociações de objetos (bons e maus) leva a situações de confusão.

A alteração ou patologia da dissociação de maior gravidade para o desenvolvimento e crescimento corresponde à indiferenciação bom e mau. Essa distorção primária, na medida em que permanece imodificável, interfere na integração (síntese) e, portanto, no desenvolvimento da reparação e simbolização.

O fator determinante dessa distorção é a inveja excessiva que leva o ego a arruinar a fonte de satisfação. O bom (o seio que alimenta, a mãe que entende e contém) se transforma em mau, na medida em que a intolerância invejosa o transforma em fonte de sofrimento. O objeto bom não chega a ser reconhecido em seus traços reais (juízo de realidade, seio que alimenta), mas passa a ser confundido com o impulso hostil-invejoso e transformado por equação simbólica em um objeto aterrorizante. Essa distorção específica leva a estados de confusão clínica, ou a confusões circunscritas à atribuição de qualidades idealizadas a objetos ou vínculos destrutivos (objetos ou pessoas que machucam, frustram, destroem e os próprios impulsos sádicos destrutivos) e de qualidades persecutórias e desvalorizadas aos objetos ou vínculos criativos (intolerância com objetos reparados e com capacidade de dar, desvalorização dos aspectos sensíveis, com necessidade de ligação e afeto).

É uma distorção que indica sempre patologia, relaciona-se a um modo de funcionamento psicótico e encontra-se sempre presente nas psicopatias. Como nos outros indicadores, essa forma de funcionamento pode coexistir com organizações mais maduras ou corresponder ao modo de funcionamento geral do entrevistado.

A indiferenciação entre o que é bom e o que é mau para o ego evidencia-se no Teste Desiderativo da seguinte forma:

a) Por um tipo de produção muito surpreendente que responde a mecanismos de isolamento e anulação, mas aos quais está subjacente esse déficit de diferenciação: o sujeito rejeita nas três respostas negativas os mesmos objetos que escolheu nas três positivas, seja pelas mesmas características, seja por outras que não mencionou antes. O entrevistado faz a rejeição sem mostrar nenhum tipo de autocrítica ou indício de que ele sabe que se refere ao mesmo objeto, dá a impressão (pelo excesso de dissociação) que está mencionando "outro objeto" e que, por exemplo, o *cachorro* escolhido por ser fiel não tem nenhuma relação com o *cachorro* rejeitado porque é fiel. Indica a presença de áreas psicóticas muito abrangentes da personalidade.

Às vezes essa produção aparece em quadros psicopáticos; nesses casos subjaz a mesma indiferenciação, no entanto, a atitude do entrevistado e sua finalidade são diferentes: o entrevistado "se vangloria" manifestamente de sua possibilidade de procurar os prós e os contras: "Eu escolhi sol porque dá calor, agora poderia lhe dizer que rejeito o sol porque se queima em seu próprio fogo". A finalidade é demonstrar ao psicólogo a arbitrariedade de toda comunicação verbal, e está presente a necessidade defensiva de rebaixar a tarefa e impedir qualquer síntese mental que permita ao entrevistador conhecer o entrevistado.

b) As respostas comuns (cachorro, rosa, árvore, quadro) com racionalizações do tipo: são úteis, são bonitas, as pessoas gostam, são más. Essas respostas também são indicativas dessa patologia, porque mostram a necessidade de o entrevistado recorrer ao critério valorativo cultural formalizado por carência de um sistema de valores próprio.

A idealização dos vínculos destrutivos e a contraparte da desvalorização invejosa dos objetos valiosos são evidenciadas nas escolhas desiderativas de objetos rejeitados abertamente por suas qualidades destrutivas ou aterrorizantes e nas escolhas negativas de objetos valiosos rejeitados por suas qualidades boas menosprezadas, ou as qualidades boas são respeitadas mas o objeto é rejeitado pelo temor à inveja ou à cobiça que despertaria (como o exemplo de "ouro") por exagero e ênfase de algum traço negativo secundário.

Exemplos de *escolhas positivas* de objetos destrutivos:

1+: *Hiena*, porque teriam medo de mim.
1+: *Planta carnívora*, porque poderia me alimentar e sobreviver.
3+: *Esterco*, porque alimentaria as plantas.
1+: *Uma pedra*, para não sentir.
2+: *Um robô*, porque me dirigiriam e eu obedeceria.

Animais selvagens, bombas, objetos escolhidos por sua qualidade de inanimados etc. (ver o capítulo III: Psicopatias, escolha de trepadeira com uma finalidade destrutiva).

Exemplos de diferentes *escolhas negativas* de objetos valiosos:

Vaca, porque me tirariam o leite.
Vacas, são idiotas (?). Não viu como olham?
Ouro, desperta cobiça.
Ouro, muito luxo.
Nada de valor, porque provoca brigas.

Árvore frutífera, me arrancariam meus frutos.
Flor, não me agrada o perfume
Cachorro, são servis
Folha de papel, me riscariam
Gazela, é arrogante e pretensiosa.

Essas distorções supõem intensos sentimentos invejosos que interferem na percepção do objeto em sua totalidade e indicam predomínio da equação simbólica.

Quando em uma só escolha negativa observamos sobrecarga de conteúdos destrutivos em objetos que na realidade são inócuos, em verbalizações com um estilo altamente afetivo ("é horrível, não suporto, não posso nem ver"), estamos (como vimos anteriormente) na presença de uma fobia e, portanto, o setor de funcionamento mental com predomínio da equação simbólica está restrito a uma área da personalidade.

Nas psicopatias, além do tipo de produção com predomínio de mecanismos de anulação que descrevi anteriormente nesse item, podemos observar:

Nas respostas positivas e negativas podem manter um ajuste realista às características de bom e mau de um ponto de vista do senso comum, mas por outro lado a distorção aparece na finalidade de poder ou destruição que atribuem às qualidades "boas" dos objetos, como vimos anteriormente (pseudossímbolo). Por exemplo:

1+: Medicamento, porque seria indispensável e de mim dependeria a vida de muita gente.
1−: Parasita, porque minha vida dependeria da vida de outro e morreria se meu hóspede morresse.

Se a distorção se manifesta, é geralmente nas respostas negativas e refere-se à rejeição de objetos (animais, por exemplo) por sua dependência afetiva de outros ("*cachorro*, porque é servil; *filhote*, porque são fracos, pouco estáveis, dependem dos mais velhos para ser cuidados, toda a gama possível de fraqueza me incomoda").

Para exemplificar esse ponto, rever as produções do Homem de 26 anos e Homem de 30 anos, citadas anteriormente no Indicador 2, item sobre psicopatia.

II. Desenvolvimento do pensamento simbólico. Criatividade e sublimação

1. Possibilidade de diferenciar características do objeto discriminando as principais das secundárias (capacidade de análise, síntese e abstração).

Quando os processos de análise, síntese e abstração funcionam adequadamente, o entrevistado pode diferenciar objetos "bons" de objetos "maus" (análise) em razão da síntese (síntese) de características principais (abstração) que os definem como criativos ou destrutivos, mas sem uma excessiva distância entre o desejado e o temido (precondição dos processos de síntese).

Análise, síntese e abstração são partes do processo interno pelo qual o entrevistado consegue sua verbalização, e, embora estejam muito inter-relacionadas, para fins didáticos, vou diferenciá-las.

Capacidade de análise

Podemos inferir a *capacidade de análise* pela observação:
a) *Das sequências positivas em relação com as sequências negativas.* Observamos se o entrevistado é capaz de diferenciar qualidades "boas" e "más" e de estabelecer essas dissociações em razão de características principais criativas ou de características nocivas dos objetos. Essa capacidade analítica de dissociação fracassa no funcionamento psicótico e origina produções confusas, com atribuição de características positivas a objetos negativos e vice-versa, anulação de positivas em negativas, incapacidade para delimitar as razões das escolhas ou rejeições (porque eu gosto, porque é mau, porque eu não gosto), ou pro-

duções sucintas e pobres com dissociações extremas como forma de controle da confusão. A comparação entre positivas e negativas indica polos extremos relacionados a fantasias de reparação ou destruição onipotentes, ou fantasias de poder onipotente *versus* invalidez total. Exemplos desses extremos são respostas dos seguintes tipos:

1+: Antídoto contra o câncer
1−: Bomba atômica

ou

1+: Deus
1−: Câncer

ou

1+: Um santo
1−: Piranhas

ou

1+: Dragão
1−: Uma barata

O grau de distância exagerado aparece unido a fantasias pouco realistas, tanto sobre o poder reparatório como sobre o poder destrutivo, e permite inferir mecanismos de dissociação extrema que interferem na síntese depressiva.

b) A capacidade analítica pode ser investigada em cada uma das escolhas ou rejeições desiderativas observando se o entrevistado descreve detalhadamente (por partes, por funções) cada um dos símbolos escolhidos e separa o símbolo do restante da realidade. A possibilidade de conseguir uma análise detalhada do objeto e com base nela descrever os motivos que fundamentam a rejeição ou a escolha depende do predomínio das funções de percepção da realidade sobre a fantasia. Nos processos psicóticos, vimos que essa possibilidade fracassa pelo uso excessivo de identificação projetiva que origina evacuações que interferem na percepção. Nos quadros pré-psicóticos, a análise detalhada cede seu lugar a respostas convencionais ou autorreferidas (eu gosto, eu não gosto). Na psicopatia, o objeto é até bem analisado, mas fracassa o sentido atribuído às características ou funções selecionadas. Nos quadros neuróticos, a análise formal do objeto é adequada, ainda que cada quadro apresente áreas especificamente omitidas, características e funções evitadas na descrição.

Capacidade de síntese

É em parte deduzida a partir dos indicadores anteriores:
a) Quanto maior é a distância entre "bondade e maldade" dos objetos, maior a dificuldade para conseguir a síntese de afetos e de aspectos dissociados dos objetos. Quando a atribuição de qualidades boas e más está distorcida, a possibilidade de síntese é prejudicada desde a base.

b) Quanto mais detalhada é a análise das características positivas e negativas de cada objeto, maior é a possibilidade de síntese e integração.

c) Evidencia-se pela riqueza ou pobreza das escolhas: as respostas "originais" quanto à escolha de objetos pouco comuns ou habituais indicam sempre grande possibilidade de síntese, porque evidenciam um intenso trabalho inconsciente de seleção e integração, do qual surge, como produto, um símbolo com alta condensação. Essas respostas "originais" são pouco frequentes e de cada produção podemos esperar uma ou duas. Considero sempre útil interrogar o sujeito no final do teste sobre essas respostas, porque contêm um alto grau de condensação e sintetizam situações emocionais e históricas relevantes.

São exemplos dessas produções algumas que vimos anteriormente: "garrafa com uma mensagem dentro perdida no mar...."; ou a de uma adolescente que atravessava uma situação de luto recente, 3+: "junco, porque se dobra mas não se quebra"; ou a de um adolescente com problemas de aprendizagem e traços de personalidade arrogante e autossuficiente que deu como primeira resposta negativa "pavão", como condensação do exibicionismo arrogante e do déficit intelectual (peru)*.

As respostas altamente simbólicas informam sobre a capacidade potencial do ego para desenvolver adequadamente o processo de simbolização, ainda que esse processo esteja clinicamente interferido ou bloqueado no entrevistado.

A síntese das produções psicóticas é arbitrária, em razão de análises fracassadas por causa do ataque às funções de percepção que impede o conhecimento dos objetos da realidade. A síntese que define um objeto como bom ou mau, por exemplo, baseia-se em percepções errôneas e distorcidas. Encontramos, portanto, conclusões arbitrárias ou total incapacidade sintética, expressa em verbalizações desconectadas e desvinculadas. Fracassa a possibilidade de reuni-las em um objeto concreto, ou até de verbalizá-las de forma articulada.

Capacidade de abstração

Decorre da capacidade para diferenciar as características principais das secundárias (análise), e poder privilegiar o que é principal e essencial do objeto como motivo da escolha ou da rejeição. Ao mesmo tempo, implica compreender (abstrair) o sentido do teste, que supõe selecionar objetos para transmitir simbolicamente qualidades ou funções pessoais.

Podemos investigar a capacidade de abstração por meio da:

a) *Comparação da sequência dos três reinos em escolhas positivas e negativas.* Observamos se o entrevistado é capaz de abstrair a principal situação de ansiedade contida na instrução: a ameaça de morte. Observamos se pode abstrair a característica

....

* Em espanhol, a palavra que significa peru (*pavo*) está contida na que significa pavão (*pavo real*). Além disso, o termo *pavo* também é usado para referir-se a pessoas muito ingênuas, sem malícia; e o período compreendido entre a infância e a adolescência propriamente dita é conhecido como *la edad del pavo*. [N. da T.]

diferencial entre os seres vivos e os seres inanimados. A possibilidade de escolher na ordem sucessiva, primeiro o animal, seguido pelo vegetal e pelo mineral, e, em ordem inversa, nas escolhas negativas, implica a possibilidade de abstrair a noção de vida, que requer um ciclo, do inanimado que pode "permanecer" mas sem viver, e o desejo de preservar, diante do impacto da instrução, esse elemento central.

b) *Análise de cada escolha com sua correspondente racionalização.* Capacidade de privilegiar o que é central no objeto e deixar de lado o que é acessório ou secundário. Depende da capacidade prévia de análise. Exemplo de uma escolha baseada em elementos secundários: "um *pássaro* porque tem cores bonitas", em contraposição a: "um *pássaro* porque poderia sobrevoar e ver, de uma perspectiva diferente da humana, lugares, paisagens, pessoas".

No primeiro dos exemplos, ainda que a cor possa ser um atributo de alguns pássaros, não é definitória; nesse sentido pássaro poderia ser substituído por flor, quadro, árvore. Quando as dificuldades para abstrair adequadamente adquirem características psicóticas, estabelecem-se seleções arbitrárias de traços secundários do objeto para justificar ou avaliar interpretações delirantes da realidade (forçar nas características).

Por exemplo:

Vacas, são idiotas. Não viu como olham?
Pássaro, come tudo o que se semeia.

Exemplo: Homem de 27 anos

Fracasso na delimitação analítica, incapacidade para delimitar as qualidades reais do objeto e diferenciar as principais das secundárias:

1+: Animal (?) um gato: porque é um bicho bastante inteligente e... além disso faz o que lhe dá na telha. Come carne fresca e é muito seguro para se movimentar, é muito ágil.

2+: E... uma planta (?) uma árvore de madeira dura. Porque são plantas que vivem muito tempo e sei lá, no outono ficam com as folhas de uma cor linda.

3+: Nada (ri), água, sei lá, rega as coisas, passa por lugares bonitos e tem um *ciclo*. Claro, viaja por todo o planeta.

1—: Uma pedra que fica viajando entre as galáxias. Não tem nenhum sentido, a inconsciência total das coisas. Se preciso escolher alguma coisa, escolho isso.

2— e 3—: (*longo silêncio*) Não sei, parece que qualquer uma dessas pragas parasitas, uma planta venenosa, não sei, um gafanhoto. Nenhuma planta ou animal que guardasse uma mentira, não consigo definir bem o objeto... (*Mentira?*) Claro, há plantas, como certos cogumelos, que são lindos mas são venenosos. Existem, digamos, bichos como esses que se chamam *cigarras* que quando voam são lindos, e quando os pegamos e colocamos perto do ouvido fazem um som bonito, mas quando estão em estado de larvas comem as árvores, fazem túneis por dentro e depois as árvores se quebram, caem. (*Silêncio.*) Parece que sem querer encontrei dois objetos.

Esse material permite inferir o fracasso na capacidade de análise, síntese e abstração nas respostas positivas. A seleção de traços dos objetos responde a elementos reais, mas não há boa diferenciação entre o principal e o secundário. Na terceira racionalização há uma distorção do objeto água, atribuindo-lhe a possibilidade de cumprir um "ciclo".

As respostas negativas referem-se a processos de alto nível patológico relacionados a níveis de funcionamento psicóticos. No entanto, podem ser consideradas "boas respostas" por serem capazes de transmitir e condensar estados mentais difíceis de transmitir: estados de desconexão e despersonalização em 1— alusão a alucinações auditivas em 2— e possível surto psicótico, ao mesmo tempo em que são um *modelo* plástico de identificações projetivas de aspectos orais-sádicos que penetram o objeto e o destroem deixando só uma fachada. A árvore "escavada por dentro" mas que conserva a estrutura externa aparentemente inteira transmite plasticamente seu problema mental: tem uma aparente adaptação neurótica à realidade, na medida em que mantém certo contato emocional e de pensamento na aparência simbólica, mas, na realidade, o funcionamento psicótico ocupa muito de sua personalidade e está perto de se manifestar como processo psicótico clínico.

Quando o entrevistado omite as características principais do objeto e apela, em contrapartida, para as características secundárias reais ou para uma má interpretação destas, as racionalizações positivas por um lado, e as negativas por outro, apresentam reiterações de qualidades, mesmo que se refiram a objetos muito diferentes (situações delirantes). Os objetos positivos são todos escolhidos pela mesma racionalização (porque faz bem à humanidade, por exemplo, ou porque são fortes e vivem muito), e os negativos também são rejeitados por um motivo comum. Isso evidencia o "uso" do objeto como uma tela de projeção e a incapacidade para examinar os objetos e encontrar aqueles que, por suas características, possam ser bons continentes dos aspectos que precisa projetar.

2. *Capacidade de aprendizagem criativa durante o teste. Capacidade de criar objetos-símbolos capazes de transmitir informação* (criatividade, reparação e sublimação).

A possibilidade de realizar uma aprendizagem criativa durante o teste baseia-se fundamentalmente na capacidade reparatória, que possibilita a recriação de objetos-símbolos. Esses objetos-símbolos têm capacidade para mitigar o impacto da instrução, pois permitem recriar e reinstalar, por meio dos objetos escolhidos, os vínculos e aspectos necessitados ou temidos.

Quando cada escolha é o produto de uma elaboração profunda da situação de pequeno luto causada pela instrução, e portanto, resultado de um processo ativo de análise, síntese e abstração, a ansiedade tanto paranoide como depressiva obtém uma elaboração parcial. O ego recupera a confiança em sua capacidade para reconstruir o objeto e o mundo interno, pode reconhecer-se como alguém vivo e dessa maneira recuperar-se da fantasia de morte.

Quando as respostas são baseadas na necessidade defensiva de evitar o contato com a morte e o luto que ela implica, as escolhas têm poucas qualidades criativas e pouca capacidade de modificar a ansiedade subjacente, originando sequências desorganizativas.

Mencionei anteriormente que a capacidade reparatória expressa-se fundamentalmente na atitude do entrevistado na realização do teste, visto que a própria tarefa pode ser concebida como um trabalho doloroso de recriação e comunicação desse processo ao entrevistador. Também mencionei que as alterações nesse aspecto da realização do teste, como trabalho de reparação, expressam-se por excessiva distância emocional, ou pela perda de distância emocional.

No registro verbal do Teste Desiderativo, os elementos indicadores de capacidade reparatória se manifestam:

1) Pela possibilidade de apelar para a criatividade e produzir, por um processo de seleção e trabalho interno, símbolos modificadores das ansiedades mobilizadas pela instrução.

O sucesso na tarefa criativa tendente a reparar o mundo interno, diante da ideia de perda e ruptura que significa a morte, evidencia-se em sequências progressivas de respostas sucessivamente mais ricas, que fornecem de forma condensada mais informação sobre o conflito pessoal.

2) Pela capacidade de delimitar adequadamente bom e mau.

3) Pela possibilidade de criar objetos estruturalmente delimitados, qualitativamente definidos.

4) Pela capacidade de criar símbolos que em si sejam objetos inteiros e com possibilidade de manter uma ligação estável de suas partes (por exemplo em um quadro, junco ou casa, diferentemente de vidro, areia ou ar).

5) Pela capacidade de abstrair a noção de "permanência" humana no mundo como procriação biológica e intelectual.

Capacidade para diferenciar entre a permanência milenar do reino mineral e a permanência animal ou vegetal que cumpre um ciclo vital. Capacidade para diferenciar entre viver e perdurar e, portanto, entre animado e inanimado. Um exemplo seriam duas respostas comuns de elaboração da ansiedade diante da finitude da vida, mas distintas quanto à diferenciação anteriormente mencionada:

1+: Montanha, porque viveria séculos. (*Escolhe não viver para não morrer*),

diferentemente de

1+: *Macaco*, é, entre os animais, inteligente e capaz de emoções, pode ter certa experiência de vida em grupo e é capaz de reconhecer os seus, seus filhos e os membros de seu clã.

ou de

"*livro*, porque poderia ser lido, atendido, cuidado e passaria a ser alguma coisa, uma lembrança, uma ideia, uma emoção para outros seres humanos", como resposta adequada da tentativa de obter a permanência intelectual.

6) É importante observar o grau de distância entre as fantasias reparatórias e as destrutivas. A distância extrema entre a onipotência reparatória e a destrutiva impede a obtenção de reparações adequadas e interfere na criatividade e na sublimação. Por exemplo:

1+: Dragão
1—: Barata
1+: Antídoto contra o câncer
e 1—: Bomba atômica

A possibilidade de realizar uma tarefa reparatória evidencia-se em distâncias realistas entre a capacidade reparatória e a capacidade destrutiva, em metas reparadoras e temores realistas, próximos dos afazeres humanos.

Exemplos de metas de reparação e temores realistas:

2+: Árvore frondosa. Paraíso, porque poderia dar sombra e abrigaria ninhos de pássaros que me fariam companhia.

2−: Um cacto, porque poucas pessoas procurariam contato comigo, no máximo olhariam para mim se conseguisse certa beleza, mas na essência estaria sozinho.

7) Nas escolhas positivas e negativas o vínculo humano encontra-se privilegiado.

TESTE DE RELAÇÕES OBJETAIS DE H. PHILLIPSON

Indicadores diferenciais de psicose, psicopatia e neurose

Apresento a seguir, com base no Teste de H. Phillipson (23, 24, 22), indicadores para o diagnóstico de neurose, psicose e psicopatias como configurações clínicas diferenciais, mas também como modos de funcionamento mental que podem coexistir numa mesma personalidade.

Os indicadores têm como objetivo investigar o grau de desenvolvimento obtido nas três áreas de funcionamento mental que considero centrais para a diferenciação de graus de patologia:

I) *Capacidade de diferenciação* (mundo interno/mundo externo, realidade/fantasia, bom/mau). Compreende funções de:
   a) Juízo de realidade
   b) Sentido de realidade

II) *Capacidade de pensamento simbólico-abstrato:*
   a) Capacidade de análise, síntese e abstração
   b) Noção de causalidade emocional
   c) Capacidade de estabelecer relações simbólicas com a realidade

III) *Capacidade de* insight *e elaboração:*
   a) Reconhecimento da realidade psíquica
   b) Reparação e sublimação

I. Capacidade de diferenciação

a) Juízo de realidade

Critério. Precisamos delimitar o grau de ajuste ou distorção que cada pessoa apresenta em seu contato emocional com a realidade. A adequação à realidade supõe a percepção dos fatos tal como ocorrem e a atribuição de um clima emocional coerente com a trama de relações interpessoais observada. Visto que cada prancha do teste representa uma parte da realidade especificamente delimitada quanto à problemática, a inter-relação entre os ajustes e distorções perceptuais de cada registro individual em coerência com o clima emocional atribuído oferece-nos informação sobre o desenvolvimento obtido na função de juízo de realidade.

Os índices de maior eficácia para delimitar as alterações do juízo de realidade são obtidos pela observação do ajuste ou da distorção perceptual que cada entrevistado evidencia quanto ao conteúdo humano, ao conteúdo de realidade e ao clima emocional descritos, que manifestam a percepção do contexto de realidade de cada prancha.

A adequação ou o fracasso na atribuição de significados emocionais e relacionais nos fornecem informações sobre o desenvolvimento obtido quanto ao sentido de realidade. Podemos encontrar descrições adequadas das pranchas, mas muito sucintas e sem desenvolvimento de histórias. A insistência no interrogatório pode originar respostas delirantes, tanto sobre a relação dos personagens da prancha (interpretações arbitrárias de objetos "bem vistos") quanto sobre o sentido atribuído ao teste (respostas paranoides, irritação com o entrevistador por sua função de policial).

Indicador 1: Ajuste perceptual (distorções, omissões, acréscimos)

Permite-nos delimitar a capacidade de diferenciação entre mundo interno e mundo externo, realidade e fantasia, na qual se assenta a função de juízo de realidade, contraposto ao predomínio de mecanismos de identificação projetiva evacuativa que apagam a diferenciação interno/externo e realidade/fantasia, e provocam alterações nas funções de juízo e comparação de realidade.

As perturbações de produção que fornecem informações mais claras e com maior certeza sobre as alterações nas funções de juízo de realidade são as *distorções perceptuais*. A distorção perceptual evidencia mecanismos de identificação evacuativa que apagam as características do objeto real: a prancha como representante da realidade externa é, neste caso, uma extensão do entrevistado, indiferenciada dele próprio.

Essas distorções passam a ser indicadores de patologia séria quando tomam grande parte da produção, e indicam processos psicóticos clínicos quando estão presentes na maioria das pranchas.

Quando a distorção se estende para as pranchas da série B, estamos diante de patologias muito severas e de prognóstico ruim, porque é a série que oferece a maior delimitação e, portanto, a presença de distorções indica o fracasso dos mecanismos mínimos de adaptação à realidade.

Se a distorção perceptual apresenta-se somente em uma ou duas pranchas, podemos inferir que essa pessoa pode perder temporariamente funções de diferenciação em situações que adquirem um grau de saturação emocional muito alto.

Pode ocorrer que um entrevistado, por uma mobilização emocional intensa (primeira prancha, prancha em branco ou alguma prancha que "se encaixa" numa situação pessoal altamente conflituosa), dê respostas perceptuais distorcidas, mas que depois, espontaneamente (melhor prognóstico) ou durante o interrogatório, faça retificações, reconhecendo sua "confusão" (capacidade de retificação, teste de realidade).

Convém também diferenciar as respostas "originais", que geralmente são respostas de sentido ou significado pouco comum mas que o psicólogo pode chegar a "visualizar" na prancha. Normalmente são respostas sobre detalhes, pequenas áreas da prancha, ou sobre áreas que são "fundo" mas que o entrevistado percebe como "figura". Na prancha A2, por exemplo, "uma lâmpada" no espaço branco entre as duas pessoas.

Por outro lado, na distorção perceptual de características psicóticas, os conteúdos visualizados ou atribuídos à prancha são totalmente arbitrários e podem não manter nenhuma relação manifesta com o estímulo real (mecanismo alucinatório). Nesse caso, a distorção da realidade que a prancha apresenta supõe conjuntamente um mecanismo de acréscimo perceptual arbitrário.

Os fenômenos da *perda de distância emocional* implicam também falhas de percepção semelhantes à distorção perceptual, visto que as características reais da prancha se apagam e se confundem com os aspectos projetados pelo entrevistado (confusão realidade-fantasia, interno-externo). Por perda de distância emocional, circunscrita à área perceptual, entendemos aquelas produções em que o entrevistado "vê" a si mesmo ou a personagens de sua vida na prancha, forçando inclusive o material para "descrever" traços físicos comuns. Por exemplo, na prancha C3: "esta sou eu, recostada, um pouco jogada como fico habitualmente, este é meu irmão, que está sempre fugindo de qualquer problema, e este é o meu pai lendo o jornal em sua poltrona". Esse tipo de "distorção no relato", embora muito próximo ao perceptual, é observado em quadros neuróticos com falhas de identidade e diferenciação, que evidenciam áreas de indiferenciação psicóticas. Quando a integração da personalidade encontra-se mais preservada, a prancha pode evocar no entrevistado alguma situação emocional presente ou passada, mas claramente diferenciada do estímulo.

Um caso intermediário entre a distorção perceptual e a percepção ajustada é a *ilusão perceptual;* trata-se de uma situação intermediária entre a distorção perceptual e a má interpretação da realidade (sentido), porque toma aspectos reais da prancha (sombras, formas) que podem chegar a ser "vistos" como reais, mas com certo grau de forçamento de outros dados da realidade que a prancha oferece. Esse tipo de ilusão é comum em melancolias e pode aparecer isolado em neuroses.

Um exemplo de ilusão perceptual na prancha 4 (B3) é o "Enforcador": a resposta apoia-se em parte na linha vertical que cai sobre a cabeça do personagem masculino e que na prancha corresponde ao canto da porta entreaberta. Os *acréscimos perceptuais* indicam sempre áreas de patologia de índole psicótica, da mesma forma que as distorções. A gravidade varia, por um lado, conforme a quantidade de acréscimos no registro total: se toma todas as pranchas, alguma série de pranchas ou apenas uma prancha; e, por outro, conforme a "qualidade": se são acrescentadas pessoas ou objetos completos ou, ao contrário, partes do corpo, partes de animais, objetos com construções estranhas e sem vinculação entre si.

As *omissões perceptuais* indicam zonas de conflito, mas por si mesmas não são evidência de áreas psicóticas, pois podem responder a mecanismos neuróticos evasivos ou de negação. A omissão passa a ser expressão de perturbação psicótica quando compreende todo o estímulo (negação da prancha) e coexiste, portanto, com a distorção perceptual e os múltiplos acréscimos. Para determinar até que ponto essas áreas omitidas, ligadas a partes da personalidade, estão dissociadas do restante, é importante observar a capacidade do entrevistado para reintegrar esses aspectos no interrogatório ou no exame de limites.

Nas produções correspondentes a *psicoses clínicas*, observamos que a distorção perceptual é máxima, devido ao ataque às funções de percepção e da ação de violentas identificações projetivas de objetos estranhos que dão lugar, na linguagem do Teste de Phillipson, a múltiplos acréscimos. Na medida em que a prancha é negada e a percepção é substituída pela expulsão de conteúdos emocionais, a omissão perceptual abrange todo o estímulo.

Em alguns casos, a primeira associação responde a uma percepção próxima das características da prancha, ainda que falhe a interpretação adequada (por exemplo, prancha A1: alma ou espírito), mas as respostas seguintes são associações à primeira resposta, e dessa forma o distanciamento da situação de realidade aumenta progressivamente. Quando se consegue manter certo grau de acomodação ao teste e é possível obter um registro, observamos:

1) Percepções arbitrárias (distorção e substituição de percepção por acréscimo) de objetos bizarros: a prancha está fragmentada em áreas múltiplas que contêm partes humanas (braços, pernas, olhos), partes de animais, animais pequenos. Por exemplo, prancha 1: víboras no centro, duas pernas de um menino (extremidade inferior esquerda), fogo (centro, acima), peixes brigando (abaixo, à direita). Em outros casos, as associações são por analogia ou contiguidade, mas de forma alguma relacionadas com dados de percepção.

Prancha 1: Uma iguana, tem olhos de gato, encolhida, vai saltar. (Não consegue determinar a localização no interrogatório.)

2) Incapacidade de dar respostas globais, pelo predomínio dos mecanismos de *splitting* que levam à fragmentação da prancha.

3) Concretismo: a prancha não é concebida como uma representação pictórica de uma situação emocional, mas como um objeto que "contém" concretamente esses objetos estranhos projetados. Isso se torna evidente em condutas estranhas na manipulação da prancha: aproximam-se muito, tocam-na, raspam-na como tentando "descolar" partes, apalpam-na como procurando relevos.

Nos *quadros pré-psicóticos* observamos mecanismos de extrema dissociação afetiva, isolamento e anulação, que respondem a uma necessidade comum: manter um controle exacerbado das fantasias psicóticas como meio de defender o contato precário com a realidade.

A angústia diante de uma desorganização iminente origina produções com as seguintes características quanto à percepção da prancha:

1) Ajuste meticuloso aos dados de realidade que a prancha oferece; a percepção centra-se mais nos objetos que nas pessoas. Predomina a superpreocupação com "ver direito, mos-

trar ou confirmar que sua capacidade perceptual não está prejudicada"; por exemplo, na prancha 3: "Aqui há três pessoas, aqui uma poltrona, uma parte de uma cabeça, uma mesa, vejo um bule de chá, vejo xícaras, aqui outra pessoa (aproxima-se da prancha), não consigo ver se é jovem ou velha, não posso lhe dizer mais nada, é isto o que se vê aqui." Em alguns casos contam os objetos presentes na prancha.

São produções meticulosas e muito pobres em conteúdo, o entrevistado não "arrisca" fantasias, justamente pelo incremento do controle obsessivo, por medo de um possível surto psicótico (exemplo, prancha 2: "duas pessoas, uma tem a cabeça inclinada para a direita, mais nada (?). Não sei lhe dizer, na prancha não se vê mais que isso").

2) Produções que começam a apresentar distorções a partir de um momento (na terceira ou quarta pancha) e não conseguem recuperar-se também evidenciam processos pré-psicóticos. O precário ajuste à realidade permite certo grau de ajuste emocional no início da tarefa, mas logo dá lugar a um aumento dos mecanismos de controle obsessivo patológicos já descritos, ou a sérias distorções perceptuais que põem em evidência o funcionamento psicótico.

3) Incapacidade de dar respostas que integrem dados de realidade com estados emocionais (contexto) e provocar integrações forçadas; essa característica expressa-se em um tipo especial de produção: as histórias encadeadas. O entrevistado esforça-se para relacionar cada prancha com as anteriores, tomando cada uma como parte de uma história única. Isto implica um "forçamento" das pranchas, na medida em que cada uma delas não é reconhecida em suas características diferenciais. Esse tipo de produção responde à tentativa de obter sínteses-uniões, integrações, mas a tentativa fracassa, porque para conseguir a união precisam recorrer à negação das características próprias de cada prancha, à negação da instrução, às omissões dos dados que não conseguem "fazer encaixar" na história ou às distorções de sentido. Resulta, portanto, uma produção com integração forçada.

Exemplo: Homem de 18 anos
 Este caso exemplifica a evitação do compromisso emocional, mediante histórias muito defendidas e respostas comuns. Apresenta histórias encadeadas como elemento indicador de processo psicótico:

Prancha A1: Posso ver as outras? Sensação de que está sozinho. Não consigo imaginar mais nada.

Prancha A2: Um homem e uma mulher, o homem não está mais sozinho, agora conseguiu uma companheira.

Prancha C3: A garota o convida para ir à sua casa... e... apresenta-o para a amiga, estão conversando. (*sobre o quê?*) Temas fúteis, sem importância. O homem está de costas e está olhando o objeto vermelho com muita atenção, chama muito a sua atenção e a minha também, não sei o que é. É a casa da garota.

Prancha B3: A amiga vai embora e ficam sozinhos, é estranho como é possível ver sombra se aqui não há luz. Pode ser outra coisa diferente, a amiga não foi embora e está em outro quarto, olhando a sombra do homem e da garota que estão bem juntos conversando. (*o que mais?*) O final seria que garota e homem... se apaixonassem e a amiga poderia estar apaixonada pelo homem também e por isso está espiando a amiga.

Prancha AG: Eu nesta foto vejo o homem, a garota e muitas pessoas que estão prestando atenção no relacionamento que eles têm.

Prancha B1: O homem volta para casa, este é o seu quarto, mais nada . (*o que o homem está pensando?*) Está pensando na garota. (*por quê?*) Talvez porque ele goste dela. No momento não me ocorre mais nada.

Prancha CG: Vejo o homem e muita gente (*limpa a prancha*)... está descendo por uma escada, uma das pessoas o chama. (*por quê?*) Para juntar-se ao grupo. (*para quê?*) Porque são seus amigos, do homem. Sente-se sozinho, ainda que com seus amigos dele.

Prancha A3: O homem não atende ao chamado e ... volta a subir a escada, estava descendo e agora sobe. Estes seriam amigos dele.

Prancha B2: O homem e a garota saem para passear (*para onde?*). Para uma praça. O homem abraça a garota. Ele lhe diz o que sente por ela.

Prancha BG: Este é o homem, estes são amigos. Ele não gosta de ficar com amigos (*por quê?*). Talvez seja porque não se sente à vontade com amigos, ou talvez seja porque gosta de ficar sozinho. Para pensar na garota. (*por quê?*) Todo homem apaixonado pensa em sua namorada, com amigos não consegue pensar porque falam e ele não consegue pensar, se distrairia.

Prancha C2: Este é o seu quarto, este é o homem e vai para a casa da garota... e a garota está dormindo, este é o quarto da garota. Tenho de ver a outra prancha, senão não sei.

Prancha C1: Esta foto me confunde um pouco porque segundo a história o homem entrou na casa da garota... esta é a cozinha, não pode ser a cozinha do homem porque mora num sobrado e está dentro da casa da garota e ele está fora, não, está em ordem invertida... Não me ocorre nada.

Prancha em branco: Tenho de falar alguma coisa?... Esta é a solidão do homem. Não sei, não como se sente, a solução é estar com a garota.

Quando o teste terminou, o paciente pediu novamente a prancha C1 e perguntou o que significavam aquelas faixas vermelhas que não conseguia compreender o que eram, pois antes não conseguira expressar seus sentimentos nem integrá-los com o que via.

Nos *processos delirantes*: a percepção pode ser mantida, mas há índices claros de patologia na interpretação da percepção (alteração de sentido de realidade). Nas *melancolias*: normalmente a percepção da realidade está preservada, mas podem apresentar-se ilusões perceptuais e alterações do sentido de realidade. Nas *produções neuróticas*: são mais frequentes as omissões perceptuais e os acréscimos no relato (não perceptuais). As omissões referem-se a regiões secundárias da prancha ou a detalhes e são relacionadas com mecanismos de evitação e negação de conflitos. Não indicam patologia séria quando são recuperáveis: o entrevistado pode ver no interrogatório o que anteriormente omitiu no relato.

As distorções neuróticas referem-se a distorções do clima emocional e não do conteúdo humano ou de realidade (negação do claro-escuro, insistência nas áreas luminosas da prancha, negação da cor vermelha na prancha 3). Os acréscimos de objetos ou pessoas circunscrevem-se a objetos ou pessoas incluídas no relato, mas não visualizadas como presentes na prancha (por exemplo, prancha 1: Um homem sozinho... suponho que logo se encontrará com um amigo).

Nas *produções psicopáticas*: observamos diferentes modalidades perceptuais, ainda que em geral a percepção seja mantida. Quando a psicopatia é uma estrutura clínica defensiva de uma organização psicótica de base, a percepção adquire as características descritas nos quadros pré-psicóticos (apresentam diferenças na atitude depreciativa e onipotente, diferentemente dos índices de angústia presentes no caso anterior).

Quando a estrutura de base é uma neurose, não se manifestam falhas perceptuais. As alterações presentes em toda psicopatia referem-se a alterações na interpretação, na atribuição de implicações emocionais ou avaliativas (alterações de sentido de realidade), que apresento no item seguinte:

b) SENTIDO DE REALIDADE

Critério. As alterações de sentido e de juízo de realidade estão estreitamente vinculadas, apesar de ser útil sua diferenciação do ponto de vista didático. Quando há alterações de juízo de realidade (evidente na distorção perceptual, ilusão e acréscimo perceptual), o sentido de realidade encontra-se inevitavelmente perturbado desde a base; e na situação contrária também há correlação: uma grave alteração do sentido de realidade pode promover a necessidade de "forçar" as percepções da prancha (distorção ou acréscimo perceptual, alteração de juízo de realidade), atribuindo-lhes características que não possui, para justificar a projeção de fantasias e evitar reconhecê-las como próprias. Por exemplo:

PRANCHA 2: É um casal, ela é egoísta, ele a ama. *Se vê que ele olha para ela com ternura,* ela evita o olhar e o rejeita.

PRANCHA 5: Almas no céu. Este é Jesus (figura à esquerda em primeiro plano). Vejo seu cabelo comprido. Ele os perdoa *porque tem uma expressão doce.*

Alterações não graves do sentido de realidade (do significado atribuído ao que se percebe tanto da realidade interna quanto da externa) podem também se apresentar nos casos em que o juízo de realidade e o teste de realidade estão preservados. Descreverei diferentes formas de manifestação desse tipo de distorção, mas antes preciso redefinir o conceito de *sentido de realidade em Phillipson* como a capacidade de atribuir aos elementos humanos e objetos materiais da prancha um significado coerente (tema de relações objetais, história) com o contexto de realidade da prancha (cor; claro/escuro).

Indicador 1: Atitude durante a realização do teste

Compromisso emocional e colaboração em contraposição a atitudes desconfiadas, depreciativas ou excessivamente animadas.

Com base na atitude emocional do entrevistado na situação projetiva, podemos inferir o significado emocional que ela adquire para cada caso particular e determinar se o sentido atribuído à situação é coerente com o sentido real. Podemos sistematizar três grandes grupos de alterações do significado da situação de teste:

a) Atitudes paranoides francas: o teste é considerado como um interrogatório policial, um truque, uma armadilha para obter informações à força para usá-las contra o entrevistado; uma armadilha para enlouquecê-lo; ou, então, autorreferências que se expressam na fantasia de que as pranchas foram feitas pelo psicólogo para aquele entrevistado em particular e que cada prancha se refere a um problema específico da vida do paciente.

b) Atitudes suficientes, de zombaria ou depreciativas: o teste é considerado como um desafio intelectual ao qual o paciente é submetido pelo psicólogo. Nesses casos, a produção tem por finalidade impactar, deslumbrar, promover confusão e diminuição intelectual no entrevistador, considerado como suposto adversário (psicopatias).

c) Atitudes extremamente animadas e eufóricas diante de um estímulo como o Teste de Phillipson, que apresenta situações interpessoais de alta carga emocional. Encaram o teste como um jogo de contar histórias, alheios à vida emocional pessoal (defesas maníacas).

Indicador 2: Percepção adequada do contexto perceptual ou distorção

A distorção das qualidades emocionais tristes, aflitivas ou persecutórias, provenientes das características da prancha (cor; claro/escuro), indica alterações na interpretação da realidade. São exemplos dessa distorção:

PRANCHA 5: Piquenique ou ato patriótico

PRANCHA 7: "Ampla escadaria de um velho casarão, ambiente calmo na hora da sesta."

Indicador 3: Características da estrutura da história

Coerências ou incoerências das características do conteúdo humano e do conteúdo de realidade com o contexto de realidade. Proposição e resolução de conflitos:
   a) Um elemento central a ser considerado é a capacidade para elaborar histórias com "bom senso" ou não. Diferenciamos pessoas capazes de elaborar histórias de relações humanas, conflitos e desenlaces realistas, e pessoas que propõem situações estranhas, pouco comuns, conclusões arbitrárias, explicações estereotipadas, soluções mágicas, pouco possíveis ou impossíveis no contexto humano, ou propõe histórias muito coerentes mas muito distantes do tempo em que o paciente vive (por exemplo: personagens da antiguidade, de outros planetas, de séculos futuros).

EXEMPLOS:
HOMEM DE 24 ANOS

PRANCHA 2: Um jovem romano, adolescente, com a cabeça raspada conversa com seu mestre. Discutem sobre a vida e a morte num estado de íntima comunhão espiritual. O jovem vai dedicar sua vida a aprender com o ancião e, por sua vez, transmitirá sua sabedoria a outros jovens.

HOMEM DE 53 ANOS

PRANCHA 1: Isto é um nevoeiro, um dia enevoado, um homem. Pode ser a criação do mundo. Pode ser um homem que surge da névoa. Assim começou o mundo, dizem que o mundo começou todo nebuloso e que Deus dissipou a névoa. O homem em sua face histórica era curvado, pequeno e usava lanças para caçar animais ferozes, se cobria com couro. (*esclareço a instrução*) Esta situação terá sido criada por Deus todo-poderoso. E isto é um homem que surge também criado por Deus todo--poderoso, surge das trevas, que foram dissipadas pelo sol. Este homem olha seu próprio destino em direção ao futuro. Possivelmente se encontra isolado, sozinho, meio perdido, e deve lutar para se alimentar e subsistir. No entanto, esta prancha deveria ter uma mulher também, porque um homem sozinho não é nada na vida. É como um barco sem timão, à deriva. Como termina? Isso só Deus saberá como terminará. Nós somos mortais e não chegaremos a saber disso.

Prancha 2: O encontro feliz, o homem com a mulher. A mulher que talvez seja sua companheira eterna na vida e talvez na morte. Espiritualmente. Ele lutará para que não falte nada para ela, para protegê-la dos perigos que possam surgir no caminho. Tudo isso é impulsionado por um ser que nós não conhecemos e que chamamos Deus, que dá o sentido e a orientação. Espiritualmente, eles são guiados por outro ser que os anima a continuar lutando. Terminará na morte, em algo ineludível. Dia a dia vamos nos aproximando de nosso fim, inexoravelmente, a morte.

Prancha 5: Estes parecem animais pré-históricos ou répteis que surgem nos pântanos, arrastando-se para qualquer lado procurando alimento diariamente. Para terminar serão caçados pelo homem, para exterminá-los ou então para sua alimentação.

Mulher de 39 anos
(*Interpretação delirante*)

Prancha 7 (CG): (*OLHA atentamente para a prancha. Gira-a para a esquerda uns 45 graus e torna a colocá-la em posição correta. Toca a prancha com a mão direita.*)... É o fim do mundo, está a mãe com uma criança e aqui (*indica as figuras à direita*) estão pedindo para perdoá-la. É o que eu imagino, mais nada. (*eu olho para ela.*) É o que eu imagino, mais nada.

Interrogatório
Ps.: O que aconteceu?
  E.: Aqui eu imagino que há uma senhora com um bebê e há outra pedindo perdão.

Ps.: Por que ela tem de pedir perdão?
E.: Porque é o fim do mundo e estas são as pessoas boas que ficaram.

Prancha 8 (A3): Há um homem com capacete, parece que aí (*mostra o meio*), parece que seriam bombeiros e aqui um policial no meio da fumaça. Da fumaça do incêndio. Imagino que este (*figura à esquerda*) seria um policial e este um bombeiro e outro homem.

Prancha 10 (BG): ... É o que restou do fim do mundo (*mostra a prancha toda*)... as pessoas, as pessoas que restaram estão olhando para dentro, como uma igreja. O demais é uma solidão que... E isto por aqui pode ser o mar? (*Abaixo à direita. Passa a mão direita pelo lado esquerdo da prancha*) É isso o que eu imagino.

Interrogatório (a posteriori)
Ps.: O que aconteceu ali?
E.: Imagino uma coisa como em Roma. Foi o fim do mundo e ficaram essas casas sem teto, viu? E as pessoas que ficaram estão aí, e eu imagino que dentro está o Senhor falando com eles, como uma igreja. Isto aqui como água. Há uma solidão e restou isso, mais nada.
Ps.: O Senhor está falando sobre o quê?
E: Sobre o fim do mundo, o que aconteceu. Falando a Santa Palavra da Igreja.

Prancha 11 (C2): (*Olha a prancha*) Um homem que vem chegando da cordilheira para seu... rancho. Vem com os (*toca seu corpo, os ombros, como para gesticular o que quer dizer*) com isso grosso... não sei como se chama aqui. Esses agasalhos grossos que se usam na cordilheira (*parte um fio, aos puxões*). É isso o que imagino.

  b) As distorções podem estar projetadas em personagens da história: personagens que se aborreçam ou que se isolam por razões desconhecidas, que têm condutas arbitrárias ou estranhas, que entendem mal ou acreditam não ser queridos, desprezados. Quando isso é parte de uma produção neurótica, o entrevistado descreve esses personagens tentando explicar que tais condutas não correspondem à realidade dos sentimentos do protagonista, ou de outras pessoas comprometidas na história; podemos pensar em distorções distônicas que o paciente está tentando compreender e modificar (descreve a distorção, mas apela para a comparação com a realidade como forma de discriminar).

Em produções psicóticas, a situação pode ser apenas verbalizada, e às perguntas referentes ao por que ele age assim, ou se terá razões para pensar como pensa, o paciente responde que não sabe. Isso indica a necessidade de manter sob controle (dissociados) os aspectos delirantes. Na medida em que fracassa a tentativa de compará-los com a realidade e entendê-los da perspectiva do mundo interno, são aspectos sempre presentes, que correm risco de ser desbloqueados e originar condutas manifestas do paciente do mesmo tipo das descritas no personagem (arbitrárias, estranhas, descontroladas).

c) O predomínio de sérias alterações de sentido manifesta-se em histórias estereotipadas, iguais apesar das notórias diferenças das diversas pranchas. Isso evidencia a dificuldade de conhecer a realidade e o forçamento desta para interpretações rígidas, produto de conflitos internos. Por exemplo, em todas as pranchas os personagens sofrem por danos provocados, ou todos são pessoas egoístas que pensam só em seu bem-estar, ou são o próprio personagem em diferentes momentos de sua vida.

d) A indiferenciação ou confusão bom-mau: a impossibilidade de estabelecer uma dissociação adequada dos aspectos do ego e dos objetos no desenvolvimento evolutivo impede a integração, produz estados mentais de confusão e altera desde a base a interpretação da realidade. A indiferenciação entre o bom e o mau, ou a atribuição alterada que se expressa pela idealização do objeto persecutório e pela desvalorização do objeto continente, é resultado de intensos sentimentos invejosos que levam o ego a aviltar e a atacar justamente o objeto necessitado e doador. Faz parte da área ou funcionamento psicótico da personalidade.

Nas produções do Teste de Phillipson podemos observar essa distorção:

a) Na supervalorização afetiva e no reconhecimento admirativo de personagens poderosos, egoístas, arrogantes, que conseguem dominar outros personagens por meio de atitudes de submissão. Nesses casos o sistema avaliativo que conforma o ideal do ego supõe a idealização dos aspectos prejudiciais ou persecutórios do objeto. O entrevistado tenta identificar-se com essas características depositando os aspectos sofredores e dependentes em outros (mecanismo proeminente nas psicopatias e paranoias).

b) Na supervalorização afetiva dos traços de submissão masoquista e entrega passiva dos personagens. Subjaz uma intensa confusão entre o crescimento do ego e o movimento destrutivo e homicida em relação ao objeto. Os traços patológicos e suicidas tornam-se supervalorizados. O sistema avaliativo do ideal do ego supõe submissão e privação afetiva para obter o amor e o perdão do objeto (mecanismo dominante na melancolia e nos traços melancólicos).

Em psicoses paranoides, as verbalizações que expressam alteração do sentido de realidade (quanto ao teste e à estrutura da história) são diretas. Quando há certo vislumbre de juízo de realidade, o paciente esconde suas suspeitas, mas assume condutas muito evasivas que se expressam por respostas rápidas, distantes, muito curtas, referidas somente ao que "se" vê na prancha (desconfiança). Descrição da prancha sem realização de história. O incômodo mobilizado pela interpretação delirante expressa-se nesses casos como crítica às pranchas (estão malfeitas de propósito, as sombras que os objetos projetam estão mal desenhadas, a cor não tem sentido dentro da prancha, são escuras para provocar depressão). Rejeitam as pranchas, negam-se a prosseguir.

Nos processos *melancólicos*, a percepção dos personagens humanos é preservada (reconhecem formas humanas, objetos da realidade). No entanto, apresentam três tipos de distorções de sentido:

a) Visualizam pessoas e percebem bem os sexos e o clima emocional, mas as razões pelas quais explicam o estado emocional indicam a presença de esquemas superegoicos rígidos que impedem uma boa atribuição de sentido. Por exemplo:

PRANCHA 5: Pessoas num lugar com névoa. Percebe-se que estão tristes, abatidos, é o castigo justo que recebem por ter vivido mal; mulheres dedicadas à vida errada, prejudicaram muita gente, pecaram.

b) Reconhecem formas humanas, mas se referem verbalmente a almas penadas, espíritos, à sombra de um homem etc. As pessoas adquirem traços (significados) desvitalizados, desumanizados.

c) Apresentam confusão entre amor ao objeto e submissão masoquista; entre busca de amor e atitudes culposas de autorrecriminação; entre conquista do amor do objeto e perdão ou absolvição dos maus sentimentos ou más ações do sujeito. Nesses quadros a busca de definição autônoma é considerada como um ato egoísta de abandono e um desafio aos objetos superegoicos. Em contrapartida, a paralisação culposa, a cisão da agressão e a submissão masoquista, com características de entrega ao perseguidor, são valorizadas como "boas" e como produtos do amor ao objeto.

Nas produções neuróticas, as pranchas em geral são bem percebidas, as distorções estão centradas na dificuldade para integrar alguns contextos de realidade vinculados com aspectos pessoais não tolerados. Por exemplo:

PRANCHA 2: Duas pessoas, um homem e uma mulher sozinhos numa gruta, poderia ser de frente para o mar. São amigos, estão conversando e depois vão sair para caminhar. (Evitação fóbica do contato corporal efetivo, escotomas relativos à sexualidade.)

Cada modalidade neurótica apresenta omissões específicas ou evitação de significados. Essas distorções têm relação direta com os conflitos correspondentes aos pontos de fixação do quadro.

Em cada quadro neurótico encontramos certas constantes que especificamente são evitadas ou negadas na percepção. A título de exemplo, em alguns quadros as distorções estão centradas em contextos que se referem à agressão ou à sexualidade; em outros, em contextos que mobilizam experiências de desamparo e depressão ou experiências de solidão e exclusão. A distorção de sentido tem aqui como finalidade defensiva manter a repressão dos aspectos não tolerados e evitar situações de dor psíquica.

Os desenlaces neuróticos pouco realistas se expressam por meio de "finais felizes" ou mágicos, sempre num âmbito de resultados possíveis na realidade; em contrapartida, os métodos e passos para obter esses desenlaces podem carecer de realismo (porque são muito rápidos, são obtidos sem dor). O prognóstico é melhor se o entrevistado faz uma reintegração paulatina, no decorrer do teste, dos aspectos dissociados. Também é de bom prognóstico, ainda que de menor ordem em relação com a possibilidade de obtê-la espontaneamente, que essa reintegração surja no interrogatório no exame de limites (a capacidade de reintrojeção indica graus de plasticidade do ego e capacidade de recuperação terapêutica).

Nas produções psicopáticas, as distorções do sentido de realidade estão presentes em todo o material de forma explícita; manifestam-se em todas as áreas de produção e interpretação do teste:

a) Na personalidade psicopática a linguagem verbal apresenta características de organização lógico-formal adequada. As palavras, no entanto, não têm o significado emocional de símbolos que servem para representar ou comunicar experiências emocionas, mas de objetos concretos que têm o poder de expulsar emoções e provocar modificações na conduta do interlocutor (pseudossímbolos) (6). Com base nessa distorção do significado das palavras, a instrução que o psicólogo dá e o trabalho que propõe, longe de serem concebidos como uma forma de obter uma comunicação interpessoal eficaz, são interpretados como uma ordem que contém um desafio intelectual. Os entrevistados respondem, por exemplo, aos três tempos indicados na instrução (presente, passado e futuro) não porque conseguem uma boa perspectiva temporal, mas sim porque "memorizam" o pedido, a ordem e, de um ponto de vista intelectual, têm um bom rendimento. A evidência dessas distorções é oferecida pelas qualidades assumidas pelas produções:

a) Referem-se a passado, presente e futuro, mas por meio de condutas ou atividades concretas, não de evoluções emocionais que permitam inferir certa consciência de causalidade psíquica. Como exemplo dessa situação, há um caso que registrei no capítulo III, em que o entrevistado diz, na prancha 1: "um homem está caminhando por uma rua, antes caminhou por outra e depois vai caminhar por outra".

b) Por outro lado, evidenciam-se, também, nas construções de histórias que têm por finalidade produzir impacto, deslumbrar ou confundir o psicólogo, em vez de transmitir informação sobre a vida mental (histórias copiosas e redundantes na linguagem e com pouca descrição dos personagens, histórias alternativas opostas, histórias vagas e difusas).

c) No sistema de valores implícito, que evidencia idealização de aspectos negativos e persecutórios e desvalorização de aspectos capazes de estabelecer ligação afetiva e empática (alteração na diferenciação bom-mau).

Essa característica se manifesta em personagens nos quais são valorizados os traços de desconexão afetiva, poder e domínio sobre outros, em contrapartida são desvalorizados os sentimentos ternos, a dependência e toda necessidade afetiva de ligação e proximidade (alteração do sistema de valores do ideal do ego; identificação onipotente com o objeto perseguidor).

II. Capacidade de pensamento simbólico (contraposto a pensamento concreto)

a) Capacidade de análise, síntese e abstração
b) Noção de causalidade
c) Capacidade de estabelecer relações simbólicas com a realidade

Critério. O predomínio do pensamento lógico-abstrato e da capacidade para o manejo simbólico do mundo interno e externo evidencia-se no Teste de Phillipson:

1) Pela possibilidade de entender o sentido da situação de teste e o próprio teste como um objeto representante (símbolo) da realidade externa e ao mesmo tempo capaz de agir como mediador da realidade interna, sem ser confundido com nenhuma das duas.

2) Pela possibilidade de dar respostas globais (síntese) nas quais possam ser integradas as pessoas da prancha com o conteúdo de realidade e com o contexto de forma significativa (por exemplo, prancha 1: "um homem num lugar com bosques, um pouco triste, em atitude reflexiva").

3) Pela capacidade de explicitar por partes (análise) as razões ou os motivos emocionais que produziram condutas (causalidade) e buscar soluções que possam resolvê-las.

4) Pela possibilidade de centrar a atenção do relato nos vínculos humanos presentes nas pranchas (abstração do que é central) e conceber a história como uma criação que, apesar de sugerida pelos dados da realidade da prancha, é uma criação pessoal, que decorre de uma perspectiva própria ("eu posso imaginar que...", diferentemente de "este homem é...").

5) Pela possibilidade de analisar os três momentos, passado, presente e futuro, como tempos diferentes mas unidos em um tema central.

A) Capacidade de análise, síntese e abstração

Capacidade de análise e síntese

Indicador 1: Ajuste ou distorção perceptual

Quando o ataque às funções egoicas de percepção da realidade externa é o elemento dominante na vida mental, a prancha é objeto de violentas identificações projetivas que anulam desde a base a possibilidade das funções de análise, síntese e abstração. A produção adquire as características que descrevi anteriormente no item sobre o juízo de realidade (indicador 1) e evidencia um profundo ataque a toda possibilidade de análise e síntese, pois falta a precondição para o desenvolvimento dessas funções, que é a percepção da realidade.

Indicador 2: Análise detalhista com finalidade defensiva

Descrições demoradas e detalhadas de cada elemento da prancha, mas com incapacidade para propor verbalizações globais que permitam definir a situação por meio da perspectiva emocional.

Prancha 3: Um homem sentado de costas em uma poltrona, uma mulher idosa de frente, na mesa, louça de chá. Um homem em pé, diante de alguma coisa que parece uma estufa, há uma luz acesa. (?) Estão conversando. (?) Não sei, alguma coisa corriqueira, vejo xícaras, um bule de chá, estão sentados.

Aqui as funções de análise estão circunscritas ao que "se vê" na prancha, o entrevistado evita estabelecer relações entre as pessoas e, sobretudo, evita atribuir algum clima emocional. A função de síntese fracassa e a análise cumpre a função de controle das emoções. Predominam mecanismos de isolamento.

O refúgio na análise cuidadosa é de pior prognóstico (pré--psicótico) quando se centra especialmente no conteúdo de realidade.

Indicador 3: Sínteses apressadas com finalidade defensiva

Apresenta características opostas ao indicador anterior, mas têm uma mesma finalidade, que é o controle rígido das emoções: o entrevistado percebe bem a situação global, mas não pode depois explicitar os papéis de cada pessoa, o interjogo de relações, os passos na resolução do conflito. Por exemplo:

PRANCHA A2: Um homem e uma mulher conversando numa paisagem solitária. Mais nada.

PRANCHA C3: Um grupo de três dialogando e tomando café numa cabana. Mais nada.

A resposta geral inicial indica uma adequada capacidade potencial de síntese, mas a dificuldade de análise corresponde à dificuldade para integrar os efeitos. Trata-se de um ajuste formal à realidade, mas rígido e empobrecido pelo gasto implicado na atividade defensiva. A dificuldade de análise expressa-se também na incapacidade para propor e, portanto, elaborar os passos na resolução do conflito. Em algumas dessas produções dominam as soluções rápidas do tipo: "ficou tudo bem" (mecanismo de anulação).

Indicador 4: Histórias alternativas

Quando na produção observamos histórias que apresentam associações díspares, ou personagens que têm diante de si diferentes alternativas para resolver seus conflitos, estamos diante de alterações nas funções de síntese. Dominam, diante de intensos sentimentos ambivalentes, mecanismos de isolamento e anulação que impedem a integração (síntese) e que, da perspectiva clínica, expressam-se como dúvidas obsessivas ou confusão. Por exemplo:

PRANCHA 1: Poderia ser um homem que está triste por alguma coisa, ou talvez esteja esperando alguém ou simplesmente é um notívago voltando para sua casa. Se for um homem que está triste, vai se reencontrar, se estiver à espera... etc.

Nesse mesmo indicador, encontramos produções com duas histórias alternativas totalmente opostas em cada prancha. Nesse caso, a síntese está evidentemente alterada, dominam também mecanismos de isolamento e anulação. Como elemento diferencial, observamos que a dissociação é mais extrema. Pode estar acompanhada de fantasias onipotentes compensadoras, centradas no exibicionismo da capacidade imaginativa. Nesse caso, o entrevistado necessita mostrar que é capaz de idealizar situações opostas a partir de uma só representação (psicopatias).

Indicador 5: Estilo verbal

Outra evidência do desenvolvimento ou do fracasso na capacidade de análise e síntese é obtida pela observação do estilo verbal do entrevistado: a capacidade ou a incapacidade de estruturar histórias completas com poucas frases significativas, nas quais consiga integrar nos personagens pensamentos, ações e sentimentos. Essa possibilidade se opõe a verbalizações detalhistas com ausência de afetos, descrições confusas ou descrições globais pobres.

Capacidade de abstração

A *capacidade de abstração* decorre diretamente do sucesso ou do fracasso na capacidade de análise e síntese. Com fins didáticos, agrupo abaixo os indicadores que se referem à capacidade de abstração.

Critério. A capacidade de abstração se expressa no Teste de Phillipson pela possibilidade de se referir ao que é principal em cada prancha (as relações humanas) e desenvolver um tema de relações objetais coerentes com o conteúdo e o contexto. Está diretamente relacionada com a capacidade de síntese. Manifesta-se por:

Indicador 6: Possibilidade de centrar a história nos personagens humanos

Capacidade para discriminar (abstrair) na prancha o que é principal e o que é secundário; diferencia-se dos exemplos vistos anteriormente nos quais predominam as descrições cuidadosas do conteúdo de realidade.

Indicador 7: Capacidade para abstrair traços humanos

Capacidade de descrever personagens capazes de sentir, pensar e agir, diferentemente de personagens desumanizados que só agem ou estão presentes, mas que impressionam como máquinas, bonecos ou robôs, visto que não se incluem sentimentos ou conflitos emocionais.

Indicador 8: Capacidade de organizar relatos centrados na situação emocional durante o passado, o presente e o futuro

Opõe-se a descrições detalhistas ou a produções nas quais são incluídos muitos personagens para avaliar as razões do desenvolvimento da história e que produzem relatos pobres, ou confusos, mas nos quais falta o desenvolvimento essencial que a instrução procura.

Indicador 9: Possibilidade de extrair um tema e desenvolvê-lo

Diferentemente de histórias e finais alternativos ou com alternativas opostas.

B) Noção de causalidade emocional

Critério. Noção de causalidade emocional significa a capacidade para ligar estados mentais ou atitudes a conflitos emocionais ou sentimentos. Está diretamente relacionada com a capacidade de *insight*, e supõe conexão com a realidade psíquica. Abre a possibilidade de compreensão empática com outras pessoas, e ao mesmo tempo a capacidade de fazer ou estabelecer certas conexões mínimas de causa-efeito nas relações interpessoais.

Indicador 1: Descrição emocional dos personagens na história

Possibilidade de explicitar os sentimentos e pensamentos dos personagens, humanizando-os. A patologia expressa-se por descrições de atividades, ações ou condutas que não se explicam na história. (Os personagens saem, entram, falam, mas não têm descrição emocional.)

Indicador 2: Possibilidade de ligar os estados emocionais a vínculos amorosos ou agressivos

A patologia expressa-se por emoções abruptas não explicáveis pelo contexto verbal ou que podem chegar a ser deduzidas mas que não estão explicitadas.

PRANCHA 3: Um homem mais idoso, uma mulher e um jovem. O jovem está de costas em atitude de raiva e oposição. (?) Não deve ter gostado do que falavam. (?) Não sei, possivelmente sobre política.

Indicador 3: Concatenação entre passado, presente e futuro

Possibilidade de criar hipóteses sobre as situações vinculares que levaram o personagem, ou os personagens, à situação da prancha. Capacidade para criar hipóteses sobre desenlaces. A patologia expressa-se por bloqueios na elaboração de hipóteses sobre o passado, o presente ou o processo de desenlace.

Indicador 4: Causalidade realista

Possibilidade de estabelecer nexos realistas entre a conduta de cada personagem e a resposta dos demais. Por exemplo, na *prancha 3:* o personagem em pé se aborreceu porque criticaram sua conduta; ou na *prancha 9:* o personagem sozinho está triste porque está se despedindo de dois amigos queridos. Em contrapartida, há produções nas quais o entrevistado tenta estabelecer nexos causais, mas eles são estereotipados, dependentes de seres extraterrestres ou pouco realistas (distorção do sentido de realidade). Por exemplo, *prancha 5:* "Estão tristes porque cometeram pecados e aqui está Jesus censurando-os"; ou na *prancha 7:* "Estão atacando alguém porque é muito honesto e isso eles não aguentam".

C) CAPACIDADE DE ESTABELECER RELAÇÕES SIMBÓLICAS COM A REALIDADE

Critério. Expressa-se pela capacidade para perceber a prancha como um objeto que representa situações humanas que podem mobilizar conflitos ou experiências pessoais. Quando a prancha é equiparada ao próprio sujeito, passa a ser tratada como um objeto de alto poder persecutório, que deve ser negado onipotentemente ou aniquilado por meio de diversos mecanismos de destruição e controle.

Os fracassos na capacidade simbólica expressam-se com maior dramatismo nas psicoses clínicas, resultando em produções repletas de objetos despedaçados e bizarros, em bloqueios absolutos, condutas estranhas com relação à prancha (tocá-la, virá-la, girá-la 180 graus, raspá-la).

Quando a patologia não é tão evidente, as falhas simbólicas expressam-se por:

Indicador 1: Bloqueios na capacidade de criar histórias e estabelecer vínculos emocionais

O entrevistado não pode considerar os objetos da prancha como continentes para projetar e deslocar seus vínculos internos e produz relatos sucintos, formais, com pouco ou nenhum compromisso emocional.

Indicador 2: Perda de distância emocional

A prancha é sobrecarregada, como efeito do incremento de identificação projetiva, ou passa a confundir-se com o ego ou com objetos próximos ("Aqui estou eu, esta é minha irmã"), ou desperta reações emocionais intensas e desajustadas de raiva e indignação (paranoia), de choro (melancolia) ou exclamações emocionais exageradas de desgosto ou rejeição ("Ai! Que feio! Isto é horrível, não, não consigo", nas fobias).

Em qualquer um desses casos fracassa a capacidade para considerar a prancha como representante simbólico, e passa a ser equiparada a situações internas, o que se evidencia em reações de perda de distância emocional.

Podemos inferir a determinação do grau de incidência psicótica sobre a personalidade total pela extensão ou pela restrição desses processos (se abrangem muitas pranchas e de séries diferentes ou só uma). Quando se trata de uma só prancha, e além disso o material gráfico não contém índices psicóticos, pensamos que a prancha mobilizou uma área limitada em uma personalidade neurótica (por exemplo, na *prancha 5*, a reação chorosa de uma pessoa que atravessa atualmente uma situação de luto, ou na *prancha 2*, uma rejeição abrupta em uma fobia ao defloramento).

Nas psicoses o ataque ao aparelho perceptual, em suas funções de percepção da realidade interna e da externa, e o ataque às funções de vinculação impossibilitam a obtenção de pensamento simbólico. Dominam, em contrapartida, a identificação projetiva excessiva e os mecanismos de *splitting*, originando o predomínio de equações simbólicas e, no terreno do pensamento, o concretismo.

Para as psicoses clínicas, retomo o que vimos nas distorções perceptuais fazendo a relação com esses novos aspectos:

1) A prancha não é vista ou reconhecida como uma parte diferenciada da realidade externa, mas é objeto de um violento ataque projetivo que provoca o fracasso da possibilidade de análise, síntese e abstração.

2) Os objetos interiores representados nas pranchas (homens, objetos materiais) são distorcidos e fragmentados em pequenos subobjetos (animais pequenos, partes de pessoas) pela intensidade dos mecanismos de *splitting*. Ou ocorrem "pseudointegrações" arbitrárias que levam à criação de objetos bizarros (a iguana com olhos de gato, ou então a ligação forçada de todas as histórias). Esses fenômenos evidenciam um fracasso extremo na capacidade de sintetizar, unir, que é substituída pelo despedaçamento do objeto ou pela aglomeração arbitrária.

3) A prancha passa a ser sentida como "contendo realmente" esses objetos aterrorizantes projetados, o que se evidencia em condutas bizarras: tocar a prancha, virá-la, bruscas condutas paranoides, condutas alucinatórias durante a realização do teste.

4) Toda possibilidade de fazer histórias coerentes e causais fracassa (passado, presente, futuro – *splitting* da noção de tempo).

III. Capacidade de insight e elaboração

a) Capacidade de reconhecimento da realidade psíquica. Capacidade de elaboração
b) Capacidade de reparação e sublimação

A) Reconhecimento da realidade psíquica.
   Capacidade de elaboração

Critério. Certo grau de negação da realidade psíquica está unido a um grau correlato de negação e ataque da realidade externa. O reconhecimento da realidade psíquica supõe um grau de desenvolvimento e integração do aparelho mental que possibilita separá-lo do mundo externo. As defesas psicóticas e neuróticas têm, por finalidades diversas, os diferentes graus de negação da realidade psíquica como modo de evitação da dor. A possibilidade de conexão com o mundo interno (*insight*) pode originar ou não a elaboração e a modificação. A possibilidade de elaboração depende do grau de tolerância à frustração e à dor psíquica que a experiência de *insight* implica. Podemos investigar o grau de reconhecimento ou negação da realidade interna, bem como as possibilidades de modificação, observando:

Indicador 1: Atitude do entrevistado durante a realização do teste. Modificações ou rigidez de conduta

A maneira como um entrevistado enfrenta a situação de exame psicológico nos fornece informação sobre sua capacidade para reconhecer ou evitar o contato com seu mundo interno. Se uma pessoa desenvolve condutas céticas e de desprezo e supõe que fazer essas coisas (de forma manifesta ou latente) seja algo bobo, infantil ou carente de sentido, acreditamos que ela não reconhece a existência de motivações emocionais na vida adulta. Podemos pensar o mesmo a respeito do entrevistado que se mostra muito "adaptado" e toma a tarefa do teste como um exercício intelectual no qual ele não está incluído emocionalmente, ou do entrevistado que dá respostas rápidas, comuns e tenta "safar-se" o mais rápido possível da tarefa projetiva, sem se comprometer emocionalmente.

Um entrevistado com boa disposição para se conectar com seu mundo interno mostra, como já vimos, claros sinais de ansiedade no início da tarefa porque "sabe" que as histórias que cria são produtos pessoais nos quais está comprometido como pessoa.

Evidencia uma atitude reflexiva e de busca dentro de si por respostas pessoais e não respostas comuns que, por serem assim, são menos comprometedoras. Apresenta mudanças de rendimento ao longo do teste, por diminuição da ansiedade paranoide devido à maior segurança sobre suas possibilidades de criar e elaborar conflitos (no quais se "posicionou" emocionalmente) e por retificação de seus temores inconscientes iniciais diante do psicólogo, cuja conduta real continente comparou durante o teste. Essas mudanças, produto de elaborações durante o teste, expressam-se em:

a) Variação de respostas emocionais, defensivas e conflituosas nas diferentes pranchas (plasticidade egoica *versus* estereotipia).

b) Reintegrações e novas associações durante o interrogatório: tenta colaborar para esclarecer o porquê de suas histórias e traz dados históricos pessoais, porque com eles tenta esclarecer as produções, ou porque essas associações surgiram durante a realização do teste e naquele momento não as verbalizou.

Indicador 2: Capacidade para propor situações emocionais conflituosas e resolvê-las

A patologia se manifesta por:

a) Histórias nas quais não são propostos conflitos, mas só lampejos situacionais com exclusão de afetos. Por exemplo, *prancha 1:* Homem sozinho caminhando. (*?*) Está pensando. (*?*) Em trabalho. (*?*) Vai voltar para sua casa.

b) Histórias nas quais são propostos conflitos sérios, mas em que a causalidade é posta em situações alheias à vontade, catástrofes naturais, crises econômicas, ordens divinas. (Por exemplo, *prancha 1: Mulher de 38 anos*: Um homem só, triste, aborrecido, perdeu tudo o que tinha, família, casa, amigos. Não sabe o que fazer. [*?*] Não sei, vai esperar. [*?*] É um país em guerra, uma bomba destruiu o lugar, a cidadezinha em que viviam.) Ou não podem explicitar as razões profundas que desencadeiam as condutas adotadas pelos personagens.

EXEMPLO: MULHER DE 26 ANOS: este exemplo mostra uma dissociação extrema de afetos em histórias em que são propostas situações altamente dramáticas, tais como homicídios e suicídios:

PRANCHA A1: Aqui há um homem desesperado diante da vida, que diante da falta de compreensão do mundo, farto de tudo, diante do espelho opaco da água, chega à decisão de suicidar-se. (*Deixa a prancha e olha para mim inexpressivamente.*)

PRANCHA A2: Um casal... marido e mulher, estão esperando alguém que não chega. Talvez o filho que saiu para brincar com um amigo mais velho... Quando ele chegar, vão repreendê-lo e proibi-lo de continuar a amizade com esse amigo; ainda que lhe doa muito. Mais nada.

PRANCHA C3: Ao fundo, se vê um homem jovem sentado... que está doente, com roupas para ficar de repouso na cama. Diante dele um homem parado e uma mulher sentada, que foram visitá-lo. Têm uma longa conversa sobre temas de política e economia. A mulher e ele concordam; o homem em pé discorda. Ao terminar a conversa, o homem vai embora sozinho e a mulher resolve ficar para cuidar do doente que, no entanto, piora e morre. (*Vê mais alguma coisa na cena?*) Sim... uma luminária que não combina com o resto do ambiente. (*Deixa a prancha sobre as outras e olha seriamente para mim.*)

PRANCHA B3: (*Movimenta-se no assento e deixa passar um minuto de silêncio antes de falar)*... Uma mulher com... Me lembra as estátuas da rua Florida com a Diagonal... Olham-se decididos a se entender, sem pensar em outra coisa senão neles... (*fica em silêncio por um longo tempo e me estende a prancha dizendo-me:* "Isto eu não vejo"...)

PRANCHA AG: São três homens agachados... esperando outros três que vêm andando em sua direção. Os que estão esperando querem matá-los e ficar com seu dinheiro. Quando se aproximam, atacam-nos até matá-los e depois de repartir o dinheiro entre eles voltam para a cidade sem remorso. (*Deixa rapidamente a prancha sobre as outras.*)

c) Histórias em que se propõem conflito emocional e causalidade adequada, mas fracassa a elaboração e surgem soluções "caídas do céu", em que se salta toda a situação dolorosa de modificação.

Exemplo: Mulher de 28 anos

Prancha 4: É um casal a ponto de se separar; o homem quer ir embora, a mulher o detém. O filho observa angustiado a situação. Provavelmente os dois têm culpa disso; ele, como muitos homens, refugiou-se em suas coisas, seu trabalho, coisas de fora; ela é uma mulher fria e egoísta que não conseguia pensar senão em si mesma. A relação se desgastou. Acho que vai ficar tudo bem; eles entenderão e cada um modificará sua parte.

Indicador 3. Possibilidade de integrar sentimento, pensamento e ação nos personagens criados

Capacidade reflexiva dos personagens. Os personagens adotam condutas relacionadas a sentimentos e pensamentos; esse ponto já foi descrito em "Noção de causalidade emocional". Os personagens podem refletir sobre suas condutas e se corrigirem; isso pode ocorrer na própria prancha ou progressivamente, à medida que o teste progride.

A patologia é observada em histórias com personagens com pouco grau de humanização, estereotipados, rígidos, iguais nas diferentes histórias. Um exemplo de impossibilidade de integração de afetos com pensamento e ação é o caso registrado anteriormente neste item (Indicador 2, ponto b), mulher de 26 anos).

B) Capacidade de reparação e sublimação

Critério. Manifesta-se pelos mesmos indicadores desenvolvidos em *insight*, elaboração e simbolização.

Quando colocamos o entrevistado diante de cada uma das pranchas do teste, oferecemos-lhe a possibilidade de externalizar seus conflitos e apelar posteriormente para os recursos reparatórios com que conta para modificá-los. Medimos a capacidade de reparação fundamentalmente por:

Indicador 1: Atitude emocional diante da tarefa do teste

Para realizar uma tarefa efetivamente reparatória, a pessoa entrevistada deve estar disposta a reviver diferentes situações vinculares e, portanto, a registrar emoções variadas e reconhecer suas possibilidades e incapacidades nas tentativas de modificação. Não podemos falar de capacidade reparatória se o processo passa somente pela área intelectual, ou se não se reconhece a produção como uma criação decorrente dos conflitos pessoais.

Indicador 2: Grau obtido de reparação do objeto. Objetos inteiros, dissociados, fragmentados

2a. A história como objeto

A própria história é a evidência do tipo de objeto que esse entrevistado é capaz de criar ou recriar dentro de si.

A observação da história em si como objeto completo, inteiro (relacionado com o estímulo, com diferenciação de partes temporais, passado, presente, futuro, e com diferenciação de papéis), ou, ao contrário, fragmentado (partes de pessoas, objetos materiais não integrados com o conteúdo humano), ou dissociado (fracasso na integração de pensar, sentir ou agir, ou fracasso de inclusão do passado, do futuro ou do presente) nos fornece informação sobre a possibilidade ou o déficit na recriação simbólica (reparação e sublimação).

2b. Os personagens como objetos

Os personagens humanos que cada entrevistado recria nos indicam o grau de reparação ou destruição em que estão os objetos internos e o ego do entrevistado.

Aqui opomos como polos do processo:

- Pessoas com traços humanos.
- Pessoas completas, homens, mulheres, crianças.
- Pessoas integradas, pensam, sentem, agem, têm sexo definido.

- Pessoas desumanizadas, almas, bonecos.
- Partes de pessoas ou animais.
- Pessoas que só agem, só sentem, só pensam. Não são definidas, não têm sexo claro.

Indicador 3: Os tipos de vínculos emocionais dominantes: amorosos ou destrutivos

O clima emocional em que se desenvolve as histórias nos dá uma mostra do clima emocional interno. A capacidade de amor, o reconhecimento da dependência e da necessidade de outros, a preocupação pelo dano que a agressão pode provocar nos objetos queridos correspondem ao clima inerente ao processo reparatório. Opõe-se a esse processo a hostilidade, a arrogância, a necessidade de autoabastecimento, os personagens invejosos e invejados, que atacam relações. Também surgem temáticas de destruição sádica (homicídio) ou de autodestruição (suicídio), assim como bloqueios emocionais absolutos relacionados a tentativas de negação da realidade psíquica por temor aos impulsos seriamente destrutivos que esta contém.

TESTES GRÁFICOS

Indicadores diferenciais de psicose, psicopatia e neurose

Teste das Duas Pessoas (28) – Teste da Árvore (30) – HTP (29)

Os testes gráficos têm um papel central no psicodiagnóstico, porque são os que detectam, com maior precisão, os níveis profundos de integração e estruturação. A possibilidade de controle intelectual e de mascaramento, consciente ou inconsciente, diminui significativamente nesses testes se comparados aos testes verbais. Por essa razão eles permitem determinar com maior precisão as características estruturais e de integração da personalidade. São os primeiros que detectam transtornos psíquicos e os últimos que se alteram, mesmo em pessoas que conseguiram mudanças qualitativas importantes em suas manifestações clínicas.

As tentativas de mascaramento consciente, quando aparecem, são mais evidentes nos testes gráficos, como é o caso dos entrevistados que desenham bonecos ou figuras esquemáticas. Nesses casos, o psicólogo deve pedir um novo desenho, agora de figuras completas, apesar de o boneco ser por si informativo da conduta defensiva, baseada em deixar de lado (dissociar) toda participação emocional.

O desenho surge na evolução como expressão da necessidade infantil de recriação dos objetos internos e do mundo interno, sentido profundo que conserva na vida adulta. A produção gráfica revela a concepção e os conflitos inerentes ao manejo espacial, às funções e ao interior do próprio corpo, assim como as ansiedades e fantasias dominantes com relação ao corpo de outras pessoas, construídas a partir das primitivas relações de objeto.

Afirmei anteriormente, no início deste capítulo, que toda produção projetiva é uma criação pessoal e que, como tal, põe em evidência as possibilidades individuais de recriação simbólica do ego e de seus objetos. O produto gráfico é talvez o que mais claramente visualizamos, de nossa perspectiva de observadores, como os "objetos que é capaz de criar" o entrevistado. Ainda que nos deparemos com critérios distanciados como "bonito" ou "feio", para o diagnóstico de graus de patologia adquirem importância indicadores como o aspecto harmonioso ou grotesco, desorganizado ou integrado, paralisado ou com movimento, como indicadores de graus de integração.

Os indicadores que apresento a seguir investigam as características da produção gráfica nas áreas de personalidade e/ou nas configurações clínicas neuróticas, psicóticas e psicopáticas. Com base nas duas áreas centrais para a diferenciação de graus de patologia, proponho indicadores que permitam diferenciar um *continuum* de modos de funcionamento mental, desde modalidades primitivas com predomínio de identificação projetiva patológica, de equação simbólica e de concretismo no plano do pensamento até níveis de maior diferenciação intrapsíquica (com base na repressão como mecanismo organizador) e de ajuste à realidade conquistado, em razão dos mecanismos obsessivos de regulação que possibilitam o desenvolvimento do juízo e sentido de realidade e do pensamento lógico-abstrato.

Esses indicadores abrangem toda a produção gráfica ou parte dela; por exemplo, figura humana harmônica e evidências de transtorno emocional intenso na casa ou na árvore. Ou em um mesmo teste gráfico, por exemplo, o Teste das Duas Pessoas, a figura humana com índices de boa integração no rosto e, em contrapartida, os corpos difusos ou desarticulados.

Agrupo os indicadores em duas áreas de investigação centrais para a diferenciação de áreas de patologia:

1) *Integração do aparelho psíquico e desenvolvimento de funções de diferenciação:* Delimitação de mundo interno e mundo externo. Juízo e sentido de realidade. Tendências organizadoras ou desorganizadoras.
2) *Desenvolvimento de funções simbolizantes:* Pensamento lógico-abstrato, reparação e sublimação.

1) Integração do aparelho psíquico e desenvolvimento das funções de diferenciação

Delimitação de mundo interno e mundo externo. Juízo e sentido de realidade. Tendências organizadoras ou desorganizadoras.

a) *Delimitação e relação do objeto gráfico com o mundo externo representado pela folha em branco e pelos outros objetos desenhados*

A passagem dos níveis psicóticos para os neuróticos evidencia-se nos desenhos, por um lado, A) *pelo "tratamento" que a folha recebe como representante simbólico do espaço externo:* interessa-nos observar se o entrevistado "preenche" esse espaço com objetos diferenciados e inter-relacionados, ou se, ao contrário, expressa sua vivência de pânico com fragmentações minúsculas da folha, efeito de uma necessidade compulsiva de preencher e emparedar esse lugar vazio com objetos aglomerados que produzem um efeito confuso, e B) *pelas características estruturais de cada objeto gráfico conseguido,* suas qualidades harmônicas ou desarticuladas: se consegue objetos que por seu tamanho, localização, traçado e tratamento qualitativo adquirem qualidades de objetos realistas, precisos, completos, harmônicos ou, ao contrário, parcializados, difusos, desarticulados e estranhos.

Na primeira linha de observação (A), a atenção está focalizada em qual é a percepção da realidade e, na segunda (B), nas características de estruturação intrapsíquica. As duas linhas estão inevitavelmente relacionadas e apontam para o problema de delimitação e estruturação da identidade. No entanto, clinicamente é importante essa diferenciação, já que qualquer material gráfico que apresente uma folha fragmentada em partes pequenas, cada uma delas com um desenho pequeno, indica a presença de mecanismos de *splitting* patológicos.

O diagnóstico varia se cada um desses desenhos corresponde a partes do corpo, animais estranhos, partes de objetos, ou relata cenas com seres humanos completos e objetos da realidade. Nesse segundo caso, podemos pensar que talvez a fragmentação seja decorrente de ansiedades agorafóbicas, em crise nesse momento vital, que levam à necessidade de "emparedar" o espaço, diferentemente do outro caso, que corresponde, sem dúvida, a uma psicose clínica.

1) A possibilidade de usar a folha em branco como "fundo" para estruturar objetos "recortados" com características diferentes e representantes de objetos reais completos (pessoas, casas, árvores) indica sucesso na diferenciação e integração da personalidade.

2) A capacidade de conservar a *Gestalt*, e dentro dela, um tratamento adequado das partes e sua integração, está diretamente relacionada com os êxitos na diferenciação de mundo interno e mundo externo e na diferenciação dos diferentes aspectos da personalidade. Da mesma forma, a possibilidade de integrar adequadamente as diferentes partes do gráfico (cabeça--tronco-extremidades; copa-galhos-tronco; corpo da casa-telhado-aberturas) nos fornece informação, por um lado, sobre o estado das funções de percepção e juízo de realidade, e por outro, sobre a capacidade ou a incapacidade de integrar pensamento, sentimento e ação. A possibilidade de delimitar e diferenciar, "recortar" o objeto gráfico com linhas precisas e completas nos fornece informação sobre os limites da identidade. As linhas difusas e as aberturas indicam zonas de indiferenciação por predomínio de identificação projetiva, por exemplo: casos A e B. A limitação excessiva indica uma defesa contra o

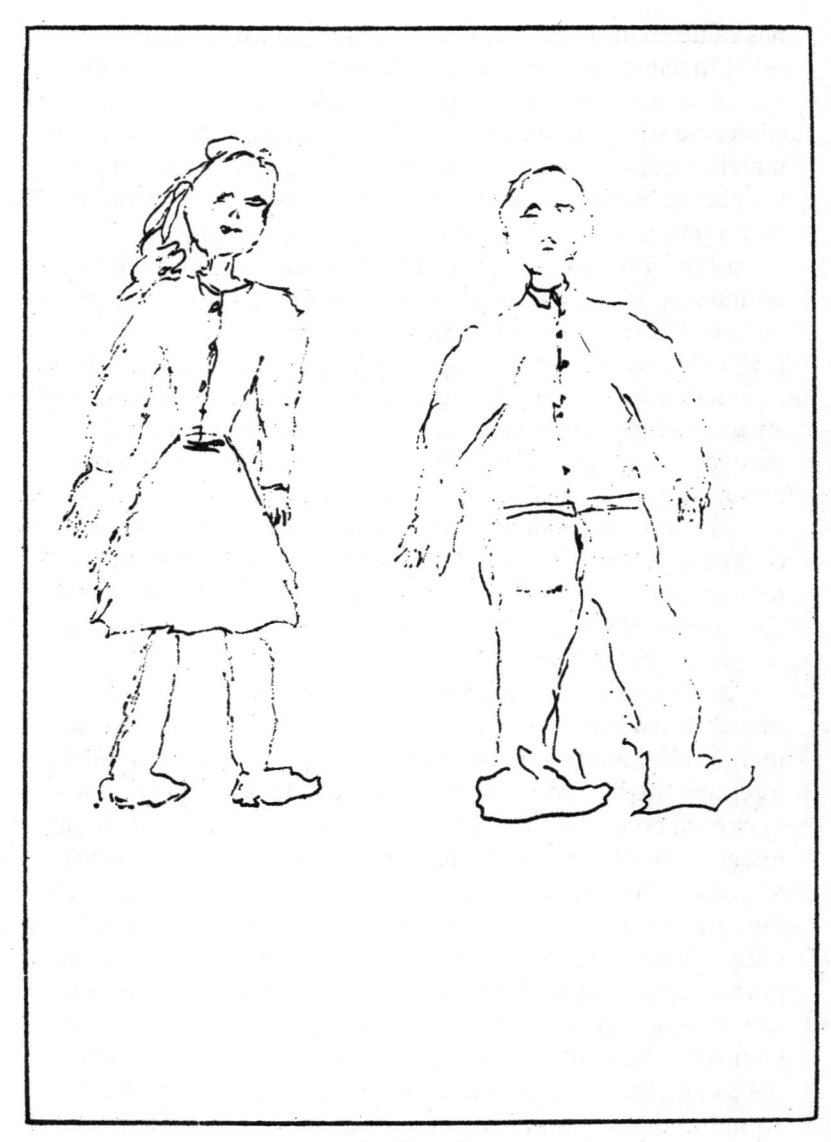

Teste das Duas Pessoas
Caso A. Homem de 30 anos. "O casamento imperfeito"

Indicadores diferenciais de graus de patologia — **137**

HTP
Caso A

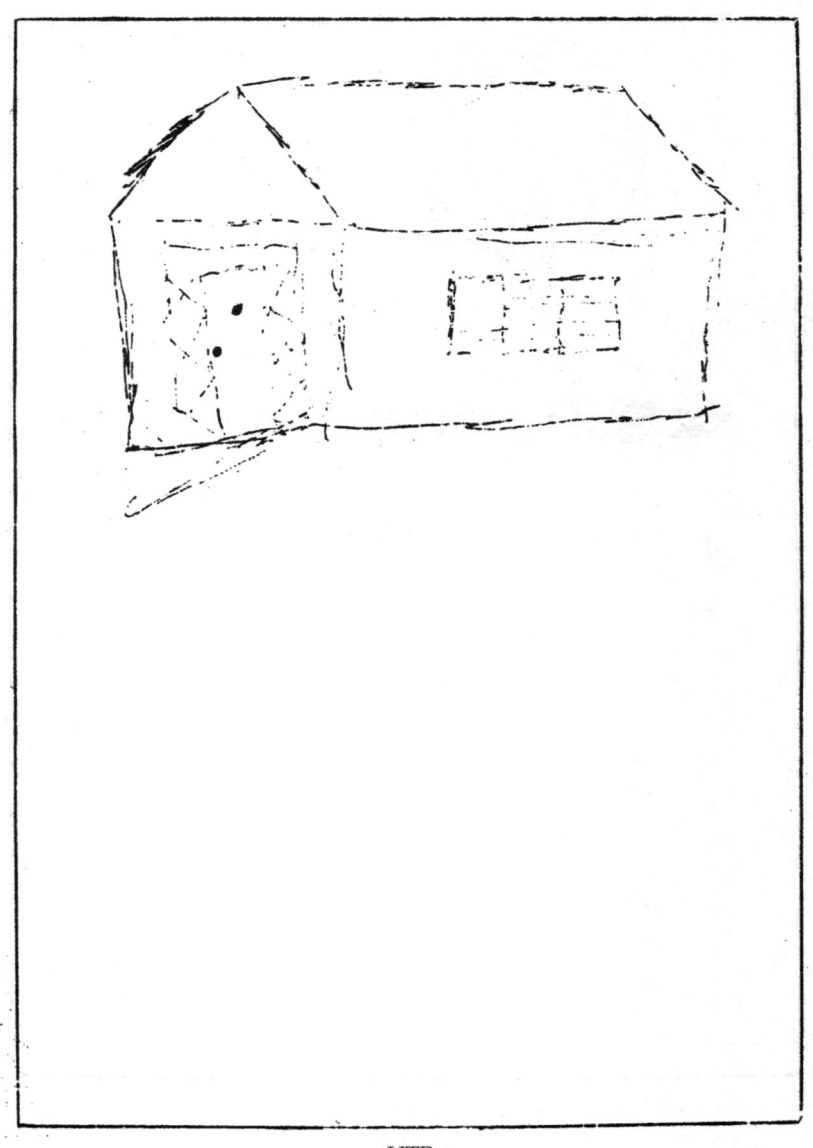

HTP
Caso A

Indicadores diferenciais de graus de patologia _____ **139**

Teste das Duas Pessoas
Caso B. Homem de 33 anos

mesmo problema e evidencia-se em: linhas reforçadas; falta de mãos ou mãos para dentro na figura humana; em casas fechadas, sem portas ou cercadas; em árvores sem copa ou com copa pouco expansiva.

Os traços adaptativos referem-se à capacidade para delimitar e recortar o objeto gráfico, mas também para dotá-lo das partes que realizam funções de inter-relação e comunicação, como, na figura humana, os olhos, as mãos e a boca; na casa, as portas e as janelas; na árvore, a copa expandida (capacidade de fantasia e contato), com galhos arredondados (manejo adequado da agressão) e presença de frutos.

b) *Plasticidade e movimento* versus *estereotipia e desumanização*

Os indicadores de adaptação expressam-se por representações gráficas com características originais pessoais, diferentemente das produções defensivas como bonecos na figura humana, ou esquematizações e representações triviais em qualquer um dos desenhos.

Na produção de figuras humanas, são índices de adaptação:
1) A capacidade de dotar as diferentes representações humanas de traços diferenciais, tanto sexuais como psicológicos; em contrapartida, à medida que aumenta a patologia, as figuras perdem diferenciação entre si e apresentam tratamentos semelhantes na caracterização corporal, sexual e facial (estereotipia). Por exemplo: caso C.

2) A presença de movimento expansivo harmônico, por exemplo, é outro indicador importante; a patologia principal está associada a movimento limitado ou impedido expresso por figuras em atividade, mas rígidas, duras, tensas, e até por produções humanas desvitalizadas, desumanizadas, com aspecto de bonecos ou robôs, que evidenciam ausência de força muscular e diversos ataques ao aparelho motor (pernas ou braços ausentes, quebrados, mal inseridos, corpos rendidos, desagregados).

As alterações de movimento presentes nas neuroses correspondem a movimento limitado; são a expressão de mecanismos patológicos de controle obsessivo ou de repressão e correspondem a desenhos em que a Gestalt está conservada. A ausência de movimento com qualidades psicóticas está mais relacionada com ataques ao aparelho motor, e produz desenhos desarticulados e fragmentados (pernas ou braços partidos, abertos em suas extremidades). Nas psicopatias destaca-se o movimento corporal com qualidades de ameaça e desafio.

c) *Adequação ou inadequação lógico-formal das figuras gráficas*

Desenvolvimento obtido pelas funções adaptativas de contato com a realidade. Aquisição de noções espaciais: frente, perfil, tamanho, localização e perspectiva.

A aquisição evolutiva de mecanismos obsessivos de controle e retificação, e, conjuntamente, o desenvolvimento paulatino das funções de percepção assentam as bases para a aquisição de noções temporais e espaciais. Durante o desenvolvimento infantil se cristalizam noções espaciais referentes ao tamanho relativo dos objetos (grande ou pequeno em escalas comparativas), noções de inter-relação das partes constituintes dos objetos, noções diferenciais de frente e perfil, e noções de perspectiva que alteram a forma do objeto e impedem visualizar suas partes ainda que estejam presentes; conjuntamente surge a capacidade motora de representação tridimensional.

O sucesso ou o fracasso na aquisição evolutiva dessas ações expressam-se na construção do objeto gráfico, tanto da figura humana como da casa e da árvore.

1) A localização e o tamanho de qualquer objeto gráfico nos fornecem informação sobre a localização do ego em relação ao mundo externo em termos de autoestima: segurança, insegurança, megalomania.

As características adaptativas referem-se a figuras centradas e de tamanho médio. A localização à esquerda está relacionada com retraimento excessivo; e, por outro lado, à direita expressa negativismo e condutas antissociais (à exceção de pessoas canhotas).

A diminuição excessiva de tamanho refere-se a sentimentos de desvalorização, inibição intelectual e social e bloqueio, e indica conflitos de natureza neurótica. Na patologia com qualidades psicóticas ou psicopáticas, os desenhos têm um tamanho desmedidamente grande com relação à folha, que representa o mundo no qual se incluem. Por outro lado, se predominam figuras pequenas em uma folha cujo espaço esteja "cheio" e "todo rabiscado"; o mundo e ego estão desagregados em fragmentos mínimos ou estão expandidos, mas nos dois casos a percepção realista fracassa.

2) Noções de inter-relação, frente, perfil, perspectiva e tridimensionalidade: nas produções adaptadas ou de predomínio neurótico, as pessoas estão de frente ou de perfil e as partes corporais – cabeça, tronco, membros –, apresentam uma inserção adequada. Da mesma forma, a casa mantém delimitação clara de suas partes: corpo da casa-telhado-aberturas. As casas são representadas de forma tridimensional e evidenciam-se noções de perspectiva que impedem visualizar partes da casa, ou que, por exemplo, oferecem uma visão do telhado de baixo e de frente e não de cima, como ocorre nos desenvolvimentos patológicos.

Nos processos psicóticos as figuras humanas apresentam confusão frente-perfil, que se evidencia no contorno da cabeça de perfil (nariz realçado) e nos olhos de frente, ou no rosto de perfil, em um olho e uma orelha desenhados adequadamente e na boca de frente. A inserção dos membros é arbitrária ou regressiva (os braços ou as pernas saem do pescoço ou da cabeça). Falta delimitação entre a área do tronco e a área genital, que aparece representada como um círculo ou um retângulo do qual partem as pernas. São frequentes as transparências de órgãos do interior do corpo. (Ver mais exemplos no capítulo III, item sobre esquizofrenia.)

Exemplo: Caso C

A casa e a árvore estão representadas em duas dimensões, como figuras planas: na casa pode ocorrer de desenharem o

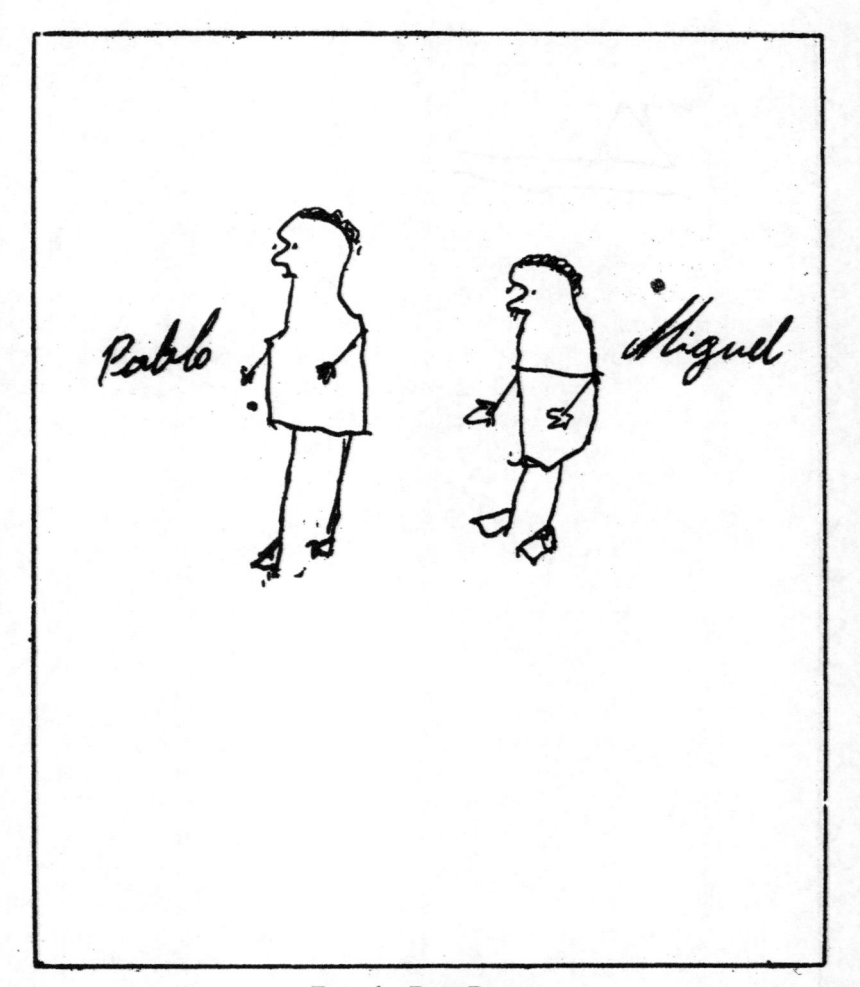

Teste das Duas Pessoas
Caso C. Homem de 45 anos

Casa do HTP
Caso C

corpo de frente e o telhado plano, como um retângulo visto de cima, ou então, de desenhar a casa de frente e incluir a parte de trás ou as duas laterais. São frequentes as casas-telhado ou as casas-fachada (um telhado triangular tipo cabana ou uma parede retangular com uma abertura). Podem, também, desenhar objetos do interior da casa que são "vistos" através da parede. As aberturas podem não estar presentes ou situadas em lugares que não permitem o acesso e que evidenciam falhas no ajuste à realidade.

Clinicamente, os indicadores a), b) e c) estão em estreita ligação; a separação que apresento tem finalidade exclusivamente didática. A aquisição ou a alteração desses indicadores está ligada, como disse no início, ao sucesso ou ao fracasso no estabelecimento evolutivo dos mecanismos de repressão ou de controle obsessivo adaptativo. Num trabalho que escrevi anteriormente, "As defesas nos testes gráficos" (7), descrevi a aquisição dessas defesas na evolução:

> Na evolução infantil, a vivência do dano infligido ao objeto e a culpa e a dor por havê-lo causado, inerentes à situação depressiva, trazem como consequência a inibição e o controle da agressão. Esse controle tem por finalidade preservar o objeto da própria agressão e preservar o ego do sofrimento que implica aceitar a ambivalência. No início da situação depressiva, o objeto não pode ainda ser reparado porque a cólera continua intensa; o dano ao objeto não pode ser maniacamente negado de forma total porque o ego já conseguiu integração suficiente e percebeu o dano. Surge, então, como possibilidade de proteção e cuidado do objeto preservá-lo de novos ataques: os mecanismos controlam o vínculo hostil com o objeto, previamente dissociado.
> Na evolução normal, mecanismos anal-retentivos atuam modificando os mecanismos prévios, anal-expulsivos, de identificação projetiva excessiva. Indicam a possibilidade de '"reter", "conter" os impulsos e os sentimentos, permitindo, portanto, estabelecer a noção dos limites do ego. Permitem a diferenciação entre dentro e fora, ego e objeto externo, ego e objeto interno, e mantêm conexão com os aspectos projetados. Favorecem, portanto, a noção de identidade, a ordenação temporal e espacial e o desen-

volvimento do sentido e do juízo de realidade. Os mecanismos de controle tomados nesse sentido (ordem *versus* caos, diferenciação-noção de limite corporal e psicológico *versus* indiferenciação e processos expulsivos) indicam o ponto de passagem de psicose e psicopatias para neurose e adaptação (8). O controle adaptativo permite a realização de desenhos em que se manifesta um bom ajuste à realidade quanto ao tamanho, localização no espaço, diferenciação mundo interno-mundo externo, *Gestalt* preservada, organização coerente das partes no todo, correspondência entre o objeto gráfico e o objeto real e a harmonia.

A repressão como mecanismo adaptativo indica a possibilidade de clivagem entre as fantasias e entre a vida consciente e inconsciente. Essa clivagem refere-se não a uma divisão rígida e irreversível, mas a uma membrana permeável, porosa, que, apesar de possibilitar a separação de ambos os aspectos da realidade psíquica, permite ao ego conectar-se com fantasias ou lembranças funcionalmente reprimidas.

Como mecanismo adaptativo, a repressão mantém operacionalmente dissociadas as fantasias inconscientes, as que mobilizam diante de qualquer contato com os objetos ou situações externas; se fossem totalmente conscientes, as fantasias impossibilitariam o contato com a realidade. A repressão favorece o bom funcionamento psíquico pelo esquecimento do trivial, acessório e secundário.

Considerando o nível evolutivo avançado a que corresponde o mecanismo de repressão, supõe um grau de boa organização da personalidade e, portanto, do esquema corporal: as figuras humanas completas e harmônicas, com localização espacial e tamanhos adequados. A *Gestalt* está preservada.

À medida que a patologia progride, observamos desde uma tendência crescente na parcialização das figuras, confusão de limites com o exterior, alteração da delimitação interna do objeto, paralisação das figuras humanas e desumanização, até graus de patologia severa em que a folha em branco passa a ser um receptáculo para depositar partes do corpo e objetos da realidade (braços, pernas, olhos, telhados, paredes, uma porta) que se apresentam sem relação entre si, isolados ou aglomerados e causam a impressão de confusão e falta de demarcação. Por outro lado, cada objeto gráfico conseguido se apresenta danificado. Nas produções patológicas o desenho, como objeto total, apresenta-se danificado, as figuras humanas têm pouca aproximação à imagem humana real, as casas apresentam áreas abertas, más delimitações, tratamentos "estranhos".

A seguir, descrevo as características gráficas que indicam patologia numa escala de neuroses severas a psicoses clínicas. Para tanto, cito a descrição teórica dos mecanismos obsessivos de controle e os indicadores diferenciais de controle adaptativo e patológico ("As defesas nos testes gráficos" [7]), porque nessa área observamos claramente a diferença entre adaptação e patologia.

Também cito o item sobre mecanismo de regressão, que nos permite diferenciar as adaptações formais e precárias das personalidades com integração adequada. Concluo com os indicadores que sistematizei nesse trabalho para detectar mecanismos de *splitting* patológico em produções gráficas que correspondem a psicoses clínicas.

Controle obsessivo adaptativo e patológico

A passagem para o controle onipotente manifesta-se no teste gráfico mediante desenhos excessivamente estáticos, imóveis, despersonalizados:
1) Desenhos empobrecidos, esvaziados, pelo predomínio de mecanismos de isolamento e anulação.
2) Reforço excessivo dos limites, sombreado excessivo ou riscado, que têm como consequência figuras sujas, ou rígidas e imóveis. (Nas figuras humanas, quanto mais nos aproximamos de situações psicóticas, maior é o predomínio de figuras rígidas e vazias, expressão da despersonalização.)
O desenho da casa e da árvore pode ser um gráfico desorganizado ou então precariamente organizado (casas-telhado, casas-fachada), ou mostrar incremento do superdetalhismo (telhas do telhado, pedras no caminho, folhas nas árvores etc.)

Esse controle, visto que não é adaptativo, fracassa, e as figuras adquirem características incomuns e há desorganização da *Gestalt*. As produções gráficas a seguir mostram uma sequência de obsessivo controle patológico neurótico a controle psicótico.

Mecanismo de regressão

A regressão é a reatualização de vínculos objetais correspondentes a momentos evolutivos já superados no desenvolvimento individual. O ego claudica diante de situações atuais que não pode resolver e apela para modalidades de relação evolutivamente mais primitivas que, em seu momento, foram eficazes para manter o equilíbrio.

A regressão pode implicar uma modificação estrutural da personalidade (que se reorganiza em um nível mais primário), ou pode se limitar a afetar determinados vínculos ou funções. (Por exemplo: reativação de dependência limitada a figuras paternas, diferentemente de regressão total à atitude oral-receptiva-passiva infantil.)

Como mecanismo normal, a regressão expressa-se cotidianamente no dormir e no sonhar; evolutivamente, ela está ligada à necessidade de progressão, já que nunca se evolui de forma linear, mas se produzem pequenas regressões ao estado imediatamente anterior.

Tais processos se apresentam como consequência natural de situações dolorosas, chegando a ser indispensáveis para sua elaboração. (Por exemplo: em situações de luto, a reatualização de atitudes oral-receptivas, a reativação da dependência e o corte transitório com o mundo externo implicam processos de regressão indispensáveis para conquistar um bom desprendimento do objeto perdido.)

Quando a regressão se põe a serviço do ego, torna possível a conexão com fantasias inconscientes que o favorecem e enriquecem, constituindo a base dos processo criativos.

A regressão patológica implica uma regressão estrutural, reversível ou não, a pontos disposicionais perturbados no desenvolvimento. Segundo H. Segal: "Na doença psíquica produz-se sempre uma regressão a fases do desenvolvimento em que já estavam presentes perturbações patológicas, que criaram bloqueios e constituíram pontos de fixação."

Teste das Duas Pessoas

Caso 1. Mulher. *Gestalt* preservada, aspecto confiável; sinais de rigidez, controle excessivo de afetos; empobrecimento

Teste das Duas Pessoas

Caso 2. Mulher. Maior rigidez e desvitalização, detalhes inadequados: amputação de mãos, braços longos, transparências

Indicadores diferenciais de graus de patologia

Teste das Duas Pessoas

Caso 3. Mulher. Domina a desvitalização, as figuras têm aspecto de bonecos sem vida (despersonalização) e alterações da *Gestalt* (ruptura do corpo, amputações)

HTP

Caso 4. Homem. Excesso de controle em folhas e frutos, cercas, telhas. Indícios de desorganização na figura humana

Indicadores diferenciais de graus de patologia 153

HTP

Caso 5. Homem. Precariedade da casa, apesar do excesso de controle que se evidencia em: a) sombreados; b) no conteúdo: um policial controlando

Na tarefa psicodiagnóstica interessa-nos determinar quais são as possibilidades de regressão, quais são as possíveis situações tensionais desencadeantes e a que nível de organização (neurótica ou psicótica) tal regressão conduzirá.

A REGRESSÃO NOS TESTES GRÁFICOS

1) Através da análise da sequência de gráficos:

a) Reativação de características mais regressivas e desorganização progressiva na sequência de gráficos (por exemplo, maior desorganização no HTP que no Teste das Duas Pessoas, ou desorganização progressiva em figura humana-casa-árvore).
b) Incremento e exacerbação progressiva de controle obsessivo (reforço, superdetalhismo etc.) unido a um maior empobrecimento e confusão do objeto obtido.

2) Através de elementos de um mesmo desenho (figura humana, por exemplo, ou casa):

a) Presença de áreas quebradas, ruídas, ou arbitrárias, "estranhas". (Por exemplo, casas em ruínas, com rachaduras.)
b) Perda de equilíbrio: figura humana, casa ou árvore caindo ou a ponto de cair.

3) Por meio da direção do movimento das figuras (para a esquerda ou para baixo [pendente]).

2) Desenvolvimento de funções simbolizantes
Pensamento lógico-abstrato. Reparação e sublimação.

Em um trabalho anterior ("As defesas nos testes gráficos" [7]), dediquei-me à relação entre reparação, simbolização e sublimação, considerando que a reparação está centrada na representação e recriação simbólica do objeto, e os ganhos na capacidade de sublimação estão diretamente ligados ao êxito das tendências reparadoras e simbolizantes.

Desenho livre

Caso 1. Homem de 28 anos. No desenho livre expressa competição e necessidade de satisfazer tendências exibicionistas de poder e masculinidade dentro de limites formais adaptados. As duas pessoas indicam o fracasso de deslocamento e a necessidade de apelar para o exibicionismo sexual direto.

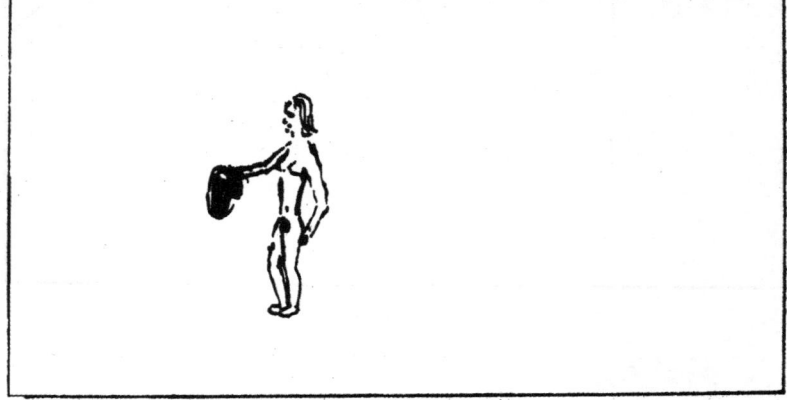

Teste das Duas Pessoas

Caso 1

Indicadores diferenciais de graus de patologia 157

Teste das Duas Pessoas

Caso 2. Homem de 29 anos. A produção verbal evidencia a exacerbação de mecanismos de identificação projetiva indutora, enquanto os desenhos mostram características latentes de desorganização. No Teste das Duas Pessoas ainda mantém a *Gestalt*, apesar de já aparecer a expressão de assombro e pânico, como índice de temor à desorganização. No Teste HTP mostra a desagregação, a claudicação do ego, através de objetos vagos, sem limites, destruídos, indiferenciados do mundo externo e fundamentalmente pelo homem caído.

HTP

Indicadores diferenciais de graus de patologia 159

HTP

Caso 3. Mulher de 24 anos. "Casa fachada", perigo de desmoronamento da construção

Cito a seguir partes desse trabalho que contêm a descrição das características que a produção gráfica assume quando dominam tendências reparadoras, e que estão diretamente enraizadas nas qualidades descritas no ponto 1).

As contribuições da teoria kleiniana permitem vincular o conceito de sublimação com as ansiedades e conquistas derivadas da situação depressiva. A dor e a pena pelos objetos queridos e valiosos os quais se teme ter destruído mobilizam impulsos reparadores, de recriação dos objetos internos e externos, que constituem a base da criatividade e da sublimação. H. Segal refere-se a esse momento da situação depressiva: "O desejo de recriar seus objetos perdidos impulsiona o bebê a juntar o que despedaçou, a reconstruir o que destrói, a recriar e a criar. Ao mesmo tempo, o desejo de proteger seus objetos leva-o a sublimar os impulsos que sente como destrutivos. Dessa forma a preocupação pelo objeto muda os fins instintivos e produz uma inibição dos impulsos instintivos."

A possibilidade de sublimar supõe a capacidade de reparação, e está em relação direta com ela, uma vez que se propõe a proteger o objeto de novos ataques hostis e repará-lo pelos danos que já sofreu. A sublimação é em si mesma um trabalho de reparação, que implica um vínculo de amor com um objeto total e expressa-se através da criatividade, da capacidade de realizar e de se autorreparar.[...]

[A produção gráfica] nos mostra tanto as ansiedades, dificuldades ou preocupações que se mobilizam no entrevistado diante da reparação, como o estado de seus objetos internos e seu ego (inteiros, quebrados, parcializados etc.).

Na medida em que sublimação e reparação estão indissociavelmente unidas, o grau de desenvolvimento da capacidade sublimatória se expressaria graficamente: 1) pela disposição, atitude e modalidade com que o entrevistado enfrenta a tarefa projetiva (ansiedades e defesas diante da recriação), e 2) pelo aspecto inteiro, sólido, harmonioso (reparado) ou, ao contrário, destruído do objeto gráfico.

1) Referimo-nos às expectativas do sujeito sobre sua capacidade reparadora; nesse sentido poderíamos diferenciar:

a) Atitude depressiva e adaptativa, já descrita em outros itens.

b) Diferentes tipos de condutas desajustadas, indicadoras de conflitos que interferem na conquista de uma reparação autêntica: referências à inabilidade ou ao medo para realizar a tarefa, autocrítica exagerada (temor a não contar com recursos reparadores); incapacidade para se desprender do objeto gráfico, o qual é vivido como permanentemente incompleto, não concluído (tendência reparadora em luta permanente com impulsos hostis); necessidade de "livrar-se" rapidamente da tarefa, evitando todo contato afetivo depressivo (evitação de ansiedades depressivas); entusiasmo exagerado, diversão, brincadeira (negação maníaca).

2) Referimo-nos às características que o objeto gráfico concluído tem e que evidenciam o grau de reparação que o entrevistado conseguiu com relação a seus objetos e a seu ego.

Quanto mais destruído, fragmentado, desarmônico for um objeto, maior será o montante de destrutividade e menor a capacidade para conseguir uma síntese depressiva adequada e desenvolver capacidades sublimatórias. Dado que a sublimação é resultado da elaboração parcial ou total da situação depressiva, ela se expressa nos desenhos pelo grau de aproximação a objetos inteiros, integrados, harmônicos, relacionados adequadamente com o entorno, receptivos e protetores etc.

Critérios
a) *Gestalt* preservada, objetos gráficos completos, inteiros, sólidos, opostos a objetos destruídos, atacados. Ataques a todo o objeto ou às suas áreas circunscritas. Atitude do sujeito entrevistado diante delas (preocupação por arrumá-las, negação etc.)
b) Objetos totais ou parcializados: o objeto gráfico obtido registra todo o objeto real ou partes deste, nesse caso, quais são as partes desenhadas do objeto e se respondem a áreas corporais diferenciáveis (rosto-tronco ou, ao contrário, braços, pernas, olhos).
c) Diferenciação e conexão entre mundo interno e mundo externo: pelos limites do gráfico e o tipo de tratamento dos órgãos de recepção e zonas de contato com o mundo externo.

d) Integração das diferentes áreas da personalidade (pensamento-afeto-ação). Tratamento balanceado, supervalorizações, omissões.
e) Plasticidade e ritmo. Movimento harmônico ou rigidez, estereotipia e limitação.

Em resumo, *nas produções neuróticas* observamos como características: a *Gestalt* está preservada, bem como a delimitação e as qualidades centrais que caracterizam os objetos gráficos na realidade. Os elementos patológicos manifestam-se em áreas reduzidas e expressam-se por supervalorização (por exemplo, sombreado de áreas ou exagero do tamanho), omissão (falta de mãos, ausência de galhos) ou áreas confusas pouco delimitadas; mas o importante é que essas "áreas" ocorrem dentro de uma totalidade que mantém organização. Os aspectos supervalorizados ou omitidos dependem em grande parte do ponto de fixação e de conflitos que darão qualidades semelhantes a desenhos de pessoas com uma mesma modalidade neurótica (ver Capítulo III), no entanto, muitas vezes estão relacionados com fatos da história pessoal (doenças, acidentes ou experiências emocionais com pessoas significativas).

Nas *alterações psicóticas*, observamos o uso da folha em branco como evacuações minúsculas que produzem um efeito confuso em virtude da fragmentação e dispersão dos elementos. Cada objeto gráfico está desorganizado e tem características pouco próximas aos objetos da realidade, os desenhos são estranhos, parciais e confusos, como evidência da intensidade dos mecanismos de *splitting* e identificação projetiva evacuativa.

Para sistematizar as características das produções psicóticas, cito a seguir os "indicadores de *splitting*" do trabalho "As defesas nos testes gráficos" (7):

> Os mecanismos de *splitting*, inevitavelmente ligados a mecanismos de Identificação Projetiva (IP) excessivos, têm como consequência desorganização do ego e do objeto e as vivências de esvaziamento e despersonalização.
> Isso se evidencia nos desenhos com as seguintes características:

1) Fracasso na organização gestáltica: o objeto gráfico é desorganizado, fragmentado, sujo, com falhas na organização da forma. Falta organização, coerência e movimento harmônico.

2) O ataque às funções adaptativas e de ajuste à realidade expressa-se nas características anteriores e nas seguintes alterações "lógicas": localização espacial – noção de perspectiva – noção de frente e trás, frente e perfil – noção de tamanho adequado – noção de inter-relação entre as partes do objeto entre si (por exemplo, com conexão adequada de partes do corpo) – noção de perspectiva, volume etc.

3) A folha em branco, representante do mundo externo, é "tratada" como depositária de objetos quebrados em pequenos pedaços, confusos e persecutórios (expressão dos processos evacuativos). Resultam, por exemplo, nos desenhos livres, em produções gráficas em que a folha está ocupada por objetos diversos sem conexão entre si, sujos e quebrados, ou, pelo contrário, por objetos isolados, objetos materiais vazios de conteúdo.

4) Quando não há uma boa delimitação mundo interno–mundo externo, os limites do desenho são vagos, fracos, com áreas abertas, expressão da indiferenciação, ou, ao contrário, são excessivamente rígidos e exacerbados quando predominam mecanismos de controle obsessivos da desorganização.

5) As figuras humanas, a casa ou a árvore aparecem quebrados, arruinados, sem relação entre suas partes.

Figura humana: aspecto desumanizado, vazio, inexpressivo, despersonalizado ou sinistro, persecutório. Características grotescas, graves alterações na relação de partes entre si, posicionamento de frente e perfil etc. Alterações de limite, tamanho exagerado, projeção de traços "estranhos".

A casa e a árvore apresentam grau de alterações igual quanto ao aspecto e à organização (quebrado, em ruínas, caído, sujo) e falhas na inter-relação entre as partes. Projeção de objetos parciais que proporcionam características bizarras à produção. São características a "casa-telhado" e a "casa-fachada", as árvores caídas, mortas, árvores com animais destrutivos etc.

Quanto às produções psicopáticas, convém citar partes do trabalho anteriormente mencionado (7), no qual descrevi as características teóricas do mecanismo de identificação projetiva evacuativa dominante nesse quadro e apresentei indicadores diagnósticos.

A IP própria da psicopatia é denominada IP indutora e se caracteriza por ser violenta, excessiva e ter como característica básica, por parte do ego, "um manejo súbito e brusco tendente a paralisar e anular a capacidade de diferenciação do objeto externo". Procura depositar o mau (fantasias correspondentes a qualquer nível libidinal) no objeto externo, mas, diferentemente da IP psicótica, o ego mantém o controle do que é projetado para evitar a reintrojeção e para induzir o objeto a assumir ativamente as características projetadas. A intensidade e o sadismo correspondem a uma intensificação do período "perverso polimorfo".

Na IP normal o ego mantém o controle do que é depositado no objeto para manter os limites da identidade e separar-se do objeto (já não para evitar sua reintrojeção).

Identificação projetiva com características indutoras nos desenhos:

A IP com características indutoras pode se manifestar diretamente na produção gráfica ou na verbalização correspondente.

Suas características gerais são:

1) Desenhos geralmente grandes, expressão da necessidade de difundir a imagem corporal, o corpo, no continente objeto externo. A ênfase no desenho é posta na musculatura de braços e pernas e no tórax. Isso se deve à exacerbação dos mecanismos de ação e à necessidade de instrumentalizar o aparelho motor como o meio expulsivo-expansivo de controle do objeto.

2) As figuras humanas podem apresentar características diferentes, conforme as fantasias e vínculos intoleráveis específicos que o paciente necessita projetar (ponto de fixação secundária): aspecto muscular desafiante (se o necessário é evacuar situações de pânico) ou exibicionista perverso (se o horror é a situações incestuosas perversas). Pode ser uma "caricatura" se a intenção é depositar vivências de ridículo, zombaria e estranhamento diante do próprio corpo ou do corpo do sexo oposto. São, portanto, características essenciais a ênfase no corpo, as características impulsivas do traço, o tamanho grande, a preservação da *Gestalt*

por meio da musculatura (noção de identidade mantida pelo limite muscular e pela ação).

3) Se a IP indutora é defensiva de situações psicóticas, o desenho tem as características psicóticas descritas anteriormente. Podem ocorrer casos em que haja somente algumas produções bizarras. Diferentemente da produção psicótica, predomina a necessidade de depositar no observador (psicólogo) ou impactá-lo defendendo-se da desintegração da própria produção gráfica.

Os desenhos da casa e da árvore, por mostrar aspectos mais latentes da personalidade, adquirem formas diferentes. Quando dominam aspectos indutores, as características são:

Árvore: tamanho excessivo, galhos muito emaranhados e com movimento estendido para fora (expressão da necessidade de projeção no mundo externo e onipotência); má conexão do tronco com os galhos, galhos em ponta, agressivos na forma como terminam.

Casa: características pretensiosas, onipotentes, tendência a impactar e a "não mostrar" (casas-fechadas ou casas-fachadas).

Teste das Duas Pessoas

Caso 1. Mulher de 26 anos. Este é um típico exemplo da IP indutora e apresenta todas as características descritas anteriormente: ênfase no controle motor e aspecto ameaçador, desafiante, frio e irônico. Mostra

Indicadores diferenciais de graus de patologia 167

um aspecto ameaçador para a integridade física do depositário. O depositário está projetado na mulher com as mãos amarradas (limitadas, algemadas) "à mercê de". A racionalização verbal do desenho foi "uma mulher com uma meada de lã para tecer, não sei o que o homem lhe está fazendo, está observando-a"

Teste das Duas Pessoas

Caso 2. Homem de 25 anos. Além das características gerais, a específica é a depreciação e ridicularização da figura feminina, grotesca e exibicionista. Necessita evacuar no psicólogo o horror a seus aspectos femininos grotescos. Esta produção tem características homossexuais (ridículo da figura feminina, castrações, exagero do nariz) e traços psicóticos pelo aspecto grosseiro e inadequado do par.

Caso 3. Homem de 22 anos. As características formais do desenho são de controle, a organização da Gestalt é boa, no entanto desenha um par ridículo, uma caricatura em que o deprecia. A zombaria e a depreciação não são assumidas pelo entrevistado na verbalização, trata-se de um conteúdo depositado de forma latente no entrevistador. Pela produção verbal vemos que o depositado é a angústia e o horror pela consumação de situações incestuosas, enquanto o entrevistado, por incapacidade de contê-las, não faz alusão a sentimentos sobre o que ele narra.

"*Confusão*. Aos 18 anos, Juan, cavalheiro inglês, casou-se com uma aldeã de Plymonth; era tempo de guerra. Quando a guerra terminou, abandonou a aldeã pressionado por sua família. Da breve união, nasceu uma menina que Juan não chegou a conhecer. Pouco depois Juan celebrava um novo enlace em Londres com uma marquesa da qual fica viúvo aos 40 anos e com quem tem filhos. Refaz sua vida casando-se com uma jovem universitária colega de um de seus filhos, que não era outra senão a filha que não chegara a conhecer de seu casamento de Plymonth. O desenho corresponde a esse casamento"

Teste das Duas Pessoas

Caso 4. Homem de 25 anos. A produção gráfica manifesta controle intelectual excessivo, rigidez de pensamento e tendência ao ocultamento. O ataque indutor ao objeto (psicólogo) evidencia-se na verbalização: necessita depositar no entrevistador situações de fracasso, impotência e submissão a um objeto castrador, assumindo o entrevistado a atitude de distanciamento e deboche.
"*Bombas de gasolina sem mangueira*. Apesar de terem cara de bomba de gasolina, são duas pessoinhas encapetadas que estão brincando. Um diz 'coisinhas' e a 'outra' acredita. Viveram juntos poucos segundos e fumaram também. Alguns segundos após a separação, o que contava as coisas assumirá a cara daquela que as recebia, e vice-versa. Até o dia seguinte em que outra pessoinha um pouco mais adulta perguntou para a que recebia as coisinhas: Como foi? Ela lhe responderá: muito bem. E a coisinha da bomba de gasolina voltará para seu estado primitivo. Para o ser adulto (o professor) tudo estava mal. Entrou por uma porta, saiu pela outra e quem quiser que conte outra"

Desenho livre

Caso 5. Homem de 24 anos. É uma produção com características psicóticas das quais se defende com condutas perversas. Necessita produzir projetivamente confusão e perplexidade no psicólogo tanto por meio do tema quanto dos termos. Necessita projetar confusão diante de suas fantasias perversas e de morte.
"*Chiniridiculimorte*. Em Hong Honk – fumadores de ópio – a madame (porque também é um bordel) é Chay, a Putamorte, agente de Chiang-Kai-Shek. Huy-wei Ping é um jovem guarda vermelho de 40 anos que vai gastar a grana que seu velho lhe deu. – Oh, Putamorte, que adiposa eternidade!

Seria possível ir ter com a madame e se esbaldar? – Não vês, ridículo Huy-wei Ping, quem em mim entra sai transformado em sublime defecação. – Tua literatura é barata, Putamorte, barata como quinquilharia de dono de bazar. – Mas a minha vulva é gigantesca e nela se aloja o inferno, pois o roçar de suas paredes tétricas evoca a descida do Professor com seu sobrinho Axel em 'Viagem ao centro da terra', de Júlio Verne, entre vapores espessos, para definir um pouco a coisa. – Oh, Putamorte! Jamais te lembrarás do que Axel escreveu ao copiar errado as instruções de seu tio. – O quê? O quê? – Tretas, canalhice, dmaoal blm. – E o que significa? – Eu te adoro, minha encantadora Granten! – Mentira, faltam letras. E serás castigado com a morte."

Bibliografia

1. Baranger, W., *Posición y objeto en la obra de Melanie Klein*, Kargieman, Buenos Aires.
2. Bion, W., *Aprendiendo de la experiencia*, Paidós, Buenos Aires.
3. Bion, W., *Volviendo a pensar*, Hormé, Psicología de hoy, Buenos Aires.
4. Bion, W. *Transformaciones. Del aprendizaje al crecimiento*, CEAL, Buenos Aires.
5. Carposi, M., Grassano de Piccolo, E., "Índices diagnósticos y pronósticos del test desiderativo, a partir del estudio de las defensas", in Ocampo, M. L. S. de, García Arzeno, M. E. e col., *Las técnicas proyectivas y el proceso psicodiagnóstico*, Nueva Visión, Buenos Aires, 1976.
6. Ferschtut, G., Serebriany, R., "Notas sobre la simbolización en las psicopatías", in Liberman, D., Grinberg, L., *Manía y psicopatía*, Paidós, Buenos Aires.
7. Grassano de Piccolo, E., "Las defensas en los tests gráficos", in Ocampo M. L. S. de, García Arzeno, M. E. e col., *Las técnicas proyectivas y el proceso psicodiagnóstico*, Nueva Visión, Buenos Aires, 1976.
8. Grinberg, L., "Aspectos regresivos y evolutivos de los mecanismos obsesivos: el control omnipotente y el control adaptativo", *Revista de psicoanálisis*, n.° 3, 1967, Buenos Aires.
9. Grinberg, L., Sor, D., Tabak de Bianchedi, E., *Introducción a las ideas de Bion*, Nueva Visión, Colección Psicología Contemporánea, Buenos Aires.
10. Isaacs, S., "Naturaleza y función de la fantasía", in *Desarrollos en psicoanálisis*, Hormé, Buenos Aires.
11. Klein, M., "Algunas conclusiones sobre la vida emocional del lactante", in *Desarrollos en psicoanálisis*, Hormé, Buenos Aires.
12. Klein, M., "Notas sobre algunos mecanismos esquizoides", in *Desarrollos en psicoanálisis*, Hormé, Buenos Aires.
13. Klein, M., "La personificación en el juego de los niños", in *Contribuciones al psicoanálisis*, Hormé, Buenos Aires.
14. Klein, M., "La importancia de la formación de símbolos en el desarrollo del yo", in *Contribuciones al psicoanálisis*, Hormé, Buenos Aires.
15. Klein, M., "El duelo y su relación con los estados maníaco-depresivos", in *Contribuciones al psicoanálisis*, Hormé, Buenos Aires.

16. Klein, M., "Envidia y gratitud", in *Las emociones básicas del hombre*, Nova, Buenos Aires.
17. Liberman, D., "Tedio, patología del pensamiento e identificación proyectiva en psicopatías", in Rascovsky, A., Liberman, D., *Manía y psicopatía*, Paidós, Buenos Aires.
18. Liberman, D., *Linguística, interacción comunicativa y proceso psicoanalítico*, Nueva Visión, Buenos Aires, 1972.
19. Rodrigué, E., *El contexto del proceso psicoanalítico*, Paidós, Buenos Aires.
20. Segal, H., *Introducción a la obra de Melanie Klein*, Paidós, Buenos Aires.
21. Tabak de Bianchedi, E., Bleger, L., Etchegoyen, H., Grinberg. L., Grinberg, R., Liberman, D., Sor, Darío, Zac, J., "El yo y el ello. Cincuenta años después", *Revista latinoamericana de psicoanálisis*, ano 1, n? 1, México, julho de 1974.

Bibliografia para consultas sobre a técnica de administração e a descrição dos Testes de Phillipson, Desiderativo e Gráficos

Bibliografia para o Teste de H. Phillipson

22. Ocampo, M. L. S. de, García Arzeno, M. E., "El test de relaciones objetales de H. Phillipson", in *Las técnicas proyectivas y el proceso psicodiagnóstico*, Nueva Visión, Buenos Aires, 1976.
23. Phillipson, H., *Manual del test de relaciones objetales*, Paidós, Buenos Aires.
24. Phillipson, H., "Una breve introducción a la técnica de las relaciones objetales", publicação interna da cadeira de Técnicas Projetivas, UNBA, 1965.

Bibliografia para o Teste Desiderativo

25. Bernstein, J., "Análisis e interpretación del test desiderativo", Primeiro Congresso Argentino de Psicologia, San Luis, 1965.
26. Ocampo, M. L. S. de, García Arzeno, M. E., "Debilidad y fortaleza de la identidad en el test desiderativo", in *Las técnicas proyectivas y el proceso psicodiagnóstico,* Nueva Visión, Buenos Aires, 1976.
27. Pigem, J. M., Córdoba, J., *La prueba de expresión desiderativa*, Librería de ciencias médicas, Barcelona, 1949.

Bibliografia para os Testes Gráficos

28. Bernstein, J., (Duas Pessoas), "La técnica del dibujo de dos personas de Machover", in Goodenough, F. I., *Test de inteligencia infantil por medio del dibujo de la figura humana*, Paidós, Buenos Aires, 1951.
29. Buck, (H.T.P.), "The House-tree-person technique: a qualitative and quantitative Scoring Manual", *J. Clin. Psychol.*, 1949.
30. Koch, K., (Árvore), *El test del árbol*, Kapelusz, Buenos Aires, 1962.

Manuais gerais sobre Técnicas Projetivas

ABT, L. E., Bellak L., *Psicología proyectiva*, Paidós, Buenos Aires.
Anderson, H. K., Anderson, G. L., *Técnicas proyectivas del diagnóstico psicológico*, Rialp, Madri, 1963.
Bell. J., *Psicología proyectiva*, Paidós, Buenos Aires.

Capítulo III
Indicadores psicopatológicos

Para a exemplificação foram utilizados materiais das baterias dos alunos das cadeiras de Técnicas Projetivas I e II da Faculdade de Filosofia e Letras (1962/66/68/71).

Agradeço os protocolos que me foram enviados pelos psicólogos Sara Barcina, Susana Mascheroni, Cecilia Martínez, Alicia Crespo Carthy, Silvia Bozzo, Elva Garat, María S. de Rubarth, Roberto Mazzuca e Ricardo Antar.

Introdução

As diferentes pessoas que podem ser inseridas em um mesmo quadro ou modalidade de comunicação apresentam constantes quanto ao conflito central, ao ponto de fixação e às defesas dominantes. Em uma análise mais detalhada, observamos constantes no que se refere às funções de percepção da realidade, memória, concepção das dimensões de tempo e espaço, formas de interpretar e atribuir significado aos fatos da realidade. Uma modalidade fóbica, depressiva ou histérica implica determinada concepção do mundo, do espaço, das pessoas, do próprio corpo, das relações desejadas e temidas, e uma organização especial de sistemas de valores.

Essas diferentes concepções (ao mesmo tempo constantes por modalidades) devem ser informações observáveis na produção de testes que tenham suficiente sensibilidade projetiva; de fato, no trabalho clínico, após anos de experiência contínua com testes projetivos, um psicólogo aprende a diferenciar essas configurações constantes, mas não há sistematizações detalhadas dos critérios implícitos nessas diferenciações. O presente trabalho é uma sistematização nesse sentido; e a necessidade surgiu quando em 1968 precisei transmitir, de forma didática, essa experiência clínica aos alunos de Técnicas Projetivas aplicadas à clinica. Naquele momento, propus-me a sistematizar indicadores com base em 250 casos completos com diagnósticos já realizados. Partes deste capítulo apresentei anteriormente de forma mais sintética nos Testes de Phillipson e Gráficos; o texto sobre Teste Desiderativo é atual. Parte dele baseia-se em um trabalho anterior realizado em 1966 com a psicóloga María Carposi (5). Naquele momento nos dedicamos às possibilidades diagnósticas e prognósticas do teste com base no estudo dos mecanismos de defesa.

Para o presente trabalho, propus-me uma série de questões por teste e, baseada nelas, elaborei os indicadores de cada um deles. Descreverei, então, algumas dessas questões.

Com relação ao Teste de Phillipson, perguntei-me se nas diferentes produções observamos variabilidade ou distorção quanto ao ajuste perceptual, presença ou não de omissões e acréscimos, interesse mais centrado no conteúdo humano ou no conteúdo de realidade ou no contexto. Nessas alterações de percepção tão variáveis poderíamos, no entanto, observar constantes por quadro? Haveria distorções ou omissões comuns a algumas modalidades de personalidade e, portanto, muito dependentes da concepção especial do mundo, do espaço?

As mesmas questões quanto à caracterização dos personagens, ao estilo de verbalização, ao privilégio de algum dos tempos propostos pela instrução, aos desenlaces, aos temas de relação interpessoal.

Com relação ao Teste Desiderativo, haveria escolhas e símbolos iguais? As descrições dos traços valorizados e temidos manter-se-iam constantes? Haveria semelhanças quanto à estruturação verbal? Os bloqueios na produção seriam específicos de alguns quadros?

As constantes que pude observar com relação a essas questões e outras originaram as séries de indicadores por teste que apresento neste capítulo. Também desenvolvi indicadores do Teste de Percepção Infantil (CAT), que fazem parte do apêndice deste livro como base para uma pesquisa posterior mais detida e abrangente de outros testes aplicados ao diagnóstico infantil.

O objetivo é, sem dúvida, facilitar o diagnóstico diferencial para os psicólogos interessados nessa área. Com esse propósito, apresento indicadores de estruturações esquizoides, depressivas, obsessivas, fóbicas, histéricas, hipomaníacas, psicopáticas, esquizofrênicas e melancólicas.

Quanto ao uso dos índices apresentados, preciso esclarecer que a referência de cada caso particular a um quadro de indicadores não é absoluta, tanto porque na prática não se encontram "casos puros", quanto porque cada teste (gráficos, verbais) ou diferentes partes de um mesmo teste (séries de Phillipson) mobilizam níveis diferentes de organização da personalidade.

Na bateria projetiva os testes gráficos revelam os aspectos estruturais de base porque são os que oferecem menor possibilidade de controle intelectual ou mascaramento. São os primeiros a revelar elementos de deterioração psicótica e os últimos a se modificar, mesmo em pacientes que apresentaram melhora clínica. Nos testes gráficos, por sua vez, o desenho da casa mobiliza níveis de maior regressão que o da figura humana, e o da árvore mais que o da casa. O comum é que os testes gráficos deem conta de estruturas evolutivamente menos integradas que os testes verbais (por exemplo, diagnóstico histérico em verbais, e traços ou estrutura depressiva em gráficos). Mas o contrário também é possível, e nesses casos nos encontramos com uma pessoa de melhor prognóstico que o evidenciado de um ponto de vista clínico, e normalmente trata-se de uma crise reativada por alguma situação crítica atual. Por exemplo, podemos observar uma produção com traços psicóticos no Teste de Phillipson, dados pelo excesso de distorções e fracassos e, em contrapartida, uma produção gráfica com características fóbicas; trata-se de pessoas que atravessam uma crise fóbica atual e é comum que nessas crises se alterem de forma passageira as funções de juízo de realidade, que são, no entanto, qualidades que o ego conseguiu integrar evolutivamente e que poderá, portanto, reestruturar.

Da mesma forma, no Teste de Phillipson a série A mobiliza estratos de maior profundidade, pelas características de baixa estruturação, que as séries B ou C e, portanto, as distorções nesta série são de menor gravidade. Por outro lado, distorções severas na série B evidenciam uma patologia clínica muito grave, já que nessa série encontramos respostas preservadas mesmo em processos esquizofrênicos clínicos.

O diagnóstico diferencial estabelece-se com base na predominância de traços de produção, diferenciando-se as configurações com as quais o entrevistado enfrenta comumente suas relações (diagnóstico clínico) das configurações latentes que reatualiza diante de estímulos mobilizadores de situações de ansiedade profundas (diagnóstico de base ou de personalidade). Por exemplo, uma produção pode apresentar características histéricas nos testes verbais e esquizoides nos gráficos, ou traços predominantemente obsessivos nas séries B e C do Teste de Phillipson, e depressivos ou melancólicos na série A.

Os quadros de indicadores não mostram por si mesmos patologias (excetuando-se os indicadores psicóticos e psicopáticos) mas modalidades de percepção, vínculo e resposta às situações de realidade.

A determinação do grau de patologia depende dos critérios desenvolvidos no capítulo II quanto à adaptação ou ao desajuste, critérios que não se dirigem à modalidade pessoal, mas ao grau de integração da personalidade (neurose, psicose, psicopatia). Evidenciam-se pelos rendimentos correspondentes a funções como: capacidade para estabelecer relações simbólicas com a realidade psíquica e externa, funções de juízo de realidade, teste de realidade, sentido de realidade, capacidade reparatória, diferenciação entre fantasia e realidade, interno e externo, bom e mau. Ao mesmo tempo o grau de patologia, estabelecido em razão do grau de integração obtido pelo ego, corresponde ao diagnóstico de personalidade, diagnóstico de base ou estrutura de base.

Assim, produções gráficas de pessoas diferentes correspondem, pelas características de organização, a uma determinada personalidade ou quadro, mas a atribuição do grau de patologia varia em função de critérios como: preservação da *Gestalt versus* desorganização; aspecto humanizado e vital *versus* desvitalização, aspecto zoomórfico ou mecânico. Da mesma forma, produções que podem se referir a um mesmo quadro em testes verbais apresentam graus diferentes de patologia em razão da capacidade de ajuste e plasticidade perceptual *versus* distorção e acréscimos insólitos, da capacidade de projetar vínculos humanizados e afetivos *versus* relações despersonalizadas ou ausência de vínculos.

Por isso, os exemplos que acompanham cada quadro de indicadores correspondem ao mesmo quadro psicopatológico, mas apresentam diferenças quanto ao grau de patologia. Varia o quadro ou a estrutura de base, o que confere diferenças individuais a cada uma dessas produções e implicações prognósticas diferentes.

A ordem dos casos vai da menor para a maior patologia.

Indicadores para a investigação do Teste Desiderativo nos diferentes quadros psicopatológicos

Em um trabalho anterior realizado em colaboração com a psicóloga María Carposi (5), dedicamo-nos a esse tema e diferenciamos produções desiderativas com relação a cada quadro psicopatológico, partindo da delimitação das defesas dominantes. No presente trabalho, retomo boa parte do que acabo de citar, incluindo novos indicadores referentes a outros aspectos da produção.

Delimito a seguir as áreas a serem investigadas na produção manifesta do teste, depois tomo cada quadro psicopatológico e desenvolvo as características que a produção correspondente adquire, as quais se configuram em "indicadores" de modalidades.

1) *Qualidades e funções valorizadas e enfatizadas no objeto*
Características descritas como importantes e valiosas nas racionalizações positivas. Funções ou canais perceptuais dominantes (distal, proprioceptivo, cenestésico, cinestésico).

2) *Qualidades rejeitadas no objeto*
Características dos objetos designadas como negativas ou rejeitáveis nas racionalizações tanto positivas como negativas. Esse indicador permite obter informação, com relação ao anterior, com os pares antagônicos de pulsões temidas e desejadas. Neste indicador também é importante determinar qual é o canal perceptual dominante (distal, visual, auditivo) (proprioceptivo ou cenestésico ou cinestésico) e qual é o contato diminuído ou temido.

3) *Qualidades positivas ou negativas omitidas*
Características "não consideradas" na descrição dos objetos escolhidos ou rejeitados.

4) *Pares de qualidades dissociadas*
Depreendem-se de 1 e 2 e informam sobre a concepção de traços bons e maus do ego e do objeto. Interessa determinar em função de quais qualidades se estabelece a dissociação em cada quadro e quais pares antitéticos prevalecem.

5) *Especificidade das fantasias reparatórias e destrutivas*
Delimita em quais aspectos da relação objetal centra-se a fantasia de restauração ou, de forma contrária, o temor a pôr em perigo o ego e/ou o objeto. Interessa também determinar se as metas reparatórias são realistas ou não.

6) *Vinculação predominante: com pessoas, com seres vivos ou inanimados*
Ênfase na relação com outras pessoas, com seres vivos ou com objetos inanimados. Relações com outras pessoas explícitas, implícitas ou ausentes. Tipo de vinculação dominante nas respostas positivas e negativas.

7) *Defesa dominante e defesas subjacentes*

8) *Estilo de verbalização*

9) *Ponto de fixação dominante*

10) *Delimitação da fantasia dominante a respeito da satisfação esperada pelo objeto (superego-ideal do ego)*

Indicadores para a investigação do Teste de Phillipson nos diferentes quadros psicopatológicos

Na construção de indicadores do Teste de Phillipson, utilizo as áreas de pesquisa que o autor do teste propõe para a investigação da produção individual:

1) *Percepção da prancha*
   a) Conteúdo humano
      Personificação: as pessoas visualizadas e sua caracterização física, sexual, postural e psicológica. As atitudes e relações manifestas.
   b) Conteúdo de realidade
      Descrição e visualização de objetos reais.
   c) Contexto de realidade
      Clima emocional baseado no claro-escuro e na cor.

O interesse está em detectar em a), b) e c) os elementos de ajuste perceptual ou, ao contrário, as distorções perceptuais, as omissões e os acréscimos perceptuais ou de relato.

2) *As pessoas incluídas na história e suas relações*
   Inclui as qualidades da trama de relações objetais descrita: os papéis e as características psicológicas dos personagens; as qualidades das relações vinculares temidas, desejadas, as ansiedades e as estruturas defensivas prevalecentes.

3) *A estrutura da história como relato e realização*
   Inclui a análise da história como produção de um ponto de vista estrutural: o estilo prevalecente, o tipo de tratamento

de presente, passado e futuro (omissões, ênfases), a apresentação de conflitos (manifesto, ausente, difuso), as qualidades das soluções (ativas, realistas, difusas) e os tipos de desenlace (realistas, irreais, mágicos, ausência de desenlaces).

Indicadores para a investigação dos testes gráficos nos diferentes quadros psicopatolóticos

Para a construção dos indicadores nos testes gráficos, considero as seguintes áreas de observação:

1) Caráter geral do desenho. Tratamento da folha em branco.
2) Localização.
3) Tamanho.
4) Movimento e expressão.
5) Tipo de traço.
6) Distorções, omissões, acréscimos, ênfases.

PERSONALIDADE ESQUIZOIDE. ESQUIZOIDIA. ESQUIZOFRENIA

Indicadores no Teste Desiderativo, no Teste de Relações Objetais de H. Phillipson, nos testes gráficos (Duas Pessoas – HTP)

TESTE DESIDERATIVO

Personalidade esquizoide. Esquizoidia

Indicador 1: Qualidades e funções valorizadas e enfatizadas no objeto

É enfatizada nos objetos escolhidos a capacidade de olhar, observar e conhecer, em situações de distanciamento ou falta de participação emocional. Observamos no material que, na esquizoidia, a capacidade de observação depende da conquista de uma distância emocional ótima; quando esta distância fracassa (nas escolhas negativas) desaparece a possibilidade de conhecer. A capacidade de olhar é enfatizada e atribuída ainda a objetos que carecem dessa função (nuvens, montanhas, por exemplo).

Como qualidades centrais, em permanente inter-relação, podemos delimitar: 1) busca de conhecimentos através do olhar; a curiosidade aparece descrita como admiração pela clareza intelectual e pelo saber, e 2) capacidade de independência concebida como "ausência de compromisso emocional". A observação das escolhas negativas demonstra que evitar o vínculo afetivo com os seres vivos tem como objetivo evitar a responsabilidade emocional em personalidades com intensos sentimentos invejosos e ávidos. A necessidade de prescindir de vínculos emocionais próximos expressa-se em escolhas de objetos muito distanciados espacialmente ou de objetos inanimados capazes de desenvolver importantes rendimentos científicos ou mecânicos. A dissociação dominante entre intelecto e vida emocional ou corporal origina descrições nas quais são omitidos os traços físicos e as funções táteis ou olfativas dos objetos, bem como toda alusão a contatos próximos do entrevistado com esse objeto (por exemplo, faltam alusões à suavidade e ao cheiro do objeto, bem como à satisfação corporal inerente, por exemplo, ao movimento). À medida que a dissociação e o isolamento se acentuam, os símbolos adquirem menos "corporeidade", o que se expressa na escolha de objetos abstratos, qualidades, ideias tais como "a bondade", "a pureza", "o branco", "o claro", ou na escolha manifesta de objetos por sua qualidade de não sentir, por exemplo: "Algo forte, uma pedra granítica, porque está incólume, não sofre como os homens ou os animais."

Os elementos afetivos ternos são expressos em descrições idealistas, atribuídas comumente a objetos inanimados ou vegetais: livros, gotas de água, plantas em germinação. À medida que o contato humano se transforma em mais persecutório e perigoso, incrementam-se escolhas de objetos de poder mágico, centrado não tanto em seu poder destrutivo mas na vulnerabilidade do objeto, dada pelo poder ou pela distância (estrelas, planetas distantes, Deus, seres de outros planetas com inteligência superdesenvolvida). (Incremento de mecanismos de onipotência, pensamento mágico.)

Na produção esquizoide dominam escolhas tais como: estrelas, planetas, máquinas eletrônicas, computadores, livros, quadros famosos, animais não domesticáveis, com capacidade para manter-se distanciados ou isolados, qualidades e ideias abstratas.

Indicador 2: Qualidades rejeitadas no objeto

São rejeitadas as qualidades dependentes e sensíveis dos objetos, que os põem em situações de submissão e privação (pasto, animais domésticos, plantas) e os vinculados na fantasia com objetos frios e despóticos. O modelo da relação corporal temida é uma relação próxima "esmagadora" e de "privação" ("ser pisado"), que traz emparelhada a perda da capacidade egoica de percepção visual, mas que pode ser resgatada quando a vinculação objetal é a distância.

Em contrapartida, o temor aos efeitos do excesso de mecanismos de isolamento e dissociação, a solidão e a privação de relações emocionais necessitadas, expressa-se em rejeições a objetos frios, duros, insensíveis (gelo, pedra), ou a objetos secos (cardos), pouco criativos, que passam despercebidos ou encontram-se isolados, sozinhos (deserto, cacto no deserto).

No trabalho em colaboração com María Carposi (5), delimitamos as características das escolhas negativas:

a) Se as defesas falham, o que se teme é: ser invadido, manipulado, privado de autonomia, o que equivale a ser destruído e morto; mas também teme-se a consequência que sofre o ego em virtude da extrema dissociação.
b) [...] Surge o temor de ficar sozinho, vazio, isolado, seco.

Características rejeitadas

1) Objetos imóveis (como nas escolhas positivas), mas que perderam a distância adequada do objeto.
   a) Que estão à mercê do objeto, mudos e expostos ao ataque, por exemplo: pasto, porque é pisado, está exposto às tempestades, é queimado pelo sol.
   b) Ou que estão absolutamente fora do contato humano, por exemplo: asteroide perdido no espaço.
2) Ou então objetos que foram desagregados, por exemplo: areia.
3) Objetos que são manuseados ou usados sem preocupação por sua conservação física.
4) Objetos usados e depois descartados, por exemplo: papéis, porque são usados, sujados, rasgados e jogados fora.
5) Objetos isolados e secos, por exemplo: cacto no deserto.
6) Objetos que simbolizam impulsos orais de incorporação sádica do objeto. Por exemplo: plantas carnívoras, piranhas.

Indicador 3: Qualidades positivas ou negativas omitidas

São omitidas na descrição as qualidades corporais, a descrição de formas, movimento e tudo o que se refere a sensações proprioceptivas cinestésicas e cenestésicas. É negada a necessidade de contato dependente e de vinculação afetiva e, portanto, é omitida a possibilidade de contatos próximos, de pele, que o objeto pode ter em sua vida real. A alusão a contatos é demonstrada em negativas e toma a forma de contatos que atacam e destroem: ser pisado, esmagado (pasto, por exemplo), ou sugado e parasitado (plantas com parasitas ou bichinhos).

Indicador 4: Pares de qualidades dissociadas

Dissociação mente-corpo. Isolamento do emocional. Observam-se como pares dissociados: objetos isolados, inalcançáveis, invulneráveis, cientificamente perfeitos (intelectualização), opostos a objetos próximos, esmagados, partidos, ávidos oralmente. De forma correlata, os objetos isolados apresentam estruturas corporais completas e delimitadas, e os próximos, amorfas ou diluídas: nuvens, areia, pasto, parasitas.

Indicador 5: Especificidade das fantasias reparadoras e destrutivas

São observados a dissociação e o isolamento dos aspectos idealizados e persecutórios para evitar a eclosão emocional, relacionada com intensos sentimentos invejosos e ávidos pelo objeto necessitado.

As fantasias destrutivas dirigidas ao objeto giram ao redor do curiosear, de imiscuir-se em seu interior de um modo frio e despojante. Essas fantasias provocam intensos temores ao ser objeto desse mesmo tratamento por parte das pessoas que os rodeiam, temor do qual se defendem distanciando-se e depositando a curiosidade em outros.

As metas reparadoras diante do objeto e do próprio ego (fantasias de cura) giram ao redor de conquistar maior eficácia no isolamento emocional, na negação de toda percepção de necessidade emocional, o que se traduz na ideia de "ser mais independentes", e conseguir um rendimento intelectual mais livre de influências ou altos e baixos emocionais. A busca de reparação intelectual e reforço da dissociação "livra" o objeto dos temidos despojamentos orais e o ego, do sofrimento invejoso diante dos objetos necessitados.

O que se teme como ataque ao ego é tanto a perda provocada pelo intenso distanciamento afetivo (solidão, bloqueio e ausência de capacidade para unir-se afetivamente), como a confusão e a desagregação pela impossibilidade de integrar os sentimentos invejosos intensos. O temor à desintegração, que se expressa na produção em rejeições como areia, cristal, prédio que cai, já indicaria a presença de elementos psicóticos.

Indicador 6: Vinculação predominante: com pessoas, com seres vivos ou inanimados

Os outros seres humanos estão ausentes na verbalização, pode haver referências a outros, aos quais se pode olhar, investigar, nas escolhas positivas, ou "outros que, por exemplo, esmagam ou sugam vitalidade" nas negativas, mas falham personificações definidas. Não há descrições com seres humanos em situação de proximidade emocional, os vínculos são ou muito distantes corporalmente (olhar) ou muito próximos e destrutivos (parasitas sugadores, alguém que pisa, esmaga) (dificuldade na regulação da distância emocional, ou alheios ao contato ou confundidos e indiferenciados).

Indicador 7: Defesa dominante e defesas subjacentes

Dissociação. Identificação projetiva com modalidade oral 1 (sugar), que apaga a diferenciação sujeito-objeto (objetos que sugam, despojam, privam). Isolamento. Intelectualização.

Indicador 8: Estilo de verbalização

Linguagem abstrata, precisa, sucinta, com alto grau de intelectualização. Ausência de expressões emocionais e de imagens plásticas.

Indicador 9: Ponto de fixação dominante

Oral 1. Ansiedade relacionada com sentimentos ávidos, invejosos, e alta idealização diante de objetos parciais (seios, pênis) superiores autoabastecidos que privam e despojam.

Nas escolhas positivas, manifesta-se a identificação com esses objetos autossuficientes, frios e distantes, que olham – sem contato emocional – os outros seres, nos quais estariam projetados os aspectos sofredores do ego.

Nas escolhas negativas, manifesta-se tanto o temor ao maltrato corporal de que o ego poderia ser ou foi objeto, como o temor ao descontrole sádico que desencadearia a necessidade de esvaziar, sugar, esmagar ou parasitar os objetos necessitados.

Indicador 10: Delimitação da fantasia dominante a respeito da satisfação esperada pelo objeto

O objeto exige não ser incomodado por exigências emocionais. Toda ligação afetiva de proximidade corporal e satisfação de necessidades desperta ansiedades orais intensas referentes ao temor a esvaziar ou a ser esvaziado.

O ideal do ego privilegia a conquista de valores tais como autonomia e independência, que na esquizoidia implicam desconexão afetiva.

ESQUIZOFRENIA

Fiz referência a este tema anteriormente, no item sobre o Teste Desiderativo e a simbolização (capítulo II); mostrei que nas psicoses clínicas a produção desiderativa é muito difícil de ser obtida, porque nelas não há possibilidade de captação simbólica da instrução. As características que apresentam as respostas que podemos encontrar foram descritas no capítulo II, no item sobre produções psicóticas, ao qual remeto agora. Como síntese das características da produção, posso apresentar:

Indicador 1: Qualidades e funções valorizadas e enfatizadas no objeto

1) A impossibilidade de captação simbólica da instrução e o ataque às funções de atenção, percepção e memória originam respostas que não mantêm conexão lógico-formal com a instrução e só conseguem isso em uma escolha, no início, e a partir dali as associações têm mais a ver com experiências internas que com as características do objeto.

A linguagem da produção é restrita, desagregada, com neologismos, com conexões causais pouco compreensíveis de um ponto de vista lógico-formal. A desagregação da linguagem é uma expressão da desagregação do pensamento verbal pela intensidade e pela patologia dos mecanismos de *splitting*.

2) As poucas respostas positivas diretas à instrução referem-se a seres extraterrestres que simbolizam o poder sobrenatural, a possibilidade de pensamento mágico e a onipotência do pensamento, como Deus, Jesus, um ser superior de outro planeta, ou símbolos carregados de hostilidade que precisam destruir a vida para sobreviver, como tubarões, predadores, feras, plantas carnívoras. Ou partes do corpo, mas isoladas de um corpo ou de uma pessoa: um olho que veja tudo, orelhas muito grandes que sirvam como radar.

Em outros casos, qualidades abstratas ou emoções ou circunstâncias vitais: a alegria, a bondade, ser bom, não ser mau, ter uma casa, ter uma família.

Indicador 2: Qualidades rejeitadas no objeto

Elementos desagregados, fragmentados, comidos, qualidades abstratas (maldade, tristeza), partes do corpo (os dentes, a mão, o olho), espíritos maus e seres míticos ou não terrenos (diabo, espírito mau, espírito do mal). Objetos inócuos, mas que produzem reações paranoides durante o teste (rádios, televisores) e que indicam a presença de delírios ou alucinações auditivas.

Indicador 3: Qualidades positivas ou negativas omitidas

O ataque às funções psíquicas de juízo e teste de realidade dá lugar à presença de descrições arbitrárias dos objetos de realidade, nas quais, portanto, predominam as omissões de dados de realidade. O acréscimo de qualidades ou a distorção perceptual são elevados ao máximo. As descrições de objetos são arbitrárias de um ponto de vista lógico-formal.

Indicador 4: Pares de qualidades dissociadas

Quando os processos de *splitting* e ataque ao aparelho psíquico são elevados ao máximo, dominam ansiedades confusionais que interferem nos mínimos processos dissociativos, que já implicam certa ordem, apesar de primitiva e precária. Quando essa ordenação pode ser obtida de forma mínima, em certas áreas da personalidade, a dissociação oferece uma polaridade extrema: Deus-diabo.

Indicador 5: Especificidade das fantasias reparadoras e destrutivas

Observamos os resultados dos intensos ataques hostis invejosos que expressam desagregação das funções egoicas de ligação com a realidade psicológica e com a realidade exterior. As fantasias destrutivas, que podem ser inferidas da qualidade da produção e de algumas respostas isoladas, são dirigidas a toda função psicológica que tenha capacidade de percepção e ligação com o objeto externo e interno, e têm por finalidade evitar estados intoleráveis de dor psíquica. As fantasias destrutivas motivadas por intensos sentimentos ávidos e invejosos são de qualidades orais e anais-expulsivas: possuir objetos a partir de seu interior (diabo, espíritos), para esvaziar, quebrar, despojar, desagregar através de funções orais de sucção. As tentativas de recuperação tomam a forma de tentativas mágicas de "erradicação da maldade" ou então a obtenção de condições reais nas quais estão confundidos "ser" com "ter". Exemplo do primeiro caso é "ser bom", "não ser mau", e do segundo, "ter uma família, "ter uma casa". As tentativas de reconstrução do aparelho mental expressam-se em escolhas positivas como "ser saudável", ou em rejeições de "pessoas doentes". Em outros casos a fantasia de cura aparece centrada em um órgão, mas alheio a um corpo que desenvolva a função, por exemplo, um olho que enxergue bem; e nas escolhas negativas "um cego". Subjaz a necessidade de recuperar as funções de percepção danificadas, neste caso, o olho, tanto interno como externo, mas domina o concretismo e a função psicológica é confundida com o órgão corporal.

Indicador 6: Vinculação predominante: com pessoas, com seres vivos ou inanimados

Ausência de diferenciação entre seres vivos e seres inanimados. A descrição de objetos inanimados (rádios, televisores, pedras) é humanizada e "com cores" de perseguição, assim como, em contrapartida, os seres vivos estão coisificados, mecanizados, automatizados.

Indicador 7: Defesa dominante e defesas subjacentes

Splitting do aparelho psíquico. Ataque às funções de percepção da realidade psíquica e exterior, de notação, de atenção e a toda função que tenha a capacidade de ligar experiências. Ataque ao pensamento verbal e à linguagem. Identificação projetiva excessiva dos fragmentos do aparelho psíquico e do objeto que originam a construção de uma realidade distorcida repleta de objetos bizarros.

Indicador 8: Estilo de verbalização

Verbalização desagregada, arbitrária, falta de nexos lógico-formais, concretismo.

Indicador 9: Ponto de fixação dominante

Oral 1. Desenvolvimento perturbado na relação objetal primitiva, referente à posição esquizoparanoide patológica de M. Klein e à relação simbólica evolutiva perturbada de M. Mahler.

Indicador 10: Delimitação da fantasia dominante a respeito da satisfação esperada pelo objeto

Aniquilação e desagregação do ego

A seguir, apresento uma série de Testes Desiderativos que têm características comuns aos quadros esquizoides. Estão ordenados da menor para a maior patologia; os dois últimos (casos E e F) apresentam claros sinais psicóticos e os casos A, B, C e D correspondem a quadros neuróticos.

CASO A. MULHER DE 17 ANOS

1+: Ave, pois voaria pelos céus, percorreria países, sem me preocupar com nada, distanciando-me do barulho mundano.
2+: Biblioteca, pois ali seria o centro da cultura, eu seria ocupada por livros importantes que foram escritos por pessoas competentes.
3+: Cor branca, pois seria o sinal da pureza e da limpeza.
1−: Fogo, pois não gostaria (apesar de ser muito útil para as pessoas por ser com isso que os alimentos podem ser cozidos), porque, por sua vez, poderia destruir lares com suas chamas abrasadoras.
2−: Serpente, pois não gostaria de matar alguém com meu veneno – símbolo de maldade.

3−: Raio, pois é um símbolo de destruição.
 (*Induzida: vegetal, positiva e negativa*)
4+: Rosa, pois é símbolo de amor, alegria.
4−: Espinho, pois eu não gostaria de machucar.

CASO B: MULHER DE 19 ANOS

1+: A lua, para iluminar os apaixonados.
2+: Uma árvore, para dar sombra.
3+: Uma flor, a orquídea, por sua beleza.
1−: O ouro, porque é cobiçado por todas as pessoas.
2−: Víbora, porque é desprezível.
3−: A sombra da noite, porque dá medo.
 (*Induzidas: animal positiva e vegetal negativa*)
4+: Animal, cachorro, porque é fiel ao seu dono.
4−: Vegetal, cacto, porque inspira solidão e não tem graça.

CASO C. HOMEM DE 20 ANOS

1+: Livro, poderiam me ver, ter contato direto com as pessoas.
2+: Um pássaro, qualquer um, poderia conhecer, ver o mundo todo.
3+: Uma rosa, porque é símbolo de bondade, de amor, se dá de presente quando se ama alguém.
1−: Um enfeite, um cabide, porque é algo que passa desapercebido, a gente entra numa casa e não o vê.
2−: Uma larva, porque é um animal que não desperta nenhum tipo de interesse. A gente o vê e o mata.
3−: Uma planta que dure pouco, a rosa dura pouco, não?

CASO D. HOMEM DE 20 ANOS

1+: Uma árvore alta, dessas que quase tocam o céu porque é alta e se pode ver tudo de lá de cima e deve mudar muito a perspectiva; os carros, as coisas, as pessoas devem perder seu aspecto de coisas de que gostamos ou que assustam, esmagam, devem parecer brinquedos.

2+: Uma qualidade, a independência.
3+: Se fosse uma criança pensaria em robôs, acho que sempre me fascinaram, têm a aparência humana aliada à precisão científica, mas... talvez eu ainda goste disso, tem um quê de brincadeira, um quê de crianças.
4+: (*Induzida*) Peixe ou pássaro, dois extremos, mas os dois têm a liberdade de se distanciar quando precisam, muito alto ou muito fundo (?) qualquer um.
1—: A noite, a escuridão, traz um manto de incerteza.
2—: Um prédio de mais de 20 andares muito alto porque se rachasse, incendiasse, afundasse, não haveria saída, se partiria em pedaços.
3—: Um escorpião, porque é um animal venenoso e mortal, acho que...
4—: Tampouco animais parasitas que terminam tirando a vitalidade de quem lhes mantém a vida.

Caso E. Homem de 26 anos

1+: Avião, para viajar para todos os lados e conhecer todos os lados... não me ocorre outra coisa... Avião como se fosse um animal com asas e sair de todas as prisões em que a gente está.
2+: Então não sou nada! (*Sorrindo e com expressão de assombro.*) Se não pudesse ser nem objeto, nem pessoa, então não sou nada... Não é assim? O nada!...
3+: Algo como uma flor?... Uma rosa, porque é a flor que o namorado oferece à namorada, o esposo à esposa... A rosa é a mais comum... (*sorrindo*).
1—: Eu não quero me transformar em nada. Eu quero ser gente antes de qualquer coisa, antes de avião, ou rosa, ou leão...
2—: O diabo (*ri*), porque no diabo está a maldade, por isso. Há muitas pessoas com maldade...
3—: Ai, essa me matou!... Não sei o que responder... (*repete a instrução*)... Um assassino, porque não tenho instinto...

sou incapaz de matar, apesar de às vezes ter vontade... Pessoas que são más comigo. Posso ameaçar, mas com certeza não vou fazer nada a essa pessoa.
4—: Em um espinho, porque machuca. Por isso! Porque machuca.
5—: Serpente, porque é muito perigosa e só de picar, mata. A maioria das serpentes é venenosa. É traidora, suga o sangue. Sei porque vi isso em filmes e estudei nos livros.
6—: (*Repete a instrução. Olha para mim, ri e fica pensativo com as mãos cruzadas sobre a mesa.*) Éeeee.... por exemplo uma fruta que é amarga, eu não gosto. Que frutas amargas existem?... O limão! Uma fruta doce, sim.

Caso F. Homem de 38 anos

O quê! Se não fosse pessoa? Ah! Não! Como me pergunta isso? O que quer que eu lhe diga? Que quero ser mulher?... Ah! Não! E que coisas existem?... Animal, vegetal, mineral. (*Escreve isso num papel.*) Não, não, isso não pode ser. O que quer eu lhe diga?... Um foguete! Ah, não! Eu estou muito conformado, muito conformado com o que sou e não outra coisa. O homem ou a pessoa humana é a conjunção total da criação... é uma coisa especial, não posso imaginar outra coisa! (*Silêncio, desenha.*) Como ser humano não posso imaginar outra coisa... É algo físico e espiritual. (*Faz um gesto com o rosto e as mãos como dizendo "algo que não sei como explicar".*)
(*Tento instrução negativa.*)
Repete: O que eu não queria ser de forma alguma? (*Acentua "de forma alguma". Silêncio e olha para mim.*)
Nenhuma... nenhuma... nenhuma... e o que eu gostaria de ser, também não. (*É taxativo.*)
Quando falo da parte espiritual? Como pode pensar em não ser homem? A mente tem que ter algo... Não posso me sentir como vegetal, não posso...

Características comuns e diferenciais dos casos apresentados

Nos primeiros quatro casos, observamos como características comuns: respostas que enfatizam a distância emocional e corporal, com ênfase na percepção à distância do canal visual (olhar) e nas funções intelectuais (conhecer, conter conhecimento).

Essas funções estão supervalorizadas; em contrapartida, as necessidades de contato, proximidade ou vínculo afetivo estão dissociadas. Esse detrimento do emocional, cindido da personalidade, adquire relevância na resposta 3+ do caso D: "Se fosse uma criança pensaria em robôs, acho que sempre me fascinaram, têm a aparência humana aliada à precisão científica, mas... talvez eu ainda goste disso, tem um quê de brincadeira, um quê de crianças."

São evitados os vínculos emocionais com pessoas, substituídos por vínculos com ideias, conceitos, símbolos, o que se expressa na necessidade de ser ou conectar-se mais com o que os objetos simbolizam do que com os próprios objetos. Por exemplo: "rosa, porque é símbolo de bondade; raio, porque é símbolo de destruição".

As respostas positivas denotam grande avidez por conhecer, mas essa aprendizagem é reduzida a uma acumulação intelectual que se obtém "olhando" de fora. Olham de esguelha, portanto, o "aprender da vida", aprender como pessoas, porque isso supõe estar "dentro" de situações vinculares.

A ansiedade de aprendizagem "em contato com o objeto" é muito clara na resposta 1+ do caso D: "Uma árvore alta, dessas que quase tocam o céu porque é alta e se pode ver tudo de lá de cima e deve mudar muito a perspectiva; os carros, as coisas, as pessoas devem perder seu aspecto de coisas de que gostamos ou que assustam, esmagam, devem parecer brinquedos."

A busca de contato com outros seres vivos é possível, produz menos pânico se o sujeito passa a ser uma coisa, alguém não sensível como, por exemplo, na resposta 1+ do caso C, em que a necessidade de ligar-se afetivamente é posta na escolha de coisa e não de vegetal ou animal: "livro, poderiam me ver, ter contato direto com as pessoas". Este é um elemento comum das produções esquizoides, a necessidade de dar afeto ou de recebê-lo e a satisfação das necessidades de contato expressam-se por meio de coisas que o simbolizam, e normalmente é verbalizado nas respostas sobre vegetais ou coisas inanimadas e não nas respostas sobre animais. Como exemplo citamos as respostas 1+ do caso C: "Livro, poderiam me ver, ter contato direto com as pessoas"; e 3+ , também do caso C: "Rosa, porque é símbolo de bondade, de amor, se dá de presente quando se ama alguém."

Resposta 1+ do caso B: "A lua, para iluminar os apaixonados."

Resposta 2+ do caso A: Biblioteca, pois ali seria o centro da cultura, eu seria ocupada por livros importantes que foram escritos por pessoas competentes.

Da mesma forma, os sentimentos de solidão, isolamento, produto do distanciamento por temor a relações emocionais angustiantes, expressam-se nas respostas negativas com vegetais ou coisas:

1— do caso C: Um enfeite, um cabide, porque é algo que passa despercebido, a gente entra numa casa e nem vê.
4— do caso B: Cacto, porque inspira solidão e não tem graça.

Como elementos diferencias de graus de patologia, interessa-me destacar que o *caso A* tem um prognóstico melhor porque apresenta uma subestrutura de personalidade fóbica, expressa nas escolhas negativas em respostas centradas em pontos de fixação fálico-uretrais. No *caso B*, dominam maior inibição da fantasia e evidências de sentimentos invejosos que perturbariam o desenvolvimento, bem como avidez intensa projetada em outros: 1—: "Ouro, porque é cobiçado por todas as pessoas."

No *caso C*, o perigo é cair em uma depressão com qualidades melancólicas, com sentimentos de desvalorização e autodesprezo, por não conseguir um lugar na vida (1— cabide), por carecer de capacidade criativa (2— larva).

No *caso D*, há clara alusão a uma possível desestruturação mental (2—: Um prédio de mais de 20 andares muito alto porque se rachasse, incendiasse, afundasse, não haveria saída, se partiria em pedaços), produto dos aspectos muito prejudiciais de seus mecanismos patológicos de identificação projetiva, tendentes a esvaziar o objeto e destruí-lo invejosamente, expressos na escolha 4— animais parasitas que terminam tirando a vitalidade de quem lhes mantém a vida.

Os *casos E* e *F* apresentam índices psicóticos evidentes, centrados fundamentalmente na incapacidade de captação simbólica da instrução.

No *caso E*, mantém-se como comum, com relação aos casos anteriores, a busca de distanciamento e percepção à distância. Mas diferentemente dos casos anteriores, em 1+: "Avião, para viajar para todos os lados e conhecer todos os lados... não me ocorre outra coisa... Avião como se fosse um animal com asas e sair de todas as prisões em que a gente está", evidenciam-se, por um lado, os processos de equação simbólica avião--animal e, por outro, sua necessidade humana de sair da prisão mental, da loucura, que só é possível coisificando-se, deixando de ser um ser vivo. A entrevistadora funciona concretamente como uma assassina, chega a expressar isso em 3—: "Essa me matou". Foi preciso um grande esforço de controle para evitar o extravazamento agressivo, paranoide, com características homicidas na situação de teste: 3—: "Um assassino, porque não tenho instinto... sou incapaz de matar apesar de às vezes ter vontade... Pessoas que são más comigo. Posso ameaçar, mas com certeza não vou fazer nada a essa pessoa."

No *caso F*, a resposta ao teste é nitidamente paranoide; "o que quer que eu lhe diga?!" manifesta a vivência de ser forçado e perseguido pela psicóloga, vista também concretamente como uma assassina. Subjaz a essa resposta um pânico intenso, pela incapacidade de lidar com a situação de teste em um terreno simbólico; quando escreve a instrução, tenta conceitualizá-la patologicamente, mas isso fracassa e emerge o pânico a se diluir como pessoa. Fantasiar com ser outro objeto e não uma pessoa é equivalente a sê-lo, pelo predomínio de pensamento concreto.

TESTE DE H. PHILLIPSON

Personalidade Esquizoide. Esquizoidia

Percepção da situação da prancha

Os entrevistados têm boa percepção total e de detalhes (pelo desenvolvimento da capacidade de observação e pela dissociação entre sentir e pensar). Em geral, fazem descrições sintéticas e globais, como por exemplo: "Um homem meditando diante da natureza."

Podem lidar de forma original e inteligente com a situação perceptual. Dão respostas simbólicas, de alto nível abstrato, baseados no claro-escuro. Essas respostas simbólicas são frequentes na série A; nessa série as zonas claras e escuras são interpretadas como símbolos de estados mentais passados ou futuros, por exemplo na prancha 1: a região escura (esquerda, abaixo) é o passado confuso do qual a pessoa está emergindo, e esta luz (acima, centro e direita) representa a clareza de ideias que a pessoa almeja.

A interpretação simbólica dos espaços da prancha é comum também em outros quadros (depressão), porém o específico da esquizoidia é a interpretação dessas áreas como representantes do futuro ou do passado e de estados mentais como confusão, disjunções, encruzilhadas emocionais, clareza de ideias, linhas de conduta a seguir.

A ênfase é posta no conteúdo humano e no contexto de realidade.

Os entrevistados percebem os personagens geralmente quietos corporalmente e ativos de um ponto de vista mental.

O clima emocional nas pranchas é semelhante. Não há grandes variações com relação aos diferentes contextos de realidade. Os personagens em geral desenvolvem atividades relacionadas ao pensamento: pensam, tentam elucidar um problema, estão em uma encruzilhada. Mas são poucas as reações emocionais descritas; quando expressam sentimentos, eles são de preocupação, saudade, desolação, tristeza, ternura, união espiritual.

Evidencia-se um choque emocional intenso na série A e na prancha em branco, manifesto em respostas com maior distância e frieza ou em alusões a lugares frios e desolados. Por exemplo, na prancha AG: "Antártida, pinguins numa paisagem com neve."

A atitude dos personagens é morosa, contemplativa, curiosa, quieta corporalmente, com atividade centrada em olhar e pensar. Os personagens precisam resolver um problema sem compromisso emocional. A ação é postergada para o futuro mediato.

As pessoas incluídas na história e suas relações

O grau de humanização varia individualmente (ver capítulo II). Mantém-se como característica comum a necessidade de evitar as complicações inerentes à vida emocional: os entrevistadores evitam incluir afetos, sentimentos. Se esses aparecem, são muito intelectualizados: "união espiritual", "comunhão" ou "pontos de vista opostos".

Nos personagens, a ênfase é posta em pensar, meditar, elaborar; mas eles não entram em ação: observam, se auto-observam, pensam, tentam resolver mentalmente as situações (intelectualização). A ação é suspensa, postergada para o futuro, não se realiza na história relatada.

Os personagens incluídos nas histórias apresentam falhas de identidade, são difusos, não são descritos com clareza, são "pessoas", ou, quando muito, "homem", "mulher" ou "criança", mas a caracterização carece de detalhes sobre idade, características psicológicas ou físicas. Essa modalidade (esquizoidia) confere traços difusos à produção, em decorrência das falhas de delimitação da identidade; portanto, à medida que progride a patologia, os personagens apresentam maior difusão e desumanização em relação ao maior grau de despersonalização. Exemplo da seriação dessa grave patologia mental são as respostas: "um homem, "alguém", "uma estátua".

Os personagens mantêm relações frias e distantes, em que predominam o aspecto intelectual (discussão, elaboração de temas), ou as relações ideais e simbióticas (prancha 2: "A companheira", com a qual se entende em silêncio, com quem mantém relações idealizadas no nível mental com exclusão do contato corporal) (intensa identificação projetiva).

Na estrutura das relações objetais inconscientes predominam atitudes oral-receptivas exigentes e ávidas diante do objeto materno. Os sentimentos de vazio, ódio e nostalgia são neutralizados pela frieza emocional dos personagens e pela ausência manifesta de necessidades afetivas, tanto de dar como de receber. Os sentimentos de vazio e solidão se mobilizam intensamente na série A. Nessa série, os entrevistados tentam sair desses estados afetivos dolorosos criando histórias de "união, comunhão ou paz espiritual com a natureza ou consigo mesmos". Numa análise de maior profundidade, essas associações sugerem a busca de um estado de ausência de necessidades, pela união com um objeto interno, que acalme qualquer urgência afetiva, sem a mediação da expressão verbal. Por exemplo, em respostas como:

PRANCHA 1: "Um homem frente à natureza, tenta se reencontrar consigo mesmo."

PRANCHA 2: "Um casal. Têm uma união profunda. Entendem-se em silêncio."

Quando essa situação emocional de carência torna-se dolorosa, surgem histórias com personagens isolados, sozinhos, nos quais dominam, como emoção, a nostalgia, os sentimentos de solidão e vazio.

As relações temidas estão centradas na aproximação amorosa ao objeto, à aproximação corporal a objetos que privam, despojam, esvaziam e produzem sentimentos dolorosos de avidez e inveja ou nostalgia.

E as defesas dominantes são:

Dissociação: a) entre sentir e pensar; b) entre objetos idealizados, intelectualmente poderosos, com os quais são mantidas relações de tipo simbiótico, com personagens pouco diferenciados e objetos persecutórios que exigem ação, forçam, humilham e despojam.

Isolamento: expresso na ausência de afetos, falta de aproximação emocional e corporal.

Identificação projetiva que anula a diferenciação sujeito-objeto: expressa-se pela dificuldade para diferenciar características e papéis. Os personagens estão muito longe (isolamento defensivo da indiferenciação) ou tão perto que se transformam em uma só pessoa, "almas gêmeas" (indiferenciação-simbiose).

Onipotência do pensamento: expressa-se como arrogância.

Negação da necessidade de dar e receber afeto.

Transferencialmente: clima de mistério e suspense.

A história como estrutura e realização

Os entrevistados apresentam bom ajuste formal à instrução, mas como não podem incluir o vetor de vida emocional, suas produções carecem do elemento central de toda história humana.

Eles têm habilidade para criar histórias, descrever situações psicológicas complexas, mas com pouco compromisso afetivo, predominando uma relação distante e fria com a prancha e com a produção, que é considerada em muitos casos como mero exercício intelectual. O conteúdo emocional está implícito nas situações que relata, mas os entrevistados não dão mostras de ressonância. Por exemplo, descrevem um personagem sozinho isolado, mas sem aludir ao sentimento doloroso de solidão que ele vive, ou descrevem alguém que procura tranquilidade ou paz espiritual, mas omitem por que precisa de paz, por que está triste, angustiado, deprimido, aborrecido.

A construção da história é lógica quanto à sequência, mas o esquizoide não explica sua fantasia e torna-se necessário voltar a ela na entrevista. O hermetismo e a falta de desenvolvimento da fantasia promovem a curiosidade contratransferencial.

São histórias com marcante controle de descarga tanto agressiva como amorosa. Os temas são abstratos e de excessiva complacência intelectual.

Em algumas produções o presente, o passado e o futuro estão diferenciados, mas formalmente. O futuro geralmente é condicional (veriam, resolveriam, acho que...) e, na maioria dos casos, é proposto como uma questão. O presente é também, em parte, um futuro postergado quanto ao desenvolvimento de ações. A ação se desenvolve num futuro que é, em contrapartida, condicional. O passado é geralmente uma alusão muito sintética a um estado intelectual de preocupação, confusão ou disjunção, sofrido passivamente pelo personagem no passado imediato. A perspectiva temporal, como tempo vivido emocionalmente, com diferenciação de idades, estados emocionais e conflitos que são causa de outros estados atuais ou futuros, está ausente na esquizoidia. As produções estão um pouco "fora do tempo", são instantes de união ou solidão, clareza ou confusão, mas pouco discriminados emocionalmente, ainda que na verbalização os entrevistados utilizem o "antes", o "agora" e o "depois".

A intensificação de características patológicas torna-se evidente pelo uso maior de mecanismos de isolamento, pelas descrições sucintas de personagens quietos, isolados, sozinhos, estátuas, pelos personagens míticos ou religiosos, com diminuição de contatos interpessoais e maior refúgio na fantasia. Ou, em contrapartida, o incremento da identificação projetiva evacuativa, mediante histórias fantásticas e de projeção de conteúdos puramente pessoais, aumento das interpretações simbólicas e uso do estímulo perceptual para o desenvolvimento de fantasias distanciadas da situação-estímulo.

Esquizofrenia

Percepção da prancha

O ataque a funções centrais do aparelho psíquico, como a percepção e a ligação causal lógica ou afetiva, evidencia-se dramaticamente na produção do Teste de Phillipson: a verbalização do paciente não mantém nenhuma, ou muito escassa, relação lógica com os elementos perceptuais reais da prancha. A prancha como parte da realidade desencadeia um tratamento semelhante a esta. O estímulo é negado como elemento perceptual e, no entanto, é objeto de um ataque ativo que provoca a visualização de aspectos desagregados, danificados, de partes do objeto e do aparelho psíquico, que originam uma prancha (realidade) repleta de objetos estranhos, bizarros: braços, pernas, olhos, estátuas sem relação. Faltam também tentativas, ainda que primitivas, de estabelecer nexos causais, por exemplo, explicar que esses braços estão ali por causa de uma explosão. Faltam essas explicações mínimas, e os objetos desagregados são descritos como coisas "que estão na prancha". O nível de concretismo origina, nos casos de maior gravidade, condutas de manuseio ou raspagem da prancha: o paciente não só percebe esses objetos como os vê com tamanha evidência de realidade que acredita que estão presentes ali, e não só representados pictoricamente.

Resumindo essas características do Teste e seguindo os critérios de Phillipson, na esquizofrenia observamos:

Excessiva distorção perceptual de estímulo: distorções, negações exageradas. Acréscimos de objetos com qualidades "bizarras": olhos, pernas, braços separados, animais, espíritos. Percepção de animais, especialmente animais marinhos, na série A. Podem ocorrer percepções ou acréscimos de animais nas outras séries.

Estruturações totalmente distanciadas do padrão perceptual. O conteúdo é arbitrário. Visto que o estímulo é parte da realidade, sofre o mesmo tratamento (*splitting* e identificação projetiva excessiva) que o restante da realidade. A prancha é objeto de depósitos fragmentados que originam produções desarticuladas e sem conexão "lógica" com o estímulo.

A introdução da cor pode atuar como disparador de violentas descargas afetivas, que surgem diante da perda do escasso controle intelectual originando respostas paranoides contra a prancha (desejo de rasgá-la, revistá-la, tocá-la) ou contra o entrevistador, com negação a continuar o teste.

As pessoas incluídas na história e suas relações

Personagens desumanizados: silhuetas, espíritos santos, Deus, fantasmas, marionetes, brinquedos do destino, controlados por outros, por forças poderosas ou pelo examinador. Partes corporais desagregadas. Objetos inanimados com funções humanas: aparelhos ou coisas que olham, sofrem, falam, dirigem o destino. Ausência de relação ou interação.

Quando há delírios, observam-se verbalizações com certa continuidade, mas sem relação com o estímulo: os pacientes utilizam as pranchas para apoiar suas críticas sobre o mundo, ou suas ideias sobre o destino do mundo.

A história ou as verbalizações com certa coerência não são possíveis em psicoses profundas, se a produção corresponde à pré-esquizofrenia ou à esquizofrenia paranoide. As verbalizações são carregadas de intenso sadismo, expresso de forma direta.

Nesses casos os personagens idealizados são tomados da religião e da história. São personagens que criticam severamente, com grande ironia, e estão dotados de grande onipotência, suas ideias têm influência sobre outros que se encontram totalmente impotentes para fazer-lhes frente ou defender-se.

Observa-se transitivismo de um ou mais personagens, que se perdem com o mundo externo, diluem-se ou reaparecem sob outra forma, criando histórias confusas e desintegradas.

Observam-se diferentes tipos básicos de fantasia esquizofrênica:

1) O poder mágico para fazer ou refazer coisas e para influenciar as pessoas; esse poder emana do interior do indivíduo.
2) A submissão a influências mágicas provenientes do exterior; essas influências geralmente agem pela força.
3) A forte tendência a identificações com objetos do meio ambiente.

Estrutura da história

As noções de temporalidade e espacialidade estão ausentes ou gravemente distorcidas pelo ataque às funções psíquicas de contato. A precondição para a adequação espacial, que é a delimitação e diferenciação entre o interno e o externo, como já vimos, encontra-se totalmente alterada pela intensidade dos mecanismos de identificação projetiva patológica. A prancha, espaço externo, passa a ser uma extensão indiferenciada do interior fragmentado. Passado, presente e futuro são noções que supõem um aparelho psíquico com capacidade de organização. Nas produções psicóticas tudo acontece num clima atemporal: instantes que desaparecem ou estados eternos sem demarcação ou fim. Quando é utilizado na verbalização algum termo temporal, como "um momento se passou" ou "chegou ali há muito tempo", não devemos tomar isso como uma expressão sujeita aos critérios habituais, porque um momento pode ser muito tempo, ou chegou ali há muito tempo pode ser algo que pensou antes, mas que ficou dissociado e, portanto, distante.

Nos delírios e nas pré-esquizofrenias. Estruturação da história e compensação da situação total, com base em um elemento da prancha (que pode ser visto corretamente).

Os pacientes ligam histórias diferentes pressupondo que uma prancha é continuação da outra.

Conteúdo de tipo delirante.

Generalidades vagas.
Presença de inferências de caráter paranoide na história e com relação às intenções do psicólogo ou do autor das pranchas.
Simbolismo superelaborado.
Conclusões e finais inusitados.
Nas *psicoses clínicas* a estruturação da história, ou de passado, presente e futuro, não é possível. A produção caracteriza-se por:
Desarticulação e incoerência da história com irrupção de conteúdos bizarros. Os pacientes não conseguem organizá-la logicamente nem quanto a passado, presente e futuro.
Retraimento (negativa em associar)
Fantasias extravagantes.
Sensação de embaraço diante da prancha (AG, A3, CG).
Verbalizações peculiares, neologismos, frases não estruturadas de forma lógica.

Exemplos:
Caso A. Homem de 25 anos
Prancha 1 (A1): (*Vira-a e olha-a pelo outro lado.*)

Já tenho que começar a falar? Poderia ser uma pessoa em meio a um bosque, um jardim, um lugar onde há plantas. Foi em busca de tranquilidade, repouso, paz espiritual. É um instante em que essa pessoa está em contato com a natureza, com si mesma. Encontra sua verdadeira personalidade.

Prancha 2 (A2):

Bom... é... parece ser um casal que está caminhando de mãos dadas num diálogo íntimo (*Mostra.*) Este é o homem e esta, a mulher. O ambiente é de calma, despojado, é uma praça, sem gente... O tema é igual ao anterior: a comunhão, o contato espiritual. O desejo de se ver realizado através do amor e da compreensão mútua. A projeção para o futuro é incerta como na anterior (*pensa, sem levantar os olhos da prancha*). Talvez seja pelos tons, há uma sensação de alguma viagem, o oceano está diante deles e há um símbolo de uma possível alegria futura.

PRANCHA 5 (AG): *(Vira-a para o outro lado, levanta-a, continua com uma mão no bolso.)*

Dá uma sensação de outono, digamos assim, uma cena nebulosa e um grupo de pessoas, três, que estão numa praça sentadas num banco, simplesmente deixando as horas passar. No fundo há manchas que podem ser árvores. São pessoas que não têm nenhuma preocupação de trabalho próxima, com a mente livre de preocupações. Este... deixando passar as horas. Inclusive... este... eu diria que não há propriamente obrigação de qualquer tipo, nem de comer. Simplesmente estão aí. Pelo menos dois deles têm idade avançada (60 ou 65 anos). É gente que está no ocaso da vida.

PRANCHA 13 (em branco): *(Dou-lhe a instrução.)*

Zás! Um barco em branco. (*ri*) Bom, nada. É algo que, considerando a anterior, deixa a gente sem nada em que se agarrar, como se tudo que tivesse acontecido fosse um sonho e de repente a gente acorda. Mas com isso não quero dizer que já acordado vem a história verdadeira. Tudo o que aconteceu antes é um sonho, mas sua vida real também não está nem de um lado nem do outro. As luzes se acendem, acorda; as luzes impedem-no de pensar e se localizar onde está, lembrar-se de como se chama, nada.

CASO B. HOMEM DE 37 ANOS

PRANCHA 1 (A1):

Isto pode ser um homem que emerge de um caos ou o nascimento do mundo, do ser humano. A Criação. Nasce das trevas. Eu o vejo de costas. Está olhando a luz. Dirige-se para frente, para ela. Vai na direção da vida e não olha para trás. Não tem medo, vai confiante. A luz que se vê aqui é Deus (*aponta o que está representado como arco*). Deus não está aqui dentro dessa moldura que me cerceia. Projeta-se com tranquilidade para o fim de seus dias. Pela forma como caminha e como tem os ombros altos, vai dar tudo certo, já que sabe que no final de seus dias vai se reencontrar com Deus. Mais nada.

PRANCHA 2 (A2):

A primeira sensação que tive é que isto é uma aproximação calorosa entre dois seres. Aqui podia ser o perfil de uma mulher grega da época de Fídias. Ele é um mancebo. Ela o chama, é uma mulher, madura, sociável, está de costas, chamando-o. A imagem dele é ambígua, pode ser um garoto, um velho com a cabeça raspada. Escuto um coral de Bach vendo esta imagem. No final a mulher e o mancebo vão se dar as mãos e vão caminhar juntos. Tenho a impressão de que esta mulher e este menino, ou senhor, emergindo das trevas vão para a luz. Este homem ou garoto vem caminhando, a mulher sai ao seu encontro, chama-o e o convida a caminhar com ela em sentido genérico, a caminhar pela vida.

PRANCHA 5 (AG):

Esta paisagem é uma mistura de mar e de trevas que se unem pelas ondas do mar. As trevas e o mar na realidade não se unem, mas dão essa impressão. Há umas nuvens de sombra. Insolitamente entre essas coisas vejo dois monges orando. Possivelmente temiam esta imagem, que é o fim do mundo. Veem o que há ao redor, mas estão tranquilos. Quando as ondas se chocam, fazem três figuras humanas se desprenderem da cintura para cima. Estes três seres olham para esses dois monges que estão rezando nesse caos que os rodeia. Os monges estão prontos, estão dispostos a tudo, por isso estão tranquilos. As figuras que se formaram vão desaparecer porque virá um remanso. Aqui no extremo há luz, o que indica que depois haverá luz como antes e foi só uma tempestade que veio e foi embora. Quando houver luz de novo, vão ficar só os monges, que são a voz do bem, e eles ficaram aí estáticos e tranquilos, como se não houvesse acontecido esse horror.

Prancha 13 (em branco):

Aqui há uma cena campestre. Estão no campo e acontece uma festa. É uma data festiva de uma cidadezinha pequena onde se cultivam vinhedos. Os vinicultores estão muito contentes porque tiveram uma boa colheita. É tudo muito verde. Há uma toalha de mesa e gente ao redor comendo e dividindo o que cada um levou em seu cesto. O dia está maravilhoso. Há muita música e estão dançando. As pessoas mais velhas estão comendo ao redor de umas mesas. As mulheres conversam entre elas e riem. Falam de coisas de mulheres. Os homens são robustos e fortes, estão um pouco altos por causa do vinho. Falam do que colheram. Cada um elogia a sua bebida. Os jovens estão interessados em outra coisa. Olham para as garotas e piscam para elas. Começam a dançar dando pulinhos. Os jovens estão vestidos com trajes típicos e usam tamancos. Durante o ano não os usam. As mulheres usam saias compridas e as blusas marcam seus seios atraentes. Os garotos tentam se aproximar mais, encostar-se nelas e estão transbordando de prazer. A cena termina aí.

Caso C. Mulher de 39 anos

Prancha 1 (A1):
... Que está no mar. E estes estão, os peixes dentro da água, na, como se chama? Na maré... Isso é o que eu imagino ... (*abre os olhos*)... eu imagino isso, que um homem entrou no mar quando havia maré. Com os peixes. O que é isto? São peixes, lobos marinhos. (*Olha para a prancha como dizendo: mais nada.*)

...(apoia a mão direita sobre a cama. Com a esquerda segura a prancha, inclinada)... como o fim do mundo, assim. Imagino isso, mais nada. Imagino isso, mais nada (espera que eu lhe peça a prancha com um gesto para então me entregá-la).

Prancha 2 (A2):

E aqui está o Senhor (mostra com o dedo mínimo direito a figura da direita) com uma menina, vendo o que aconteceu depois disso, o fim do mundo, apesar de eu imaginar que possa ser isso. (Coloca o dedo direito um pouco na boca, olha a prancha)... que seja o fim do mundo e que ele está olhando com uma menina as coisas que vai fazer. Imagino que foi o fim do mundo e restou esta menina, e o Senhor está mostrando para ela o que aconteceu. E ela está lá pensando.
Está triste. Imagino que o Senhor não está aqui, que está nas nuvens, não nas nuvens, mas sim no céu. E ele está olhando o que aconteceu embaixo. Imagino que foi o fim do mundo e que ficou esta menina aí.

Prancha 5 (AG):

(Segura a prancha como as outras, com a mão esquerda, porém mais em pé que as anteriores, sempre apoiando o cotovelo na almofada. De lado)... Aqui (a figura da direita) imagino que há um homem e uma mulher, aqui outro homem (a figura do lado) e aqui (mostra o resto das figuras) uns pinguins ou lobos marinhos. Pinguins (mostra para mim)... (faz como um "não" com a cabeça). Imagino isso, mais nada.
Imagino isso, pinguim ou lobos marinhos no mar, como no Chile (fala algo que não entendo e peço que me esclareça), água e neve, onde estão os (ou os lobos) marinhos, como é? Cabo de Hornos, não sei se pode imaginar como é o Cabo de Hornos, onde ficam os pinguins e os lobos marinhos. Gente que vai até lá olhar, viu? Vêm visitar os pinguins para ver se podem levar algum (boceja). Levam-nos para, para tê-los em casa. E vem aguinha por lá. Ali tem aguinha e neve.

PRANCHA 13 (em branco):

... Não vejo nada aqui. (*Lê a parte de trás. Boceja.*) Não imagino nada (*Toca-se o pescoço. Olha a prancha.*) Não sei. Poderia estar Jeová, Jesus e o Espírito Santo quando desceu ao Céu, aos Céus.

CASO D. HOMEM DE 36 ANOS

PRANCHA 1 (A1):

Por que esta prancha é assim, senhorita.
O homem se deve a nosso sagrado coração de Jesus. Estive no Golfo Vermelho Mar Azul. Vai cruzar essa modena essa moduna sim moduna. (*Fala uma série de palavras que não consigo entender e depois continua.*) Podia ser que tivesse uma luz no contorno mais acima. Podia parecer que 2, ou 3, ou 4 pessoas estivessem ajoelhadas. (*Mostra-as para mim.*)
Homem em pé e meninos à sua volta.

PRANCHA 2 (A2):

Não determino os tempos. Isto é a velha Itália, onde existiu isto, o nu, o seminu, as pessoas passavam o dia todo no rio com roupa de banho, quando iam para suas casas estavam nuas. Aqui há duas jovenzinhas nuas.

PRANCHA 5 (AG):

(*Ri*) Este hospital me faz notar este quadrinho, vejo pessoas que estão em pé com o pensamento longe. Este hospital é assim.
O desenho, as sombras, se veem pessoas, nuvens no céu assim, e o espaço poderia parecer o espaço que vê ao longe.

PRANCHA 13 (em branco):

O branco seria o papel, e escrever como a senhora está fazendo, como eu tenho um caderninho exclusivo de 80 pesos, paguei devendo aos poucos e não posso escrever, pois se estragariam umas cartolinas tão bonitas. Tenho aparelhos microscópicos, telescópios, e um que vê a longa distância, fone de ouvido um galinho de duas latinhas titiriti. Tenho uma luminária, me faltam as pilhas de noite para trabalhar em minha janelinha, escrever e passar o tempo. Poderia fazer dobraduras, preparar os aluninhos que não sabem e ficam o tempo todo dizendo coisas feias.

Características diferenciais dos casos apresentados

Os quatro casos anteriores correspondem a modalidades esquizoides de elaboração do material, ordenados desde uma produção neurótica (caso A) até uma nitidamente psicótica (caso D). O caso B apresenta características pré-psicóticas, que se evidenciam porque, embora seja conservado o ajuste formal ao estímulo perceptual (adequada percepção da realidade), a interpretação desse estímulo adquire características delirantes.

A prancha 5 mobiliza situações psicóticas, é o "relato" das vivências de desorganização e restituição correspondentes a um surto esquizofrênico.

Os casos C e D apresentam características nitidamente psicóticas; no caso C, mantém-se a possibilidade de conexão inicial com o estímulo perceptual. No caso D, intensifica-se a necessidade de negação da realidade e o refúgio em fantasias delirantes. A produção obtida é sobredeterminada por essas fantasias delirantes, muito mais que pelas características do estímulo perceptual. (Negação da realidade. Identificação projetiva evacuativa.)

Na prancha em branco há refências a alucinações auditivas (aparelho que percebe à longa distância) e aos danos sofridos por seu aparelho psíquico na área perceptual e criativa ("luminária sem pilhas") ("poder escrever").

Caso E. Homem de 24 anos

O caso seguinte corresponde a uma elaboração característica em quadros esquizoides severos e em esquizofrenias: a necessidade de encadear as histórias. Corresponde a um quadro esquizoide grave e é uma elaboração predominantemente simbólica do material. A necessidade de unir as histórias é uma defesa contra os intensos temores de desorganização (prancha 12, por exemplo). O paciente tenta manter de forma rígida e arbitrária a identidade dos personagens, para evitar vivências de confusão e despersonalização; o que fica evidente na prancha 9. Para os fins defensivos, força o material (prancha 11) atribuindo a pranchas diferentes as mesmas características de conteúdo de realidade. A tentativa de integração (síntese) fracassa pois falha, como precondição, a possibilidade de análise realista do estímulo. O resultado é uma ligação forçada. A gravidade da patologia fica evidente de forma mais dramática na prancha em branco: faz alusão à sua morte interna, enquanto incapacidade de recriação e simbolização. A história que tenta construir revela a vivência de empobrecimento diante de fatos que se sucedem sempre iguais, que o ser humano não pode modificar ou recriar; e num tempo sem tempo, indefinido, em que o passado se repete no presente e no futuro. Infere-se a concepção dos seres humanos como marionetes ou autômatos que repetem de forma alienada um destino determinado. Em contrapartida, a repetição dos aspectos manifestos da vida de outras pessoas (casou-se, teve filhos) revela a tentativa de copiar e assumir identidades "adaptadas" formalmente como fachadas pseudoadaptativas que encobrem sua grave dificuldade de integrar e sintetizar as identificações.

Prancha 1: ... Não sei... alguém diante de algo... mas diante do quê? Pode ser diante da própria vida, diante do dilema da vida... pode ser inclusive um despertar, ou alguma coisa assim... e antes disto o quê? E depois disto o quê?... não sei... não sei, não me ocorre outra coisa.

PRANCHA 2: Um casal. Pode representar um confronto, ou o confrontar alguma coisa em comum... Pode haver uma relação de amizade ou carinho, não sei... há uma terceira pessoa aqui?... Se fosse uma criança, então representaria a família. Eu relacionaria esta com a anterior. Antes o indivíduo estava sozinho, agora encontra alguém para enfrentar alguma coisa, vai se realizar.

PRANCHA 3: Sim, isto continua... Um lar, representa a família conquistada, estabilizada... e esta terceira pessoa (a que está em pé), mas é muito grande, não sei, se não fosse tão grande poderia ser o menino da (prancha) anterior que havia crescido, não sei se já estaria terminado. O ciclo já se completou, isto representa repouso, intimidade...

PRANCHA 4:... A criança volta a aparecer outra vez... Está olhando algo ruim... como um encontro da mãe ou do pai com uma terceira pessoa... Isto é o princípio da destruição dessa família... penso na que vem... Não sei onde isso pode parar.

PRANCHA 5: Sim. Pode ser a destruição, ou a morte diretamente. É voltar a se enfrentar sozinho... estas são cruzes ou pessoas? Apesar de haver outras pessoas, mas estão estas sombras, está tudo esfumaçado. A realidade está esfumada... O cara voltou ao que era antes, perdeu tudo o que tinha.

PRANCHA 6: Outra vez a vida do solitário, sem calor da família. Outra vez a solidão, ou pode ser repouso ou descanso... há uma escada? Isto é uma escada sim, e o cara está subindo, pode representar o fim de alguma coisa, algo que está para culminar, que já está muito perto... o fim diretamente.

PRANCHA 7: Uh! (*Vira a prancha, observa-a de longe*)... É quase a morte... Aqui este grupo de pessoas, isto é uma escada que desce, não? Estão chamando por ele... é uma coisa que tem de ser... ah!... mas um momento! Antes estava subindo, aqui está descendo... ou os outros podem subir em vez de aquele que está em cima descer. Não sei o que está acontecendo.

PRANCHA 8: Volta o menino... Este menino tem me traumatizado. O esfumaçar-se das figuras tem que ter um motivo, surgem da sombra... (*Aproxima e afasta a prancha*) Estão separados. O que estava unido está separado. Pode ser que estas duas pessoas tenham morrido. Pode ser que a morte os separa ou que os separe a indiferença ou a incompreensão. Morreram a mulher e o homem... Antes isto me parecia um sino, mas não...

PRANCHA 9: Ora, bolas! Tenho de me desligar das anteriores... Se os matei antes não podem estar vivos... Isto é um casal de namorados, estão falando, ou meditando... ao pé de uma árvore... Fiquei desorientado, vinha ligando mas perdi o fio, vamos ver a outra?

PRANCHA 10: Bom... aqui aparentemente significa a solidão de um indivíduo, que está sozinho, mesmo dentro de um grupo. Encontra-se sozinho, sofrendo a incompreensão... Ou pode estar fechado em si mesmo, não fazer parte do grupo. O mundo, a própria vida... As ânsias... não sei. Não sei o que dizer, também o futuro, pode representar o futuro, se for o menino. Pode ser o umbral ou o começo de alguma coisa, enfrentar a vida sozinha (*sic*) por ter perdido estas pessoas... mais?

PRANCHA 11: É o mesmo quarto da anterior, aquela em que estavam reunidos, quando eram uma família. Significa o fim de alguma coisa, o descanso, a morte, ou também o repouso. A cor representa alguma coisa especial?... Não sei se percebeu que é a primeira vez que aparecem cores... que não sejam escuras, aqui há amarelo... Pode ser que na cama tenha outra pessoa descansando, ou talvez morta e então estas podem ser duas velas.

PRANCHA 12: Aqui há uma mesa posta, acho que para duas pessoas, mas se vê só uma sombra. Isto seria por causa da morte da anterior. Este é um lugar muito menor e muito mais pobre que o primeiro cômodo, isto me faz pensar que o que resta vai se reduzindo... Vai se tornando menor, menor, até desaparecer... isto é uma toalha? Um lavatório? Um jarro com flores!... que pouca imaginação, não?

PRANCHA 13: Bom! Isto já seria o indivíduo morto, o nada diretamente. (*Peço-lhe que imagine uma prancha e a descreva.*)
 Eu descreveria a primeira: esse mesmo indivíduo volta à solidão... O menino da primeira prancha viveu e viveu até voltar ao nada. O indivíduo se casou, constituiu família, depois o pai e a mãe morreram e o menino ficou sozinho, voltou pelo mesmo caminho que o pai pisou, e assim indefinidamente.

Exemplos de personalidade borderline

Apresento a seguir dois protocolos de personalidade *borderline* em duas produções com as seguintes características que definem o quadro. Em uma primeira análise, na temática e no manejo verbal apresentam características histéricas e fóbicas, em algumas pranchas manejos defensivos característicos do controle obsessivo patológico e tendências impulsivas de *acting-out*. Em uma análise focalizada no grau de integração e ajuste, observamos em algumas pranchas distorções perceptuais, perda de distância emocional, lacunas ou cortes no curso ideativo e, fundamentalmente, certas interpretações ou conclusões que deixam em evidência uma cosmovisão delirante.

CASO A. MULHER DE 24 ANOS

PRANCHA 1. Que estranho. Não se vê nada. Que barbaridade! Bom, é... Acho que... vamos ver... Bom, este é um homem de costas (*segura a prancha brincando com os dedos*) que parece que estava caminhando, e este é um menininho que vem correndo do lado contrário em que vai o homem. (*Mexe a boca, estalando a língua.*) Como pensei isso? Bom, pelo jeito da figura: não sei, ao vê-la, me parece isso. Bom, me dá a sensação de que o homem vai caminhando, vai correndo para o lado do menino, mas o homem não o vê, ou há alguma coisa que impede que ele o veja, e não se encontram, porque me parece que o homem não quer se encontrar. Bom, talvez não seja por eles que não querem se encontrar... por alguém da família, uma pessoa mais velha que não goste que o menininho não se encontre com o senhor que faz parte da vida deles... Não sei, algo que deve influenciar muito. Bom, o que sei é que se desencontram e cada um segue seu rumo, então a outra pessoa vai ficar muito contente.

PRANCHA 4: (*Cantarola e mexe os dedos tamborilando, passa 3 minutos olhando*). Este é um. Vamos ver, o que pode ser. Parece que seria o marido, o esposo e a esposa conversando num lado, ignorando uma menina ou menino por algo muito transcendental que vai acontecer nessa família... eh... O menino quer se aproximar mas o ignoram e este.... Talvez precise saber ou queria saber, não por capricho mas sim porque pensa que é assim, mas os pais não acham que é assim e se mantêm indiferentes.

Há outra pessoa com eles, é uma família, não sei quem pode ser. Bom, a porta está aberta, alguém deve chegar porque parece que estão esperando alguém. Quem será que vai chegar... alguma visita inesperada. O menininho deve se sentir muito só, muito triste assim de lado, não o colocaram, não o colocaram de lado, e espera que eles mudem, que lhe deem mais importância. Talvez tivesse chegado outra criança, mas eles estão muito ocupados em alguma coisa... o que vai acontecer?...Bom, o menino tentará por todos os meios fazer coisas para perceberem que ele está lá, para atraí-los, para que se preocuparem com ele e... ele acreditará que dessa maneira, comportando-se assim, ele vai chamar a atenção deles. Não sei, francamente não sei se conseguirá o que ele quer, ou o que ele necessita de afeto, talvez não seja tudo o que ele quer, bem-estar material. Os pais acharão que não está lhe faltando nada... Bah... do que ele necessita, é suficiente para ele ficar contente. Mais nada.

PRANCHA 6: Não gosto.. Não tem... não sei, não, não é feia, mas para contar uma novelinha é um pouco difícil. Se vê que é um quarto... Não sei se entram. Há uma pessoa, um homem, eh... Agora, porque sai e deixa a porta aberta. Ah... não, a não ser que esteja esperando alguém ou que vá buscar alguém. Não, deve ser o, é o quarto de um casal. Não, é um casal... Que conflito existe? Deu um branco. Ela está deitada dormindo depois de um dia inteiro muito agitado de trabalho, está esperando pelo marido. Como o marido, também trabalha muito. Como todos os casais, a hora em que estão juntos têm que falar das novidades, resolver os problemas, e... não acho que graves,... comuns (*afinando a voz*), mas talvez eles achem que são muito graves. Talvez não estejam capacitados para resolvê-los... E o fato de a porta estar aberta, dá a sensação de que ela está ansiosa esperando que volte. Há um casaco em cima da cama, dela. Bom. Como terminará, o que acontece, o que aconteceu, que ele vem muito contente e tentará ajudá-la, de... sim vai tentar ajudá-la como sempre faz. Mais nada.

PRANCHA 9: Uma história de amor numa noite de lua, com muitas estrelas, debaixo de uma árvore, faz eu me lembrar de "Adorado John"* debaixo da árvore, a outra estava mais pelada (*a árvore*), muito romântico. É poética, bonita... (*Olha, sorri e pensa.*)... Me chama a atenção as árvores que desenham, fizeram uma delas com a copa virada para um lado, parece que estava tocando o chão. Às vezes... vamos ver a imaginação... vou me inspirar com um cigarrinho... À primeira vista ressalta que é um poema de amor, como se diz vulgarmente, feitos um para o outro (*ri*), muito contentes de estar sozinhos, isolados de todos, sem problemas, perto do mar ou talvez em Bariloche com muita neve. Devem estar esperando o ônibus. Desculpe (*ri*). Perto do mar ou de Bariloche, perto do mar mais lindo, mais romântico, vivendo momentos que jamais poderão esquecer. Estão muito contentes de estar sozinhos, tranquilos, sem pes-

---

* Título em espanhol do filme sueco *Käre John* (1964), dirigido por Lars-Magnus Lindgren, no qual há cenas de intenso erotismo debaixo de uma árvore. [N. da T.]

soas intrometidas para incomodá-los e lamentando que tudo isso dure tão pouco porque têm de voltar para o ritmo febril da cidade grande cosmopolita. (*Aqui já séria.*) Não, é preciso retornar para a vida. Talvez seja a última noite que passam ali, e assim... despedindo-se de todas as belezas vistas nesses dias. Sentem muita pena por ter que voltar, gostariam de ficar ali para sempre, mas as obrigações não permitem e desgraçadamente têm de ir embora, e no dia em que partem chove torrencialmente, é um dia horrível... Vamos ver o que mais... Bom, o principal projeto é o de continuar sempre juntos, não? E de... e de tratar de fazerem-se merecedores um do outro. (*Brinca com a prancha e vira-a para o lado que está em branco. Torna a observá-la pelo lado da figura.*) Mais nada. (*Sorri.*)

PRANCHA 13: A primeira coisa de que me lembro? Foi um fato que me marcou tanto... Pelo fato de ter visto uma menina morder e que era uma chata, como minha irmã. Bom, a menina que era uma chata muito malcriada e muito malvada, brincava conosco, mas dessa vez eu não devia estar presente, eu acho que não estava. Minha irmã havia ido brincar na casa dela, e voltou para casa chorando, então mostrou a mordida que havia levado. E se armou uma confusão quando viram o machucado. Minha mãe e dona Marta, amiga da família, ficaram indignadíssimas. Depois de consolar a minha irmã e de lhe dizer que não era nada, dona Marta saiu para falar com a mãe de Susana, e imagino que não ficou quieta, porque a minha irmã era sua preferida, ela lhe dava banho e tudo. Deve ter dito que não era possível, que se podem permitir as briguinhas entre crianças mas não a esse ponto; com o gênio de dona Marta, imagino o que ela deve ter dito. No entanto, minha irmã, como é de se imaginar, continuou a amizade com Susana. Eu fiquei surpresa por ela vir com uma mordida, até eu sumia quando via essa menina que tinha a mesma idade de minha irmã... e eu tinha quase 7. O que eu estranho, as poucas lembranças dessa época. Lembro que minha mãe ficou desesperada quando viu isso. E meu pai... sua preferida, bom, preferida... porque é o seu retrato. Minha avó, a mãe de meu pai, aquela megera, sempre comia frango... e uma vez eu lhe pedi e ela me disse: Toma, coma tudo! Eu fiquei de uma maneira, que não sabia o que fazer. E mamãe me tirou dali para me distrair, porque ficou muito aflita. Nesse dia, quando meu pai chegou se armou uma confusão porque papai a mandou para a casa de outras filhas.

Caso B. Mulher de 17 anos

Prancha 1: Para mim isto é um homem, um homem ou uma estátua. Uma estátua. Além disso eu a vejo entre sombras, a vejo no inferno. Eu o vejo triste, sem braços, disforme, como se dirigindo para um abismo. Isto eu vejo como sombra. (*O branco que rodeia o homem.*) Fumaça. Como se saísse de um abismo, ou um ser que se dirige para o abismo, que vai se afundando. Que vai se afundando, porque não distingo a parte de baixo de suas pernas.

Prancha 2: Ah, que bonito, a Sagrada Família! Parece que vejo um pai, a mãe e o filho; consigo até ver o seu umbigo. Isto me parece uma menina, com coque. Como se estivessem num vale, nuvens (*o claro*) e grama (*embaixo*). Aqui me parece uma pessoa mais velha que esta, a sombra de alguém superior. (*À direita.*) Mas não está muito definida; parece mais um tronco. Como se estivessem de mãos dadas. Aqui vejo um braço, o da menina que não vejo direito, por isso não sei se estão de mãos dadas. Como se estivessem no campo. Vejo a linha do horizonte. (*Eu lhe relembro a instrução, mas não vê sentido nela.*) Imagino que estavam caminhando e que continuam caminhando. Que estão de costas, de mãos dadas e que se dirigem para o horizonte. Agora vejo um casal. A imagem mudou para mim. Eu os vejo nus. (*Ri.*) Além disso eu gosto porque ele olha para ela. Vou conquistar esse cara.

Prancha 3: Aqui está melhor. Eu os imagino em uma casa rústica. Este tem cara de neném (*o que está de frente*); estão tomando chá. E isto, o que é? Parece um balão e este quer pegar o balão; mas é um adulto, velho. Aqui uma garota com o cabelo comprido em uma poltrona; uma mesa; eu gosto porque é bem rústica; uma luminária. Estão tomando chá. Este está olhando o quadro: um casal abraçado, ela com vestido comprido. Este parece que ia pegar alguma coisa porque está com o braço estendido, mas tem uma vinculação com isto (*mancha colorida*). Mas não sei o que é. Aqui vejo como uma janelinha. Mais nada. Minha imagem se centra nisso. (*Homem, quadro, mancha, vê-os vinculados apesar de não poder descrever mais nada.*) O globo seria uma luminária, vejo como uma coisa que ilumina.

PRANCHA 4: Imagino um nenê espiando... o pequeno está espiando. Isto me sugeriria como um menininho que descobre alguma coisa, e um homem que está beijando uma mulher... mas o menininho não tem nada a ver. O casal está se despedindo. Como se fossem para outro lado. O homem eu vejo mais definido, a mulher mais disforme.

PRANCHA 5: Isto parece o deserto do Saara. Ai, meu Deus do céu! Isto me parece, sei lá eu... Parece como se fosse um deserto, e por causa do tempo tivessem se formado imagens. Aqui parece um guia acompanhado por duas pessoas. (*Figuras de trás.*) Aqui a imagem de um velho. (*À esquerda.*) Figuras humanas... imagens. Por mais que eu veja traços humanos neles, não sei se são homens ou não. Vultos. Os expedicionários estão caminhando.

PRANCHA 10: Que coisa abstrata! Isto parece... Grupo de pessoas que estão conversando. Um monastério, um sacerdote conversando com um grupo de crianças que são quatro (*o do meio é o sacerdote*). Isto parece uma estátua, um enfeite. É um monastério, mas parece que falta terminar alguma coisa. O sacerdote de costas olhando para as crianças. Isto eu não sei, um pau. Atrás vejo grama, a linha do horizonte. Mais nada; está falando com eles e eles escutam.

PRANCHA 13: Estou sob a influência das outras pranchas. Eu vejo um campo, tranquilidade, uma casa, muito pouca gente, como sempre caminhando na grama; a linha do horizonte, bem marcada. As pessoas de mãos dadas. Natureza, cantos de pássaros, árvores. Não há pecado, não há maldade, somos todos iguais, como se fosse o paraíso. Atrás há uma nuvem grande.

CASO A: As verbalizações carregadas afetivamente ("Que estranho, que fiel") e a necessidade de "tomar partido" dos personagens (prancha 1: "é pequenininho! Olha que pernas", ou prancha 3: "precisa saber ou quer saber não por capricho...") denotam superidentificação com a situação-estímulo. O medo de ficar presa nessas situações, muito carregadas afetivamente nesse primeiro contato, levam a entrevistada a utilizar defensivamente, com o objetivo de conseguir maior distância, uma preocupação excessiva para se ajustar às possibilidades de interpretação induzidas pela prancha (técnicas anulatórias: prancha 6: "Há uma pessoa, um homem... Agora porque sai e deixa a porta aberta... a não ser que esteja esperando alguém ou que vá buscar alguém...". Necessidade de justificar as projeções com detalhes da prancha, como na prancha 4: "Bom, a porta está aberta, alguém deve chegar porque parece que estão esperando alguém...")

A temática inconsciente gira em torno de vivências de desencontro e frustração com o objeto paterno, ressentimento latente e submissão ao objeto materno (prancha 1), curiosidade pela intimidade do casal (prancha 4), vivências de exclusão e ciúme intenso (prancha 4: com a união do casal e o nascimento de um irmão). E em um nível de maior profundidade, ansiedades orais intensas (prancha 13: em branco) e temores delirantes de ser objeto das exclusões mencionadas (prancha 1).

A entrevistada tem dificuldade para desenvolver o vínculo entre os personagens, em situações que para ela adquirem conotações genitais (pranchas 6 e 9). A predominância de "lacunas", cortes, no curso ideativo e o ataque às funções mnésicas expressam-se: 1) nas "lacunas" que as histórias apresentam (por exemplo, na prancha 1: alguém impede a união, mas não consegue imaginar quem e por quê; ou na prancha 4: bloqueio para imaginar o que vai acontecer de transcendental na família); 2) no conteúdo, representativamente (prancha 4: o garoto quer saber, precisa conhecer algo, mas não lhe permitem); e 3) nas verbalizações da vivência de um corte interno durante a realização do teste (prancha 6: é um casal, que conflitos existem? Deu um branco.) Como mecanismos defensivos secundários observamos técnicas evitativas e obsessivas (prancha 1: projeção de um "menino correndo", aproximando-se e fugindo; prancha 6: anulações iniciais tendentes a evitar a relação do casal entre si, mecanismo que repete na prancha 9, por meio de verbalizações dilatórias).

A dificuldade de captação simbólica da instrução expressa-se claramente na prancha em branco, em que "confunde" criar uma história com contar uma lembrança. A construção desconexa, as lacunas mnésicas, a alteração de tempos e espaços e as contradições manifestadas ("Pelo fato de ter visto uma menina morder... dessa vez eu não devia estar presente") evidenciam uma forma de funcionamento mental com características psicóticas. A temática predominantemente histérica (prancha 1) e as defesas evitativas e obsessivas constituem uma fachada defensiva em uma personalidade com episódios psicóticos anteriores.

Caso B: Observam-se distorções da realidade perceptual e adições de personagens. As distorções respondem tanto a necessidades de satisfação de relações desejadas (prancha 3: um casal abraçado), como de manutenção da cisão (prancha 2: "Ah, que bonito, a Sagrada Família! Parece que vejo um pai, uma mãe e o filho; consigo até ver o seu umbigo.").

Os riscos de descompensação e de ativação de experiências de despersonalização e desrealização são observados na prancha 1: "triste, sem braços, disforme. Que vai se afundando".

Os mecanismos severos de cisão originam vivências de extrema esterilidade, imobilidade e frieza afetivas. Por exemplo: prancha 1, "Para mim isto é um homem, um homem ou uma estátua. Uma estátua"; prancha 5, "deserto do Saara... Figuras humanas... imagens... não sei se são homens ou não. Vultos"; prancha 10: "Isto parece uma estátua, um enfeite... isto eu não sei, um pau."

Fracassam a dissociação e o isolamento de intensas fantasias incestuosas e seu desbloqueio brusco origina ações, por exemplo, prancha 2: a percepção de uma criança (Jesus) nua – da qual consegue ver até o umbigo – indica a necessidade de forçar a realidade perceptual para negar as implicações genitais. Na mesma prancha verbaliza o fracasso do mecanismo de controle através de: "A imagem mudou para mim. Eu os vejo nus." Surge então a necessidade de fantasias eróticas agirem: "Vou conquistar esse cara." Tentou manter essa fantasia dissociada da primeira percepção do homem, visto inicialmente como uma figura simplesmente paterna, não genital.

A dificuldade de conexão simbólica com o teste manifesta-se na prancha 2 na impossibilidade de lhe dar sentido (na instrução, na prancha, na realidade). Mediante essa impossibilidade "relata" uma experiência de desrealização durante a administração do teste. São observadas falhas nos processos de síntese na prancha 3. A prancha em branco (prancha 13) expressa a necessidade de união de diferentes aspectos de sua personalidade e a necessidade de manter dissociações claras (linha do horizonte definida) pelo temor a cair novamente em estados de desorganização. Surge, no entanto, um final delirante (como se fosse o paraíso) semelhante ao da prancha 1. As defesas histéricas, fóbicas, os mecanismos de controle obsessivo e os *acting* psicopáticos são defensivos, distinguem um funcionamento mental com características psicóticas.

TESTES GRÁFICOS

Personalidade esquizoide. Esquizoidia
(HTP – Pessoa, Casa, Árvore)

Características gerais	Localização	Tamanho	Movimento e expressão	Distorções. Omissões. Acréscimos. Ênfases.	Tipo de traço

Figura humana

Características gerais	Localização	Tamanho	Movimento e expressão	Distorções. Omissões. Acréscimos. Ênfases.	Tipo de traço
Desenho simples, vazio, do tipo homenzinho, esquemático (fuga do corporal) ou cabeça sozinha. Figuras completas, alongadas, pouca ênfase no corpo.	Acima e à esquerda. Introversão. "No ar."	Pequena.	Sem movimento. Observando quietos. Braços em direção ao corpo (introversão)	Ênfase à cabeça e ao rosto. Pescoço longo. Braços finos em direção ao corpo. Pés pouco apoiados, "no ar". Olhos realçados (predomínio do controle visual – curiosidade). Boca fechada, pequena.	De mediano para fraco. Linhas para dentro.

Casa

Características gerais	Localização	Tamanho	Movimento e expressão	Distorções. Omissões. Acréscimos. Ênfases.	Tipo de traço
Casa isolada, em entorno pobre. Podem ser casas--telhado, casas observatórios, castelos, torres, casas sobre um morro. (Isolamento e suficiência.)	Acima e à esquerda.	Pequena.		*Telhado* em ponta. Predomínio de observatórios e torres. *Janelas:* muitas, pequenas, geralmente altas (controle do outro e fechamento), portas fechadas. Sobre um morro. Entorno pobre, solitário. Com cercas. Isoladas.	De mediano para fraco. Linhas para dentro.

Indicadores psicopatológicos

Características gerais	Localização	Tamanho	Movimento e expressão	Distorções. Omissões. Acréscimos. Ênfases.	Tipo de traço

Árvore

Tipo: pinheiro, palmeira. Isolamento marcado: numa ilha. Esquemáticas, pobres.	Acima, Esquerda.	Pequena.		Copa: traçado para dentro. Galhos finos. Tronco fino e comprido. Em geral não têm raízes. Galhos pobres, restritos quanto ao distanciamento da linha média. Contato pobre entre eles e o tronco.	De mediano para fraco. Linhas para dentro.

Esquizofrenia

Características gerais	Localização	Tamanho	Movimento e expressão	Distorções. Omissões. Acréscimos. Ênfases.	Tipo de traço

Figura humana

Efeito grotesco, sinistro. Desproporções densas. Zoomorfismo. Rigidez. Desorganização gestáltica (desagregação). Confusão entre perfil e rosto completo. Transparências, amputações, aspecto de boneco autômato, desvitalizado. Ênfase no detalhe não essencial. Sucessão desagregada no tratamento da figura. Figuras que caem (pré-psicose).	Terço superior. Paranoicos no centro.	Variável. Em geral não se observa micrografia nem macrografia definidas.	Qualidade estática (tipo estátua) ou movimento automático (marionetes, bonecos de corda). Rigidez marcante. Movimentos bloqueados.	Desproporção densa. *Olhos:* ênfase na forma em ponto de alfinete (paranoia) ou vazios. *Dedos:* tratamento agressivo. *Mãos e pés:* zoomórficos, nus, unhas desalinhadas, *Orelhas:* realçadas (paranoia, alucinações auditivas). *Pescoço:* excessivamente comprido e fino. *Boca:* realçada, aberta. Presença de dentes (no tipo simples). *Conjunturas:* sensibilidade corporal, ilusões somáticas. *Órgãos sexuais:* Indicados. Podem ser vistos *órgãos internos*. *Pernas:* longas, com grossura e pressão diferentes. No homem. *Nariz:* amputado. *Boca:* realçada ou aberta. *Olhos:* com cílios finos. Na mulher. *Olhos:* sem pupila ou com pupilas puntiformes. *Rosto:* geralmente de frente, o restante de perfil. *Corpo:* redondo, ombros realçados.	Linha do contorno do corpo fragmentada (perda de limites). Apagamentos pouco frequentes. Traço interrompido com pressão diferente. Pré-esquizofrenia: traço reforçado, com forte pressão.

Características gerais	Localização	Tamanho	Distorções. Omissões. Acréscimos. Ênfases.	Tipo de traço

Casa

Danificada Desagregada Falta de integração adequada. Transparências. Perfis absolutos ou vistas de trás (pré-psicóticos). Sem contato com o terreno. Alterações graves da perspectiva. Desenhos em duas dimensões.	Paranoicos: em geral no centro	Paranoicos: grande.	*Paredes:* falta de paredes. Paredes que caem. *Porta*: alta e fechada *Janelas:* ausentes ou fechadas com trincos (paranoicos). *Telhado:* grande, cobrindo o resto. Coisas sobre o telhado. Reforço dos limites (pré-psicóticos), reativo	Variação da pressão. Limites reforçados e limites fracos.

Árvore

Aspecto morto, mutilado, desvitalizado. Com buracos e animais dentro. Dividida. Morta. Formas opostas.			*Copa:* pequena *Galhos:* altos e estreitos. *Tronco:* contornos difusos, com buracos. *Raízes*: no ar	Bordas entrecortadas. Limites fracos, desagregados e traços fortes.

Casos A e B: Quadros neuróticos. Adolescentes de 16 anos.

No caso A explicitam-se graficamente o refúgio na união simbiótica com um objeto idealizado e o concomitante isolamento do mundo externo. A história verbal ratifica as características narcisistas do casal projetado.

No caso B, acentua-se a privação de movimento que confere às figuras características estáticas, desvitalizadas e com menos humanização que no caso anterior (bonecos). Acentuam-se também vivências de despersonalização e medo (olhos da figura feminina).

No caso C, observam-se estatismo, inexpressividade e "buracos" no corpo feminino, que indicam a presença de núcleos autistas. O olhar do homem, as orelhas e o cabelo indicam intensas ansiedades paranoides e temor a desestruturar-se.

Nos casos D e E, os desenhos apresentam índices psicóticos mediante o estatismo, o aspecto persecutório e a má organização da região da cabeça. São desenhados aspectos dissociados, no caso D predominam estruturas paranoides (olhos, dentes), no caso E, ansiedades referentes à perda de diferenciação com o mundo externo (regiões abertas, falta de definição nos rostos).

Nos casos F, G, H e I são produções psicóticas nas quais se observam alterações da *Gestalt* (I), aspecto pouco humano e regressivo (F e H), alteração das noções de frente e perfil (F e H), transparência (G, seios) e detalhes bizarros (em H, inserção dos braços, buracos no rosto; em I, inserção dos braços).

O caso G corresponde a um quadro psicótico. Localização arbitrária na folha HTP, transparências, articulações marcantes, corpos femininos incompletos, quebrados, aspecto de bonecos, estereotipia na família e vivência da perda de conteúdos no HTP.

A casa do caso H expressa a profunda desorganização egoica mediante a alteração da *Gestalt* e a construção bizarra (HTP) carente de noções de perspectiva e de ordenamento lógico-formal das partes.

Teste das Duas Pessoas
Caso A

Teste das Duas Pessoas
Caso B

Indicadores psicopatológicos

Teste das duas pessoas
Caso C

Teste das Duas Pessoas
Caso D. Homem de 26 anos. "Dois amigos de raças diferentes"

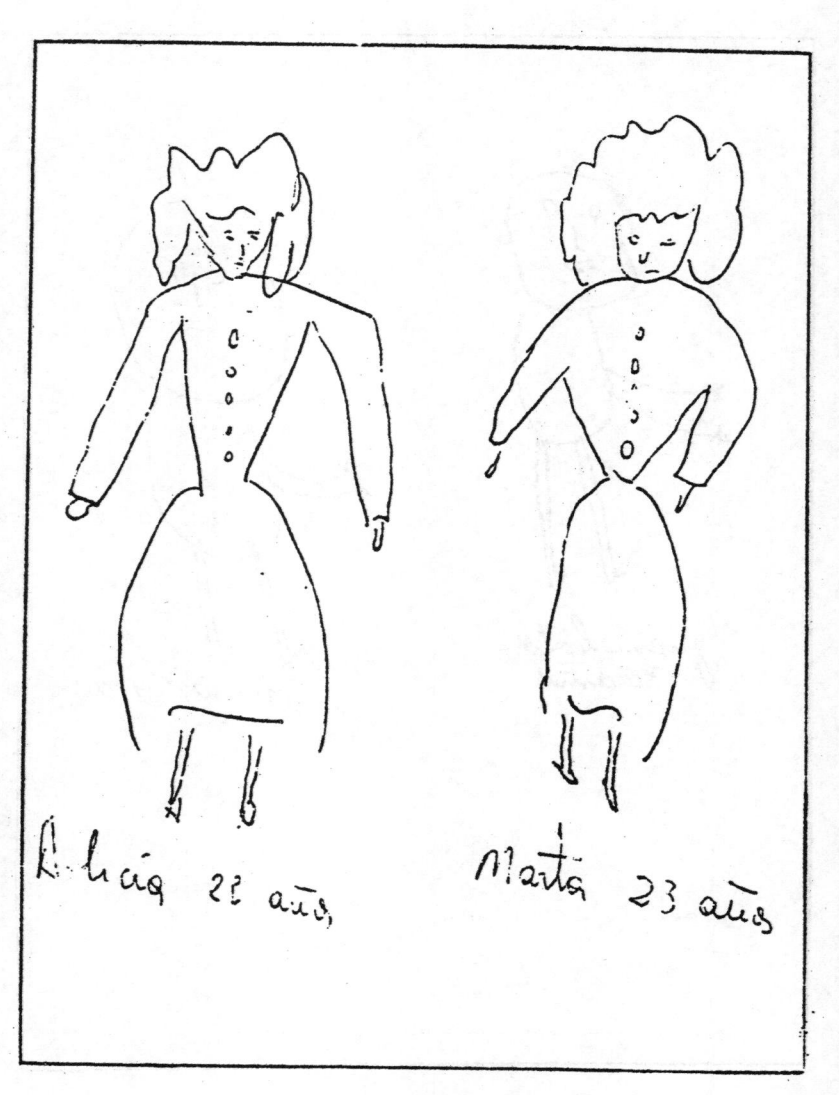

Indicadores psicopatológicos 239

Teste das Duas Pessoas
Caso E. Homem de 21 anos

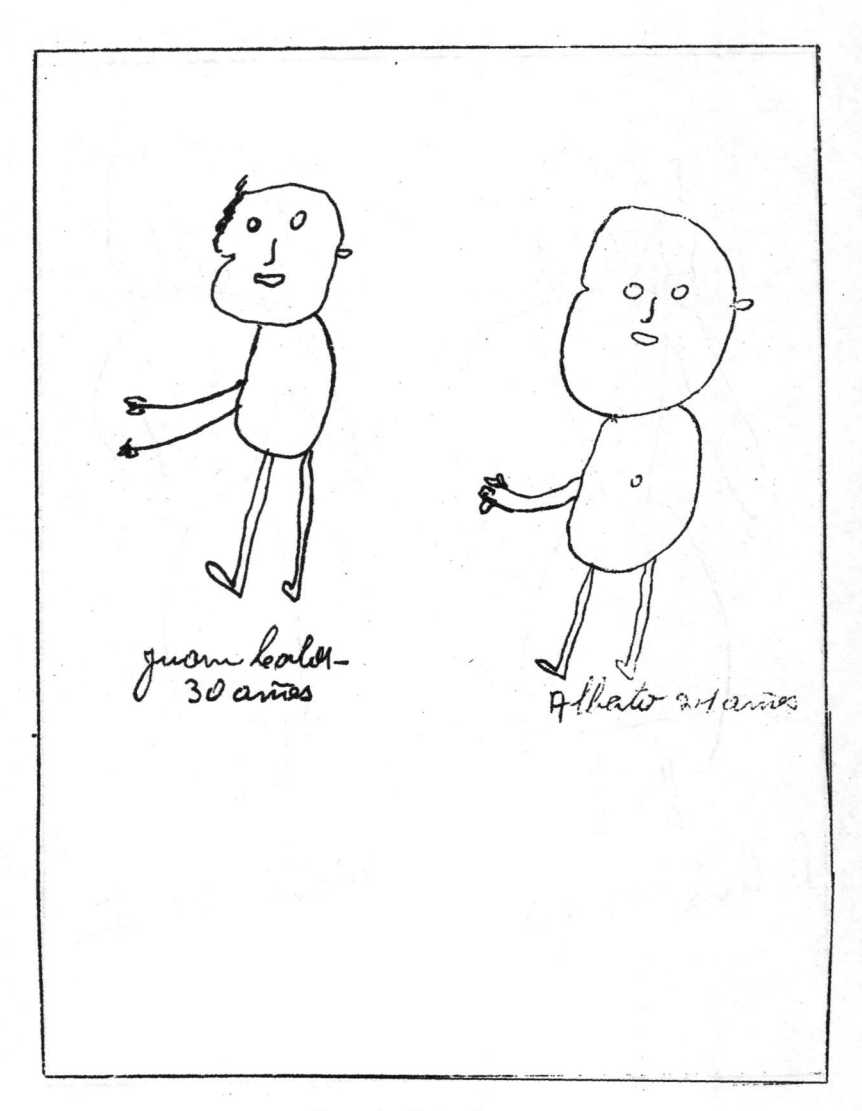

Teste das Duas Pessoas
Caso F. Homem de 48 anos

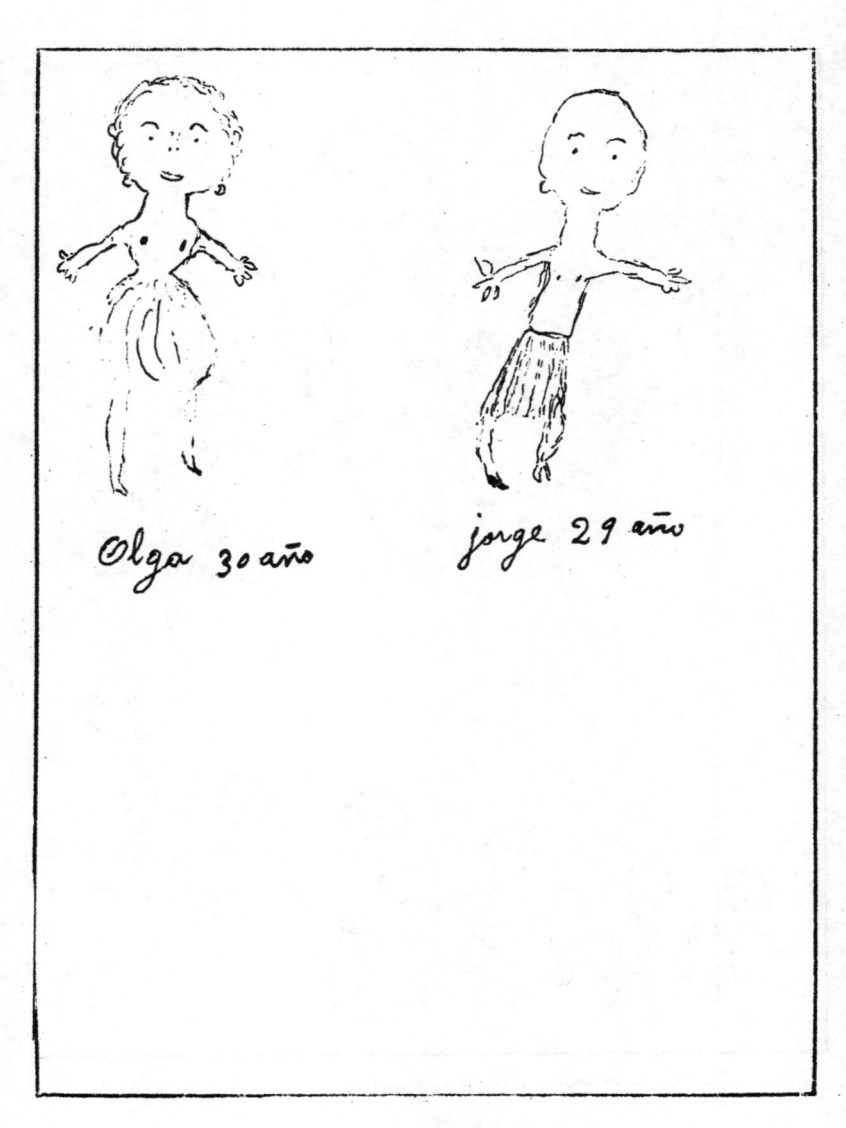

Teste das Duas Pessoas
Caso G. Mulher de 24 anos

Teste da Família
Caso G

Indicadores psicopatológicos   *243*

Teste HTP
Caso G

Teste das Duas Pessoas
Caso H. Homem de 55 anos

Indicadores psicopatológicos 245

Caso H

Caso I. Mulher de 36 anos.

PERSONALIDADE DEPRESSIVA. DEPRESSÃO NEURÓTICA. MELANCOLIA. HIPOMANIA.

Indicadores no Teste Desiderativo, no Teste de Relações Objetais de H. Phillipson, testes gráficos (Duas Pessoas – HTP)

TESTE DESIDERATIVO

PERSONALIDADE DEPRESSIVA. NEUROSE DEPRESSIVA

Indicador 1: Qualidades e funções valorizadas e enfatizadas no objeto

Habitualmente os entrevistados escolhem primeiro o animal. Animais domesticáveis, pouco agressivos, passivos e cuidados por seres humanos, em uma relação de proximidade e contato corporal.

São escolhidos por serem bons, úteis, não agressivos, com capacidade para alegrar os outros; são cuidados e queridos por causa dessas características.

No contato com os outros, os entrevistados enfatizam a sensibilidade proprioceptiva (contato suave, carícia, acolhimento, qualidade de lisura da pelagem). À medida que se intensificam os traços masoquistas, enfatizam a capacidade de alimentar a outros, desconsiderando o elemento de morte (alimento para ser comido, por exemplo).

Quando, no entanto, dominam traços maníacos, a ênfase é posta progressivamente na capacidade de dar dos objetos escolhidos, mais que na necessidade de receber contato físico e afeto.

No trabalho citado anteriormente (5), demonstramos em que se baseiam as escolhas positivas:

> Escolha de símbolos com base em:
> a) estarem em contato com o interior de pessoas (ou continentes para serem, ou porque assim são cuidados, protegidos);
> b) os objetos escolhidos conterem dentro de si aspectos bons ou objetos bons;
> c) o símbolo escolhido conotar em si mesmo o bom, isto é, o não agressivo, não prejudicial.

Indicador 2: Qualidades rejeitadas no objeto

As qualidades temidas são as relacionadas com a agressão oral-sádica ou anal.

No mesmo trabalho citado acima (5), também delimitamos os objetos negativos:

> 1) Objetos que espetam, mordem, destroem, machucam, envenenam.
> 2) A ênfase é posta em "objetos que machucam outros", mas acentuando a distância entre o objeto prejudicial e o próprio examinado.

Observamos dois temores básicos, expressos na verbalização:

> a) Temor ao superego que critica a agressão: expresso por atitudes implicitamente moralistas do examinado, que recusa os objetos prejudiciais ou agressivos e preocupa-se em mostrar que ele é diferente.
> b) Temor ao estado em que ficaria o ego se fosse invadido pela agressão e pelos sentimentos de culpa inerentes, por exemplo, mediante recusas tais como "um rato, porque é um roedor imundo, sujo" ou o "lixo".

Teme-se a privação de contato próximo com o objeto, a rejeição emocional como castigo pela agressão (porque não gostariam de mim, porque teriam medo de mim) e a queda em estados de desvalorização e diminuição da autoestima, pela intensidade dos sentimentos de culpa (ser lixo, porco, algo sem valor, que não servisse para nada).

Indicador 3: Qualidades positivas ou negativas omitidas

Os entrevistados fazem descrições muito carregadas emocionalmente, no sentido da parcialização: tomam somente as qualidades do objeto real que se ajustam a essas características e omitem os traços agressivos e o sofrimento implicado na dependência ou na ausência de autonomia.

Omitem tanto as qualidades reais como as necessidades referentes a movimento, busca de independência, agressão e dor pelas situações de privação e submissão. São omitidas as funções de "olhar", tanto o curiosear como a capacidade de observação crítica que leva ao conhecimento do objeto. As alusões a olhar só aparecem com uma conotação persecutória nas escolhas negativas, e expressam-se como temor a ser visto por um observador moralista e censurador (superego) em situações de descontrole agressivo oral-sádico ou anal-sádico.

As falhas na capacidade de observar estão relacionadas com o privilégio posto na busca por ser queridos e o temor de ser rejeitados. Esse interesse ocupa a vida mental e impede a utilização adequada de critérios realistas, tais como conveniente ou inconveniente, grato ou doloroso para o ego.

O interesse está centrado em serem aceitos pelo objeto e premiados com afeto; em contrapartida, não privilegiam a busca por tipos de vida satisfatórios para o ego. Isso se torna mais evidente em escolhas como a já mencionada anteriormente: um alimento, porque agradaria a muita gente, em que a necessidade de serem apreciados anula a percepção de perigo e a necessidade de proteção da própria vida.

Indicador 4: Pares de qualidades dissociadas

A dissociação é estabelecida entre bondade e maldade. O bom implica objetos sem agressão ou com agressão controlada, sem movimento autônomo, dependentes e complacentes. O mau, objetos com agressão oral manifesta (mordem, espetam) ou anal explosiva (sujos). Os objetos bons são objetos controladores da agressão e que premiam com afeto e companhia. Os objetos maus são objetos estragados, quebrados, moribundos em consequência da agressão e que castigam com a rejeição e a privação de afeto ou a censura.

Indicador 5: Especificidade das fantasias reparatórias e destrutivas

Predomina o confundir amor com submissão e ódio com rejeição e indiferença. A reparação é confundida com submissão ao objeto, ao qual tratam de proporcionar o cuidado e o alimento de que o próprio ego necessita; por isso domina o desejo de ser bons, fiéis, de alegrar, evitar que o objeto passe por situações de dor, solidão ou necessidade.

As fantasias destrutivas giram ao redor do temor a destruir com críticas mordazes, que ferem ou que sujam (níveis oral 2 e anal 1). As fantasias patológicas de reparação tomam a forma de anular a capacidade de crítica, observação, autonomia e defesa das próprias necessidades, para dobrar-se às necessidades do objeto. Defender as próprias necessidades e reparar verdadeiramente o ego implica o risco de morte do objeto.

Indicador 6: Vinculação predominante: com pessoas, com seres vivos ou inanimados

As outras pessoas estão sempre presentes como objetos exigentes que devem ser cuidados, alimentados, alegrados para premiarem com amor e aproximação ou para evitar a contraparte, castigarem com repúdio e abandono. Domina a necessidade de aplacar o objeto convencendo-o da "bondade" do ego.

Indicador 7: Defesa dominante e defesas subjacentes

1) Identificação introjetiva patológica: nas escolhas negativas, temor a ficarem invadidos e encerrados na identificação com

um objeto atacado, destruído, quebrado, sujo: rato, lixo, algo sem valor ou túmulo, cemitério.
2) Formação reativa.
3) Bloqueio e inibição do ego.
4) Defesas maníacas (identificação com o objeto que dá e projeção da necessidade no outro).

Indicador 8: Estilo de verbalização

Participação emocional referente à perda de distância emocional do objeto-símbolo. Nas escolhas positivas isso é observado em formas verbais que se referem ao objeto em primeira pessoa, eu seria, eu faria, gostariam de mim, e nas escolhas negativas, em atitudes de repulsa moral e crítica ao objeto rejeitado (identificação com os aspectos superegoicos censuradores).

Há desníveis de produtividade, mas se em algumas escolhas os entrevistados mostram capacidade criativa e boa capacidade de simbolização mediante descrições vividas emocionalmente, na maior parte do teste mostram-se reiterativos nas racionalizações e muito polarizados nos traços de bondade--maldade. Normalmente recuperam uma linguagem mais espontânea e dramática nas escolhas negativas, nas quais podem "depositar" a "maldade" no objeto e assumir eles mesmos a conduta moralista e censuradora.

O bloqueio da criatividade e da imaginação é consequência do temor ao descontrole das fantasias sádicas.

Indicador 9: Ponto de fixação dominante

A ansiedade está relacionada com fantasias oral-sádicas contidas em vínculos com objetos parciais mortos, moribundos por causa do descontrole e que exigem ser reparados sob o risco de morrer e sufocar de culpa o ego, devorando-o a partir do interior (autocensura).

Indicador 10: *Delimitação da fantasia dominante a respeito da satisfação esperada pelo objeto*

O objeto exige a submissão masoquista do ego, que implica cisão da agressão e perda de autonomia. Por outro lado, e como meta contraposta, exige altos desenvolvimentos criativos e intelectuais, que o ego nunca consegue satisfazer. O ego aspira ser querido pelo objeto por causa da sua bondade e criatividade. Mas a restrição da agressão e o fracasso na síntese ambivalente privam de conquistas criativas e, portanto, subjaz de forma permanente o perigo de diminuição da autoestima.

ESTRUTURA DE PERSONALIDADE HIPOMANÍACA

Indicador 1: *Qualidades e funções valorizadas e enfatizadas no objeto*

São enfatizadas a riqueza, a capacidade de autoabastecimento, o equilíbrio eufórico e a autonomia do objeto. Os entrevistados reforçam visivelmente o movimento com qualidades específicas, diferenciam da ênfase que, nas fobias, é posta em movimentos que facilitem a fuga ou, nas psicopatias, em movimentos que evidenciem força muscular atemorizante. Neste caso ressalta-se um movimento caracterizado por ser estável, permanente, circunscrito espacialmente (gira-gira, toca-discos, carrosséis, animais saltadores e inquietos). Ressaltam-no porque denota – conforme o que podemos inferir das racionalizações – vitalidade ou porque com esta última conseguem captar a atenção do objeto e provocar-lhe sentimentos agradáveis de alegria ou distração. Destacam os aspectos vitais, a capacidade de ser alegres e alegrar, e a de ser fontes de vida e alimento.

É enfatizada a vitalidade dos objetos e a capacidade de manter estados de euforia ou de equilíbrio por autoabastecimento. As situações de dependência são revertidas, centradas em satisfazer as necessidades dos outros ou em despertar admiração pelo poder e pela riqueza. Diferentemente da psicopatia, tanto nas escolhas como no contato com o entrevistador falta o "forçamento" (inoculação) em outros de sentimentos de pobreza, depressão ou deficiência. A reversão está mais centrada na conquista de equilíbrio interno; por exemplo, uma escolha como águia interessa aqui não porque imobiliza por causa do pânico, mas porque a águia em si é poderosa, tem força, e essa fortaleza evita sentimentos de desamparo.

No trabalho anterior com M. Carposi (5) demonstramos em que se baseiam as características enfatizadas:

A escolha de símbolos baseia-se em:
1) Porque ou para ajudar, alegrar, proporcionar aspectos bons e reparadores a outros (tentativas de reparação maníaca).
2) Porque é alegre, simpático, engraçado.
3) Objetos em movimento que estabelecem muitos contatos, por exemplo, borboleta ou beija-flor, ou que, além da conotação histérica, implicam um ritmo maníaco, como por exemplo, toca-discos, cata-vento, pião.

Descompensação:
1) O grotesco, tipo palhaçada (por exemplo, o macaco).
2) Objetos desagradáveis e que zumbem (abelha, insetos, moscas).

Predomina o movimento de revoluteio ao redor de outro, marcando-o, confundindo-o e ocupando-o, requerendo sua atenção.

Indicador 2: Qualidades rejeitadas no objeto

Rejeita-se o que se refere à ruptura do equilíbrio maníaco centrado em autoabastecimento e equilíbrio eufórico. A ruptura pode implicar: 1) situações maníacas graves que se expressam por rejeições a objetos grotescos, desagradáveis (Indicador 1), 2) queda em situações depressivas expressada pela rejeição a objetos abúlicos, passivos, dependentes, inúteis, sujos (ver escolhas negativas na depressão), ou 3) incremento da necessidade de dependência evidenciada pela rejeição a objetos que dependem de outros, por exemplo, animais ou plantas domésticas, que necessitam do cuidado humano para sobreviver.

Indicador 3: Qualidades positivas ou negativas omitidas

São negadas as características do objeto que evidenciam a necessidade de afeto e dependência, bem como o desfalecimento, o desamparo ou a solidão. A necessidade de ser cuidados, atendidos por outros, é omitida em razão de mecanismos de negação e onipotência.

Expressa-se nas racionalizações pela ausência de descrição dos aspectos desamparados dos animais, das necessidades de cuidado, de ligação afetiva e dos perigos de morte.

Indicador 4: Pares de qualidades dissociadas

Autoabastecimento e controle de objetos *versus* desamparo, necessidade e submissão.

O objeto idealizado é um objeto inteiro, rico em conteúdos, admirado e perfeito em sua forma e estrutura. O objeto temido é um objeto partido, despedaçado, sujo, crítico, que precisa de outros para se unir ou sobreviver. Ou é um objeto oral dependente, indefeso.

Indicador 5: Especificidade das fantasias reparatórias e destrutivas

A fantasia autorreparatória contém o desejo de transformar-se em fonte de vida e alimento de outros, para que eles ocupem o lugar dos aspectos egoicos necessitados e dependentes ou, quando dominam elementos invejosos, para provocar admiração e inveja.

As fantasias destrutivas giram em torno da necessidade de controle e inversão da dependência, e do desprezo e triunfo sobre o objeto primário, transformado em desvalido e desprezado, por sentimentos invejosos.

Indicador 6: Vinculação predominante: com pessoas, com seres vivos ou inanimados

A relação é explicitada, mas predominam os contatos múltiplos e fugazes com muitos objetos. Os outros aparecem na verbalização de forma generalizada, "o povo", "as pessoas", evita-se a vinculação estreita com uma pessoa porque isso implica maior compromisso emocional.

Os outros não estão identificados, são pessoas que admiram, necessitam, divertem-se, devem ser alegrados; ou que, nas escolhas negativas, privam, submetem, criticam, abandonam.

Predominam contatos distais com o objeto; tanto nas escolhas positivas como nas negativas, observamos repúdio ao contato (animais sujos que provocam repulsa) ou contatos que esmagam.

Indicador 7: Defesa dominante e defesas subjacentes

Defesa maníaca: identificação introjetiva com o objeto parcial idealizado e identificação projetiva dos aspectos destruídos e necessitados em objetos externos.

Nas escolhas positivas, o entrevistado passa a ser o objeto idealizado rico, forte, sem necessidades, independente e admirado. Os "outros" passam a ser os depositários dos aspectos necessitados, do desamparo e da dependência. Diferentemente da psicopatia, não enfatizam na verbalização o desejo de que os outros assumam ativamente os aspectos projetados, mas sim que o equilíbrio se consegue basicamente mediante a fantasia onipotente de identificação com o objeto idealizado. Por exemplo, em uma resposta psicopática como "um leão" destaca-se o efeito de pânico e imobilização que os rugidos ou a força do animal despertam nos outros; na mania, o centro de preocupação está na sensação de poderio, segurança e capacidade de afirmação na realidade que o leão pode conseguir como sujeito, em virtude de ser um animal forte. Ser temido por outros não é o objetivo, o que se valoriza é a consequente autoafirmação egoica que estes traços fornecem.

Quanto ao par rejeitado, a identificação com os aspectos destruídos do objeto, surge um temor intenso de depender de objetos concebidos como os que abandonam, privam e destroem oralmente (sadismo dentário, devoram, criticam).

Indicador 8: Estilo de verbalização

Estilo grandiloquente, com muita adjetivação e gesticulação. Os entrevistados fazem muitas associações em ritmo rápido, mas apresentam dificuldades para desenvolvê-las mais detidamente.

Podem apresentar dificuldades para manter uma linha associativa (dispersam-se), o que pode produzir relatos confusos.

Indicador 9: Ponto de fixação dominante

Oral 2 e anal 1. Nas escolhas positivas, expressa-se em objetos inteiros que são ricos ou que contêm alimentos, e nas negativas, em rejeições a objetos fragmentados, desfeitos (sadismo dentário), ou a objetos que mordem, rompem, criticam, exploram, sujam ou são sujos e recusáveis (anal 1).

Indicador 10: Delimitação da fantasia dominante a respeito da satisfação esperada pelo objeto

Quanto ao ego, crescer sem contato emocional nem dor. Manter a ilusão de identificação indiferenciada com o objeto parcial idealizado.

O objeto exige ser limpo de conteúdos anais e reunido após ter sido despedaçado oralmente. A reunião dos aspectos quebrados do objeto é interferida pelo temor aos sentimentos de dependência e necessidade que poderiam surgir diante de um objeto inteiro, valioso e rico. O objeto pode ser "embelezado" exteriormente (reparação maníaca), mas não em sua interioridade.

MELANCOLIA

Na melancolia, o Teste Desiderativo só pode ser aplicado em períodos de remissão. Durante o episódio melancólico, o fechamento do paciente para o mundo externo, a lentidão e a diminuição das funções psíquicas de atenção e idealização e a atividade mental centrada em ideias angustiantes e autorrepressoras tornam a realização do teste inconveniente e impossível.

A produção tem, no que se refere ao rendimento simbólico do teste e juízo de realidade, características que correspondem às delimitadas no capítulo II, no item sobre Desiderativo, exemplo B, ao qual remeto.

Neste capítulo centrar-me-ei mais nas características descritivas da produção.

Indicador 1: Qualidades e funções valorizadas e enfatizadas no objeto

Os símbolos escolhidos são: 1) objetos passivos, carentes de vida própria e de movimento, empobrecidos na racionalização pela reiteração (porque são bons); 2) qualidades abstratas (bondade, o branco, o puro), ou 3) personagens religiosos que carecem de corporeidade e portanto de "maldade instintiva".

São enfatizadas a bondade, a capacidade de controle, a cisão dos maus sentimentos e a capacidade de reparação onipotente em escolhas centradas em fazer o bem à humanidade ou salvá-la (medicamentos, antídoto contra o câncer, santos, Deus).

Evita-se incluir qualquer vivência emocional ou de contato corporal; faltam portanto alusões a olhar, tocar, sentir. A relação buscada é de "alma com alma". O contato corporal enfatizado é um contato masoquista, centrado em ser ingerido para reparar o objeto: medicamentos ou alimentos.

Indicador 2: Qualidades rejeitadas no objeto

São rejeitados: 1) objetos que simbolizam pulsões violentas e desintegradoras com qualidades oral-sádicas ou anal-

-sádicas (feras, câncer, armas de fogo, bombas); 2) objetos onipotentemente destrutivos, míticos ou abstratos: a maldade, a doença, o diabo; ou então, 3) objetos que simbolizam o estado de empobrecimento, diminuição da autoestima e dor psíquica diante da destruição do mundo interno: objetos inúteis, sem valor, restos ou objetos mortos ou que contêm mortos: caixões, túmulos, cemitérios.

São recusados os contatos próximos destrutivos e desintegradores: bombas, ou feras que despedaçam o objeto de fora para dentro, ou objetos que possuem o entrevistado e despedaçam-no corporal ou psicologicamente de dentro para fora: doenças, câncer, espíritos maus, diabo.

Indicador 3: Qualidades positivas ou negativas omitidas

Omite-se tudo o que é humano, o corpóreo, o vínculo afetivo com objetos reais. É omitido o setor de necessidades corporais e afetivas no vínculo entre pessoas; todas as escolhas e rejeições são polarizadas em razão de exigências morais (superegoicas) exageradas e demolidoras.

À medida que progride a patologia, observa-se um maior número de respostas abstratas e desumanizadas.

Indicador 4: Pares de qualidades dissociadas

Extrema dissociação entre amor e ódio que toma a forma de onipotência reparatória, com qualidades frequentemente masoquistas e extrema onipotência destrutiva.

A polaridade centra-se na necessidade de salvar a humanidade e no medo de destruí-la (Deus e diabo, antídoto contra doenças que dizimam a humanidade e câncer).

Os objetos são idealizados por sua bondade, por seu poder reparatório, que é sempre resultante do controle sobre os "egoístas" sentimentos humanos e por seu poder mágico de reparação. Os objetos persecutórios são rejeitados por sua instintividade oral e anal e por sua intensa capacidade de destruição.

Tanto a destruição interna como a hostilidade intensa são rigidamente projetadas em objetos "maus", diante dos quais o paciente assume condutas censuradoras.

Indicador 5: Especificidade das fantasias reparatórias e destrutivas

As metas reparatórias e os temores destrutivos adquirem qualidades delirantes. As fantasias onipotentes de reparação são centradas em toda a humanidade, a qual os entrevistados: 1) devem salvar da maldade, da ruindade de espírito, dos desastres e padecimentos; 2) devem castigar e erradicar os que machucam, matam ou possuem espiritualmente os outros. O temor à própria hostilidade e destrutividade adquire também qualidades delirantes e centra-se no temor a provocar a morte, a desagregação e destruição de qualquer objeto com o qual estabeleçam ligação próxima. Esse temor aparece negado mediante uma tentativa rígida de identificação com o superego severo e censurador ("eu nunca seria", "não sei como existem pessoas que...")

Indicador 6: Vinculação predominante: com pessoas, com seres vivos ou inanimados

Evita-se todo o contato humano personificado, direto, com outros. Os outros seres humanos estão presentes em toda a produção mas como ideia generalizada, sem identidade definida ("os homens", "a humanidade", "o mundo", "as pessoas boas", "os seres maus").

Indicador 7: Defesa dominante e defesas subjacentes

Bloqueio e inibição de funções egoicas: manifesta-se em pobreza de conteúdos, reiterações, ideias delirantes sobre maldade e bondade, inadequação à instrução, incoerência entre símbolos e verbalização.

Identificação patológica com objetos danificados perseguidores: expressa-se em escolhas de objetos desvitalizados, não humanos, sem corporeidade, portanto sem vida (mortos, santos, anjos); autodesvalorização e autocensura coexistentes com atitudes exageradamente moralistas e críticas diante da maldade dos objetos, como tentativa permanente mas não resolvida de diferenciar-se: "eu nunca seria uma pessoa má", "os maus pagam seus pecados".

Defesas maníacas primárias frustradas: tentativas de manter o equilíbrio mediante o refúgio em fantasias de onipotência reparatória inalcançáveis. Os planos de reparação são onipotentes.

Defesas obsessivas primárias (controle obsessivo patológico): distorção e anulação dos aspectos agressivos dos objetos nas escolhas positivas. *Isolamento* marcante entre amor e ódio. Fundamentalmente cisão e isolamento da própria agressão.

Indicador 8: Estilo de verbalização

Os entrevistados têm atitude passiva, submissa, autodesvalorização e dúvidas sobre a possibilidade de produzir e "satisfazer" o psicólogo. Mostram-se moralistas e superegoicos na análise do símbolo (identificação com o superego sádico, hipercrítica, elementos oral-canibalísticos).

Tipo de verbalização: pobre, sucinta, com pouco desenvolvimento de fantasias, lenta, com pausas marcadas pela inibição e pela restrição do ego.

Estereotipia de conteúdos: os objetos escolhidos são usados para reiterar ideias delirantes sobre a bondade e a maldade. Reiteram-se as mesmas racionalizações desiderativas nas diferentes escolhas que, portanto, dependem mais das necessidades internas de alívio de intoleráveis sentimentos de culpa que das qualidades reais do símbolo.

Indicador 9: Ponto de fixação dominante

Oral 2 e anal expulsiva.
Identificação com o objeto nutriz doador livre de necessidades humanas.
Temor à maldade oral.

Indicador 10: Delimitação da fantasia dominante a respeito da satisfação esperada pelo objeto

A intensidade dos sentimentos de culpa põe o objeto no papel de um objeto moribundo e destroçado pelo sadismo assassino, que exige ser reparado de dentro para fora, sob o risco de morrer ou matar o indivíduo. Mas para reparar o objeto, o paciente sente que também deve morrer, porque a única forma de controlar a intensidade da hostilidade é renunciando ao seu corpo (ser um espírito ou um santo), ou manter uma corporeidade benéfica (alimento ou medicamento) para ser ingerido pelo objeto e reparado a partir do seu interior.

CASO A. MULHER DE 30 ANOS

1+: Passarinho, porque se pode voar, ir de um lugar para o outro, se é livre.
2+: Flor, porque é uma coisa que enfeita, tratam bem dela, com amor.
3+: Móvel, porque é prático, cuidam dele e o conservam bem.
1−: Vaca, galinha, porque são animais que sacrificam.
2−: Cachorro, porque eu os vejo desvalidos, me dão muita pena.
3−: Árvore do deserto, ou das colinas das montanhas, porque estão sozinhas, em especial ao anoitecer, às vezes são cobertas pela neve.
4−: Pólvora, porque destrói.

CASO B. MULHER DE 24 ANOS

1+: Algo útil... uma ave, uma pomba, dessas brancas, porque são indefesas, não machucam, andam por todos os lados,

podem voar tranquilas; sempre gostei delas, dos passarinhos também.
2+: Alguma planta, eucalipto, porque são bonitos, grandes, dão sombra.
3+: Fruta, pode ser? Maçã, porque é a de que eu mais gosto.
4+: Algo de utilidade, algum instrumento para médico, um instrumento para a casa. Para médico, um bisturi para atender as mães, porque acho que com isso se ajuda muito as pessoas doentes, também medicamentos.
1—: Mmm... um animal mau, lobo... ou leão; leão, porque acho que são maus, quando veem uma pessoa, a comem.
2—: A urtiga... porque pinica, deixa manchas, eu conheço pouco, mas quando a tocamos, deixa mancha, é uma planta feia.
3—: Um revólver... que muitas vezes serve para salvar coisas, mata e sobretudo porque tenho medo deles.
4—: Também não gostaria de ser uma coisa má, eu não gostaria de ser uma doença, nem um bicho que pica, nem nada disso.

Caso C. mulher de 22 anos

1+: Cachorro, para poder conduzir os cegos.
2+: Muletas, para uma pessoa impossibilitada de caminhar poder se apoiar em mim.
3+: Uma praça, para as crianças poderem brincar e ser felizes revirando-se na minha areia.
1—: Cacto, porque machuca.
2—: Aranha, porque pica.
3—: Dinheiro, ninguém se conforma com ele.
(*Induzida, vegetal 4+*)
4+: Eu gostaria de ser uma rosa. Porque perfuma e deleita a vista com suas belas cores.

Caso D. mulher de 20 anos

1+: Um anjo, porque são almas felizes.
2+: Uma flor, por sua beleza e pela alegria que apresenta.

3+: Um livro de formação, porque serviria para formar uma pessoa.
1—: Um chicote, porque seria odiado por todos.
2—: Um rato, seria maltratado por todos.
3—: Uma espingarda, porque não vejo razão para matar, se todos têm direito à vida.
(*Induzidas*)
4+: Cachorro, porque é o fiel amigo do homem.
4—: Urtiga: é daninha.

Caso E. mulher de 23 anos

1+: Cachorro, porque a maioria dos cachorros amam e querem ser amados.
2+: Remédio, para poder curar.
3+: Amor, para poder dá-lo a todos os que não o têm.
1—: Um animal feroz, porque todo o mundo foge deles.
2—: Uma tartaruga, porque não poderia correr.
3—: Uma víbora, porque teria de me arrastar.

Caso F. homem de 23 anos

1+: Um bom livro, porque sendo bom poderia ensinar aos homens muitas coisas úteis, que evitariam problemas à humanidade.
2+: Fogo, porque sempre me atraiu. Todos os homens me usariam e precisariam de mim. Além disso, sendo fogo, poderia deter os estragos que causam os incêndios. Daria luz e calor aos homens, e teria cores vivas.
3+: O sol, porque seria a fonte de energia; daria luz e calor à Terra, permitindo a vida nela. Seria imprescindível.
1—: Uma rocha, porque seria tratada com indiferença. Nós homens sempre as observamos, opinamos sobre suas qualidades ou defeitos, mas depois as deixamos jogadas. Só as usamos, nem as desprezamos, nem as admiramos. Além disso, são frias, são só coisas.

2—: Um revólver ou arma, porque sempre serviria para destruir. Se acabasse com uma vida humana eu não me perdoaria; além disso, não teria direito de destruir nada do que foi criado por Deus, sendo só um objeto fabricado pelo homem. Só causaria dor, angústia e remorso na consciência.

3—: O mar ou um abismo, porque são mistérios para o homem. Mostram-lhe sua impotência, seus limites, sua ignorância. O mar, porque é frio, profundo e me inspira tristeza por sua solidão (não nas praias, onde me agrada e me parece alegre, mas sim em alto-mar). O abismo, sobretudo pela escuridão, profundidade e falta de vida latente.

Caso G. mulher de 17 anos

1+: Uma flor, porque são bonitas, alegres, significam pureza, bondade, cor, virtude, amor. Porque têm vida curta mas totalmente plenas. Doces.

2+: Um pássaro, porque voa, é livre, porque ama, sente, sofre, porque trabalha, é útil, é amado, alegra, adoça, agrada, enriquece.

3+: Um brilhante, porque é duro, puro, luminoso, valioso, admirado, ambicionado, querido, frio e cálido ao mesmo tempo, brilhante, útil, se supera (carvão), forte, grande.

1—: Gelo, porque é frio, se desvanece, não dura, não perdura, se quebra, se gasta, se consegue fácil, produz dor, não agasalha, não ampara.

2—: Um sapo, é sujo, pegajoso, mole, insosso, granuloso, amorfo, se arrasta, assusta, é covarde, mostra a língua, cospe, não se come.

3—: Um cacto, porque espeta, machuca, dói, é opaco, seco, rude, primário, apagado, duro, triste, solitário, amargo, humilde, não é amado, não alegra, não enfeita, não abarca, não preenche, não agrada.

Caso H. mulher de 24 anos

1+: Pássaro, pela possibilidade de conhecer tudo, de se mover de um lugar para o outro, percorrer o mundo, estar em qualquer lugar, livres para ir onde querem e quando querem.
2+: Rosa, são tão bonitas! Para a visão, tão, tão... e ser essa rosa, esse botão de cor vermelha escura que parecem pintados. Uma flor é alegria. Quando me dão uma flor de presente fico feliz, tem muito significado. Nós as oferecemos por apreço, por amor, como expressão de amor, galanteio (*interrompe-se*). Por tantos motivos!
3+: Toca-discos, um estéreo para estar o dia todo tocando música. Não uma música especial. Qualquer tipo de música para os diferentes momentos. Melódica, aloucada. Sinfônica, não. O clássico, eu não gosto muito do clássico. Eu gosto de Wagner, acho que não gosto de Beethoven.
1−: Rato, ou víbora, ou aranha, porque é um animal nojento. Bichos repugnantes pelo seu aspecto, não porque façam mal. São completamente rasteiros. Parece que ficam esperando o momento em que estamos descuidados para saltar.
2−: Arbusto. Eu gosto de todas as plantas em geral... porque dá a sensação de aridez, de secura.
3−: Túmulo. Não me resignaria a receber todas as pessoas que deixam o mundo. Ser esse mármore frio. Não, por favor!

Caso I. mulher de 48 anos

Não sei, não, pessoa, não sei (*silêncio, repetição da instrução*). Não sei, eu, estas coisas...
1+: Um ser bom, que não tenha machucado... (*Chora, repetição da instrução.*)
2+: Um remédio, se a gente pudesse, as pessoas sofrem muito... muita dor... muita dor...
3+: Não sei, ser bom, não estar em pecado, um anjinho; não estão em pecado.
1−: A maldade, a calúnia, há seres ruins... ter o diabo dentro de si.

2—: Câncer, doenças ruins; eu não desejo machucar.
3—: Não sei, eu lhe digo nada mau, pessoas más, com espíritos maus.

Caso J. homem de 24 anos

Produção maníaca (delirante) defensiva de melancolia.
1+: Cachorro: eu os admiro, são melhores que as pessoas. Têm uma tremenda e enorme fidelidade, muito maior que a do homem. Eu os admiro pela inocência, não raciocinam, mas o que fazem, fazem sem maldade. Isso da braveza do cachorro é uma mentira enorme. Morde se está bravo, sim, mas só se o homem o provoca. Porém, se o homem pacificamente não, isso é muito difícil. Por outro lado, no homem a predisposição para ferir está sempre presente. Não há animal que ataque, qualquer animal, mesmo as feras, os felinos, não, não atacam o homem se ele se apresentar de forma pacífica.
2+: Adão: bom, é uma pessoa e não é. Primeiro pelo interesse tremendo em conhecer, pelo interesse em saber, em estar no lugar dele. Poder saber o que aconteceu, o que acontecia naquele momento. Ter podido ser o pai de toda a civilização, estar na origem e ser o condutor de tudo o que veio depois. Ter conhecido Eva, ser o propulsor da criação dela, sua vida dependeu de Adão, e depois de lhe dar vida, amá-la.
3+: Livro: para enriquecer a cultura, para as pessoas se enriquecerem comigo, se divertirem. Para poder salvar a vida de muitas pessoas em perigo, se eu fosse um livro de medicina, ou se fosse psicologia para as pessoas superarem problemas íntimos de frustração.
4+: Eucalipto: pela sua altura, magnificência, não pense que é porque me interessa sua arrogância, porque não está em mim ser assim, porque não sou assim somente para proteger outros seres, animais ou pessoas. (A ideia de proteção é o predominante.)
1—: Réptil: é o único animal que eu tiraria do meio dos benignos porque atacam e envenenam mesmo que não sejam

provocados. São os mais canalhas, o pior é que se confundem com a folhagem para o ataque, além da repulsa, a irritação que produzem quando mordem, quando entram em contato com a pele pela picada é horrível.

2—: Trepadeira: não permite o menor vestígio de vida, aprisionam todo sinal de vitalidade; agarram tudo, procuram cobrir e aniquilar o que tem vida. Não me refiro à trepadeira de uma casa, mas à da selva. Seus tentáculos crescem como vigas de aço e agarram, matam qualquer tipo de vida.

3—: Bomba atômica: Nagasaki, Hiroshima, horror, contaminação, morte, guerra, destruição, horror, horror, horror.

Resumo das características comuns e diferenciais dos casos apresentados.

Em princípio, os oito primeiros casos correspondem a estruturas neuróticas, enquanto os dois últimos exemplificam respostas psicóticas.

Os casos de A a H seguem desde o predomínio de qualidades depressivas até protocolos em que a hipomania adquire relevância clínica.

Dominam nos oito primeiros casos a necessidade de proximidade afetiva com o objeto, está implícita a satisfação de necessidades referentes à sensibilidade proprioceptiva (ser cuidado, tocado, acariciado) ou à incorporação oral (comidas, frutas, remédios). (Como expressão da necessidade de incrementar a introjeção do objeto necessitado, como mecanismo de defesa contra ansiedades paranoides e depressivas.). A possibilidade de receber cuidado e proteção depende de um bom controle dos elementos agressivos (ser bom, fiel, indefeso).

Quando prima a necessidade de reparação maníaca, a necessidade de proteção e apoio está projetada no objeto.

Encontramos exemplos dessa modalidade em:

Caso A
3+: Móvel, porque é prático, cuidam dele e o conservam bem. (Aqui está implícita a ideia de poder ao mesmo tempo ser continente de objetos de valor.)

Caso C
3+: Uma praça, para as crianças poderem brincar e ser felizes revirando-se na minha areia.

Nessas oito produções são destacados nas racionalizações positivas os traços não prejudiciais, não agressivos; o que evidencia a utilização de mecanismos de formação reativa aos impulsos orais-sádicos e anais-expulsivos.

Junto com esses mecanismos, observamos em todos os protocolos, com maior ou menor intensidade, tentativas de reparação maníaca centradas na fantasia de ser objetos necessitados, curativos, que provejam amor, alegria ou cura a objetos implicitamente danificados. Essa necessidade é defensiva, já que permite depositar no objeto aspectos danificados e que estejam sofrendo, e em alguns casos adquire qualidades masoquistas, como por exemplo, "ser ingerido", como expressão de tentativas de reparação patológica. Nesse sentido, as expressões de maior patologia encontram-se em escolhas tais como anjinho (criança morta). Por exemplo:

Caso B
3+: Fruta... Maçã, porque é a de que eu mais gosto. (Aqui evidencia-se a confusão entre a necessidade de incorporação oral do sujeito e ser o objeto incorporado.)
4+: Algo de utilidade, algum instrumento para médicos, um... um bisturi para atender as mães, porque acho que com isso se ajuda muito as pessoas doentes, também medicamentos.

Caso C
1+: Cachorro, para poder conduzir os cegos.
2+: Muletas, para que se apoie em mim uma pessoa impossibilitada de caminhar.
3+: Uma praça, para as crianças poderem brincar e ser felizes revirando-se na minha areia.

Caso E
2+: Remédio, para poder curar.
3+: Amor, para poder dá-lo a todos os que não o têm.

Caso I
2+: Um remédio, se a gente pudesse, as pessoas sofrem muito... muita dor... muita dor...
3+: Não sei, ser bom, não estar em pecado, um anjinho; não estão em pecado.

Em outros casos, nas verbalizações positivas prevalecem defesas maníacas tendentes a conseguir equilíbrio interno pela identificação do ego com as qualidades valiosas, admiradas e insubstituíveis do objeto, enquanto a necessidade e a dependência, portanto o perigo do descontrole agressivo, são projetadas no objeto. Por exemplo:

Caso F
2+: Fogo, porque sempre me atraiu. Todos os homens me usariam e precisariam de mim. Além disso, sendo fogo, poderia deter os estragos que causam os incêndios. Daria luz e calor aos homens, e teria cores vivas.
3+: O sol, porque seria a fonte de energia; daria luz e calor à Terra, permitindo a vida nela. Seria imprescindível.

Caso G
3+: Um brilhante, porque é duro, puro, luminoso, valioso, admirado, ambicionado, querido, frio e cálido ao mesmo tempo, brilhante, útil, se supera (carvão), forte, grande.

Caso H
3+: Toca-discos, um estéreo para estar o dia todo tocando música. Não uma música especial. Qualquer tipo de música para os diferentes momentos. Melódica, aloucada. Sinfônica, não. O clássico, eu não gosto muito do clássico. Eu gosto de Wagner, acho que não gosto de Beethoven.

E no *caso J*, esta defesa adquire características do tipo delirante:

2+: Adão: Bom, é uma pessoa e não é. Primeiro por esse interesse tremendo em conhecer, pelo interesse em saber, em estar no lugar dele. Poder saber o que aconteceu, o que acontecia naquele momento. Ter podido ser o pai de toda a civilização, estar na origem e ser o condutor de tudo o que veio depois. Ter conhecido Eva, ser o propulsor da criação dela, sua vida dependeu de Adão, e depois de lhe dar vida, amá-la.

Nas produções predominantemente depressivas, observamos diferentes graus de mecanismos de restrição do ego que se manifestam em: falta de fluxo associativo, inibição da fantasia e reiteração, nas diferentes escolhas, das mesmas racionalizações. Em alguns casos essa restrição pode ser expressa simbolicamente, como por exemplo no *caso E*:

2−: "Uma tartaruga, porque não poderia correr." Como expressão da dor pela lentificação das funções egoicas, efeito do controle e da restrição.

Nas escolhas negativas prevalece o temor a ficar à mercê dos impulsos sádicos, oral-sádicos (plantas que espetam, animais ferozes), anal-expulsivos (revólver, armas de fogo, bombas ou animais sujos). Encontramos exemplos de maior grau de patologia em:

Caso I
2−: Câncer, doenças ruins; eu não quero machucar.

Caso J
2−: Trepadeira: não permite o menor vestígio de vida, aprisionam todo sinal de vitalidade; agarram tudo, procuram cobrir e aniquilar o que tem vida. Não me refiro à trepadeira

de uma casa, mas à da selva. Seus tentáculos crescem como vigas de aço e agarram, matam qualquer tipo de vida.

3—: Bomba atômica: Nagasaki, Hiroshima, horror, contaminação, morte, guerra, destruição, horror, horror, horror.

E quanto à relação com o objeto, há o medo de ficar identificado com o objeto danificado-morto, de ser abandonado como castigo pelo sadismo, ou de fracassar na defesa maníaca e cair em situações melancólicas centradas em vivências de conter objetos destruídos e mortos como resultado dos ataques sádicos.

Exemplos de temor a ficar identificados com o objeto danificado-morto:

Caso F

1—: Uma rocha, porque seria tratada com indiferença. Nós homens sempre as observamos, opinamos sobre suas qualidades ou defeitos, mas depois as deixamos jogadas. Só as usamos, nem as desprezamos, nem as admiramos. Além disso, são frias, são só coisas.

Caso G
1—: Gelo, porque é frio, se desvanece, não dura, não perdura, se quebra, se gasta, se consegue fácil, produz dor, não agasalha, não ampara.

Exemplos do temor a receber castigo pelo sadismo, temor centrado em fantasias a ser abandonado, ameaçado com a solidão e com o perigo de morte por desamparo:

Caso A
1—: Vaca, galinha, porque são animais que são sacrificados.
3—: Árvore do deserto, ou das colinas das montanhas, porque estão sozinhas, em especial ao anoitecer, às vezes são cobertas pela neve.

Caso F
3—: O mar ou um abismo, porque são mistérios para o homem. Mostram-lhe sua impotência, seus limites, sua ignorância. O mar, porque é frio, profundo e me inspira tristeza por sua solidão (não nas praias, onde me agrada e me parece alegre, mas sim em alto-mar). O abismo, sobretudo pela escuridão, profundidade e falta de vida latente.

Caso H
2—: Arbusto. Eu gosto de todas as plantas em geral... porque dá a sensação de aridez, de secura.

Exemplos do temor a conter só objetos destruídos ou mortos:

Caso H
3—: Túmulo. Não me resignaria a receber todas as pessoas que deixam o mundo. Ser esse mármore frio. Não, por favor!

Caso J
3—: Bomba atômica: Nagasaki, Hiroshima, horror, contaminação, morte, guerra, destruição, horror, horror, horror.

Elementos diferenciais

Caso A. Depressão neurótica com um subcomponente esquizoide que se expressa em 3—. Ressalta a utilização de defesas esquizoides de isolamento afetivo diante de intensos sentimentos de desvalimento e desamparo.

Caso B. Depressão neurótica: confusão entre as próprias necessidades e as do objeto, o que origina a tendência a privilegiar as necessidades dos outros, oferecendo-se de forma masoquista como objeto de satisfação. Subjazem ansiedades hipocondríacas.

Caso C. Depressão neurótica: à semelhança do caso anterior, entrega masoquista e projeção dos aspectos danificados de seu ego (em prejuízo de sua capacidade perceptual, de seu impulso e capacidade para crescer) e dos aspectos invejosos e vorazes (3—: "Dinheiro, ninguém se conforma com ele").

Caso D. Depressão neurótica: dominam mecanismos de formação reativa e restrição do ego.

Caso E. Depressão neurótica: dominam mecanismos de formação reativa, reparação maníaca e restrição do ego.

Caso F. Hipomania: domina a identificação com o objeto de valor, fonte de vida e de necessidade. Essa identificação permite que ele projete os aspectos necessitados no objeto (3+) e tranquiliza-o quanto à sua capacidade de manter sob controle os estragos destrutivos de seus impulsos sádicos (2+). Subjaz uma estrutura depressiva de organização neurótica, com traços esquizoides (temor de ficar encerrado em uma situação mental dolorosa e de autocensura [2—] ou regressar para um estado de desconexão e isolamento afetivo [1— e 3—].)

Caso G. Hipomania: a identificação com o objeto idealizado expressa-se no tipo de escolha (3+) e na modalidade de realização do teste: a entrevistada mostra-se como objeto doador incondicional de qualidades múltiplas de cada objeto. Subjaz uma estrutura depressiva.

Caso H. Hipomania: expressa-se na ênfase posta nos elementos de alegria, cor e movimento. Enfatizam-se mais os estados de euforia, em contraposição a sentimentos depressivos, que a reparação maníaca do objeto. Subjaz uma estrutura depressiva.

Caso I. Melancolia: apresenta índices psicóticos evidenciados no grau de restrição egoica, na dificuldade de captação simbólica da instrução, na dificuldade para abandonar na fantasia a identidade humana e no grau de destrutividade de seu sadismo, expressos na rejeição (2—: "câncer"). Alteração das funções de juízo de realidade e áreas delirantes (1—: "ter o diabo dentro de si"; 3—: "... pessoas más, com espíritos maus").

Caso J. Mania com qualidades delirantes. Subjaz uma estrutura melancólica com risco de descompensação aguda. Expressa-se um grau excessivo de distância entre a onipotência reparatória, que apresenta qualidades distanciadas da realidade (delirantes: ser o pai da humanidade, salvar a vida de muita gente), e a onipotência destrutiva, produto do sadismo extremo (bomba atômica) e da patologia dos mecanismos de identificação projetiva tendentes a penetrar no objeto para destruir sua vitalidade por meio do sadismo muscular e dentário (tentáculos como vigas de aço). A escolha 3— proporciona um modelo dramático do estado em que pode ficar seu aparelho mental, em razão do descontrole sádico (guerra): destruído em pedaços, quebrado, cheio de mortos e destruição.

TESTE DE H. PHILLIPSON. INDICADORES

PERSONALIDADE DEPRESSIVA. DEPRESSÃO NEURÓTICA

Percepção da situação da prancha

Em crises depressivas clínicas observamos: inibição e lentificação das funções mentais e da ação; estereotipia da ideação (reiteração de temas, estados de ânimo, problemas que os personagens enfrentam e desenlaces, apesar da mudança no estímulo); retardo dos processos perceptivos e associativos (bloqueio, número baixo de respostas, lentidão); poucas associações; descrição pobre do estímulo. Na estrutura depressiva, a ênfase está centrada no personagem humano e em alguma emoção com base nos dados do contexto de realidade.

As percepções são boas, mas por outro lado, há grande controle da imaginação (ajuste formal) e dificuldade para integrar o conjunto perceptual, por causa das dificuldades de síntese (luto patológico). Os entrevistados têm dificuldade para inter-relacionar os diferentes personagens; tentam "uni-los" mediante uma emoção comum. Tendem a dar respostas simbólicas sobre o claro-escuro e em alguns casos sobre a cor. Os elementos do contexto de realidade originam interpretações simbólicas com base nas quais inferem estados emocionais atuais, passados ou futuros. As áreas claras são associadas a sentimentos de esperança, de pureza espiritual e à vida limpa, ou simbolizam a união espiritual com objetos bons e idealizados (Deus, igrejas) que aceitam o sujeito e salvam-no de estados afetivos dolorosos. As áreas escuras representam para esses pacientes angústia, tristeza, desesperança ou um passado escuro, uma vida triste, más condutas ou maus sentimentos que pesam em sua personalidade. O vermelho em geral é omitido, mas quando o integram é como sinal de violência ou crueldade. Os tons azuis e marrons indicam ambientes frios e tristes. Esse interesse no contexto está relacionado à preocupação central na depressão, que é a busca de indícios, no mundo externo, de serem queridos, que aumenta os sentimentos de autoestima, ou de não serem queridos, que provoca sentimentos de incapacidade e diminuição da autoestima (reativa sentimentos de culpa).

Outro fenômeno central na depressão é a "perda de distância emocional" da prancha. O paciente se "vê", "reconhece" a si mesmo ou os seus objetos relevantes na prancha, apesar de "saber" que isso não é assim ("Olhe esta sou eu, este é o meu pai"), ou a prancha evoca com muita emoção lembranças de situações vividas. Isso traz como consequência reações emocionais intensas (choro) ou, ao contrário, bloqueios defensivos. Esse fenômeno é motivado pela dificuldade, neste quadro, de obter uma diferenciação adequada, delimitação entre o ego e os objetos externos e, sobretudo, entre eles e o próprio superego. A prancha, como representante da realidade, recebe o mesmo tratamento por parte do paciente: é confundida com partes do ego e com objetos internos.

Os personagens são vistos como quietos, passivos, sem movimento ou com movimento não diretor. Eles têm pouca mobilidade espacial, o espaço está circunscrito a um "espaço emocional": centrado em pessoas que querem ou rejeitam o personagem com que se identificam, ou em áreas que simbolizam emoções ou saídas emocionais; mais que um espaço real, um mundo objetivo onde se movimentar. (Estão quietos, esperam, observam o rosto de outros ou caminham, mas não há explicitação de um projeto que implique esforço ativo motor ou intelectual para resolver um conflito.)

Em geral, os pacientes estão passando por um forte estado emocional centrado em alguma emoção de tipo sufocante. Apresentam bloqueios ideativos ou diminuição da capacidade associativa diante da inclusão da cor. Evitam explicitar a cor ou o objeto da cor; quando o mencionam, têm dificuldade para integrá-lo na história: não entendem sua presença apesar de poder defini-lo. Não sabem o que é (bloqueio afetivo e, especialmente, da agressão).

As pessoas incluídas na história e suas relações

1) *Grau de humanização dos personagens*: depende da intensidade da patologia. Em termos gerais, são personagens sem força, que permanecem em um estado afetivo doloroso ao qual se abandonam (não há explicitação de luta para seguir adiante). À medida que progride a patologia, há o predomínio de pessoas desvitalizadas, sem identidade, sem corpo (alma penada, espírito), ou vencidas por forças extremas poderosas (desventura, ruína, falta de sorte).

Os personagens centram sua conduta na esperança ou desesperança de obter o amor de objetos bons necessitados, ou no temor à rejeição do objeto por causa de sentimentos ou condutas hostis que o ego evidenciou. Isso leva o paciente a estados de culpa e submissão ao superego, expressos nas histórias por comentários exigentes e moralistas. ("Está sozinho porque agiu mal, foi uma pessoa má.")

2) *Descrição da interação*: os pacientes acentuam o fracasso da comunicação ou descrevem relações idealizadas (almas gêmeas), mas em geral falta a descrição do vínculo, das razões emocionais pelas quais os personagens estão separados, sozinhos ou sufocados. O porquê das dificuldades nas relações interpessoais é omitido, são atribuídas a situações externas aos personagens (o destino, a falta de sorte etc.), ou explicadas mais de um ponto de vista superegoico que emocional: são o castigo por ter vivido mal, por ter pecado etc.
As reações emocionais dos personagens estão bloqueadas. Geralmente os pacientes tentam expressar o amor mediante pessoas que se submetem e o ódio mediante pessoas que abandonam, distanciam-se ou têm uma conduta dupla e hipócrita (forma reativa).

3) *Tema das relações*
a) Não há muita referência a sentimentos de interação (amor, ódio, despeito). Acentuam-se somente os sentimentos de solidão, de tristeza, de esperança ou desesperança.
b) Os personagens estão imóveis, passivos, dependentes. Geralmente são abandonados, e diante disso não há protesto ou descrição de sentimentos hostis. Tendem a falar "por meio de" um superego e a "culpar" o personagem abandonado (sua má vida, sua hostilidade).
c) Os objetos mais persecutórios são depositados mais em circunstâncias que em seres humanos: a pobreza, a morte, o desastre.
d) Há uma proporção importante de personagens mortos, moribundos, diante dos quais outros personagens (o ego) estão em expectativa.
A relação com objetos "bons" é descrita como situações idílicas de compreensão e gratificação oral (comem, falam), com acentuação de "relação tranquila, ambiente calmo, compreensão" e ausência de hostilidade.

4) *Atitude egoica*: (pelo modo como os personagens enfrentam as situações de dificuldade propostas, pela resolução

futura e pela forma de realizar a história) "Ego paralisado-impotente", "as coisas sobrevêm, o ego não luta, abandona-se."
Sentimentos predominantes: desesperança, desde tristeza, pena e nostalgia até ressentimento, sentimentos de inutilidade e ódio.
Situações temidas: empobrecimento egoico pela perda de objetos amados ou de situações necessitadas (orais). Temor ao desamparo.
Situações desejadas: receptivas, oral-dependentes, em relação com objetos doadores "salvadores". Relações em que não intervenham elementos agressivos.

Defesas
1) Restrição egoica (inibição).
2) Bloqueio do afeto (expressão do amor por meio da submissão e do ódio por meio do desprezo).
3) Formação reativa (diante da agressão, controle da ambivalência).
4) Identificação introjetiva patológica (personagens que atacam a si mesmos, não se protegem; respostas moralistas e de baixa identificação com personagens abandonados, que indicam submissão e identificação com aspectos superegoicos cruéis e punitivos).
5) Defesas maníacas.

Clima emocional: de desesperança, que emana da produção e não é explicitada dramaticamente, já que os personagens são inibidos emocionalmente; infere-se da falta de luta dos personagens para modificar situações de frustração e dor. O grau de desesperança e paralisação, contraposto a outras histórias nas quais o personagem consegue, contrariamente, realizar uma busca mais ativa das relações emocionais necessitadas, fornece informação sobre o prognóstico.

Estrutura da história

Tipos de história

a) *Caracterização:* quando a depressão é clínica, as histórias são sempre curtas, incompletas, vagas, estereotipadas (se são longas a depressão não é o traço diagnóstico principal). Quando estamos diante de um quadro depressivo, de um ponto de vista estrutural, mas não em um momento de crise depressiva, as histórias podem ser longas, dramáticas e muito centradas nos sentimentos do entrevistado. Com base nas pranchas, geralmente os pacientes fazem associações com problemas ou lembranças próprias e as relatam durante a realização do teste; eles se entristecem e choram. (Perda de distância emocional.)

b) *Temas:*

1) Interpretações simbólicas centradas na felicidade ou infelicidade (o preto representa o desespero, a angústia; o branco, a esperança, uma vida melhor).
2) Solidão e depressão. Separações.
3) Temas indicadores de desesperança: impossibilidade de evitar o fracasso, a ruína, a perda dos objetos de amor.
4) Histórias com finalidade moralista (culpa-castigo).

Cumprimento da instrução: dificuldade para diferenciar entre passado e presente. O passado parece "pesar" muito sobre o presente; muitas das situações de dor atuais dos personagens são motivadas por más condutas e maus sentimentos em uma época anterior da vida (pagar pelos pecados, culpa persecutória). O passado estende-se sobre o presente e ambos estendem-se sobre o futuro, com baixa diferenciação entre os três tempos. O tempo é uma sucessão de estados emocionais de angústia e tristeza ou de serenidade e alegria. Geralmente o futuro não é desenvolvido: os personagens estão quietos e são submetidos passivamente a situações de carência ou solidão e o futuro fica "suspenso", à espera. Quando predominam defesas maníacas, há finais felizes do tipo "tudo se resolveu magicamente", mas sem a descrição de como isso aconteceu.

Explicação do conflito: geralmente há um estado de ânimo central (triste, preocupado, desesperado), mas não uma explicação clara sobre o porquê. Os personagens estão quietos, paralisados, não há luta para resolver ativamente a situação não prazerosa (inércia, apatia psíquica e motora, paralisação egoica).

MELANCOLIA

Como diferença central com relação à depressão:
1) Fracasso das defesas maníacas e obsessivas adaptativas (mecanismos de anulação falidos).
2) Distorções perceptuais grosseiras. Ilusões perceptuais. Respostas confabuladas. Diferentemente da esquizofrenia, os personagens são "inteiros", mas sem corporeidade humana: Deus, diabo, espíritos bons e maus, almas que vagam.
3) Estereotipia da ideação. Reiteração de temas de castigo e culpa.
4) Sentimentos de culpa delirantes.
5) Perda total de distância frente às pranchas. Predomínio de identificação projetiva excessiva, que apaga as características reais do estímulo.

Percepção da situação da prancha

1) Tempo de reação aumentado (lentificação).
2) Estereotipia (repetição do mesmo conteúdo nas diferentes pranchas).
3) Excesso de identificação e perda total de distância frente à prancha. Isso se expressa por: fracassos diante de algumas pranchas (bloqueio ou reações chorosas ou rejeição da pran-

cha), ou assunção de condutas abertamente críticas e condenatórias em relação aos personagens (identificação com um objeto superegoico cruel e punitivo).

4) Os personagens são míticos, religiosos, almas ou espíritos percebidos como quietos, contidos (ausência de corporeidade e de respostas de movimento).

5) As pranchas com cor originam desbloqueios da agressão, que se expressam em histórias de homicídios, suicídios, em relação aos quais o entrevistado assume condutas moralistas como forma de manter esses aspectos dissociados da personalidade. Isso se expressa em comentários como: "São coisas que acontecem às pessoas que vivem em pecado, sem a graça de Deus."

6) Projeções intensas que distorcem as características da prancha (ausência de juízo e teste de realidade).

7) Verbalizações demoradas e confabulações. (Busca de dados na prancha que justifiquem a percepção distorcida, como busca de traços faciais.)

8) Ilusões perceptuais (por exemplo, prancha 4: ver enforcados).

9) Acréscimos e omissões pouco habituais (Diabo – Deus – Jesus, com "descrições detalhadas" de traços físicos em pranchas como as da série A, que são difusas).

10) Bloqueio-falta de associações na prancha em branco. Alta porcentagem de fracassos totais (resposta angustiada: "Não consigo, não sei" etc.). (A prancha em branco suscita neste quadro intensas vivências de morte. O nada, a ausência total do objeto implica morte. A paralisação do ego quanto à reparação e à criatividade origina o bloqueio como expressão do desalento e da impotência egoica diante da reparação.)

As pessoas incluídas na história e suas relações

Os personagens são:
1) Passivos, destruídos, desvitalizados, automatizados. Não têm corpo e movimento próprio (espíritos, mortos, almas) e

estão regidos por forças superiores e ingovernáveis (Deus, o diabo, espíritos e o destino, que desempenha sempre um papel importante como personagem todo poderoso que marca o rumo vital de forma irreversível). No destino, em Deus, ou no diabo depositam o poder mágico onipotente dos primitivos objetos superegoicos diante dos quais o ego está absolutamente desamparado.

2) Os personagens do segundo grupo são poderosos, em geral divinos, têm em suas mãos a vida dos homens, podem dar a vida ou tirá-la, e a eles os personagens destruídos se submetem em busca de perdão (Deus, Jesus etc.).

3) Personagens destruídos, em ruínas e torturados por pecados.

Clima emocional: de desesperança e intensos sentimentos de culpa persecutória. Sadismo. Irrealidade.

Sentimentos predominantes: sentimentos de culpa delirantes. Desesperança e impotência.

Expressão de inadequação, irritabilidade e passividade negativista.

Tentativas permanentes de controle da agressão falham e manifestam-se mediante atitudes automutiladoras (entregas masoquistas a personagens perseguidores, suicídios etc.) ou temas com conteúdo sádico (crimes, conspirações).

Tema das relações objetais inconscientes

Relações temidas: Enfrentar os objetos danificados, cruéis, persecutórios (demônios, própria consciência). Desbloqueio dos próprios impulsos agressivos. Desintegração egoica (morte).

Relações desejadas: Busca de perdão aos objetos todo-poderosos que repreendem e julgam (Deus, Jesus Cristo). O perdão geralmente não é obtido, e é algo que transcende os limites da vida humana: é comum que sejam almas impuras as que buscam perdão, em um tempo sem tempo, infinito.

Defesas

1) Defesas maníacas falidas (a depressão e a destruição se impõem).
2) Fracasso dos mecanismos obsessivos adaptativos: predomínio de mecanismos de anulação e identificação projetiva que apagam as características reais do estímulo. Fracassa a capacidade de cotejo e teste de realidade.
3) Identificação introjetiva patológica: autorrepreensão, autoacusações, atitude moralista. Suicídio (identificação com aspectos cruéis e perseguidores do superego primitivo).

Atitude egoica: Paralisação. Confusão ego-objeto persecutório. Atitudes masoquistas. Falta de juízo de realidade. Sentimentos de culpa delirantes. Confusão e impossibilidade de síntese.

Estrutura da história

Tipos de histórias

1) Descrições monossilábicas.
2) Reações agitadas e chorosas respondendo excessivamente a suas implicações melancólicas.
3) Reiteração dos mesmos temas ao longo de todo o teste.

Temas

1) Interpretações simbólicas estereotipadas sobre felicidade e infelicidade, vida e morte.
2) Crime e castigo, culpa e expiação através do sofrimento e/ou da destruição. O entrevistado assume atitudes excessivamente moralistas, superegoicas em relação aos personagens da prancha.
3) Insistência na tortura e na ruína às quais se veem submetidos os personagens por terem violado leis, vivido como não deviam; consequentemente, devem ser castigados neste mundo e no outro.

4) Perseverança em temas que dizem respeito à vida moral e ao pecado. Excessiva atitude moralista. Rigidez. Falta de empatia e compreensão.

Ajuste à instrução: os personagens vivem num clima de irrealidade, em que não há delimitações espaciais nem temporais (almas que pagam pecados, por exemplo); e quando surge a possibilidade de presente, ou de futuro, a situação de tortura interna não varia. Falta a concepção de temporalidade, o tempo é vivido como um longo estado emocional doloroso, e outro tempo é outra vivência emocional.

É um tempo infinito, um passado doloroso que se estende ao presente sem demarcação clara de passado, presente e futuro. O futuro, no sentido de "algo novo", é concebido como uma mudança da "dor para a paz"; portanto, a concepção temporal é totalmente centrada em vivências do mundo interno.

As noções espaciais estão geralmente ausentes; são seres que vivem profundos e dolorosos estados emocionais e nos quais a conexão com lugares é acessória e cindida. Os personagens estão "submersos em um clima interno de angústia e desespero".

Quando se descrevem lugares, são escuros e estreitos; dominam como modelos o purgatório, o inferno ou o paraíso. É, portanto, mais um espaço emocional, um lugar de paz ou de tortura que um espaço real preenchido por objetos reais.

Explicitação do conflito. Refere-se a sentimentos de culpa por violação de leis morais (vaguidão, falta de explicitação).

Solução do conflito. Passiva: busca de perdão mediante a destruição e o autocastigo. Excessiva complacência em castigar os personagens, que, mesmo assim, não conseguem a paz interna.

HIPOMANIA

Percepção da situação da prancha

1) Tempo de reação muito rápido.

2) Alto número de associações, mas dificuldade para se deter a analisá-las e integrá-las (síntese) numa única história. Múltiplas associações ou várias linhas alternativas.

3) Os entrevistados têm uma percepção boa e rápida da situação total ("agudeza", "golpe de vista"), mas por causa da ansiedade (voracidade, impaciência) não podem analisá-la detalhadamente (decompor, analisar, sintetizar). Têm dificuldade para se deter e dissociar associações secundárias.

4) A necessidade de evitar a reativação de situações de carência, perda e, portanto, sentimentos depressivos, realizam: a) *acréscimos* (sobretudo de contexto: cor e luz na série A ou B, e humanas: personagens gratificantes); b) *omissões* dos elementos contextuais do estímulo mais conectados com abandono e tristeza; c) *distorções perceptuais;* d) *clima emocional* discordante do estímulo perceptual; por exemplo, dia de sol, gente na praia, piquenique ou ato patriótico na prancha AG 5 (mecanismo máximo de negação).

5) As dificuldades sintéticas, a necessidade de negar a depressão e a impossibilidade de dissociar instrumentalmente associações tangenciais e secundárias determinam a criação de histórias desarticuladas.

6) *Choque ao claro-escuro.* Distorções marcantes: os entrevistados descrevem-no como ambientes luminosos, aludem a cor, calor, lar, gratificações orais. Tentam justificar as histórias distanciadas do clima emocional do estímulo "fugindo" e apoiando-se nas áreas claras da prancha.

7) Diminuição do tempo de reação na prancha 3. Expressões de alívio pela inclusão do vermelho e tendência a negar os elementos conflitivos, inerentes a esse estímulo.

8) *Prancha em branco:* geralmente serve como elemento catártico que permite criar situações cheias de cor e euforia (campos coloridos, muita gente, festas, piqueniques, famílias cheias de vida e cor).

As pessoas incluídas na histórias e suas relações

1) Os personagens lutam para se manter ilesos afetivamente nas situações de perda e dor. As situações de depressão, que se impõem permanentemente, são resolvidas de forma mágica e rápida.

2) Os personagens dividem-se em pessoas com certo grau de destruição, pobreza, incerteza (desprezados) que se impõem e conseguem por seu próprio esforço e "vontade" superar-se, ou são ajudados e salvos por personagens poderosos (ideal do ego).

3) Não há tolerância com as situações das pranchas que reativam sentimentos depressivos (série A). A história construída tenta negar a situação: a) a história propõe uma situação de perda breve e imediatamente desenvolve uma evasão do problema proposto; b) a história tem por finalidade negar a situação percebida. Exemplo de a), prancha 5: "Um cemitério, dois amigos junto ao túmulo de um terceiro, choram. Também poderia ser um ato patriótico e esses amigos após a *cerimônia* vão embora caminhando, aproveitando o sol. Depois tomarão café." Exemplo de b): "É um piquenique. Um grupo de estudantes... etc". (Nos dois exemplos a perda é negada para evitar a culpa e o sofrimento, e ao mesmo tempo busca-se uma relação objetal em termos de contato pessoal [sol-calor] e oral com o objeto [piquenique, café, comida].)

Os personagens têm permanente mobilidade física e de busca, tanto de situações confortáveis como de relações interpessoais e de lugares que oferecem gratificação oral: sol e calor. A mobilidade é central e geralmente os personagens têm um movimento que "excede as margens da prancha": começam a história na situação que a prancha propõe, mas rapidamente os personagens saem dessa situação e vão para outro lugar, saem para caminhar, chegam novas pessoas, passam a comer, organizam uma festa.

Relações objetais inconscientes

O temido: enfrentamento de situações de desamparo pela perda do objeto e de reativação de sentimentos de culpa, sofrimento e pena (situação melancólica subjacente).

O desejado: ilusão de unidade com o objeto idealizado, poder, riqueza, potência, absoluta independência, conquista de identificação pelo contato oral e corporal com um sujeito doador incondicional. Reparação maníaca do objeto e do ego.

As defesas: cisão dos aspectos sofredores e desvalidos, negação de sentimentos de necessidade, culpa e dependência, idealização e onipotência (tendentes a evitar o sofrimento por carência, solidão, destruição interna e pelo dano fantasiado no objeto). Identificação projetiva excessiva expressa na falta de sentido de realidade (distorção perceptual do clima emocional e das atitudes corporais dos objetos humanos das pranchas, fundamentalmente na série A).

Estrutura da história

Cumprimento da instrução: pelo montante de ansiedade e pelo evitamento reiterado da depressão, o ritmo da história é rápido.

Os entrevistados não conseguem seguir um fio coerente de associações, enunciam possibilidades paralelas (perdem o fio da meada).

Quanto ao manejo do espaço, observamos grande necessidade de espaços amplos, claros e repletos de objetos humanos e naturais, que permitem ao ego movimentos livres e expansivos. As áreas escuras implicam, como na depressão, angústia e tristeza, mas na hipomania os pacientes evitam perceber e deter-se nesses espaços-sentimentos e "fogem" para áreas claras, que lhes permitem desenvolver histórias com conteúdos mais alegres. Também as áreas vazias, com ausência de pessoas, geram angústia, e eles necessitam "encher" a prancha com personagens ou coisas adicionais.

Quanto ao manejo do tempo, detêm-se pouco no presente, omitem o passado ou descrevem brevemente o passado imediato e "fogem" para um futuro ideal em que tudo se resolve. Deter-se no presente ou no passado é expor-se a reviver ou associar situações dolorosas desencadeadas pelo estímulo; o futuro, em contrapartida, permite fugir da prancha, prescindir dela como estímulo e criar situações relacionadas mais às necessidades emocionais de recuperação do equilíbrio emocional que com a situação de realidade (prancha).

Conflito: pode não ser explicitado (histórias do tipo "aqui não está acontecendo nada, estão todos bem e contentes") ou ser explicitado rapidamente e depois negado.

Solução do conflito: o final feliz ao qual se chega não é produto da elaboração do material (não há explicitação verbal sobre como os personagens chegam a resolvê-lo), mas sim uma forma de "apagar" (anular, negar) as implicações emocionais do conflito proposto e recuperar o estado de equilíbrio psíquico baseado em negação e onipotência.

Mania (psicose): hiper-aceleração do ritmo. Fuga de ideias. Hiper-ideação. As primeiras associações referem-se ao estímulo; as posteriores, às próprias implicações internas. Grosseiras alterações ideativas e perceptuais.

Exemplos de depressão. Melancolia. Hipomania

CASO A. Mulher de 27 anos. Solteira

PRANCHA 1 (A1): Acho que é um homem. Triste. Dá a sensação de estar sozinho. Como se sentisse esta solidão. Desolado. Vai lhe dar um pouco de trabalho sair desta solidão, porque parece que não... Vai lhe custar trabalho romper o círculo de solidão que tem ao redor dele. Mais nada. Pode ter uns 30 anos. Mais nada.

PRANCHA 3 (C3): Poderia ser uma família. Estão em sua casa. A mãe... (mostrando a figura sentada à esquerda) ... Não; eu diria o esposo, a esposa e uma visita. Tomando café. Estão ao

Indicadores psicopatológicos

lado da lareira, do fogo, ou seja, estão contentes, tranquilos, falando de coisas agradáveis. Não me ocorre nada sobre o que lhes pode acontecer... Depois o homem vai embora para sua casa. Uma espécie de conversa após a comida. Na ponta, uma mesinha com abajur. Em cima da lareira, um quadro com uma luz acesa. Mais nada.

PRANCHA 5 (AG): Oh! Deus!... Parece uma ilustração dos filmes que representam o céu. São seis imagens borradas, como se estivessem entre nuvens. As três mais próximas são homens. As três mais distantes são mulheres. Parece que estão no céu, entre as nuvens. O que vai lhes acontecer, não sei. Sairão caminhando entre as nuvens.

PRANCHA 13 (em branco): Há um ranchinho no campo. De barro, com teto de palha, no qual vivia um velhinho. Há muito tempo, às vezes havia cordeiro no forno, que estava cozinhando. O velhinho esperava seus filhos para comer o assado. Depois iam embora novamente. Eram assados que o velhinho lhes oferecia. Era um velhinho muito bom, muito velhinho, muito querido por todos. Tudo está rodeado por pasto verde, cuidado. Também há uma cabeça de vaca para se sentar. É um dia muito bonito. Muito sol.

CASO B. Mulher de 26 anos. Solteira.

PRANCHA 1: O que aconteceu antes? Eu comecei pelo final... Solidão... um passado obscuro. Ele... é um homem, não? Vê a luz... alguma coisa que espera. Vai caminhando em direção a uma luz... à felicidade.

PRANCHA 3: Sempre vejo coisas de casa... pode ser? (*Como quiser.*) Ah! Bom... então esta sou eu, na poltrona, jogada. Não sei se este é o meu pai, sim, é meu pai... Este, não sei...
    Não conversamos. Então não posso dizer nada (*Como termina?*) Não vai voltar. Então já terminou.

PRANCHA 5: Tenho de dizer o que me vem à mente ou tenho de pensar? Pode ser meu futuro. Nebuloso. (*Repete-se a instrução.*) Três pessoas estão observando... não sei... estas que estão aqui... Com severidade. Como que julgando-as. Estas não se importam... não sei... e parece que fugiriam dessas pessoas... e estas outras continuam olhando... não sei.

PRANCHA 13: Parece que tenho pouca imaginação... Não vejo nada em si. A cor me faz ver um panorama mais limpo. Uma forma de ver mais clara.

CASO C. Mulher de 54 anos.

PRANCHA 1: Para mim é uma prancha tétrica. Tenho a impressão de que é um espírito que vai em direção ao infinito; parece que ele sai da escuridão e no fundo uma coisa luminosa que vai em direção à luz. Uma pessoa que terminou neste mundo e vai para a luz e a purificação.

Uma imagem também em contemplação da natureza ou de alguma coisa. Sempre no fundo vejo alguma coisa clara, luminosa, até onde se pode ir.

PRANCHA 3: Esta figura já não me agradou tanto. Dá a impressão de estar numa mesa, não me parece uma reunião agradável. Em cima há uma mancha vermelha, não? Acho desagradável. Uma poltrona vazia também, o que mais? Pode ser uma conversa, já lhe digo, parece-me uma coisa agressiva, esse vermelho aí em cima dá a impressão de uma coisa feia, dissonante, apesar de que pode ser uma conspiração; apesar de que a figura sentada parece estar indiferente, poderia ser a conspiração de um terceiro que não está. Sim, tem uma figura aqui sentada. Confundi o desenho, agora vejo uma pessoa sentada. Não é uma família, talvez esse ponto aí me dê a impressão de que a pessoa que está em pé esteja conspirando alguma coisa ruim.

Esta pintura moderna, minha filha pinta assim, eu gosto da harmonia de cores; sempre me pareceu chocante as cores berrantes apesar de eu não ser muito triste. (?) Pode ser uma conspiração revolucionária, não um crime, porque as figuras não estão em estado de exaltação.

PRANCHA 5: Eu vejo uma cruz, mas uma cruz como se estivesse nas nuvens, não na terra, como se fosse algo irreal. Para mim é como se fosse um morto, algo irreal não, com vida contemplando um morto. Que figura! Deus me livre! Não na terra, no infinito. Agora se veem duas figuras, e uma que se assemelha a Jesus em pé. Um casal e Jesus em pé; com um pouco de imaginação vejo até o cabelo comprido dele. Jesus ia caminhando e a figura contemplando a cruz, mas não onde esteve Jesus, mas de alguém enterrado. Jesus iria para cima e outra figura mais humana mais atrás dele que iria para cima, e os outros espíritos um pouco presos ainda. Poderiam ser figuras saindo da vida que estivessem se elevando.

PRANCHA 13: Se eu não vejo nada, posso falar também? Isso é difícil para mim, claro. Vejo uma folha em branco, mais nada, nada. É como se tivesse uma parede que me impedisse de ver. Como uma muralha que me impedisse de ver atrás dela, não posso ver nem imaginar nada. Sou imaginativa, mas não consigo ver absolutamente nada.

CASO D. Homem de 26 anos. Solteiro

PRANCHA 5: Está tudo envolto em névoa. Deve ser porque eu estive passeando por La Boca[3] e havia neblina. A pessoa mais alta, Jesus Cristo, está com as mãos sobre os ombros de cada um. É o espírito dos pecados. À direita, ao fundo, há duas pessoas, um homem e uma mulher, ela com saia comprida. Os dois observam a cena. Seus pensamentos, eu não imagino.

· · · · · · · · ·

3. Bairro de Buenos Aires, às margens do rio Riachuelo, onde foi instalado o primeiro porto da cidade.

PRANCHA 7: Há um elemento vermelho ao lado. Sangue (estou nas páginas policiais). Um cara descendo as escadas para que o matem (vai ser executado). A multidão o está hostilizando interessada.

PRANCHA 9: Primeiro vejo um homem e uma mulher, em segundo lugar, eu não gosto da figura. A casa é triste, cinza, parece essas casas para assustar crianças. Parece um cortiço. A garota pode ser do cortiço e ele de posição mais elevada. Estão à sombra de uma árvore procurando uma saída. Estão mais seguros fora que dentro. Podem conversar ou ficar se olhando. O mais provável é que estejam conversando de vez em quando e que se olhem. Não gosto da parte da figura que está embaixo. Parece que a imagem caiu e rachou do lado direito. Muito sólida a árvore.

PRANCHA 13: Isso me representa tudo. Pode-se fazer tudo. Eu sempre gostei muito das folhas em branco e sobretudo o papel acetinado, que fica lindo quando se escreve com tinta, e o papel Canson, quando a gente escreve com lápis. Poderia fazer figuras geométricas. Um ponto vermelho, no canto direito. Faria letras tipográficas diferentes. Letras retas de todo tipo. Letras modernas em geral. Em preto, poderia ser azul ou em gamas de vermelho. Não gosto da cor amarela.

CASO E. Homem de 24 anos. (Depressão desencadeada pela morte do pai, ocorrida 3 meses antes da realização do teste.)

PRANCHA 7: É um ringue de boxe. Uma pessoa jovem luta com um velho. O velho no passado foi um ídolo. Volta para recuperar seu lugar. O jovem bate nele com força, com a força da juventude; o velho fraqueja, mas não quer perder... se defende... luta... se esgota. O jovem se entusiasma, ataca mais e mais e mais. O velho, vencido, cai.

As pessoas excitadas ficam alegres por vê-lo cair, vê-lo agora caído, estendido, ele que foi um ídolo. Deliciam-se por ele estar no chão, eles que em outro momento o aclamaram e levaram nos ombros depois de cada vitória.

PRANCHA 13: Sala de cirurgia. Seis ou sete médicos em atitude de trabalho na sala de cirurgia. Sofre de uma doença profunda, câncer. Presumo que sofreu uma longa e profunda doença e que oscilava em sua possibilidade de vida. Com rebeldia pela impotência da ciência para encontrar o motivo de seu mal e aliviar essa carga de maldade. A ciência não pode fazer nada. Apesar de seus esforços e da operação o estigma do mal não pode ser extirpado, em parte porque ainda não se descobriu o antídoto.
Morre com essa impotência de não saber por quê. A ciência não pôde nem pode fazer nada e morre com essa impotência, com essa dúvida sobre por que passa pelo que está passando.

Características diferenciais

Todos os casos anteriores mantêm as características gerais dos quadros depressivos, tanto em seu aspecto formal como em sua temática. O *caso B* mostra, em relação com o *caso A*, mais inibição, restrição do ego, maior grau de perda de distância (prancha 3), uma total impossibilidade para fantasiar vínculos gratificantes, predomínio de sentimentos de desesperança e (diferentemente do *caso A* na prancha 3, por exemplo) fracasso nas relações fantasiadas.

No *caso C*, o manejo defensivo da situação melancólica é maníaco, ainda que fracassado. O maior grau de patologia evidencia-se nas distorções perceptuais, e a projeção de personagens com baixo grau de humanização: espíritos latentemente mortos. A prancha 13 é uma clara explicitação da restrição egoica.

No *caso D*, interessa-me mostrar dois elementos importantes na determinação da patologia, que neste caso é grave. Um deles é a projeção da vivência de desorganização psíquica na organização perceptual da prancha 9 ("parece que a imagem caiu e rachou do lado direito") e o outro, a tendência a recorrer a *actings* melancólicos (suicídio ou equivalentes) que se evidencia na prancha 7. (O personagem dirige-se ativamente para uma situação de castigo e morte, "desce as escadas para que o matem".)

No *caso E*, a prancha 7 é uma expressão clara do triunfo maníaco sobre o objeto perdido (pai), com uma grande intensificação do sadismo (desprezo e triunfo sádico). A intensificação de culpa persecutória por tais ataques sádicos leva a uma progressiva intensificação de situações melancólicas que culminam na elaboração da prancha 13.

TESTES GRÁFICOS

Personalidade depressiva: Neurose depressiva

Características gerais	Localização	Tamanho	Movimento e expressão	Distorções. Omissões. Acréscimos. Ênfases.	Tipo de traço	

Figura humana

Figuras fracas, vazias, inseguras e dependentes. Pobreza de conteúdo. Maior preocupação e ênfase no tratamento do tronco e da cabeça. Acentuação da simetria. Por ser a depressão um quadro neurótico, diferencia-se da melancolia. a) Gestalt preservada.	A localização varia: 1) parte inferior da folha, se predominam sentimentos de derrota e fracasso. 2) parte superior, se mostram submissão a altas exigências internas.	Varia segundo a maior ou menor operação das defesas maníacas. 1) Figuras pequenas (sentimentos de desvalorização). 2) Uma das figuras *grande* (nutriz, protetora ou	Figuras quietas, sem força, com falta de impulso ou esgotadas. Em depressões intensas: indivíduos sentados ou reclinados (baixo nível de energia). Os braços estão voltados para si ou atrás das costas. Podem expressar	Ênfase no rosto e no tronco. Pode haver ênfase na região do peito (bolsos, sombreado etc.). Carência oral. Omissão da boca: autocrítica, crítica ao objeto ou ênfase na boca (receptiva) ou boca de palhaço (defesa maníaca). Cabelo: desvitalizado, mal enraizado na cabeça. Acentuação da linha	Fraco, inseguro. Pouca diferenciação interno – externo. *Pressão:* fraca, tênue. *Direção:* para dentro. *Continuidade:* cortado, vacilante. Traços curtos, inibidos.	

Características gerais	Localização	Tamanho	Movimento e expressão	Distorções. Omissões. Acréscimos. Ênfases.	Tipo de traço

Figura humana

Características gerais	Localização	Tamanho	Movimento e expressão	Distorções. Omissões. Acréscimos. Ênfases.	Tipo de traço
b) Predomínio do controle obsessivo (figura organizada, acentuação da linha média). c) Mecanismos maníacos compensatórios (sorriso de palhaço etc.). d) Aspecto mais humanizado quanto ao contato afetivo e capacidade de movimento. e) Expressão triste, diferentemente do abatimento e da extrema impotência expressos pelo melancólico.	Unido a isso, a sensação de "estar no ar" (insegurança). 3) preocupação por centralizá-las se predominam defesas maníacas e obsessivas.	então punitiva e persecutória) ou então ambas figuras fortes, seguras, de tamanho médio (defesa maníaca).	abatimento desenhando primeiro as pernas e os pés. Expressão de tristeza, vazio ou abatimento. Riso forçado (defesa maníaca). *Atitude:* rígida, contida (mecanismo de controle).	média e simetria. Pobreza de conteúdos: presença de botões.	

Casa

Características gerais	Localização	Tamanho	Movimento e expressão	Distorções. Omissões. Acréscimos. Ênfases.	Tipo de traço
Simples, vazia, com portas abertas. Pobreza de conteúdo.		Pequena		Casa sozinha, abandonada ou com um entorno frio, inóspito. Preocupação com o telhado (sombreado), com a simetria (controle obsessivo). Portas abertas mas sem acesso (falta de caminho ou caminho cortado). Se há lareira, a fumaça é tênue e fina (controle).	Fraco, tênue, com áreas abertas.

Características gerais	Localização	Tamanho	Movimento e expressão	Distorções. Omissões. Acréscimos. Ênfases.	Tipo de traço

Árvore

Características gerais	Localização	Tamanho	Movimento e expressão	Distorções. Omissões. Acréscimos. Ênfases.	Tipo de traço
Desvitalizado, tênue, desvalido.		Pequena		Desvitalização: frutos e folhas ralos, ausentes ou caídos. *Galhos*: fracos, para baixo, em ponta e cobertos por folhagem. *Raízes*: finas. *Tronco:* sombreado. Pode haver marcas, cicatrizes. *Copa:* pequena, falta de expansão e contato. Tipo de copa: salgueiro-chorão ou copa que começa dos dois lados.	Fraco, tênue, com áreas abertas.

Indicadores psicopatológicos

MELANCOLIA

Características gerais	Localização	Tamanho	Movimento e expressão	Distorções. Omissões. Acréscimos. Ênfases.	Tipo de traço

Figura humana

Características gerais	Localização	Tamanho	Movimento e expressão	Distorções. Omissões. Acréscimos. Ênfases.	Tipo de traço
Desintegração da *Gestalt*. Figuras desvitalizadas, com amputações ou desintegração da parte inferior do corpo. Figuras estáticas, sem vida, com frequência simétricas. Aspecto de busto ou estátua. Acentuação de tronco e rosto (boca), formas arredondadas (corpo inchado e vazio). Pobreza de conteúdo. Figuras derrotadas e "sujas".			Estáticas, paralisadas, sem vida ou com expressão de desânimo. Podem ser feitas deitadas, sentadas, jogadas ou apoiadas em alguma coisa.	Acentuação do tronco e do rosto (mais sombreado, "sujo"). Ênfase na boca (presença de dentes, boca ovalada ou aberta). Falta de braços e pernas ou dificuldades para situá-las (pernas a partir da cintura). Anulação da área genital. Má organização estrutural. Cabelo pobre, desvitalizado ou embaraçado. Nos homens, estatisticamente, é comum o nariz grande e largo em relação com sentimentos de impotência e de desprezo por si mesmos.	Fraco. Áreas abertas. Sombreado confuso (sujo) no cabelo e na área genital.

Casa

Características gerais	Localização	Tamanho	Movimento e expressão	Distorções. Omissões. Acréscimos. Ênfases.	Tipo de traço
Casa destruída. Desarticulada, destroçada, em ruínas, abandonada. Vazia. Pobreza de conteúdo. Atenção a portas. Deslocamento de fantasias oral-sádicas em grades em ponta etc.				Pobreza. Ruínas, abandono, casa que vem abaixo, paredes quebradas, rachaduras no telhado etc. Maior atenção ao telhado. *Entorno*: vazio ou com elementos frios, que espetam, agressivos. Falta de caminhos de acesso.	Traço fraco, desarticulado. Áreas abertas. Áreas sujas.

Características gerais	Localização	Tamanho	Movimento e expressão	Distorções. Omissões. Acréscimos. Ênfases.	Tipo de traço

Árvore

Características gerais	Localização	Tamanho	Movimento e expressão	Distorções. Omissões. Acréscimos. Ênfases.	Tipo de traço
Aspecto destruído, desvitalizado. Morta ou moribunda.				Árvore morta, caída. Sombreada escura. Sem frutos ou com frutos caídos. *Tronco:* rachaduras e machucados. *Galhos:* fracos, com pontas para baixo, quebrados. *Copas:* vazias ou emaranhadas, sujas. *Raízes:* finas.	

Os casos A, B, C, D e E correspondem a produções neuróticas, e os casos F e G, a produções psicóticas.

Nos casos A, B e C, observamos índices de depressão na passividade e falta de vitalidade das figuras (sentadas, quietas) e na difusão dos limites corporais, ambíguos no tronco e rosto e "sujos" nas pernas (A e B), como alusão à dificuldade para avançar, crescer.

Nos casos D e E, observamos uma patologia mais grave; no caso D, as desproporções da figura humana, a má estruturação dos braços e o aspecto empobrecido e esquemático da casa e da árvore.

No caso E, a má delimitação corporal das figuras humanas e o ataque às pernas simbolizam a possibilidade de crescimento, e a casa expressa mais claramente os sérios problemas de delimitação interno-externa e os riscos de difusão da identidade.

Em F e G, produções psicóticas, observamos perda de características humanizadas (G) e sombreados que sinalizam todo o corpo como área de conflito. No caso F predominam mecanismos de negação (olhos fechados) e de controle obsessivo patológico que tentam manter a coesão da identidade por meio do reforço defensivo do limite corporal. No segundo desenho, no entanto, esses mecanismos fracassam e surge a mutilação das pernas (as mãos estão mutiladas nos dois) como expressão do dano egoico referente a funções de deslocamento, crescimento e separação.

No caso G, observamos sinais de despersonalização, vivências de maldade e sujeira (sombreados) e índices de possível regressão (o homem caminha para a esquerda).

Hipomania

Características gerais	Localização	Tamanho	Movimento e expressão	Distorções. Omissões. Acréscimos. Ênfases.	Tipo de traço

Figura humana

Figuras grandes, rebuscadas, "infladas". Expressão triunfal e com sorriso forçado (boca de palhaço). Transtornos de sequência. Escrita espontânea. Aspecto infantil, imaturo.	Centro da folha com tendência para a parte superior.	Grandiosidade. Uso expansivo do papel.	Triunfal ou com sorriso forçado. Geralmente com movimentos de expansão.	Podem ser vistos órgãos internos. Braços e traços em geral para fora. Especial atenção ao tronco e ao rosto, e, neste último, atenção e ênfase na boca. Desbloqueio brusco instintivo.	Linhas grossas. Pressão forte.

Casa

Em perspectiva (onipotência).	Parte superior da folha, centro.	Grande, uso expansivo do papel.		Ênfase em portas e janelas. Janelas de diferentes tamanhos e formas. (crianças; flores em quantidade; e sol muito grande).	Pressão forte

Características gerais	Localização	Tamanho	Movimento e expressão	Distorções. Omissões. Acréscimos. Ênfases.	Tipo de traço

Árvore

Características gerais	Localização	Tamanho	Movimento e expressão	Distorções. Omissões. Acréscimos. Ênfases.	Tipo de traço
Rebuscada. Invade a folha.	Parte superior e centro.	Grande.		Acentuação do lado direito. *Copa:* esférica, mais alta que o tronco. *Galhos:* para fora em ponta. Interrupção entre galhos e tronco.	Muito forte. Linhas grossas.

HTP cromático

Características gerais	Localização	Tamanho	Movimento e expressão	Distorções. Omissões. Acréscimos. Ênfases.	Tipo de traço
Pressão forte. Uso de cores quentes. Predomínio do vermelho e amarelo.					

Psicóticos

Características gerais	Localização	Tamanho	Movimento e expressão	Distorções. Omissões. Acréscimos. Ênfases.	Tipo de traço
Total irrelevância no uso das cores. Telhados verdes, tronco azul.					

Indicadores psicopatológicos 301

Teste das Duas Pessoas
Caso A. "Viagem para não sei onde"

Teste da família
Caso B. Homem de 20 anos

Teste HTP
Caso B

Teste das Duas Pessoas
Caso C. Homem de 25 anos

Teste das Duas Pessoas
Caso C

Teste das Duas Pessoas
Caso D. Mulher de 22 anos. "O amor é livre"

Indicadores psicopatológicos 307

Teste HTP
Caso D. Mulher de 22 anos

Teste das Duas Pessoas
Caso E. Mulher de 24 anos

Indicadores psicopatológicos 309

Teste HTP
Caso E

Teste das Duas Pessoas
Caso F. Homem de 30 anos

Teste das Duas Pessoas
Homem de 30 anos

Teste das Duas Pessoas
Caso G. Mulher de 48 anos

As quatro produções que apresento a seguir correspondem a quadros neuróticos.

No caso A, as características maníacas evidenciam-se nos traços infantis dos personagens e na expressão divertida e maliciosa. A ausência de traços genitais indica características histéricas numa estrutura de personalidade hipomaníaca.

No caso B, o tamanho excessivo das figuras, contraposto ao vazio do corpo e à expressão facial apagada, indicam uma estrutura hipomaníaca que se alterna com ciclos depressivos.

Os traços que definem a estrutura são dados, no caso C, pelo infantilismo dos personagens e pelo predomínio de mecanismos de negação, evidenciado nos olhos fechados e no corte na cabeça.

No caso D, a temática (palhaço) já é simbolicamente significativa da estrutura; a ausência de corpo expressa a necessidade defensiva de dissociar a afetividade, que se impõe, de qualquer forma, como tristeza (boca do palhaço).

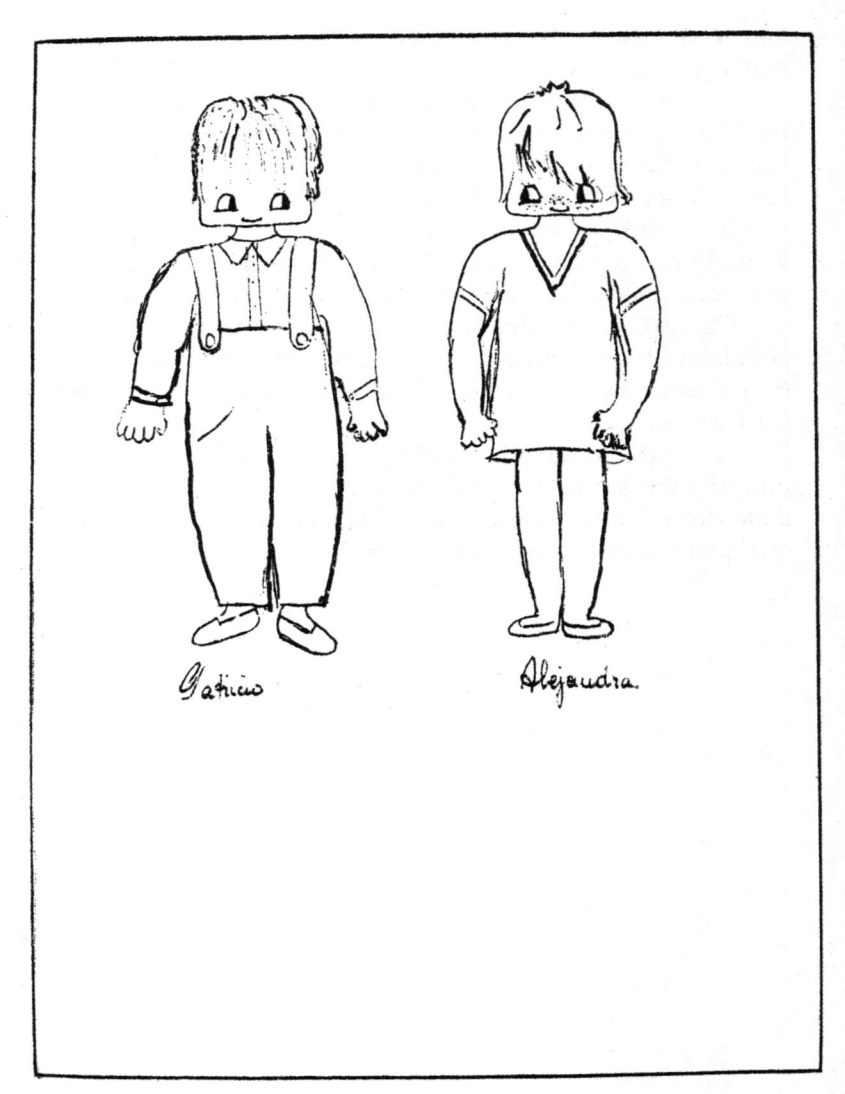

Teste das Duas Pessoas
Caso A. Mulher de 18 anos

Teste das Duas Pessoas
Caso B. Mulher de 20 anos

Teste das Duas Pessoas
Caso B

Teste das Duas Pessoas
Caso C. Mulher de 18 anos

Pessoa do HTP
Caso D. Homem de 23 anos

Indicadores psicopatológicos

Casa do HTP
Caso D

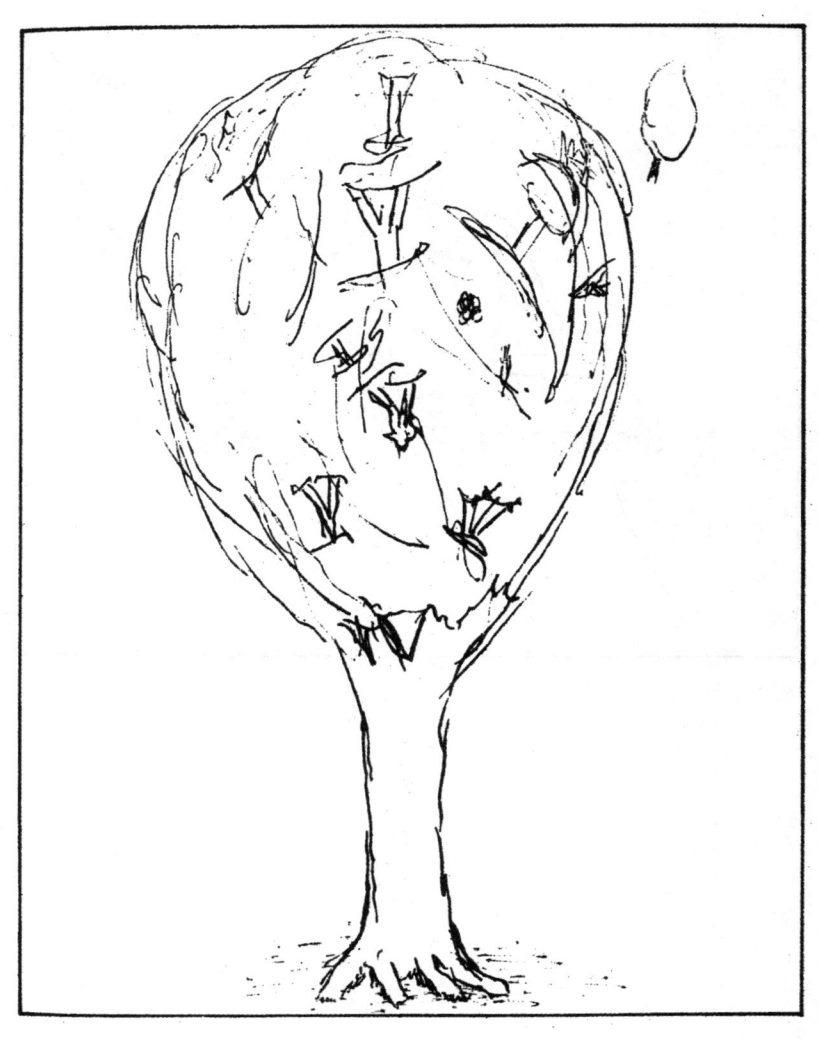

Caso D
Árvore do HTP

PSICOPATIA. TRAÇOS PSICOPÁTICOS

Indicadores no Teste Desiderativo, no Teste de Relações Objetais de H. Phillipson e nos testes gráficos (Duas Pessoas, HTP)

TESTE DESIDERATIVO

Indicador 1: Qualidades e funções valorizadas e enfatizadas no objeto

As racionalizações enfatizam os traços de poderio, domínio e capacidade para subordinar o objeto. Interessam os animais ou objetos aos quais podem ser atribuídas características dominantes e indestrutíveis e capacidade para despertar temor nos outros. Os outros estão sempre presentes como objetos expectantes, paralisados e submissos. Estão sobrevalorizadas a estrutura corporal forte, a força, o poder invasor do objeto e o movimento muscular. Diferentemente dos movimentos atribuídos aos objetos em outros quadros (hipomania, fobia, histeria), aqui o movimento relevante é o de poderio muscular, e tem por objetivo provocar no observador uma reação emocional de pânico e submissão.

A necessidade de apelar para a ação, como forma de manter o equilíbrio psíquico, faz com que haja muita resistência aos vegetais nas escolhas positivas. Quando são escolhidos de forma espontânea ou induzida, trata-se de vegetais aos quais se atribui certa capacidade de movimento intencional ou de adesão parasitária (plantas selvagens, trepadeiras, plantas parasitas). Na racionalização dessas escolhas, observa-se uma concepção animista, circunscrita aos aspectos correspondentes ao aparelho muscular dos seres vivos; por exemplo, "trepadeiras ou árvores que têm 'tentáculos', 'braços' poderosos que abrem caminho, galhos como 'garras' que se aderem, 'troncos proeminentes', 'raízes que se aferram'". Em outros casos, nos vegetais são projetados os aspectos hipócritas relacionados com a impostura e a pseudoidentidade; por exemplo, plantas miméticas.

Na caracterização do objeto, são valorizadas as funções visuais e auditivas, em sincronia com condutas musculares rápidas e um bom sentido de equilíbrio que permitem, em conjunto, capturar ou paralisar de surpresa outros objetos.

Essas características são sobrevalorizadas por causa do incremento paranoide, que torna necessário manter o controle sobre o objeto e realizar uma ação rápida e eficaz.

O contato corporal de proximidade descrito é um contato destrutivo: trepadeira que agarra, ave de rapina que se lança em direção à vítima, câncer que avança devorando.

No artigo citado anteriormente (5), delimitamos as características de produção pelas quais se manifesta o mecanismo de identificação projetiva evacuativa nos símbolos positivos, da seguinte forma:

1) Através de objetos que são poderosos, onipotentes e provocam nos outros pânico ou submissão. Predomina como vínculo submeter o outro pelo medo; por exemplo, "Leão, porque todos os animais ficam aterrorizados diante de seus rugidos. Bom, por alguma razão ele é o rei".

2) Ou se explicita (a identificação projetiva evacuativa) com símbolos inócuos em si, mas que adquirem na racionalização a possibilidade de domínio mediante a penetração no objeto. Por exemplo: "Eu gostaria de ser uma trepadeira de um galho só, parece mentira a forma como se estende, penetra e agarra tudo, uma coisa aparentemente tão pequena pode dominar, gosto da facilidade que tem para crescer, fico deslumbrada porque ninguém pode pensar que aquilo tão pequenininho, tão frágil, possa tanto".

3) Pelos movimentos ou funções corporais dos objetos, que os tornam propensos a inocular ideias ou sentimentos em outros, com o fim de paralisá-los e dominá-los. Como o rugido do leão no primeiro exemplo ou o crescimento da planta trepadeira no segundo.

A seguir, caracterizamos a conduta e a produção psicopática:

1) Dificuldades de ajuste à instrução e invasão com perguntas ao entrevistador.
2) Onipotência manifesta.
3) Incapacidade de fazer síntese.
4) Incoerência entre o símbolo escolhido e o que lhe é atribuído. Generalização com base em elementos parciais.
5) Objetos em movimento evacuativo (acentuando a força e o poder invasor do objeto).

Considerando que a psicopatia como quadro compreende diferentes tipos: psicopatia histérica, fóbica, esquizoide, depressiva, obsessiva, as outras características das escolhas permitirão, seguindo os indicadores de cada quadro, delimitar mais o diagnóstico e, consequentemente, as possibilidades prognósticas.

Indicador 2: Qualidades rejeitadas no objeto

Distinguimos três séries de elementos rejeitados nos diferentes quadros psicopáticos: 1) rejeitam objetos com capacidade para estabelecer ligação afetiva, que têm capacidade de empatia e de dependência. Diante deles, os pacientes têm atitudes de desprezo e desvalorização; 2) rejeitam objetos valiosos segundo o consenso cultural e social; o desprezo evidencia tanto a presença de sentimentos invejosos como a necessidade de "fazer ao contrário", opor-se a qualquer lei ou regra, vivida como opressão; 3) objetos vilipendiados e perseguidos no consenso geral, por suas qualidades abertamente depredadoras: porque são objetos claramente negativos que "mostram sua maldade", não conseguem ocultá-la com outra identidade de impostura.

O que mais se teme na psicopatia é a reintrojeção brusca dos aspectos necessitados e desvalidos do ego (aspectos temerosos ou oral-dependentes, isolados ou desagregados), que ameaçariam com um colapso psíquico; é necessário, portanto, forçar e manter o depósito projetivo em depositários que, por sua estrutura de personalidade, possam contê-la. O objeto depositário, com uma estrutura de personalidade correspondente ao subtipo de cada psicopatia, deve arcar com os aspectos sensíveis, necessitados e dependentes, bem como com a hostilidade, a inveja e os intensos sentimentos de culpa.

Nas respostas negativas, essa rejeição aos aspectos negativos e sofredores observa-se no repúdio a objetos que precisam de cuidado e proteção de outros para sobreviver. Todo objeto em situação de dependência é desprezado, na verdade, devido ao pânico que produz a dependência, concebida como situação de submissão a objetos despóticos e tirânicos. A rejeição centra-se, por exemplo, em plantas que requerem cuidado humano, ou em animais domésticos: galinhas, cachorros, cavalos, vacas, que são descritos como "estúpidos e de pouco valor".

O ataque a objetos de valor, nas respostas negativas, expressa-se pela rejeição a alimentos, metais preciosos e obras de arte, com racionalizações do tipo: porque me cobiçariam (temor ao ataque ávido e invejoso projetado em outros).

O temor a ser perseguido ou atacado de forma hostil expressa-se na rejeição a certos objetos normalmente recusados, como fungos, víboras, parasitas, mas com uma característica especial: não desejam sê-los porque são rejeitados pelas "pessoas", mas tentam, de forma explícita ou implícita, uma defesa de tipo reivindicatório contra o que consideram um ataque preconceituoso e injusto.

Na realidade, esses objetos (parasitas, predadores) são seriamente temidos porque "mostram sua maldade às claras". Esses objetos mobilizam um profundo temor de que outros visualizem o "duplo oculto" da personalidade, que tenta submeter e destruir o depositário, enquanto mostram, no que é manifesto, a finalidade contrária (impostura).

Um tipo de produção habitual na psicopatia é a anulação, nas escolhas negativas, das mesmas escolhas positivas. Atende, por um lado, à necessidade de atacar a capacidade sintética do psicólogo e, por outro, é expressão de mecanismos extremos de dissociação que leva ao fracasso dos mecanismos de síntese e promove a assunção de pseudoidentidades. No trabalho citado (5) afirmamos:

> Em produções psicopáticas, pode aparecer nas negativas rejeição aos mesmos símbolos escolhidos nas catexias positivas. Isso geralmente surge num clima de onipotência e zombaria e tem por finalidade (diferentemente da neurose obsessiva) confundir o entrevistador e atacar projetivamente sua capacidade de compreensão e síntese.

Quando a estrutura subjacente a uma psicopatia é uma psicose, as escolhas negativas apresentam rejeições a objetos que se desintegram passivamente (líquidos ou areia) ou que sofrem explosão e desintegração violenta, e surgem na racionalização fantasias suicidas e homicidas (bomba atômica, câncer). Essas escolhas aparecem também nas psicoses, mas a diferença destas últimas com a psicopatia, como defesa de uma esquizofrenia ou uma melancolia de base, é a complacência sádica que observamos na descrição dos efeitos devastadores que esses objetos têm sobre os seres vivos.

Os ataques aos objetos negativos são descritos em primeira pessoa, diferentemente, por exemplo, dos melancólicos, que tentam mostrar seu repúdio aos mesmos mostrando, pelo contrário, a capacidade egossintônica de identificação: "Câncer, porque avançaria comendo vorazmente cada parte viva, cada célula"; "Bomba atômica, porque explodiria em milhares de moléculas e ao meu redor semearia horror, desintegração, espanto".

Quando à atuação psicopática subjaz certa capacidade egodistônica, nas escolhas negativas são rejeitados objetos por suas características de utilização prejudicial aos outros, "parasitas, porque utilizam outros seres vivos e limitam a vida daquele que os hospeda".

Indicador 3: Qualidades positivas ou negativas omitidas

Devido à necessidade de manter o equilíbrio psíquico através da identificação projetiva indutora dos aspectos necessitados, dependentes e sensíveis e da identificação intrapsíquica com um objeto parcial onipotente e tirânico, os pacientes omitem nas escolhas positivas as características do objeto real relacionadas a vulnerabilidade, risco de morte, necessidades e sofrimento.

Da mesma forma, omitem verbalizar tanto as necessidades de ligação ou dependência afetiva como as situações que implicam contato corporal terno com o objeto (faltam verbalizações sobre suavidade, calor). Características que são sim verbalizadas nas respostas negativas, mas transformando o que é valioso dessas características em negativas, devido ao fato de manejarem um código de valores diferente, baseado nos polos domínio-submissão.

Indicador 4: Pares de qualidades dissociadas

Os pares antagônicos estabelecem-se aqui em razão da necessidade de controle sádico-onipotente do objeto. A idealização é peculiar, baseada em uma confusão precoce entre bom e mau, o que determina a idealização e a identificação com o objeto onipotente perseguidor. O objeto idealizado é o objeto onipotente, invulnerável, tirânico, despótico, capaz de dominar, de controlar e carente de reações emocionais. O objeto desprezado é um objeto sensível, dependente, necessitado de ligações afetivas e capaz de expressar reações emocionais de afeto, ternura, necessidade e culpa. O objeto desprezado tem as características dependentes e sofredoras do ego infantil, e é produto do ataque hostil e invejoso às qualidades nutrizes e receptivas do ego e do objeto primário bom.

Indicador 5: Especificidade das fantasias reparatórias e destrutivas

A reparação, em sentido estrito, fracassa na psicopatia devido à intensidade dos sentimentos invejosos. A reparação necessitada pelo ego implicaria a reedição de uma relação simbiótica nutriz, mas ela é interferida por intensos sentimentos invejosos, que levam à confusão bom/mau e, portanto, à destruição dos objetos necessitados para sobreviver (parasitas que privam de vida a quem os hospeda ou transformação de objetos oralmente doadores em depreciáveis e sem sentido).

Dominam defesas paranoides tendentes a imobilizar o objeto, para evitar a perseguição intensa de que o ego teme ser objeto pela intensidade dos sentimentos de culpa persecutória.

As fantasias autorreparatórias estão centradas em salvar o ego de qualquer necessidade e, portanto, da submissão a objetos que privam, e capacitá-lo para realizar tentativas reivindicatórias de tomar à força aquilo de que foi privado. As fantasias de reivindicação egoica giram ao redor do tema da vingança, do domínio e de tornar ativo o que é sofrido de forma passiva, tendem a satisfazer veladamente os sentimentos de solidão, necessidade e desamparo. (Dominar o objeto para possuí-lo incondicionalmente.)

As fantasias destrutivas são as dominantes e giram ao redor de: controle, submissão, vingança, depósito anal e esvaziamento do objeto.

O subcomponente de cada produção psicopática (neurótico ou psicótico) nos fornece as fantasias latentes de reparação e as possibilidades de evolução e modificação.

Indicador 6: Vinculação predominante: com pessoas, com seres vivos ou inanimados

No trabalho anteriormente citado (5), descrevemos o vínculo dominante na relação com os outros:

> 1) O outro é visto como depositário do medo, da necessidade, do sofrimento. Depositário do aspecto sensível do próprio ego.
> 2) Vínculo: "Entrando no outro para."

Os outros estão presentes mas privados de características de autonomia e valor. Predomina o domínio-submissão como único tipo de relação possível.

Indicador 7: Defesa dominante e defesas subjacentes

Identificação projetiva indutora que supõe identificação intrapsíquica com o objeto perseguidor idealizado, e dissociação e identificação projetiva indutora dos aspectos egoicos sensíveis capazes de experimentar emoções e dor. Isolamento afetivo para manter a dissociação desses aspectos e o depósito em outros. Evidencia-se com as características descritas no Indicador 1.

Indicador 8: Estilo de verbalização

A verbalização é impactante, num primeiro contato (durante a realização do teste) impressiona como rica e coerente de um ponto de vista formal. Em muitas produções psicopáticas, de bom nível intelectual, a patologia não é descoberta até a leitura do material, porque a boa utilização da linguagem e os elementos gestuais impactantes dão uma impressão enganosa sobre a simbolização obtida. Uma nova análise revela que fazem poucas associações, e que essas personalidades interpretam a instrução mais como uma ordem ou um desafio intelectual que como um meio para favorecer um trabalho criativo (ver capítulo II, pseudossímbolo).

As descrições, tanto positivas como negativas, têm mais a finalidade de provocar um impacto emocional no entrevistador que a de transmitir experiências afetivas. Tentar deslumbrar mostrando a potência e o poder intelectual, ou então provocar sentimentos de horror através de descrições sádicas, nas negativas.

Durante a realização do teste, podem alertar sobre a pseudointerpretação da instrução os traços suficientes, a aparente impermeabilidade e falta de participação emocional, algumas condutas excessivamente seguras, as perguntas diretas ao entrevistador e a necessidade de transformar a realização do teste em uma "conversa íntima a dois", tudo unido a um clima de tensão e dificuldade contratransferencial. Em muitos casos, a dificuldade simbólica está expressa de forma onipotente: "Poderia ser tantas coisas que nem sei o que lhe dizer", ou "mas isto é para crianças".

O mais habitual é uma "aceitação formal do teste" e um ataque latente, tanto mediante respostas totalmente populares, mas sem racionalização, como de respostas "ricas", mas nas quais dominam elementos de ridicularização e ironia.

Indicador 9: Ponto de fixação dominante

Anal-expulsivo. Depósito e controle no objeto externo dos aspectos egoicos sensíveis. Ataque anal-invejoso ao objeto bom necessitado. O ponto de fixação complementar delimita o diagnóstico e prognóstico, e como já disse anteriormente, pode corresponder a qualquer dos outros quadros.

Se a personalidade de base obteve uma extensão neurótica, a psicopatia é uma estrutura defensiva com possibilidade de bom prognóstico.

Indicador 10: Delimitação da fantasia dominante a respeito da satisfação esperada pelo objeto

O objeto interno idealizado-perseguidor exige do ego uma entrega passiva masoquista. A atuação psicopática tenta uma inversão ativa do par vincular domínio-submissão.

CASO A. HOMEM DE 23 ANOS

1+: Vento, mar. Coisa animada, porque mar é uma coisa estável, tranquila, imponente, uma força impressionante, ninguém é capaz de detê-lo, uma coisa incrível. Porque o vento é livre, vai a qualquer lugar, move o que quer.

2+: Se acabarem o vento e o mar... (*pensa*), algo do reino animal, qualquer tipo de animal, do tipo felino: leopardo, tigre-de-bengala, pantera-negra; por simpatia, por... não pela agilidade, o leopardo não é como o cachorro, que é amigo incondicional, que é reservado, não é incondicional, se entregam, mas não ao que quer subjugá-lo... todos são bonitos; gosto também do tigre-de-bengala e da pantera-negra, pelo aspecto estético.

3+: Plátanos, palmeiras, jasmim, rosa (*mostra um plátano grande que se vê pela janela do jardim*) como isso, plátanos, palmeiras, que são belíssimos, estéticos, flexíveis, espigados. E se eu quiser uma flor, gosto do jasmim ou da rosa, por causa do perfume e do branco nas flores. A rosa pela cor, a forma e o perfume.

1—: Serpente, aranha-caranguejeira, besouros. Não gostaria de ser uma serpente, porque é muito feia, uma vez uma me assustou e saí correndo, me causam repulsa, "cagaço", maligna, sem sentido; além disso, as aranhas-caranguejeiras, porque são repugnantes.

2—: Com os vegetais não tenho nenhum problema, com exceção dos bichinhos que existem nas plantas, isso eu não gostaria de ser.

3—: Eu não gosto das coisas sem vida (*mostra os móveis que o rodeiam*) ou tudo aquilo em que não veja vida, por exemplo, a guilhotina, porque tira a vida.

CASO B. HOMEM DE 25 ANOS

1+: Raio, cruza a noite, tem poder, pode iluminar e queimar.
2+: Leão, tigre, é forte, come para sobreviver e encontra comida porque é forte.
3+: Águia, para descobrir de longe as presas que necessitará e descer em picada com a velocidade do raio.
1—: Cavalo, sobem nele e o maltratam.
2—: Ouro, é muito vulgar, prefiro ser prata.

3−: Galinha, são bobas, ciscam e cacarejam como tontas. Minha avó tinha galinhas, eu atirava pedras nelas com o estilingue porque me incomodava elas serem tão estúpidas.

Caso C. Homem de 22 anos

1+: Um condor, para poder voar pelas alturas e ver tudo de cima.
2+: Um cipreste, para poder ficar sozinho e silencioso nos cemitérios.
3+: Uma rocha, para sentir do alto as ondas se rompendo contra mim, e eu incólume.
1−: Uma chupeta, para não ser babado pelas crianças.
2−: Uma solitária. *Taenia saginata*, para não ficar na barriga de uma pessoa, rodeada de excrementos.
3−: Uma cenoura, para não ficar enterrado na terra e sair somente para ser comido.

Caso D. Homem de 20 anos

1+: Tem que ser vivo? Eu gostaria de ser o infinito, assim conheceria todos os segredos do universo que é vida.
2+: Que problema, pessoa importante, líder dentro de outro planeta que pudesse guiar a humanidade para algo melhor.
3+: (*Induzida*) Algum pássaro, mas não sei, como o falcão, porque poderia voar sobre o mundo, sair do mundo comum para os homens. Nos três está implícito eu me sentir poderoso.
4+: (*Induzida*) Uma árvore qualquer na selva, bosque, porque eu gosto dos bosques, das selvas, pelo ambiente, me lembram contos, fábulas, aventuras.
5+: (*Induzida*) (*sem hesitar*) Urânio, seria poderoso, muito apreciado.
1−: Que problema se eu não pudesse ser pessoa. Não gostaria de ser nenhum tipo de animal submisso aos homens.

2—: Nem vegetal que fica no vaso, todas as coisas que são comuns.

3—: Não gostaria de ser carvão, me lembra a escravidão em uma mina de carvão, o perigo.

CASO E. HOMEM DE 27 ANOS

1+: Como? É sério? Quer que eu lhe diga o que me ocorrer... quer que lhe diga alguma coisa (*movimenta-se na cadeira como se não conseguisse encontrar seu lugar*)... (*silêncio*). É muito difícil para mim... Nunca tinha pensado nisso... Uma bomba de gasolina. Porque estávamos falando disso... Minha maldita mania de humanizar qualquer situação... sim, acho que é esta. Por quê? Porque as bombas de gasolina têm uma carinha bonita.

2+: O que se pode ser quando não se é pessoa nem coisa? Nunca pensei nisso, eu lhe asseguro que nunca pensei nisso... Tem de ser uma coisa animada... um computador é uma coisa animada.

3+: Um mico, bem pequenininho; porque não atrapalha a vida de ninguém, não um orangotango poderoso. Imagine, eu transformado em mico por culpa sua? (*Sorrindo*).

4+: Uma alface; porque são frescas, apesar de muito comercializadas e se reproduzem para serem deglutidas, apresentam-se frescas.

1—: Uma alface, porque é muito bonita, muito fresca, mas é engolida rapidamente por todos, não tem vida natural, não nasce, se reproduz e morre, mas a comem antes.

2—: Um mico, porque estão presos a uma corrente de alguém pedindo, pode ser muito engraçado se soltarem-no da corrente. Têm movimentos grotescos, burlescos, muito humanos.

3—: Uma bomba de gasolina, a gasolina tem um cheiro muito ruim, sempre me fazia passar mal quando era pequeno.

Resumirei sinteticamente os traços comuns e diferenciais desses 5 protocolos:

A necessidade de poder e domínio adquire diferentes modalidades nos protocolos. Observamos, como traço comum, objetos isentos de ameaça, no entanto, em contrapartida, ameaçadores por seu poder agressivo direto ou por sua dimensão, que os torna inalcançáveis ou intocáveis (infinito, mar).

A capacidade de domínio e poder centra-se nestas três qualidades: 1) ser intocável por sua periculosidade ou sua distância; 2) obter uma posição privilegiada de controle sobre os outros e 3) conseguir grande rapidez muscular, em sincronia com as funções perceptuais distais.

O elemento de controle é exercido pelo *olhar*, mas diferentemente da esquizoidia, esse olhar não é para aprender ou curiosear, e sim para manter o perseguidor à distância e sob controle e conseguir assim submetê-lo quando surgir a necessidade. A valorização da rapidez muscular evidencia-se na ênfase em objetos com movimento rápido (raio, águia) ou com movimento tempestuoso ou irrefreável (vento, mar).

Exemplos dessa busca de poder:

Caso A

1+: Vento, mar. Coisa animada, porque mar é uma coisa estável, tranquila, imponente, uma força impressionante, ninguém é capaz de detê-lo, uma coisa incrível. Porque o vento é livre, vai a qualquer lugar, move o que quer.
2+: Se acabarem o vento e o mar... (*pensa*), algo do reino animal, qualquer tipo de animal, do tipo felino: leopardo, tigre-de-bengala, pantera-negra; por simpatia, por... não pela agilidade, o leopardo não é como o cachorro, que é amigo incondicional, que é reservado, não é incondicional, se entregam, mas não ao que quer subjugá-lo... todos são bonitos; gosto também do tigre-de-bengala e da pantera-negra, pelo aspecto estético.

Caso B

1+: Raio, cruza a noite, tem poder, pode iluminar e queimar.

3+: Águia, para descobrir de longe as presas que necessitará e descer em picada com a velocidade do raio.

Caso D

1+: Tem que ser vivo? Eu gostaria de ser o infinito, assim conheceria todos os segredos do universo que é vida.
2+: Que problema, pessoa importante, líder dentro de outro planeta que pudesse guiar a humanidade para algo melhor.

Na produção psicopática, a intensa onipotência defensiva, produto da identificação com um objeto parcial idealizado em seu poder agressivo, não reparatório, observa-se: 1) em certas produções peculiares, como nos casos A e E, e 2) no tipo de escolhas. 1) No caso A, o sujeito necessita impressionar com várias escolhas para cada instrução, mas na realidade é incapaz de desenvolver e discriminar cada objeto em si: o único traço que tem em conta, apesar da variedade de objetos, é o poder agressivo. No caso E, predomina o exibicionismo onipotente, centrado em mostrar brilhantismo intelectual pelo uso da mesma fundamentação, tanto para os prós, como para os contras. Nos dois casos, a exibição intelectual coexiste com a incapacidade sintética. Essas produções supõem uma personalidade com falhas graves de integração da identidade que originam a assunção de identidades muito contrapostas (pseudoidentidades; impostura). As falhas na estruturação da identidade se transformam nesses acasos, por meio de fantasias compensatórias, em "capacidades": "Eu posso assumir a identidade que desejar". 2) Quanto às escolhas, a intensa onipotência defensiva expressa-se, por exemplo, no caso B, 1+: Raio: cruza a noite, tem poder, pode iluminar e queimar, alude à necessidade de possuir o poder onipotente de dar ou tirar a vida; ou no caso D, 1+: Infinito, ou 2+: Líder de outro planeta.

Outro elemento comum às produções psicopáticas é a valorização de objetos que conseguem permanecer insensíveis às situações vitais de dor. A necessidade de manter o equilíbrio está centrada, diferentemente da neurose obsessiva, em fantasias onipotentes referentes ao desejo de ser sobre-humanos. Isso pode ser observado nas respostas do caso C, nas quais se expressa a valorização da insensibilidade à agressão ou à dor:

2+: Cipreste, para poder ficar sozinho e silencioso nos cemitérios.
3+: Rocha, para sentir do alto as ondas se rompendo contra mim e eu incólume.

Nas catexias negativas geralmente são delineadas as características persecutórias atribuídas a toda relação de objeto: o contato com os outros é degradado, a dependência emocional é equivalente a estar contido e apertado no intestino ou no ânus do objeto, tratado como uma matéria fecal, e com o consequente risco de ser afogado ou bruscamente expulso. Essa fantasia desperta ansiedades claustrofóbicas e adquire no manifesto as características de medo a ser submetido, explorado e paralisado.

Essa modalidade anal-degradada de vinculação expressa-se em respostas como:

Caso B. 1—: Cavalo, sobem nele e o maltratam. (Controlam-no com o ânus.)
Caso C. 2—: Uma solitária, *Taenia saginata*, para não ficar na barriga de uma pessoa, rodeada de excrementos.
    3—: Uma cenoura, para não ficar enterrado na terra e sair somente para ser comido.
Caso D. 3—: Eu não gostaria de ser carvão, me lembra a escravidão numa mina de carvão, o perigo. (*O perigo é a explosão expulsiva.*)

Os ataques à capacidade intelectual de outros, que tomam a forma de "cortar a cabeça" impedindo relações sintéticas que originem pensamentos criativos, expressam-se em escolhas como a resposta 3 do caso A: o inanimado. Guilhotina: Não gosto das coisas sem vida, ou tudo aquilo em que não veja vida, a guilhotina, por exemplo, porque tira a vida.

Ou em toda a produção, por exemplo no caso E, que é tipicamente uma atuação psicopática egossintônica. O entrevistado rejeita o teste em tom de zombaria e despreocupação, com a finalidade de inocular na entrevistadora sentimentos de aborrecimento e ridículo ("é sério que você quer que eu diga") e, num nível mais profundo, sentimentos de confusão e desorientação. A anulação que realiza nas negativas das respostas positivas tem como objetivo atacar a capacidade sintética da entrevistadora, como forma de evacuar sua própria incapacidade de unir, ligar, integrar.

Como elementos diferenciais, podemos observar:

Caso A: Maior ênfase na onipotência agressiva, centrada mais na obtenção de uma boa autodefesa contra as ansiedades fóbicas que na obtenção de poder (1−: "me assustou e saí correndo"). O temor está centrado em ficar à mercê de objetos que chupam e drenam. Nas escolhas negativas, a rejeição de suas características psicopáticas proporciona um melhor diagnóstico e prognóstico.

Caso B: A busca de poder está baseada no prazer de destruir o objeto e é produto de intensos sentimentos invejosos (2−), que despojam de valor ou de sentido os objetos, transformando-os em estúpidos e sem valor (3−). Subjazem ansiedades de nítido corte homossexual.

Caso C: A fantasia patológica de cura está centrada em transformar-se em um ser insensível (autista). Nas respostas negativas evidencia-se a rejeição a atividades homossexuais com conteúdos anais e orais.

Caso D: A busca de poder centra-se, em algumas escolhas, em planos distantes da realidade, que evidenciam a presença de núcleos delirantes: (2+: "Líder dentro de outro planeta que pudesse guiar a humanidade para algo melhor").

Caso E: Profundas ansiedades paranoides centradas em temores orais de ser ingerido, devorado. Os sentimentos de despersonalização e estranhamento expressam-se pelo temor a ser ridículo, grotesco ou burlesco.

TESTE DE H. PHILLIPSON

Percepção da situação da prancha

Apesar da patologia de integração da personalidade implicada neste quadro, a percepção dos elementos de realidade da prancha pode ser adequada. Na psicopatia, desenvolve-se um controle hábil da percepção da realidade externa (diferentemente da psicose) centrado mais na necessidade de sondar a realidade para obter um melhor domínio de outros, que em um interesse investigativo por ela, como na neurose.

Observa-se geralmente um contraste marcante entre a primeira impressão sobre o relato, que impacta como interessante, completo, aparentemente criativo (fachada), e uma análise posterior que o revela como pouco profundo, primitivo, com respostas fabulosas e concretismo, mas "embelezado" pela linguagem impactante e pela gesticulação.

Uma análise mais detida permite-nos isolar os seguintes elementos diferenciais quanto à percepção:

Observamos que as respostas indicam uma boa percepção da situação global (por exemplo, prancha 1: "Um homem de costas"), mas a descrição é vaga, os personagens são ambíguos, sem identidade definida.

Os entrevistados têm dificuldades de síntese, que se expressam na pouca capacidade de integração, dificuldade para integrar de forma coerente os diferentes elementos humanos de conteúdo ou de contexto do estímulo.

E também dificuldade nas pranchas da série A, que, por sua ambiguidade, impedem parte do manejo defensivo e mobilizam sentimentos de depressão e solidão (fracassos, produções pobres, perguntas ao psicólogo, críticas). Evitam as áreas escuras, ambíguas, de baixa estruturação e expressam condutas paranoides dirigidas ao teste: críticas, atitudes depreciativas. Percebem a cor, mas têm dificuldade de integrá-la com o conteúdo da história. A impossibilidade de ligar uma cor com uma forma (por exemplo: lâmpada/luz vermelha) ou com um estado emocional (raiva, amor, tristeza) indica o predomínio de condutas impulsivas. Geralmente, nas psicopatias é possível que a cor não seja mencionada, apesar de vista, o que pode ser comprovado no interrogatório. Mas embora não seja explícita, a presença da cor mobiliza um alto grau de impulsividade, o que se manifesta em histórias com personagens que adquirem qualidades mais violentas, descontroladas e que desenvolvem maior mobilidade.

Na prancha 13, evidenciam-se falhas de simbolização e uso de pseudossímbolos. Isso se manifesta de diferentes formas, sendo que a principal é o fracasso na possibilidade de estruturar uma situação plástica e depois desenvolver uma história, porém eles não assumem que fracassam (com frases como na depressão ou em certos bloqueios fóbicos como: não sei, não me lembro, o nada etc.), mas mantêm uma linguagem impactante, suficiente ou brincalhona, tendente a manter a ilusão de onipotência. As respostas podem variar em frases como: a) "uma parede branca, não consigo ver o que há por trás porque você me colocou essa parede que tapa" (zombaria, concretismo); b) em múltiplas associações soltas que eles não conseguem integrar, mas que permitem manter a ilusão de onipotência, no sentido de que "tenho tantas ideias", ou c) uma história com algum conteúdo "transferencial", mas pensado de forma consciente para fazer o entrevistador saber sua impressão sobre o teste e a pessoa do psicólogo, que contém sempre elementos de zombaria e desprezo (inoculação).

Há graves distorções na percepção do contexto de realidade: distorção das emoções emanadas do estímulo, sobretudo as de linha depressiva (tristeza) que passam a ser interpretadas como reações de euforia ou de irritação.

As falhas mais notórias estão centradas no significado emocional atribuído pelo entrevistado com base em dados da realidade que aparentemente são bem vistos. (Falhas de sentido de realidade.) Com uma boa percepção das figuras humanas quanto ao sexo, por exemplo, os pacientes fazem inferências pessoais sobre os motivos que regem a conduta dessas figuras, que estão muito distantes emocionalmente do clima que a prancha suscita por meio dos dados de contexto de realidade.

Por exemplo, prancha 2: "duas pessoas, um homem e uma mulher numa gruta natural, estão escondidos para surpreender alguém que os machucou e se vingar".

Essas distorções são mais notadas nas séries A e C, pela não estruturação da série A e pela cor da série C, que mobiliza intensas emoções e nesse quadro, portanto, mecanismos de identificação projetiva indutora.

Os entrevistados dão importância, na descrição dos personagens, aos traços físicos relacionados à musculatura e à postura; extraem disso muitas das inferências sobre estados emocionais ou características pessoais.

As pessoas incluídas na história e suas relações

1) Os personagens não têm identidade definida, são vagos, difusos, falha a descrição de estados emocionais ou das ideias que desencadeiam condutas ou atitudes. A ênfase está na ação e no muscular. São, portanto, personagens que fazem, se movem, batem, caminham.
2) As emoções predominantes, emergentes das relações interpessoais, não são verbalizadas e atribuídas com clareza aos personagens (está triste, assustado), mas emanam do "clima" sufocante, deprimente ou perigoso do relato. Os personagens não se responsabilizam por sentimentos, atuam sem clareza sobre o porquê ou o quê sentem.
3) Os personagens carecem de sentimentos de culpa, são incapazes de refletir sobre sua conduta e apresentam uma marcante falta de empatia, frieza com os outros (apesar de no relato

serem mostrados como pessoas excessivamente corteses no contato com os demais).

4) Índices de impulsividade ou predomínio de condutas de ação. O "fazer" é acentuado, não o pensar ou o sentir. São personagens que não preveem em razão do futuro: "Enfrentam situações de surpresa e agem." Isso se manifesta em atitudes durante a realização do teste: diante de pranchas que mobilizam ansiedade aparecem perguntas diretas, críticas à prancha, críticas à situação de teste, brincadeiras, insinuações sexuais se o psicólogo é de outro sexo, relatos sobre coisas alheias ao teste. Qualquer uma dessas verbalizações tem como finalidade evadir a situação emocional não prazerosa e depositar projetivamente no entrevistador sentimentos não tolerados, de índole diferente. Na narrativa é expresso por meio de: *Tendência ao acting-out.* Os personagens são submissos e paralisados (depositários) ou impulsivos e ativos. Repetem-se situações e relações de objeto fracassadas, sem possibilidade de realizar modificações ao longo do teste (déficit de aprendizagem). O objeto não é percebido como independente e externo ao ego; a busca centra-se em objetos incondicionais, que evitem a percepção intolerável de necessidades primárias, através de uma rápida resposta ao código gestual do personagem.

Relações de objeto necessitadas. Manifestam-se nas características especiais que tem a elaboração da prancha. Os pacientes percebem bem a prancha, mas imediatamente encapsulam o conflito. A verbalização em si é já uma tentativa de "desembaraçar-se", mediante uma ação rápida e um rápido desenlace tendente a anular o estímulo e as emoções que ele suscitou. A verbalização tenta anular, pela ação, o estímulo.

Relações de objeto temidas. Temor de que o objeto se personifique, adquira autonomia, o que o submete ao perigo de frustração, abandono e morte. Temor à vingança do objeto (temor à reintrojeção dos aspectos danificados evacuados).

Conduta resultante. Relações de objeto efêmeras, rupturas permanentes da relação (pelo temor à reintrojeção). Ruptura das relações interpessoais nas frustrações mínimas. Movimento e ação privilegiados para resolver situações emocionais.

A história como estrutura e realização

1) *Tipos de história*
   a) Histórias detalhadas sobre roubos, assaltos, fugas, perversões sexuais, nas quais predominam a falta de sentimentos de culpa e empatia, e uma conduta egossintônica dos personagens e dos pacientes, diante dos personagens, durante a administração do teste, ou, uma atitude de desafio.
   b) Histórias idílicas, de amor, honra, virtude. Seu clima excessivamente idealizado, juntamente com o isolamento em relação às outras histórias, unido ao tom distante e de tensão e violência transferencial contidas, revela impostura.
   c) Histórias tendenciosamente superdesenvolvidas, com vários temas ao mesmo tempo (mecanismos de anulação) tendentes a provocar tédio e confusão no interlocutor.
   d) Ausência de história e mera descrição do estímulo tendente a cumprir a instrução de forma aparente e livrar-se daquilo rapidamente.

Características fundamentais da produção presentes tanto em histórias com aparência complacente e virtuosa como nas claramente agressivas são:

1) Intolerância a um estímulo ambíguo e às ansiedades primárias despertadas por ele, das quais se defende.
   a) *Negação da depressão e o desamparo* sugeridos pelas pranchas, transformando-os em perseguição violenta ou negação maníaca (por exemplo, prancha AG 5: fuzilamento ou piquenique).

2) *Onipotência da palavra e do gesto*
   a) Personagens que conseguem, por sua "presença de ânimo" ou condições de fortaleza interna não explicitada, isolar-se ou vencer magicamente situações temidas.
   b) *Atitude verbal suficiente e pedante.* Comentários iniciais onipotentes referidos às múltiplas possibilidades que a prancha oferece e à dificuldade para optar por um tema.

c) *Uso de verbalizações impactantes* com a finalidade de ocultar a dificuldade para dar conteúdo às suas produções (pode ser uma linguagem técnica muito apurada linguisticamente ou, ao contrário, vulgar).

3) *Uso da identificação projetiva evacuativa e indutora*
A defesa central é a identificação projetiva indutora, mecanismo fundamentalmente anal-expulsivo (evacuação), apesar de os conteúdos da evacuação corresponderem a qualquer dos outros pontos de fixação (oral, anal, fálico-uretral, genital). Os conflitos depositados dependem da estrutura concomitante à psicopatia, pela qual se diagnostica o tipo de personalidade psicopática (psicopatia histérica, fóbica etc.). A identificação projetiva implica mecanismos de *splitting* dos aspectos prejudicados, culposos e sofredores do ego e do objeto nos objetos externos. O ego identifica-se com os aspectos idealizados onipotentes do objeto persecutório e mediante a atuação psicopática força indiretamente os conflitos e ansiedades intoleráveis no aparelho psíquico do depositário. Esses conflitos variam em cada tipo de psicopatia e podem ser tanto psicóticos como neuróticos e, dentro deles, de modalidade esquizoide, depressiva, histérica, obsessiva ou fóbica. A identificação projetiva indutora evidencia-se em:

Rupturas do enquadramento do trabalho tendentes a sabotar a tarefa e atacar a capacidade de pensar e discriminar do entrevistador, depositando nele sentimentos de confusão e paralisação. Isso se realiza mediante:

a) Perguntas, inversões de papel, atitude verbal ou corporal (bocejos, cara de tédio, fastio etc.) de desvalorização ou crítica: atitudes pseudoprotetoras para com o entrevistador (ditar para ele, corrigir a pontuação etc.), mobilidade física.
b) Controle dos gestos, das atitudes e do trabalho do entrevistador.
c) Inclusão manifestamente direta e consciente do entrevistador e da situação de teste.

d) Histórias superdetalhadas, confusas, com situações alternativas e múltiplas (mecanismo de anulação) tendentes a depositar confusão, paralisia e impossibilidade de síntese no entrevistador.

e) Clima emocional altamente carregado nas histórias, que podem desenvolver situações dramáticas das quais o entrevistado parece não tomar consciência e as relata como algo alheio a ele; os personagens também não sentem explicitamente as emoções, tentando fazer do entrevistador um continente da capacidade de sentir.

f) Descrição do mecanismo de identificação projetiva evacuativa na história (por exemplo, prancha 1: "Uma pessoa vai caminhando secretamente entre a névoa, apoiada contra as paredes, chega a um riacho sujo, tira algo do meio de suas roupas e joga na água, quer se afastar e não consegue, o objeto o atrai, o magnetiza. Ouve sirenes e se afasta correndo.Vê um carro e policiais uniformizados, aproxima-se e lhes conta a história. Os policiais acham que está louco.Vai continuar fugindo, talvez seja um maníaco que vai tornar a fazer o mesmo que fez esta noite.")

Ajuste à instrução. Pelo predomínio da linguagem de ação, as verbalizações de outras pessoas são tomadas, na psicopatia, como ordens às quais resta como opção submeter-se de forma aparente ou opor-se de forma clara. Nesse sentido, a instrução do teste é tomada como uma ordem e não como uma forma de obter informação sobre a personalidade em um âmbito delimitado (a prancha e uma dimensão temporal: presente, passado e futuro). A instrução é interpretada como uma mensagem autoritária, e comumente os pacientes "se ajustam" formalmente a essa ordem e aparentemente respeitam a instrução: isso aconteceu antes, isso agora e termina assim. Mas essa adequação é despojada de significado emocional, como se pode observar no exemplo a seguir, prancha 1: "Um homem vai caminhando por uma rua, antes caminhou por outra e depois caminhará por outra."

Observando a narrativa detalhadamente, vemos que na psicopatia o futuro está privilegiado, visto que ele permite liberar-se da restrição e do limite que a prancha oferece como estrutura permitindo, consequentemente, desenvolver fantasias onipotentes tendentes a evacuar a fraca percepção de conflito e emoção.

O presente (a situação demarcada pela prancha) atua como disparador de emoções e origina, portanto, uma rápida retroprojeção evacuativa. O controle mantido sobre a percepção de realidade não origina "distorções defensivas do estímulo"; o futuro, em contrapartida, por "estar fora dos limites perceptuais" é a melhor saída.

O manejo espacial do psicopata é centrado em movimento; a diferenciação entre espaço interno e externo é confusa (falta de noção de realidade psíquica). O espaço externo serve para desenvolver ações tendentes a resolver, no exterior, problemas referidos ao mundo interno (*acting-out*). Se um personagem está enfrentando sentimentos de solidão e tédio, vai ser descrito "caminhando por um lugar isolado, tomando uma rua igual à anterior para passar para outra semelhante".

Em contrapartida, a diferenciação entre noção de espaço e noção de tempo é confusa; o espaço é utilizado como uma forma de regressar com a memória para o passado: o personagem percorre o bairro de sua infância, retorna à sua cidade, volta para sua escola (concretismo).

Exemplos:
Caso A. Homem de 30 anos

Prancha 1: ... Nos três momentos... (*Demora para responder.*). É um homem, não é? Que vinha caminhando por uma rua, está caminhando em outra e caminhará por uma terceira. É um dia um pouco cinza.

Prancha 2: (*Sorri.*)...Outra vez os três momentos, não? Um homem caminhou por uma rua, encontrou-se com uma mulher e se olharam... Depois...

PRANCHA 3: Duas pessoas se olharam, conversaram e ficaram juntas.

PRANCHA 4: (*Demora para responder.*) Duas pessoas ficaram juntas, conversaram e se olharam.

PRANCHA 5: Não estou vendo direito... Duas pessoas se amaram, caminharam e se olharão. Já é o futuro.

PRANCHA 6: Duas pessoas caminharam, se olharam e tornaram a se amar. Expressei-me mal... Caminharam, olham-se e se amarão novamente, porque já se amaram uma vez.

PRANCHA 7: Se amaram, se divertem e estudarão. Se divertem conversando com pessoas, companheiros, amigos, passeando pela cidade.

PRANCHA 8: Se amam, se amaram, pensam em tudo o que se amaram e fizeram anteriormente e darão risada, porque gostaram de tudo o que fizeram.

PRANCHA 9: (*Demora muito para responder.*) Que figuras sinistras! (*Sorri.*) Conversaram, olharam, não olham e não darão tanta risada desta vez porque há algumas coisas que viram e de que não gostam, uma casa muito velha que podia ser bonita e é feia.

PRANCHA 10: ... Isso me cansa um pouco, tenho de continuar inevitavelmente (*muito incomodado*)... Pensaram, pensam e pensarão. Pensaram no que havia visto antes, no que estão vendo e no que vão ver.
   Duas pessoas pensaram, assim está bem? São as mesmas do começo: um homem e uma mulher.

PRANCHA 11: (*Tempo de reação muito longo.*) ... Isso é muito difícil para mim, realmente! Não imagino nada... (*tom ansioso*)...

Vou lhe contar... Trabalharam duas pessoas, chegaram em casa e se surpreenderão, alguma coisa não estava muito bem, talvez um ataque de fígado de qualquer um dos dois, apesar de que me parece que é da mulher, que é quem está na cama.

PRANCHA 12: ... Quanta imaginação, heim? Fala para mim, qual é o significado das cores?... Duas pessoas... conversaram, saem de casa e voltarão à noite. Foram fazer suas coisas, trabalhar.

PRANCHA 13: (*Sorri.*)... Claro... Duas pessoas chegaram à noite, se amam e dormirão.

CASO B. HOMEM DE 22 ANOS

PRANCHA 1: Bom, aqui vejo alguém que morreu e chegou no céu. Está entre as nuvens. Tem os braços nas costas em atitude respeitosa, pois está a ponto de se encontrar com Deus, que determinará se fica no céu ou se vai para o inferno. Embaixo se veem as trevas do mundo. Para cima parece haver a luz da glória ou algo assim. A pessoa parece jovem, ou seja, que deve ter morrido de acidente. Está em uma atitude submissa e hipócrita, pois está com as mãos nas costas como dizendo "não se assuste que eu não vou lhe bater". Deus vai condená-lo de qualquer forma porque conhece seus pecados. Ele tudo sabe e tudo vê.

PRANCHA 2: Aqui vejo dois adolescentes. Uma garota à esquerda e um garoto à direita. Estão de costas. A garota segura um buquê de flores. (Não se vê porque está de costas.) O garoto estava escondido atrás de uma árvore e quer tirar as flores dela, como vingança por ter recusado seus pedidos amorosos. Quer dizer, estava escondido para abordá-la. No final, vai tirar dela metade do ramo e ela vai começar a correr apavorada.

PRANCHA 3: Ai, que bonito! É a casa de um mago hindu, extremamente rico, que recebe um jovem visitante (o mago é o que está de costas, se vê claramente seu turbante, o jovem é o outro que está sentado). Estão tomando chá e o mago oferece displicentemente uma demonstração a seu jovem visitante, e o jovem observa com a mesma displicência. A demonstração consiste em fazer sair um espectro de um vaso. O espectro é a figura alongada que se vê no meio. Como fazer brotar espectros de vasos é uma coisa muito batida, digamos assim, o mago ensinou o seu a brincar com uma bolinha vermelha, com a qual o espectro está fazendo malabarismo. O mago conheceu o jovem em uma viagem num barco. O jovem é muito rico e conhece todo tipo de espetáculos mundanos. No final o espectro voltará para sua prisão e farão comentários (o hindu e o visitante) não relacionados com a demonstração. Vão se despedir muito formalmente.

PRANCHA 5: Bom, isto é um cemitério de vampiros, no crepúsculo. Na hora em que os vampiros se levantam de suas tumbas para morder o pescoço dos mortais. (*Ri.*) Pode-se ver seis vampiros, alguns já saíram (os três do fundo) e na frente se veem três que estão se levantando. O do meio parece ser o chefe. Deixam a terra remexida e quando se levantam sobe um vento. Ainda não abriram as asas. Passaram o dia inteiro enterrados e esta noite assaltarão os transeuntes notívagos.

PRANCHA 8: Que chatice! Fernando e Isabel, a Católica, no além. O casal que está à direita, Fernando à esquerda e Isabel à direita. Recebem seu neto Felipe II como parte do julgamento que é acompanhado por Deus. Deus delegou para seus avós o julgamento da dilapidação que Felipe havia feito do outro grande Império Espanhol. Fernando e Isabel repreendem-no duramente pela dilapidação e Felipe responde com altivez. No final, Felipe insultará Fernando, e Isabel lhe dirá: "Você não tem vergonha de fazer isso ao seu pobre avô doente?" (*Ri às gargalhadas.*)

PRANCHA 13: (*Surpreende-se.*) O que é isto? Este é um fato sem tempo, pois nele aparecem misturados todos os tempos, assim como as cores do arco-íris misturadas formam o branco. Portanto aqui estão todos os fatos; mas particularizados em um que representa todos. Este fato é: um pedaço da parte de trás da camiseta de um jogador do Huracán* no momento de bater um pênalti. Olhada contra a luz, pode-se ver, na altura do coração, o nome de sua namorada, que leva presente a todo momento: Branca (*Refere-se ao nome com que se identifica a prancha, que conseguiu ver olhando-a contra a luz.*) Se esperarmos um pouquinho, veremos Juan se afastar em diagonal em direção à bola, chutar e festejar o gol pendurado na rede da trave, de forma que a imagem que começou sendo branca terminará sendo quadriculada (por causa da rede da trave). Cada um dos quadros será um pedaço das costas de um jogador do Huracán perto de bater um pênalti; e assim sucessivamente. Mas em cada um dos casos sempre haverá um, e só um, que leva o nome de Branca em seu coração.

Características diferenciais

Caso A: A produção responde à necessidade defensiva de desvalorização e escárnio tendente a minimizar a intensificação das ansiedades persecutórias mobilizadas pela situação projetiva (tenta induzir projetivamente sentimentos de frustração e impotência). A situação de entrevista projetiva, pelas qualidades altamente persecutórias que o sujeito lhe atribui, se superimpõe de forma permanente ao estímulo projetivo (pranchas): em todas as histórias refere-se à relação entre duas pessoas. Tenta assim paralisar a entrevistadora, controlando-a na fantasia, por meio do olhar e do contato sexual.

A defesa fracassa a partir da prancha 9, evidenciando-se a perseguição (irritação-incômodo-projeção de figuras sinistras e introjeção patológica em nível corporal ["ataque de fígado"]

....

* *Club Atlético Huracán*: equipe de futebol da cidade de Buenos Aires, cuja camisa é vermelha e branca.

como saída defensiva diante do fracasso da identificação projetiva indutora.

Toda a produção evidencia um notório déficit simbólico, acentuação das condutas de ação e do controle visual do objeto (Os personagens projetados caminham, falam, olham-se, não conseguem pensar, sentir etc.) Impossibilidade de construir histórias. A dificuldade na captação simbólica da instrução, unida à vivência de ser submisso à entrevistadora, origina essa produção impostada que cumpre, de um ponto de vista formal, o paciente fala em presente, passado e futuro, mas na realidade não atende à instrução em seu aspecto essencial, que é criar histórias. A falta de delimitação dos personagens, unida ao clima de falta de sentido e significado (os fatos reiteram-se sem emoções diferenciais), define o diagnóstico como psicopatia esquizoide.

Caso B: Esta produção apresenta características psicopáticas com conotações homossexuais. Prancha 3: alusão à relação homossexual carente de afeto, com ênfase no erotismo visual (exibicionismo-voyerismo). Prancha 2: fantasias de relação heterossexual sádica (defloração sádica-violação). A incapacidade de abordar situações depressivas e a necessidade de recorrer a *actings* sádicos egossintônicos com características orais (chupar, esvaziar o depositário) manifestam-se nas pranchas 5 e 8. O erotismo centrado na destruição sádica evidencia uma personalidade perversa e uma precoce confusão de base entre bom e mau. Essa incapacidade depressiva e a necessidade de resolvê-la mediante o sarcasmo, a zombaria e a ação (*acting-out*) expressam-se na elaboração da prancha 13. Na produção dessa prancha, observamos um aparente nível simbólico referente à trama edipiana: uma relação de competição entre homens para conseguir a mulher pura (Branca), com intensificação das fantasias de defloramento sádico (o pênalti, a trave com a rede--hímen). Contudo, outros elementos da história revelam a organização psicopática de base: a primeira associação refere-se à não diferenciação de tempos e alude ao estado de desconcerto e confusão que a prancha em branco produz nele e do qual tenta se recompor. O restante da prancha parece estar ligado logicamente com as primeiras verbalizações (todos os fatos estão particularizados em um: este fato é um jogador do Huracán...); na realidade, a conexão não é adequada de um ponto de vista lógico-formal, mas o é de um ponto de vista afetivo pessoal. O entrevistado particulariza sua forma de conceber o vínculo humano, e nesse sentido o pênalti representa todos os fatos vitais: ele viveu a prancha em branco como um ataque surpresa, como um gol iminente (pênalti) a favor da equipe contrária (entrevistadora), que evidenciaria seu fracasso simbólico pela falta de dados de realidade da prancha. Na verbalização tenta inverter essa situação emocional (como em sua relação afetiva em geral) e transformar-se no permanente "autor do pênalti", que em sua fantasia equivale a deflorar de surpresa as mulheres e penetrar analmente os homens, como forma de aplacar as ansiedades de castração e os temores com relação a sua potência sexual.

A estrutura clínica de personalidade é psicopática e a subestrutura dominante corresponde a uma organização perversa (sadismo heterossexual-prostituição homossexual, pranchas 2 e 3).

Apesar do uso defensivo da zombaria e do sarcasmo, evidenciam-se na elaboração do material áreas de funcionamento delirante (pranchas 3 e 8).

Indicadores psicopatológicos _____ 351

TESTES GRÁFICOS

Características gerais	Localização	Tamanho	Movimento e expressão	Distorções. Omissões. Acréscimos. Ênfases.	Tipo de traço
Figura humana					
Geralmente a figura humana é grande, ocupa um lugar central, tem uma atitude geral de onipotência e força centrada no corpo (musculatura). O desenho geral pode provocar impacto, "bem-feito", e paralisar para ver o conteúdo real, do qual a beleza é a fachada. (Imagem própria agradável, sexo oposto hostil.) Desenhos de esportistas, lutadores, soldados, atletas, caçadores etc.	Geralmente central, ou à direita quando predomina uma atitude claramente rebelde e contrária às normas.	Grande, tentando ocupar todo o lugar possível da folha. Algumas vezes (quando predomina a necessidade de encobrimento ou traços esquizoides), podem fazer uma figura esquemática ou um rabisco.	Têm movimento, não do tipo gracioso, mas sim movimento de força muscular. A atitude é ameaçadora ou triunfal, de desafio. Podem, no entanto, desenhar figuras paralisadas (depositários) contrastando o aspecto enorme dessas figuras com a parte verbal que se refere a situações dramáticas ou agressivas. Pouca ênfase no vestuário (botões, gravata etc.)	Ênfase no corpo, musculatura destacada. Figuras poderosas, menos preocupação com a cabeça. Cabelo geralmente sujo, despenteado, expressando confusão. Agressão contida com tendências à explosão violenta. Musculatura, mãos e punhos enfatizados. Acréscimo de complementos simbólicos de virilidade (chapéus, cachimbos etc.) (isso pode ocorrer normalmente em crianças e adolescentes) e de *status* conseguido à base de força e agressão. Olhos pequenos e sujos ou controladores. Pescoço: acentuado controle dos impulsos. Mãos nos bolsos. Linha cortando o corpo.	Flutuante. Traços agressivos (impulsividade) juntamente com reforço sujo e áreas fracas (confusão interno-externo). Agressão ao exterior, traços para fora, elementos agressivos para o exterior. Sombreado forte.

Características gerais	Localização	Tamanho	Movimento e expressão	Distorções. Omissões. Acréscimos. Ênfases.	Tipo de traço

Árvore

Características gerais	Localização	Tamanho	Movimento e expressão	Distorções. Omissões. Acréscimos. Ênfases.	Tipo de traço
Confusão: copa. Agressão marcante.	Central	Exagerado		*Copa:* formas impróprias – trevo, coração etc. –, copas com parênteses. Emaranhada, confusa. *Galhos:* agressivos, em forma de espinho ou punhal. Em direções opostas (confusão), para o exterior (impulsividade). *Tronco:* cortado na altura das raízes.	Impulsivo. Cortado.

Casa

Características gerais	Localização	Tamanho	Movimento e expressão	Distorções. Omissões. Acréscimos. Ênfases.	Tipo de traço
Grande, rebuscada, castelos, construções com colunas e ornamentos.	Central	Grande		Reforçam o "corpo". Tratamento pobre do telhado. Predomínio de janelas e acessórios materiais. Janelas e portas de diferentes estilos. Aspecto grandioso mas pouco acolhedor, frio.	Impulsivo, agressivo. Partes confusas. Partes abertas no telhado.

HOMOSSEXUALIDADE

Características gerais	Localização	Tamanho	Movimento e expressão	Distorções. Omissões. Acréscimos. Ênfases.	Tipo de traço

Figura humana

Características gerais	Localização	Tamanho	Movimento e expressão	Distorções. Omissões. Acréscimos. Ênfases.	Tipo de traço
Homens: Figuras masculinas com características secundárias femininas. Indumentária superelaborada ou pessoas nuas. Figura feminina persecutória ou hostil, ou perfeita, bonita (se estiver situada nela o ideal do ego). Desenham geralmente primeiro o sexo oposto. Podem fazer somente a parte superior (castração da área inferior do corpo). Inversão do sexo.	Central	Grande, agressiva. Aspecto muscular reforçado.	Movimento expressivo ou "estáticos em exibição".	Omissão ou distorção de áreas sexuais. Grande atenção e cuidado com o *cabelo*. *Lábios* cheios e sensuais. *Olhos* grandes ou com cílios. Diferenças notáveis entre *pescoço* masculino e feminino, sendo este último muito mais longo. Ênfase nas *cadeiras* e *nádegas* da figura masculina, arredondadas ou objeto de atenção exagerada. *Tronco* arredondado e cintura fina. Figura afeminada e grande preocupação com a gravata. *Homens:* saltos nos sapatos, punhos e tornozelos pequenos. Linhas curvas. Sombreado do cabelo.	Impulsivo

Casa

Características gerais	Localização	Tamanho	Movimento e expressão	Distorções. Omissões. Acréscimos. Ênfases.	Tipo de traço
Grandiosidade, onipotência. No telhado, chaminé acentuada.	Central	Grande		Janelas. Entrada dupla.	Impulsivo

Características gerais	Localização	Tamanho	Movimento e expressão	Distorções. Omissões. Acréscimos. Ênfases.	Tipo de traço

Árvore

Traços semelhantes à produção psicopática.	Central	Grande		Galhos: inseridos à direita e inclinando-se para a esquerda: rejeição da masculinidade, inclinação feminina e maternal. Inseridos à esquerda e inclinando-se para a direita: regresso da atitude maternal feminina à masculina. Copa: dobramento dominante para a esquerda. Tronco: serpente ou arame farpado enroscado.	Impulsivo

Nas produções gráficas de quadros psicopáticos, o desenho varia de acordo com a personalidade de base, por isso podemos obter organizações neuróticas ou psicóticas. No entanto, apresentam comumente duas modalidades gráficas, exemplificadas a seguir: 1) esquematismo defensivo ou 2) figuras infladas com ênfase em elementos musculares.

1) Os casos A e B são exemplos de esquematismo defensivo. No caso A, a tentativa defensiva de mascaramento deixa transparecer, de qualquer forma, as fantasias homossexuais de exibicionismo e sedução anal. Na produção verbal, expressa a necessidade de provocar desespero no entrevistador, pelo depósito de sua impotência para executar uma tarefa que resulta "difícil", ansiogênica para o entrevistado. (Psicopatia esquizoide.)

No caso C, a produção gráfica evidencia a alternância de ciclos maníacos e depressivos, a limitação da capacidade mental (cabeças quadradas) e a pobreza e a limitação do ego (árvore, casa). (Psicopatia depressiva.)

2) No caso C, observamos figuras grandes, expressão de onipotência e inflação do ego nas figuras humanas limitadas mentalmente (cabeça cortada) e corporalmente (falta de pernas e braços). As características vazias das figuras, unidas aos elementos de castração, indicam núcleos fóbicos. (Psicopatia fóbica.)

No caso D, observamos um tratamento semelhante no desenho da árvore (a copa mutilada e em contrapartida o tronco reforçado). Na construção da figura humana mantém-se a estrutura gestáltica, mas o personagem escolhido evidencia problemas de identidade, "estranhamento" e possíveis condutas homossexuais expressas e mascaradas pela temática. (Psicopatia esquizoide.)

Para comparar com outros exemplos, ver o capítulo II, item sobre desenhos.

Teste das Duas Pessoas
Caso A. "Dança difícil"

Indicadores psicopatológicos 357

Teste das Duas Pessoas
Caso B. Homem de 28 anos

Teste das Duas Pessoas
Caso B

Casa do HTP
Caso B

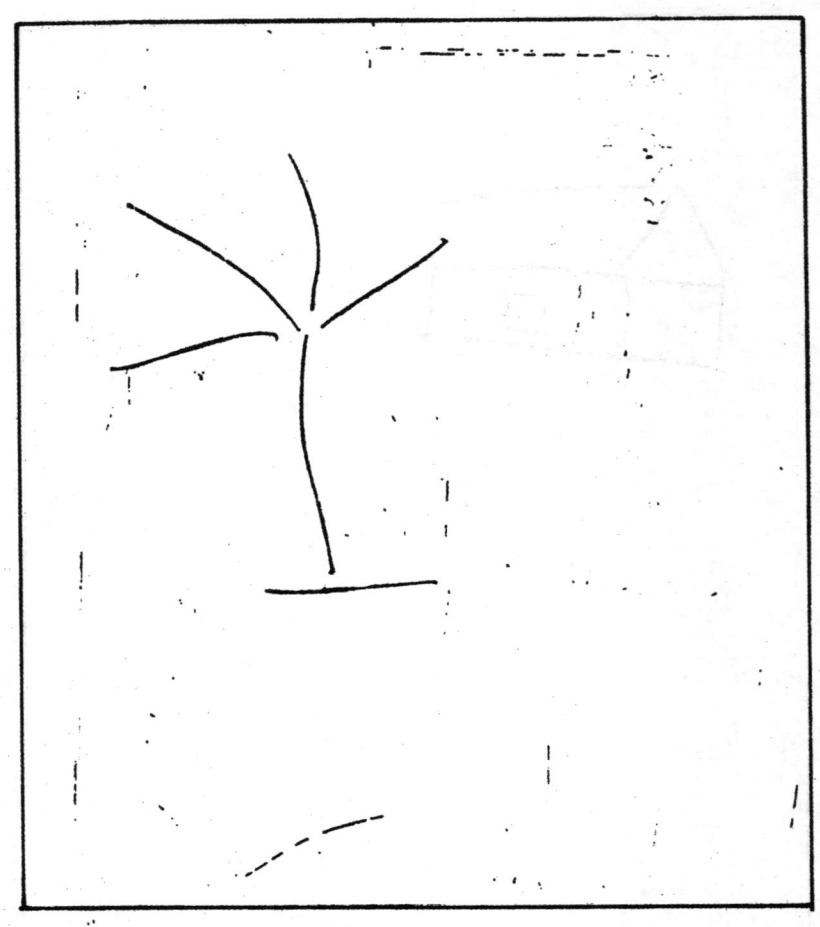

Árvore do HTP
Caso B

Teste das Duas Pessoas
Caso C. Mulher de 30 anos

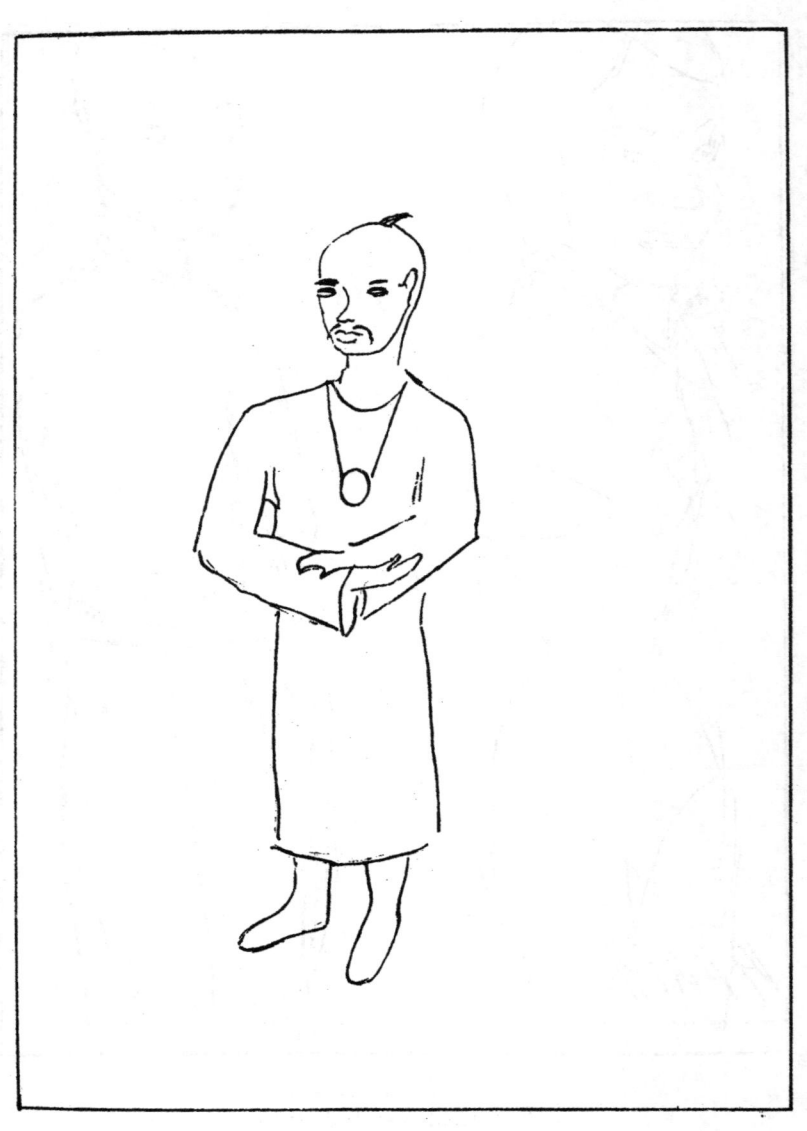

Pessoa do HTP
Caso D. Homem de 20 anos

Árvore do HTP
Caso D

Casa do HTP
Caso D

PERSONALIDADE OBSESSIVA. NEUROSE OBSESSIVA

Indicadores no Teste Desiderativo, Teste de Relações Objetais de H. Phillipson, Testes Gráficos (Duas Pessoas, HTP)

TESTE DESIDERATIVO

Indicador 1: Qualidades e funções valorizadas e enfatizadas no objeto

É enfatizada a capacidade do objeto de manter uma linha de comportamento única, sem alterações nem mudanças.
Interessa que o objeto apresente uma estrutura estável, clara, sem duplicidades, organizada.
Na descrição dos objetos, os entrevistados acentuam a utilidade, o controle da agressão e a apreciação de rendimento. Por esses traços evidenciam a valorização da capacidade intelectual, circunscrita a um rendimento racional adequado, de um ponto de vista lógico-formal. Rejeitam toda implicação emocional, que é vivida como ameaça de descontrole.

Os objetos carecem de movimento na descrição, ou têm movimentos contidos ou movimentos mecânicos, como os dos objetos de precisão, máquinas ou calculadoras. O movimento dos animais é controlado e contido. A estrutura corporal desejada (que podemos inferir por escolhas de árvores com troncos fortes, máquinas, computadores, pedras duras) é uma estrutura corporal rígida, na qual o sistema muscular tem a função de dique de contenção de estados emocionais diruptivos.

As respostas em geral são comuns, sem originalidade, e interessa muito mais a *utilidade* dos objetos que a satisfação de necessidades primárias, tanto sensoriais como afetivas, através das escolhas.

No trabalho em colaboração com a psicóloga María Carposi (5), descrevemos as características dos símbolos positivos:

1) O outro está presente.
2) Os entrevistados escolhem pela utilidade, ordem, limpeza, honestidade e falta de agressão.
3) São objetos que servem como instrumento, para serem usados por outro com fins de reparação: 'O usável'.
4) Objetos sem movimento.
5) Baixa proporção de afetos.

Privilegiam funções intelectuais e a percepção distal. Exclusão de afetividade.

Indicador 2: Qualidades rejeitadas no objeto

O que é temido implicitamente pelo ego é a emergência de qualquer necessidade imperiosa, tanto sensorial como afetiva, que são vividas como descontrole anal e loucura.

Os objetos rejeitados referem-se em seu aspecto simbólico e na racionalização tanto ao temor a esse descontrole como ao estado de sujeira, desorganização e perda de funcionamento lógico-formal em que ficaria imerso o ego se esse descontrole ocorresse.

Ao mesmo tempo, a rigidez da defesa obsessiva, que ataca a capacidade de pensamento criativo, produz temor a ficar preso num tipo de funcionamento mental pobre, rotineiro e estereotipado. Esse temor expressa-se nas escolhas negativas pela rejeição a objetos com movimento mecânico, com qualidades estereotipadas e rotineiras, tais como: parte de uma máquina sem função, sem valor; granito ou pedras duras; monólitos, objetos com movimento mecânico, porque sempre fazem a mesma coisa.

No trabalho citado anteriormente (5), descrevemos as características dos símbolos negativos:

1) objetos sujos, viscosos, desorganizados, agressivos (porco, barro, petróleo, armas de fogo em geral).
2) objetos que têm uma vida pobre, rotineira, que fazem sempre a mesma coisa, que não sentem, que são instrumentos de outros. Por exemplo: "Não quero ser uma máquina de escrever, pois vibra somente porque a pessoa aperta as teclas."

Indicador 3: Qualidades positivas ou negativas omitidas

Os entrevistados omitem as necessidades corporais e afetivas dos objetos. Não é considerada, na racionalização desiderativa, a busca por objetos que permitam a satisfação de necessidades afetivas ou o livre desenvolvimento de gratificações corporais. Só interessa determinar se os objetos desenvolvem funções úteis de um ponto de vista cultural, independentemente da satisfação ou da frustração inerentes. Nesse sentido, apresentam semelhanças com a depressão, mas diferentemente desta última, em que são privilegiados o bom ou o mau de um ponto de vista moral, na estrutura obsessiva o critério prevalecente é de utilidade-inutilidade de um ponto de vista racional. Indica que de qualquer forma, como na depressão, o cumprimento da ordem superegoica está privilegiado em detrimento da satisfação de necessidades egoicas ou instintivas.

Indicador 4: Pares de qualidades dissociadas

Os pares antitéticos são estabelecidos com base em serem organizados, limpos, honestos e racionais ("de uma só peça"), por oposição a serem desorganizados, desonestos, sujos e descontrolados emocionalmente.

O objeto bom é um objeto controlador e exigente que responde com aprovação se o ego consegue manter sob controle a ambivalência.

O objeto mau é um objeto exigente e submetedor, arbitrário, com mudanças e movimentos que provocam ansiedade e confusão.

Indicador 5: Especificidade das fantasias reparatórias e destrutivas

As fantasias reparatórias giram em torno da necessidade de preservar o objeto da agressão, mediante mecanismos de formação reativa, isolamento e anulação. Apelam para cindir aspectos da personalidade para evitar uma brusca expansão anal destrutiva no objeto.

Quanto ao ego, os pacientes conseguem um bom rendimento intelectual sem riscos de estereotipia ou de descontrole e loucura.

Indicador 6: Vinculação predominante: com pessoas, com seres vivos ou inanimados

Os outros estão presentes como juízes exigentes que aprovam o rendimento útil ou desaprovam e abandonam afetivamente se o sujeito tem descargas agressivas ou um rendimento de baixa utilidade.

Indicador 7: Defesa dominante e defesas subjacentes

Formação reativa, isolamento e anulação.

Descrevemos a presença desses mecanismos nas seguintes características da produção (5):

Isolamento

É detectado pela qualidade de toda a produção: predomina o bloqueio afetivo e da capacidade de fantasiar. São descritivos, mas diferentemente da repressão, são escolhas de baixo nível simbólico. Máquinas, objetos distantes mas presos e imóveis.

Anulação

1) Os mesmos símbolos dados nas escolhas positivas são rejeitados depois nas negativas.

2) Em uma mesma catexia positiva ocorrem várias possibilidades: ser isto ou aquilo, mas sem desenvolver fantasia desiderativa.

Devido ao ataque da capacidade de síntese, os pacientes não conseguem escolher um símbolo definido e desenvolvê-lo.

Formação reativa

1) Animais ou vegetais, domésticos, quietos, que proporcionam utilidade ao outro, são usados como instrumento.
2) São bons, suaves, não prejudiciais.
3) São objetos difíceis de desorganizar: "São sempre de uma determinada maneira."

O predomínio de mecanismos de isolamento e anulação indica uma patologia de maior gravidade que a formação reativa, pelo ataque que acarretam à capacidade sintética, à capacidade integrativa do ego e às funções de pensamento simbólico. Em quadros obsessivos graves, defensivos de psicose, a produção é pobre, as poucas respostas são comuns, as racionalizações sucintas, e dominam os mecanismos de anulação.

Indicador 8: Estilo de verbalização

Verbalização correta de um ponto de vista lógico-formal. Caracterizam-se de forma adequada os objetos de um ponto de vista descritivo; em contrapartida falta a capacidade empática com as necessidades do objeto escolhido ou rejeitado. As verbalizações são intelectualizadas, controladas, e evidenciam uma grande preocupação pela precisão no uso de termos, utilizam palavras com baixas conotações emocionais.

Ausência de imagens plásticas, metáforas e expressões afetivas, falta dramatismo. Quando predominam mecanismos de isolamento, as verbalizações são pobres, muito sucintas, e os símbolos, comuns (cachorro-rosa-livro), porque são úteis.

Indicador 9: Ponto de fixação dominante

Anal-retentivo: controle diante de impulsos agressivos com qualidades anais (sujar, explorar, desorganizar explosivamente o objeto).

Indicador 10: Delimitação da fantasia dominante a respeito da satisfação esperada pelo objeto

Na fantasia inconsciente, o objeto interno exige a entrega masoquista e a assunção de uma pseudoidentidade reativa, com exclusão da agressão. Exige, em contrapartida, um alto rendimento intelectual, mas esse rendimento não consegue possibilitar conquistas criativas, visto que o ego deve manter cindidos os afetos, fonte da criatividade.

As altas metas intelectuais impostas pelo superego (ambição, ideal do ego) entram em permanente conflito com o rendimento criativo, diminuído em consequência do cumprimento da outra exigência do objeto: o controle emocional.

CASO A. HOMEM DE 31 ANOS

1+: Algo que esteja dentro do meio vital. Animal, um cachorro, em princípio porque o cachorro tem possibilidade de receber carinho, o cachorro é sempre fiel ao seu amo, é útil no cuidado de uma casa.
2+: Computador: acho que hoje em dia cumpre uma função importante em áreas humanas, científicas, espaciais e médicas.
3+: Uma planta: todas as que têm uma função útil, não como um enfeite somente, mas como matéria-prima, como alimento para o gado, de laboratório, para medicamentos. Não sei qual em especial.
1−: Alguma coisa inútil ou que machuque, uma arma, qualquer uma, em especial as de fogo; um ciclone, porque geralmente sempre destrói.

2—: Inseto, porque sempre são portadores de doença por seu contato com a sujeira; por isso o perigo em casas em que falta o cuidado higiênico.
3—: Cardo, não tem utilidade, ou se tem é relativa, me traz a imagem de campo não trabalhado, descuidado. Parece-me não produtivo e portanto carente de valor.

Caso B. Mulher de 20 anos

1+: Trigo, é um vegetal indispensável para a vida, é lindo por sua cor clara, suas formas definidas, eu não gosto das coisas amorfas.
2+: Um cachorro, é fiel, é bondoso, se a gente usasse termos humanos diria que é honesto e leal, jamais vai alterar sua conduta com seus donos, os respeita e cuida deles.
3+: Uma casa branca, impecável, recém-construída. Eu gosto do cheiro das casas novas, cheiro de tinta, de madeira, tudo é novo, não sofreu ainda deterioração pelo uso.
1—: Barata, são animais sujos, que contaminam, são desagradáveis até na cor.
2—: Vaso sanitário, acho que é a parte mais feia da casa. Acho que não precisa explicação, você imagina o que me aconteceria se eu fosse um vaso sanitário? (*Ri*).
3—: Plantas estéreis, plantas de enfeite que morrem facilmente, que não dão sementes com facilidade, que oferecem uma utilidade mínima, exceto visual, mas é mínima.

Caso C. Homem de 28 anos

1+: Se não pode ser um ser humano, um ser animado ou inanimado, um equino; acho que é um animal que tem um jeito nobre, um aspecto bom. Além de usos práticos, além de sua beleza, tem utilidade e elemento de recreação. Nunca havia pensado nisso, me ocorreu de repente.
2+: (*Vira-se*.) Uma planta, mas não só decorativa, mas que tenha alguma finalidade, útil, perene, não caduca.

3+: Uma máquina, mas não rígida, não sei se consegue entender o que eu quero significar, máquina com personalidade, um cérebro eletrônico, incorporam novos sistemas apesar de sempre dependerem do homem.
1—: Eu não gostaria de ser um cachorro, seguindo uma escala que estabeleci porque é, sim, fiel, mas é de companhia, serviçal e submisso.
2—: Não me ocorre uma coisa determinada. Eu não gostaria de ser borboleta, inseto que suga todas as flores, não fica, não se estabelece, é admirada, produto de sua beleza, mas não para.
3—: Não uma parte de uma máquina, por exemplo uma roda auxiliar, algo que não faça o funcionamento de uma máquina, graxa, que facilite o movimento, você me limita muito, doutora.

Caso D. Homem de 22 anos

1+: Cachorro, cavalo, por que são animais superiores. Supõe-se que são inteligentes, não podemos compará-los a uma serpente na inteligência da alma. Suponho de qualquer outro animal não... (*Ri.*) É uma pergunta meio difícil. Antes a minha mãe costumava ir a um centro espiritualista onde praticavam ioga. Acreditavam na reencarnação. Eu li que seria possível se comunicar por meio de um gravador com um cachorro. De acordo com isso, o cachorro tem inteligência, tem alma.
2+: Uma planta, uma árvore, porque é útil. Não sei que outra coisa... Estou olhando esse paraíso. Quando somos pequenos nos ensinam que as plantas são úteis. Na cidade não as vemos. Mas continuam sendo úteis.
1+: Água, porque é útil. Sem água não se pode viver. Mais, não.
1—: O que eu sou, porque do contrário não estaria aqui. (*Repito a instrução.*) Ah! Então respondi errado.

2—: Nada, porque não há criação, não há utilidade. (*Repito a instrução.*)
3—: Serpente, porque é o último animal de acordo com a criação.
4—: (*Faz que não com a cabeça.*) O que for menos útil. Mas o que é menos útil? Não acho nada, não acho nada. Tudo é útil. Não me ocorre nada. Eu poderia dizer uma roda de automóvel, mas é útil... (*Faz gestos de não estar convencido; então lhe digo que me explique por que não gostaria de ser uma roda de automóvel.*) Minha mãe tinha suposições estapafúrdias. Dizia que todas as coisas sentiam, que tudo tinha espírito. Tudo tem certa utilidade. Para ser algo, tem de ser algo completamente inútil. (*Torno a lhe perguntar por que não gostaria de ser uma roda.*) De acordo com isso sente, isso sente um peso, uma fricção. Se sentisse, seria muito incômodo. Poderia ser uma roda de automóvel de corrida; nesse caso o incômodo se sente pouco, especialmente se correr muito. Eu pensava num caminhão, num ônibus. É diferente a utilidade da roda de carro da roda de moto. (*Pergunto-lhe que tipo de roda é o que ele menos gostaria de ser.*) De ônibus.
5—: Deixe-me pensar um pouquinho, porque assim de repente não... Petróleo ou carvão, porque é preto. (*Repito a instrução.*) Um espírito, porque é uma coisa que não tem utilidade, que não tem corpo, se não há matéria.
6—: Um cacto, porque supostamente é inútil.

Características comuns e diferenciais dos casos apresentados.

Nos quatro casos, em quase todas as escolhas positivas estão enfatizados os traços de utilidade, nobreza, honestidade e está implícita a ideia de objetos que carecem de aspectos prejudiciais ou que mantêm suas possibilidades de agressão sob controle. A enfatização de traços e a própria escolha dos objetos estão governadas mais por princípios de bom ou mau, em consonância com os princípios culturais, que pela busca de satisfação de necessidades. Por exemplo:

Caso B.

2+: Um cachorro, é fiel, é bondoso, se a gente usasse termos humanos diria que é honesto e leal, jamais vai alterar sua conduta com seus donos, os respeita e cuida deles.

Caso A.

3+: Uma planta: todas as que têm uma função útil, não como um enfeite somente, mas como matéria-prima, como alimento para o gado, de laboratório, para medicamentos. Não sei qual em especial.

Na segunda escolha vê-se claramente que a necessidade de cumprir com normas superegoicas de utilidade oculta a ansiedade inerente ao risco de ser ingerido e, portanto, morrer.

As funções enfatizadas são as intelectuais, mas centradas na conquista de um tipo de pensamento racional "lógico", "adaptado à realidade", que não se descontrole pela presença de elementos irracionais. Dominam mecanismos de isolamento, que por sua vez produzem um outro tipo de ansiedade: temor a carecer de capacidade criativa e possuir só uma armação formal (decorativa e estéril).

Exemplos do tipo de funcionamento mental valorizado e desejado:

Caso A

2+: Computador: acho que hoje em dia cumpre uma função importante em áreas humanas, científicas, espaciais e médicas.

Caso C.

3+: Uma máquina, mas não rígida, não sei se consegue entender o que eu quero significar, máquina com personalidade, um cérebro eletrônico, incorporam novos sistemas apesar de sempre dependerem do homem.

Exemplo do temor a um funcionamento mental empobrecido e estéril:

CASO B

3—: Plantas estéreis, plantas de enfeite que morrem facilmente, que não dão sementes com facilidade, que oferecem uma utilidade mínima, exceto visual, mas é mínima.

CASO C.

3—: Não gostaria de ser uma parte de uma máquina, por exemplo uma roda auxiliar, algo que não faça essencialmente o funcionamento de uma máquina, a facilitação de seu movimento.

No aspecto afetivo, enfatiza-se a honestidade, a lealdade, o controle da agressividade, o ser sempre de uma determinada maneira para receber afeto em troca; isso está presente nas escolhas de animais, geralmente cachorro ou cavalo. Da necessidade de manter a agressão dissociada e controlada (formação reativa), surgem dois tipos de temores básicos. Um deles é o perigo que supõe o fracasso da defesa: descontrole anal, por exemplo:

CASO A.

1—: Um ciclone, porque geralmente sempre destrói.

CASO B.

1—: Barata, são animais sujos, que contaminam, são desagradáveis até na cor.
2—: Vaso sanitário, acho que é a parte mais feia da casa. Acho que não precisa de explicação, você imagina o que me aconteceria se eu fosse um vaso sanitário? (*Ri*).

O outro temor refere-se às consequências que o bom uso da defesa traz consigo para o restante da personalidade: pobreza intelectual, falta de criatividade, esterilidade (que já vimos), e temor a não poder ser autônomo, mas sempre parte de um objeto dominador (superego), unido ao temor a ser duplo ou hipócrita devido à percepção inconsciente da ambivalência.
Por exemplo:

Caso C.

1—: Eu não gostaria de ser um cachorro, seguindo uma escala que estabeleci porque é, sim, fiel, mas é de companhia, serviçal e submisso.

3—: Não gostaria de ser uma parte de uma máquina, por exemplo uma roda auxiliar, algo que não faça em essência o funcionamento de uma máquina, a facilitação de seu movimento.

Na maior parte das respostas, são omitidas as descrições físicas dos objetos: o corpo dos objetos, as funções, as sensações proprioceptivas e distais; por outro lado, é acentuada a forma como "são vistos por outros" e nesse ponto importa o corpo inteiro, as formas definidas (caso B: 1+) ou limpas (caso B: 3+). O movimento nos animais está omitido e quando é mencionado, é um movimento controlado, "andar pausado, boa imagem". Enfatizam, em contrapartida, o movimento mecânico, localizado nos objetos inanimados.

Nos casos A, B e C o nível de funcionamento é neurótico, com algumas variações tais como: nos casos A e B, temor ao descontrole anal-explosivo e luta evidente contra aspectos da personalidade que contêm um alto grau de impulsividade. No caso C, o entrevistado evidencia uma crise diante do seu controle e submissão superegoico: emergem sentimentos depressivos, de desvalorização pela privação de autonomia e liberdade no funcionamento mental. Sente que grande parte de seu potencial mental está dirigido a funções de controle, e dessa forma só pode utilizar uma parte de seu cabedal e perde mobilidade no essencial: o pensamento criativo.

O caso D, apesar de suas escolhas se enquadrarem nas da neurose obsessiva, apresenta alguns elementos que nos permitem inferir que o conteúdo obsessivo é uma defesa que fracassa reiteradamente em uma organização de personalidade com características psicóticas. Por exemplo:

1+: Cachorro, cavalo, por que são animais superiores. Supõe-se que são inteligentes, não podemos compará-los a uma serpente na inteligência da alma. Suponho de qualquer outro animal não... (*Ri.*) É uma pergunta meio difícil. Antes a minha mãe costumava ir a um centro espiritualista onde praticavam ioga. Acreditavam na reencarnação. Eu li que seria possível se comunicar por meio de um gravador com um cachorro. De acordo com isso, o cachorro tem inteligência, tem alma.

Evidencia-se a presença de ideias delirantes sobre superioridade, reencarnação e comunicação com animais e possivelmente com os mortos (a mãe). O entrevistado consegue "rearmar-se" sucessivamente nas respostas e, também, fracassar reiteradamente:

1−: "O que eu sou, porque do contrário não estaria aqui". Resposta na qual evidencia-se o profundo temor a despersonalizar-se e perder o contato simbólico com a realidade.
4−: "O que for menos útil. Mas o que é menos útil? Não acho nada, não acho nada. Tudo é útil. Não me ocorre nada. Eu poderia dizer uma roda de automóvel, mas é útil... Minha mãe tinha suposições estapafúrdias. Dizia que todas as coisas sentiam, que tudo tinha espírito. Tudo tem certa utilidade. Para ser algo, tem de ser algo completamente inútil. (*Torno a lhe perguntar por que não gostaria de ser uma roda.*) De acordo com isso sente, isso sente um peso, uma fricção. Se sentisse seria muito incômodo. Poderia ser uma roda

de automóvel de corrida; nesse caso o incômodo se sente pouco, especialmente se correr muito. Eu pensava num caminhão, num ônibus. É diferente a utilidade da roda de carro da roda de moto. (*Pergunto-lhe que tipo de roda é o que ele menos gostaria de ser.*) De ônibus".

Suas tendências animistas inerentes a áreas de funcionamento delirante são projetadas defensivamente na mãe, tentando manter dessa forma, precária e forçadamente, a função de juízo de realidade.

TESTE DE H. PHILLIPSON

Percepção da situação da prancha

1) Os entrevistados demoram em responder, "estudam detidamente" a prancha tentando ver o que "objetivamente" acontece ali e evitando ter uma visão errônea ou emitir julgamentos apressados (controle da fantasia).
2) Tentam um contato racional e objetivo, predomina portanto o excesso de distância emocional da prancha.
3) Têm um bom ajuste ao estímulo. Percebem e descrevem adequadamente os elementos da prancha no que se refere às suas características formais (número de personagens, sexo). Prestam mais atenção ao conteúdo de realidade, que geralmente descrevem de forma minuciosa.

A descrição pode ser de cada objeto (resposta de detalhe); custa-lhes, em contrapartida, dar uma resposta global que reúna os elementos e lhes dê também um significado emocional; por exemplo na prancha 3 podem dizer: três pessoas, aqui vejo uma jarra, uma xícara, uma lâmpada etc. mas lhes custa dar respostas globais com significado, como seria: três pessoas tomando chá. Essa característica da produção evidencia o uso de mecanismos de isolamento e a tendência deste quadro de apegar-se aos dados de realidade com uma finalidade defensiva: evitar o contato e o compromisso afetivo vivido como produtor de descontrole. Por isso limitam-se a "o que está objetivamente" na prancha, evitando interpretar o clima emocional emergente. Manifestam explícita preocupação em "justificar" as associações dizendo, por exemplo, "é a conclusão lógica decorrente da representação gráfica, qualquer um veria o mesmo que eu", "não posso lhe dizer mais nada porque não posso inferir daqui".

4) Tendência a aferrar-se às minúcias, aos detalhes secundários que não fazem a essência, ao núcleo da situação perceptual (como no Rorschach, no qual destacam áreas inusitadas da prancha).

5) Com a inclusão de cor (prancha 3), há um maior retardamento de associações, preocupação com o vermelho, dificuldade de integrá-lo e necessidade de atribuí-lo a um objeto específico (restrição e controle emocional).

6) Os personagens são percebidos ponderando, pensando, refletindo, sem mobilidade espaço-temporal, ou com movimentos oscilantes (vão e voltam: dúvida obsessiva).

7) Outro fenômeno comum é a crítica racional às pranchas; criticam erros de perspectiva, sombras mal-projetadas, objetos que destoam nesse ambiente. A crítica tem o sentido de deslocar para situações secundárias e é manifestação de modalidade defensiva contra os aspectos mobilizadores da prancha.

Essas críticas são mais comuns na prancha C3 (pelo impacto com a cor) e nas pranchas da série B, nas quais a oposição líquida e certa dos tons e a ausência de conteúdo de realidade dificultam a evasão defensiva aos elementos de detalhe, em contrapartida, coloca-os diante de um mundo com características rígidas e autoritárias semelhantes a seus sistemas de valores e normas de conduta.

As críticas na série C referem-se, em sua parte manifesta, à cor ser inadequada ou destoante do restante da prancha; essas críticas estão relacionadas com a dificuldade de integrar o afeto, que dentro da vida mental é também considerado um fator discordante e diruptivo.

8) Na série A, observamos histórias curtas, bloqueadas, ou histórias alternativas pela ambiguidade do conteúdo de realidade.
9) Na prancha em branco produzem elaborações muito formais (descrição de um lugar, em geral uma casa, uma família padrão com uma vida normal etc.). Não desenvolvem histórias.

As pessoas incluídas na história e suas relações

Os pacientes descrevem personagens de "fora", têm dificuldade para animá-los emocionalmente; descrevem-nos de um ponto de vista formal (sexo, idade) e realizando funções mentais: pensam, refletem, são pessoas formais, sérias, exigentes, moralistas. São descritos como paralisados, detidos pela dúvida; isso se expressa na produção de forma direta (pensando, refletindo, tem de tomar uma decisão e tem alternativas diferentes), ou de forma simbólica (está parado diante de uma encruzilhada, há dois caminhos, suponho que poderia fazer uma coisa ou outra, vai até sua casa e volta etc.).

Descrição da interação

As relações são reduzidas a contatos passageiros ou formais (encontro circunstanciais), ou a reuniões nas quais o tom emocional é formal e controlado, evitando as relações afetivas intensas e sobretudo o contato e a aproximação corporal, tanto amorosos como agressivos (de isolamento).

Os bons relacionamentos ocorrem sempre em um nível de bom diálogo intelectual. Predominam as relações entre indivíduos de um mesmo sexo. São descritos como pessoas sérias, reflexivas, honestas, justas, que têm sempre uma linha de conduta.

As relações objetais inconscientes

O desejado: ser aprovado, aceito por um objeto interno exigente e cruel que submete e proíbe a violência. Busca de uma relação com um objeto controlado e submisso diante do qual não exista risco de perda.

O temido: descontrole vivido como desintegração. Busca necessitada de um objeto que possa desencadear briga sádica, destruição e perda do objeto ou nova submissão (tudo continua igual a antes).

Defesas: formação reativa. Isolamento. Anulação. Intelectualização. Racionalização.

À medida que a patologia progride, dominam os mecanismos de isolamento e anulação sobre os mecanismos de formação reativa. Em produções com grave patologia, as pranchas são desmembradas em pequenas áreas e os entrevistados não conseguem reuni-las depois em nenhuma resposta global (isolamento). As poucas linhas associativas são alternativas e opostas (tanto poderia ser isto como o contrário), como expressão dos mecanismos de anulação. Quando essas características dominam em toda a produção, geralmente se trata de quadros com uma base psicótica, nos quais a defesa obsessiva é só uma fachada precária para manter o contato com a realidade.

Atitude egoica: ego submisso. Observa-se diminuição da capacidade imaginativa emocional, da vida de fantasia, o que resulta na falta de originalidade intelectual. As histórias são comuns, irrelevantes, com poucos conflitos. A energia está colocada em evitar respostas com mobilizações emocionais, o controle diminui a criatividade.

Estrutura da história

Tipos de histórias: construção de histórias formais, ajustadas ao trivial, com poucos voos imaginativos.
   a) Descrições sem afeto e emoção (isolamento). Detalhismo marcante dirigido ao conteúdo de realidade (descrição detalhada dos objetos da prancha).

b) Devido à extrema dificuldade para expressar emoções ou sentimentos centrais, quando os pacientes conseguem criar uma história, subtraem dela o afeto, relatam situações cotidianas, sem grandes alternativas (uma reunião de amigos, conversam sobre assuntos gerais etc.). Resultam histórias formais, circunstanciais, do tipo "aqui não está acontecendo nada".

c) Propõem histórias alternativas (pode ser uma coisa ou outra) como evidência de dúvidas obsessivas e utilização de mecanismos de anulação.

Cumprimento da instrução

Ajuste formal à instrução, mas com empobrecimento dramático. Os pacientes incluem o presente, o passado e o futuro, mas em geral o passado refere-se ao passado imediato e manifesto, da mesma forma que com o futuro, por exemplo: "amigos tomando café, antes, bem, encontraram-se e decidiram ir para a casa de um deles, depois se despediram e cada um irá para sua casa".

Atitude cautelosa. Temor a imaginar o que "poderia ocorrer", devido à necessidade de fundamentar e justificar (racionalização) a produção mediante elementos concretos e visíveis da prancha. Geralmente é no presente que aparece algum elemento emocional de desencontro afetivo, perda, discussão com a explicitação de emoções. As verbalizações sobre o futuro, por outro lado, têm o objetivo de anular essa situação emocional e "retornar" à ordem anterior a esse momento (passado), ao equilíbrio emocional e ao predomínio de funcionamento racional, de tanta importância neste quadro. Por isso afirmei anteriormente que são histórias do tipo "aqui não aconteceu nada" ou "sim aconteceu, foi por um segundo e tudo voltou para o seu lugar".

Quanto ao manejo do espaço da prancha, observamos a necessidade de emparedá-lo, dividi-lo em partes e evitar que elas confluam para uma situação emocional. Os espaços abertos ou de baixa estruturação (série A, prancha em branco) provocam grande ansiedade porque exigem a projeção pessoal para ser estruturados, o que significa nesses casos o risco de passar por um descontrole anal. Aferram-se às noções espaciais formais (em cima-embaixo-dentro-fora-esquerda-direita), não por uma boa assimilação simbólica destas (que implicaria uma estruturação muito boa do esquema corporal), mas como coordenadas de referência para manter rigidamente estruturada a personalidade e o esquema corporal e evitar o risco da ambiguidade, que levaria à desestruturação. Por exemplo, nas pranchas da série C o detalhismo não está motivado pelo interesse curioso ou investigativo sobre a realidade, mas a possibilidade de contar com suficientes conteúdos de realidade localizados em áreas da prancha permite que eles atribuam às histórias qualidades de algo conhecido, cotidiano e, portanto, não tão arriscado e desestruturante. O uso defensivo dessas noções evidencia-se na dificuldade de atribuir significados emocionais ou simbólicos a esses objetos ou localizações, ou tirar conclusões com base nisso; esses pacientes só descrevem, "é isso o que eu vejo", a busca de significação é o que está ausente.

Conflito

Dificuldade para explicitar a fantasia por temor ao descontrole emocional. Os pacientes tentam evitar a verbalização de um possível conflito apelando para mecanismos de anulação. (Acho que os personagens não estão aborrecidos, e eu deduzo isso por causa de tal elemento da prancha; também não estão tristes, porque se estivessem, teriam outra postura.)

Há maior ansiedade e bloqueio diante das pranchas da série A, devido à ambiguidade do conteúdo de realidade. Se o conflito se explicita, os personagens se ajeitam de forma mágica, falando, pensando, raciocinando, ou então o conflito é anulado com outra história alternativa. As soluções são lógicas e intelectuais, mas não elaborações emocionais.

Exemplos:
Caso A. Homem de 36 anos

Prancha 1: É um homem que foi submetido de forma transitória a uma explosão, sem que tenha provocado danos, com grande desprendimento de gases. A surpresa da explosão deixou-o paralisado, sem atinar para nenhum movimento de sua parte, ao perceber o que acontecera. Ao dar-se conta de que não sofrera nenhum dano, reage favoravelmente e volta ao estado de ânimo anterior ao fato.

Antes, este senhor estava fazendo experiências com misturas de produtos químicos, um descuido cometido durante o processo faz com que se produza o fato.

Prancha 3: É um conjunto de pessoas que se encontra num ambiente familiar, um deles parado na frente do que parece uma lareira, sobre a qual se vê um quadro e ele o está observando detidamente. Outra das pessoas participantes da reunião está comentando com uma terceira pessoa, coincidindo nas observações que está fazendo a primeira pessoa quanto ao quadro que está observando. O ambiente onde se encontram é um lugar agradável, decorado com certo gosto, pode-se ver uma grande biblioteca... (*Aproxima mais a prancha.*) Tento descrever o que vejo em primeira instância tentando observar os detalhes, mas afirmar muitos deles é arriscar. Suponho que os comentários que esta pessoa faz sobre o quadro que observa referem-se à delicadeza de linhas e à claridade com que o pintor que realizou o retrato conseguiu. Considero que isto vermelho é um detalhe discordante com relação ao resto da prancha, que como disse anteriormente reflete um ambiente harmônico.

Prancha 13 (em branco): É uma reunião com certa quantidade de pessoas sentadas ao redor de uma mesa grande, num momento de conversa após a refeição ou durante a sobremesa. Estão fazendo diversos comentários sobre vários assuntos, da política à economia e às vezes arte. As pessoas que comparecem a essa reunião são pessoas que dentro das especialidades mencionadas ocupam cargos ou realizam atividades de certa transcendência.

O motivo da reunião foi o de poder trocar opiniões sobre as diferentes atividades que cada um desempenha. As pessoas que compareceram a essa reunião denotam ser pessoas de boa posição, nota-se pelo tipo de roupa que cada uma delas usa, pelo ambiente em que se realizou a reunião e pelo serviço que se presta nesse lugar. Os comentários que estão fazendo na reunião não ocorrem de forma organizada devido à variedade de temas de que tratam, ficando às vezes interrompidos pelo tom de zombaria que alguns dos assistentes tentam dar às diferentes respostas que são obtidas.

Caso B. Homem de 30 anos

Prancha 1: Bem, isto parece uma figura humana, um homem. A impressão que tenho é que aparece todo rodeado de névoa. Aqui há alguma coisa que se destaca, mas não consigo descobrir o que é. (*Refere-se à figura da esquerda.*) É difícil dizer alguma coisa. Não me ocorre nada sugerido por isto. Poderia ser a imagem de uma pessoa que vai caminhando e se distancia de mim, de costas. Aparece a cabeça um pouco virada, como se estivesse pensando. Bom, a partir disso se pode dizer que é uma pessoa que teve problemas, que está um pouco aborrecida... (*Silêncio.*)... Suponho que é um homem que brigou com sua companheira, com sua mulher e está sozinho agora, saiu com raiva da casa... (*Silêncio.*)... mas está pensando em voltar, bom não está com muita raiva. Bom..., mais nada.

Prancha 2. (*Antes de olhá-la.*) Posso ler o que está escrito atrás? (*Examina a prancha.*) Bom, aqui há um casal, este é um perfil de mulher e este, de homem, parece... que tiveram relações sexuais e agora vão se vestir... não sei... mais nada.

Prancha 3: Bom, isto é uma poltrona com um encosto muito grande. Parece que o outro é um homem, uma pessoa em pé

com o braço erguido que parece um homem. Isto... parece um globo, não, não pode ser porque teria a parte de baixo, uma luminária. Isto pode ser a mulher. A mesa está posta, podem ter tomado café da manhã por exemplo... não... não é de dia. No entanto, estas são xícaras. Suponho que podem ter jantado, estas são xícaras de café.
Poderiam ser a mãe, o pai e o filho, apesar de que não distingo se é homem ou mulher. No entanto, pelo braço, é um rapaz. Bom, é um filho, jantaram, estão conversando e vão dormir.

PRANCHA 6: Bom, isto é um quarto porque está no andar de cima, porque há uma escada. (*Silêncio.*) Bom, parece que é o quarto de um hotel, aqui a cama de hotel, e isto parece uma toalha. (*Silêncio, longo silêncio, olha a prancha, toca-a.*) Um homem que volta do trabalho e logo depois disso vai dormir. Bom, também pensei... (*Silêncio.*)... que pode ser um hotel de alta rotatividade, mas... aqui não vejo o casal. É, tenho dúvidas a respeito disso. (*Silêncio.*)

PRANCHA 11: Isto é um quarto e há uma pessoa deitada. Aqui há outra que tem... uma bengala. Uma coisa que me parece estranha é que esta porta não coincide com a abertura (que não sei como se chama). Acho que são marido e mulher. Poderia ser um homem que estava lendo e vai dormir. Bom, dá a impressão de ser uma casa luxuosa, ou um apartamento luxuoso, por causa da porta de folha dupla e dos móveis de estilo.

PRANCHA 13: É esta? Bom, não vejo nada diretamente. Esta é a mais estranha de todas. (*Longo silêncio, mexe o rosto, faz gestos de dúvida, segura o queixo pensando... silêncio.*) Como isto é difícil...! (*Silêncio.*) Bom, por exemplo, pode ter relação com coisas que eu descobri ontem, ou anteontem e tem relação com o aparecimento da folha... (*Ri.*)... e é uma viagem para a Europa. Uma pessoa que vai para a Europa e... (*Silêncio.*)... para visitar os parentes que não vê há muito tempo; encontra-se com eles e fica muito alegre, é muito bem recebido... (*Silêncio.*) Bom, fica um tempo lá e depois volta.

Os dois protocolos correspondem a quadros obsessivos neuróticos. A comparação de ambos os materiais evidencia características paranoides no caso B e tendências impulsivas e de ação no caso A.

Características diferenciais

CASO A. A elaboração da prancha 1 ("explosão súbita e inesperada de gases que o deixou paralisado") contrasta em seu conteúdo com o restante das produções. Essa produção faz referência ao fracasso transitório de mecanismos de controle da agressão que origina a emergência de atuações agressivas, dissociadas, explosivas, bruscas e transitórias, com qualidades anais. Esses descontroles em uma personalidade controlada e comedida produzem vivências de confusão e desconcerto. É válido comparar a intensidade das emoções em risco de descontrole que podemos inferir na prancha 1, com a conduta formal e "adaptada", com o objetivo de satisfazer uma forte ambição, centrada em conquistas materiais e *status*, que prevalece na prancha em branco.

Essa comparação revela, sobretudo na prancha em branco, que essas violentas emoções estão cindidas e isoladas do resto da personalidade para obter a pseudoadaptação formal desejada. A gravidade neste caso está centrada na intolerância egoica para absorver essa violenta carga emocional que supõe o risco de uma crise somática grave como única via de descarga (explosão violenta, crise de hipertensão).

CASO B. Crítica deslocada para elementos formais da prancha, quando ela propõe situações que o perturbam emocionalmente (prancha 1). Desconfiança e atitude controladora (necessidade de ver o verso da prancha), atitude cautelosa e hesitações na verbalização das associações.

TESTES GRÁFICOS

PERSONALIDADE OBSESSIVA. NEUROSE OBSESSIVA

Características gerais	Localização	Tamanho	Movimento e expressão	Distorções. Omissões. Acréscimos. Ênfases.	Tipo de traço

Figura humana

Desenho detalhista e superelaborado (repassado). Figuras rígidas, vestidas, formais. Preocupação com linha média e simetria. Não conseguem dar por concluído o trabalho (atitude de retenção), revisam-no e acrescentam detalhes. Impressão geral de dureza, rigidez, peso (falta de espontaneidade). Uso de borracha (mecanismo de anulação).	Preocupação por situá-los equidistantes dos limites da folha. Tendência à parte superior, podem localizá-los para a esquerda.	Pequena ou média.	Figuras duras, rígidas, tensas, corpo-couraça (controle emocional, rigidez). Impressão de peso (pelo detalhismo exagerado). Dureza na expressão facial, que pode ser inexpressiva, de cortesia forçada (sorriso duro ou revelador de tensão).	Preocupação pela vestimenta formal e completa (homem com terno e gravata; mulher com roupas fechadas, saias longas etc.). Preocupação com os detalhes (botões, bolsos, dedos etc.). Ênfase no contorno do corpo revisto e reforçado. Cabeça pequena, corpo grande. Tratamento especial da cabeça e do couro cabeludo (detalhismo). Predomínio de cabeças quadrangulares com a área do cabelo reforçada e separada por linhas retas. Cabelo sombreado escuro (controle intelectual, isolamento). Preocupação com linha média e simetria. Braços duros, punhos fechados ou mãos ocultas. Geralmente fazem figuras de frente. *Neurose obsessiva grave.* Detalhismo exagerado (nós dos dedos, cordões dos sapatos, enfeites da vestimenta etc.). Predomínio de mecanismos de anulação. Evidente dificuldade para separar-se do desenho (pedem-no depois de entregue para melhorá-lo). Aspecto de figura robô.	Traços duros. Linhas retas, fortes, claramente demarcatórias e linhas sujas (reforçadas e arrumadas etc.). Sucessivas correções e apagamentos (formação reativa e anulação). Predomínio de linhas retas e angulosas.

Indicadores psicopatológicos

Características gerais	Localização	Tamanho	Movimento e expressão	Distorções. Omissões. Acréscimos. Ênfases.	Tipo de traço
Casa					
Superdetalhada. Preocupação com os detalhes do telhado, as cercas, as grades etc. Elementos de fechamento: isolamento. Casa de perfil (oposicionismo, obstinação). Superdetalhismo, remendos, sujeira. Estereotipias.	Preocupação em colocá-la equidistante dos limites da folha. Tendência à parte superior, podem colocá-la à esquerda.	Pequena		Traço preocupação com a realização do telhado. Preocupação em marcar pequenas áreas (telhas, por exemplo) (mecanismo de isolamento). O controle e o arranjo excessivos transformam o telhado em uma área suja e remendada (permanente falta dos mecanismos de controle). Portas e janelas fechadas, com presença de fechaduras e grades (isolamento e controle). Presença de cercas, janela do banheiro grande. Chaminé grande com pouca fumaça (um fiozinho). Caminhos de acesso reforçados e sujos.	Traços duros. Linhas retas, fortes, claramente demarcatórias e linhas sujas (reforçadas e arrumadas etc.). Correções sucessivas e borrões (formação reativa e anulação). Predomínio de linhas retas e angulosas.
Árvore					
Remendada, suja. Estereotipada, pobre, com pouca expansão. Formas retas e angulosas.				*Copa:* pobre, com pouca expansão, sem frutos. Fechada. *Tronco:* largo, reto. *Galhos:* com torções, angulosos. *Neurose obsessiva grave:* Pré-psicóticos. Árvore deteriorada, desintegrada, ou exagero no detalhismo obsessivo (desenho de folhas, linhas do tronco etc.)	

Para exemplificar a diferença entre traços obsessivos neuróticos, neurose obsessiva e controles obsessivos patológicos presentes em produções psicóticas, remeto-me ao capítulo II, item sobre os testes gráficos, no qual exponho os indicadores de diferenciação.

As três produções seguintes correspondem a estruturas neuróticas. No caso A, o controle obsessivo expressa-se por meio da contenção do movimento, da dureza de traços e da ênfase em detalhes da vestimenta. Contém traços histéricos relacionados com repressão do exibicionismo e estrutura depressiva de base (expressão facial).

Nos casos B e C, predominam ansiedades de base paranoide (olhar) e fortes componentes de rivalidade com o sexo oposto (diminuição da figura masculina em tamanho e caracterização mais infantil). Contém características de base esquizoide.

Teste das Duas Pessoas
Caso A. Mulher de 27 anos

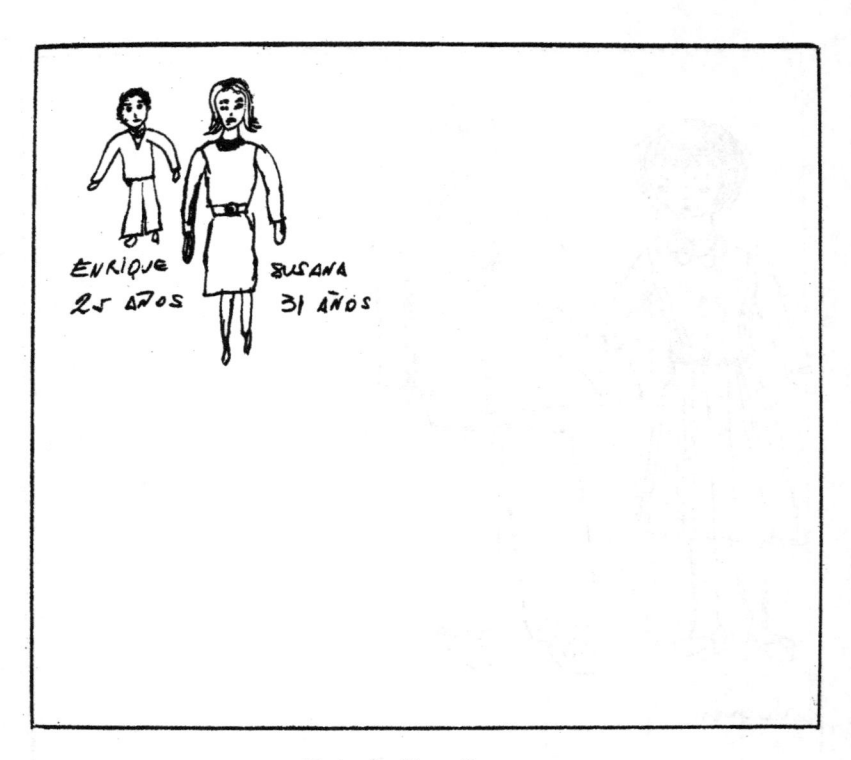

Teste das Duas Pessoas
Caso B. Mulher de 23 anos

Indicadores psicopatológicos 393

Teste das Duas Pessoas
Caso C. Mulher de 22 anos

HTP
Caso C

PERSONALIDADE FÓBICA. HISTERIA DE ANGÚSTIA.

Indicadores no teste Desiderativo, teste de Relações Objetais de H. Phillipson, testes gráficos (Duas Pessoas. HTP)

TESTE DESIDERATIVO

Indicador 1: Qualidades e funções valorizadas e enfatizadas no objeto

O interesse é centrado em objetos vivos (animais). Enfatizam a capacidade de movimento autônomo (que permite controlar a aproximação-distanciamento, e com isso a distância, problema central nas fobias) e a acuidade nas funções auditivas e visuais. O modelo desejado é o de um objeto pouco agressivo, agudo, vivaz e ágil, que consiga uma boa sincronia entre percepções distais, angústia-sinal e movimentos de distanciamento (necessidade de instrumentar a evitação de objetos que provocam medo).

Privilegiam, portanto, a capacidade de prever perigos e de apelar para movimentos de distanciamento do perigo ou de aproximação a objetos ou situações de proteção (andorinhas, gazelas; em crianças é comum o "papa-léguas").

Também valorizam objetos-símbolo que têm uma "vida tranquila", sem altos e baixos e perigos, como expressão do desejo de liberar-se dos dolorosos e permanentes estados de ansiedade (crise de angústia). A descrição do corpo dos objetos está centrada em funções motoras, que possibilitam esses enfrentamentos, fugas de perseguidores ou aproximações a objetos protetores.

No trabalho realizado com a psicóloga María Carposi (5), nos dedicamos às características dos símbolos positivos e delimitamos os matizes diferenciais, conforme domine como defesa a evitação fóbica ou a contrafobia:

Evitação: escolhas porque ou para:

1) distanciar-se, movimentar-se, estar em liberdade, ir para onde quiser,
2) em razão de vida tranquila, sem perigos.

Por exemplo: 1) e 2) "Andorinha, porque pode estar onde mais gosta. São inteligentes e sabem escolher o clima. Estão sempre calmas, sabem que se não gostarem de algo podem procurar outro lugar."

Contrafobia: objetos que são corajosos, arriscados, fortes, defendem-se e enfrentam os perigos.

Diferentemente da psicopatia, na contrafobia:
a) O destaque é posto na possibilidade de enfrentar sozinhos e sem medo o perigo, e não tanto em depositar o medo em outro.
b) Há maior coerência entre o símbolo e o simbolizado e maior ajuste ao enquadramento.

Exemplos de A), evitação, de B), contrafobia, em duas produções que apelam para o mesmo símbolo: barco.

A) Eu gostaria de ser um *barco*, porque poderia percorrer lugares, ir de um lugar para o outro, procurando sempre o que me parecesse mais tranquilo;
B) Porque poderia enfrentar tempestades, bom, eu gostaria de ser um barco grande.

Durante os episódios fóbicos, o desespero causado pelo permanente estado de ansiedade pode originar escolhas de objetos insensíveis (pedra, por exemplo), justamente por sua capacidade de estar livre de estados emocionais.

Indicador 2: Qualidades rejeitadas no objeto

Os pacientes rejeitam de forma central a imobilidade física (vivida como "estar à mercê" do perseguidor e sem defesa) e, em outro plano, a agressão e a sexualidade, vividas como desorganizadoras e alheias ao ego.

Produzem verbalizações angustiadas e rejeições claras aos objetos-símbolo que carecem de movimento e que estão enraizados, ancorados, na relação com outros, como por exemplo vegetais, pedras, montanhas ou animais contidos em seu movimento (enjaulados) ou muito lentos (tartarugas). Essa rejeição expressa o temor a ficar em um estado de paralisação por pânico, sem poder apelar para a evitação ou a contrafobia como defesa, e portanto indefesos perante um ataque iminente.

O temor ao descontrole de impulsos sexuais ou agressivos reprimidos expressa-se na rejeição a objetos com clara simbologia sexual (répteis, aranhas) ou agressiva, mas que têm a peculiaridade de ser animais que podem aparecer sub-repticiamente e portanto escapam à possibilidade de controle visual ou auditivo. O sub-reptício está centrado em animais pequenos e ocultos que aparecem de forma imprevisível e sem fazer barulho, ou que são capazes de confundir-se, metamorfosear-se com o ambiente.

A necessidade de manter o depósito projetivo dos aspectos agressivos ou sexuais no objeto e evitar reintrojetá-los como próprios manifesta-se em expressões emocionais intensas de rejeição verbal, como por exemplo: que nojo!, não consigo nem dizer o nome deles! não suporto vê-los! Essas verbalizações indicam a necessidade de reforçar a diferenciação entre o ego e esse aspecto rejeitado, ao mesmo tempo em que dramatizam a reação de angústia inerente à percepção do impulso.

Os elementos sexuais-agressivos que ameaçam descontrolar o ego estão também simbolizados em rejeições tais como: fogo, tempestades, temporais, mar revolto, animais selvagens que não podem ser domesticados, animais furiosos por causa do cativeiro.

Algumas dessas escolhas (tempestade, temporal) referem-se à rejeição às frequentes crises de angústia. Essas crises também são simbolizadas por objetos em movimento constante ou movimento agitado. (Esses objetos representam órgãos corporais descontrolados durante a crise, por exemplo: coração, crise de taquicardia.)

Uma vez que nas fobias é de essencial importância a obtenção de uma "distância ótima" do objeto, aparecem rejeições simultâneas a objetos muito "arraigados" (plantas, por exemplo), e a objetos que, ao contrário, estão excessivamente distanciados, sozinhos e privados de companhia ou de movimento autônomo na busca por outros objetos (cacto no deserto, vagabundos, mendigos, garrafa perdida no mar).

No trabalho citado anteriormente (5) descrevemos as características dos objetos-símbolo rejeitados e mostramos que eles expressariam tanto o temor pelo fracasso das defesas (evitação, contrafobias), que originaria a paralisação fóbica e a crise de angústia, como o temor à limitação do mundo de relações objetais necessitadas, se a defesa, sobretudo a evitação, se estereotipasse e privasse o ego dos vínculos afetivos necessitados e da satisfação de necessidades de aproximação corporal e contato. Descrevemos as características tal como segue:

Se as defesas falham, temem:

1) Ficar imobilizados, privados de movimento corporal.
As consequências temidas pelo uso excessivo das defesas expressam-se em temor:
a) a não se arraigar a nada;
b) à aderência excessiva a um objeto.
Geralmente os objetos mais rejeitados são os vegetais, porque se aderem à terra.
Isso se expressa por escolhas negativas como:
1) Objetos que não se movimentam de forma autônoma, que dependem de outros. Pode ser tanto um objeto fechado em um lugar quanto um objeto exposto a ataques, mas estes últimos não têm conotações de destrutividade tão intensas como na es-

quizoide. Por exemplo: "pedra, porque não pode se mexer", ou se rejeita "qualquer vegetal porque está fixo na terra" "há, dentre, todos um só vegetal que eu gostaria de ser: o cravo do mato, o único que tem alguma coisa de liberdade", ou "raiz, porque está tão profunda que se alguém quiser transplantá-la ela pode morrer".

2) Objetos que não se arraigam em nada como consequência de evitação excessiva, por exemplo (ainda que não atenda à instrução é significativo): "mendigo, porque não tem casa, anda sempre de um lugar para o outro".

Para determinar se a ansiedade dominante é claustrofóbica ou agorafóbica, observamos o que há de comum entre os objetos escolhidos e o que há de comum entre os rejeitados e, se há correspondência, respectivamente, ao interior ou ao exterior. Por exemplo, se todos os objetos escolhidos estão ao "ar livre" e os rejeitados dentro, dominam ansiedades claustrofóbicas; caso contrário, as ansiedades agorafóbicas são dominantes.

Indicador 3: Qualidades positivas ou negativas omitidas

Nas respostas positivas, os entrevistados omitem as características agressivas ou sexuais dos objetos escolhidos. Não se reforça a negação desses aspectos, simplesmente não são mencionados, por exemplo: não insistem na "bondade" do gato, mas omitem o elemento de "sexualidade não domesticável" desse animal ou sua capacidade de agressão. Em contrapartida, podem enfatizar a importância da reprodução, mas dissociada do aspecto sexual (dissociação de ternura, sentimentos maternais ou paternais de sexualidade).

Nas respostas negativas há características muito diferentes das de produções de outros quadros: as funções de juízo de realidade diminuem notavelmente na descrição dos objetos rejeitados. O temor obscurece a capacidade de diferenciação que a personalidade evidencia no restante da produção.

O impacto de enfrentar objetos fobígenos provoca a diminuição da capacidade de observar o objeto de um ponto de vista realista e de determinar tanto o grau de periculosidade quanto os elementos positivos desses objetos. Quando rejeitam, por exemplo, uma aranha, uma serpente, um rato ou uma mosca, atribuem-lhes um montante de maldade, de periculosidade e de características repulsivas que vai além do grau negativo que esses objetos possuem na realidade. Da mesma forma, os vegetais despertam tanto temor por sua imobilidade, que essa característica cobre todos os traços positivos de folhagem, frutos e vida. A rejeição tão afetiva de objetos imóveis depende da tendência a animizar, própria das fobias, pela qual o paciente atribui aos vegetais o mesmo estado de desespero que ele poderia viver se tivesse de ficar imóvel à espera de perigos iminentes.

São omitidos na descrição manifesta das respostas negativas os elementos de descontrole agressivo ou sexual, que são os temidos nos objetos rejeitados; o repúdio é justificado por elementos secundários (deslocamento); mas como mantêm um bom nível de simbolização e condensação, isso é facilmente possível inferir na análise do teste. Por exemplo, uma serpente é rejeitada porque é asquerosa pois se arrasta; um macaco, porque é grotesco; ou, no material de uma mulher de 18 anos, a rejeição de um aquecedor a gás de botijão justifica-se "porque normalmente tem um formato feio", mas contém, condensado, um significado de excitação sexual, vivido como explosão anal.

Indicador 4: Pares de qualidades dissociadas

Os objetos bons, protetores, são os objetos capazes de acalmar a ansiedade e têm essa qualidade porque são fortes, seguros, não invasores, não agressivos e assexuados. São objetos que não provocam descontrole sexual, nem rivalidade nem agressão. São capazes de respeitar a necessidade de distância e de não abandonar nem invadir. Diante desses objetos o ego recupera a capacidade de pensar e criar.

Os objetos fobígenos ou maus são aqueles que por sua característica invasora ou abandonante, claramente agressiva ou sexual, atentam contra a necessidade de manter os aspectos sexuais e agressivos reprimidos, e expõem a crise de angústia e paralisação, ou a reiteração de movimentos de fuga ou enfrentamento.

Indicador 5: Especificidade das fantasias reparatórias e destrutivas

As fantasias reparatórias estão centradas na conquista de controle dos desejos sexuais diante do genitor do sexo oposto e de controle da rivalidade com o genitor do mesmo sexo, ao qual necessita reparar devolvendo-lhe os conteúdos bons atacados na fantasia (bebês-pênis).

As fantasias destrutivas estão centradas no descontrole sexual diante do genitor do sexo oposto e no descontrole agressivo perante o genitor do mesmo sexo, que assume a forma de desejos de castração masculina (ataque ao pênis) e feminina (ataque ao interior materno, ao aparelho reprodutor e aos bebês).

Indicador 6: Vinculação predominante: com pessoas, com seres vivos ou inanimados

Os outros estão presentes, ainda que muito frequentemente de modo simbólico ou metafórico: lugares cálidos, tranquilos, acolhedores. A busca é centrada em objetos com capacidade materna de conter e acalmar a angústia sem se desorganizar nem promover a ação.

Essa característica de alusão metafórica ao contato manifesta-se também nas respostas negativas, como rejeição a lugares frios, relações imobilizadoras ou enclausurantes.

Indicador 7: Defesa dominante e defesas subjacentes

Evitação ou contrafobia, que se expressam da forma descrita no indicador 1.

Identificação projetiva excessiva (em áreas circunscritas da realidade) de excitação sexual e agressão edipiana.

Deslocamento que origina a construção de objetos fobígenos ou áreas fóbicas (algum animal, alguma situação: a solidão, ou algum fenômeno natural, por exemplo, as tempestades). O mecanismo de deslocamento evidencia-se, durante a realização do teste, pela focalização dos motivos de rejeição em qualidades secundárias e não principais dos objetos.

Indicador 8: Estilo de verbalização

Alto grau de dramaticidade, expressões emocionais, respostas condensadas e de claro simbolismo em alternância com respostas secas, bloqueios, diminuição do rendimento ou "lacunas" associativas ("não sei, não me ocorre nada", "me deu um branco"). Esses altos e baixos ocorrem como resultado das microcrises de angústia durante a realização do teste. Redundância de expressões emocionais de rejeição diante de objetos negativos, situação verbal que alerta sobre a presença de uma zona fóbica ("Ai, que porcaria, que nojo, nunca imaginei, não posso nem pensar!").

Indicador 9: Ponto de fixação dominante

Fálico-uretral: domina a confusão entre excitação sexual e ataque agressivo com urina (fogo, correnteza, tempestades). Dominam sentimentos de rivalidade, vergonha, asco e medo.

Indicador 10: Delimitação da fantasia dominante a respeito da satisfação esperada pelo objeto

A fantasia sobre o que é esperado pelo objeto interno superegoico centra-se em manter a repressão sobre a excitação sexual e as fantasias agressivas, referidas a situação de rivalidade edipiana. O objeto paterno do mesmo sexo "espera" que o ego renuncie à sua sexualidade e à luta edipiana e reintegre os conteúdos que atacou ou roubou.

Caso A. Homem de 26 anos

1+: A lebre, sempre me causou admiração no campo ver a capacidade de se manterem ocultas ainda que a gente esteja a um metro; sempre alertas, olhos e orelhas em pé, sempre prontas.
2+: Um avião grande, veloz que pudesse levar passageiros. Por quê? Andaria muito e nunca ficaria sozinho.
3+: Não sei, eu gosto de outros animais, as corujas sempre serenas, observando na escuridão.
4+: (*Induzida*) Girassol, porque vive sempre com outros muitos girassóis e pode procurar por si mesmo o calor e a luz.
1−: Uma rocha, não sentiria, não viveria, não poderia procurar um lugar cômodo ou cálido, nada.
2−: Répteis e animais que se arrastam, por seu aspecto, pela falta de ruído que os torna imprevisíveis, porque suponho que devem ser frios e... (*ri*) porque me fazem pensar em algumas pessoas.
3−: Também não gosto das aves migratórias, eu gosto de me movimentar, de andar, eu gostaria de percorrer o mundo mas não pressionado pela necessidade de sobreviver, isso é penoso. Também me faz pensar em pessoas, nos "mendigos" que sempre me despertaram curiosidade.
4−: Não sei, um cacto porque é espinhoso, não dão vontade de se aproximar e se desenvolvem em lugares inóspitos, solitários, secos.

Caso B. Mulher de 19 anos

1+: Leão, porque é um animal forte e dá impressão de se sentir sempre tranquilo, sereno, seguro de sua fortaleza.
2+: Pássaro (*livre*), para poder ir aonde quisesse.
3+: Rio, porque corre constantemente sem parar num lugar determinado, ninguém pode dizer daqui não passará.

1—: Rato, porque é um animal imundo, asqueroso, não posso nem pensar nele.
2—: Lembrança, porque faz com que muitas pessoas se sintam infelizes.
3—: Noite, porque me sentiria sozinha e teria medo.
Induzida vegetal +: Não me ocorre nenhuma.
Induzida vegetal —: Rosa: porque é bonita demais, quando está em sua plenitude, e por isso provoca tristeza quando murcha.

Caso C. Mulher de 20 anos

1+: Cavalo selvagem, para me sentir livre.
2+: Barco, para vagar pelo mundo sem rumo fixo, para abrigar pessoas, alvoroço.
3+: Andorinha, viaja até encontrar seu lugar, ali aninha. Tem a possibilidade de andar muito, mas de sempre voltar para seu lugar.
Induzida vegetal +: Nenhum, porque eu não gosto deles.
1—: Planta, vive e morre no mesmo lugar e, se estiver num lugar pequeno, não consegue nem se desenvolver.
2—: Coisa, não gosto de ser mexida e de estar sempre no mesmo lugar.
3—: Fogo, para não destruir o que o homem constrói.
4—: Sapo ou rato, porque são feios, desagradáveis aos olhos e acho que muito pior ao tato, nunca os toquei, mas imagino algo asqueroso.

Características comuns e diferenciais dos casos apresentados

Parece-me importante ressaltar o elemento de movimento enfatizado nas catexias positivas e diferenciá-lo do movimento de outros quadros: acentua-se aqui a "capacidade de ir para onde a gente quiser", a possibilidade de utilizar o corpo para satisfazer necessidades de aproximação ou de fuga.

Esse ponto toca um problema central nas fobias, que é o de o paciente regular a distância entre ele e um objeto para obter uma distância ótima, "nem muito perto", porque surgem sentimentos claustrofóbicos e "nem muito longe", porque traz ansiedades referentes ao desamparo e à solidão.

A necessidade de apelar para a fuga, para a evitação, como mecanismo defensivo central, traz consigo o temor a ficar desarraigado (mendigo), mas perder esse mecanismo é ficar paralisado e, portanto, nas mãos do perseguidor (lebre).

Isso pode ser observado:

Caso A

1+: A lebre, sempre me causou admiração no campo ver a capacidade de se manterem ocultas ainda que a gente esteja a um metro; sempre alertas, olhos e orelhas em pé, sempre prontas.
3−: Também não gosto das aves migratórias, eu gosto de me movimentar, de andar, eu gostaria de percorrer o mundo mas não pressionado pela necessidade de sobreviver, isso é penoso. Também me faz pensar em pessoas, nos "mendigos" que sempre me despertaram curiosidade.

Caso B

1+: Leão, porque é um animal forte e dá a impressão de se sentir sempre tranquilo, sereno, seguro de sua fortaleza.
2+: Pássaro (livre), para poder ir aonde quisesse.

Caso C.

1+: Cavalo selvagem, para me sentir livre.
2+: Barco, para vagar pelo mundo sem rumo fixo, para abrigar pessoas, alvoroço.
3+: Andorinha, viaja até encontrar seu lugar, ali aninha. Tem a possibilidade de andar muito, mas de sempre voltar para seu lugar.

No *caso A*, a fantasia de cura está centrada em uma boa coordenação da visão e da audição com o sistema motor apto para fugir, em contrapartida é omitido o risco de paralisação pelo fascínio da lebre. Em 3—: evidencia-se o temor ao desenraizamento em consequência da reiteração de movimentos autônomos, visto que são motivados por (necessidade) crises de angústia.

Os objetos são valorizados por sua liberdade e por sua falta de ansiedade; assim na catexia 1+ do *caso B:* leão evidencia a ênfase não na força ou no poder agressivo, mas na serenidade, na falta de ansiedade e medo inerente a alguém que se sente forte. Uma escolha que aponta para o mesmo problema, "não ter medo", é a escolha 3 + do *caso A*: as corujas, sempre serenas, observando na escuridão; como símbolo de alguém que não teme a noite, que pode investigar a cena primária sem padecer ataques de angústia.

A contraparte perigosa do controle da ansiedade por meio do bloqueio e da repressão expressa-se como temor a se transformar em alguém insensível, incapaz de sensações corporais. Por exemplos:

Caso C. 2—: Não gosto de ser coisa, ser mexida e estar sempre num mesmo lugar, ou

Caso A. 1—: Uma rocha, não sentiria, não viveria, não poderia procurar um lugar cômodo ou cálido, nada.

Nas escolhas, adquire relevância o elemento *espacial*, teme-se tanto o espaço aberto como o espaço pequeno que limita o movimento. O espaço desejado é aquele que permite movimento, mas que está demarcado, delineado, que tem metas ou lugares fixos que funcionam como refúgio.

Exemplo de *espaço limitante:*

Caso C. 1—: Planta, vive e morre no mesmo lugar e, se estiver num lugar pequeno, não consegue nem se desenvolver.

Exemplos de *espaço "aberto delimitado":*

Caso B. 3 +: Rio, porque corre constantemente sem parar num lugar determinado, ninguém pode dizer daqui não passará.

Caso C. 3 +: Andorinha, viaja até encontrar seu lugar, ali aninha. Tem a possibilidade de andar muito, mas de sempre voltar para seu lugar.

Quanto aos elementos diferenciais, no *caso A* observa-se um bom desenvolvimento da fantasia, que permite respostas ricas e de alto nível simbólico, bem como a captação adequada, nas escolhas negativas, dos riscos aos quais está sujeito pela utilização de mecanismos de repressão (1−) ou de evitação (3−).

Nos casos B e C observa-se, por outro lado, certa limitação expressiva, apesar de manterem um bom nível simbólico. No caso B, a evitação fóbica abrange a evitação de ideias e de pensamentos que produzem dor (2−: Lembrança, porque faz muitas pessoas infelizes, ou 1−: Rato... não consigo nem pensar nele).

A fantasia de cura é centrada na utilização de mecanismos contrafóbicos. A estrutura de base mostra traços predominantemente esquizoides centrados na busca de independência, dissociação do sentir e no manejo simbólico da comunicação.

No *caso C*, as fantasias de cura são mais centradas na obtenção de contato, apesar de ele ser temido e estar localizado mesmo em objetos inanimados: Barco... para abrigar gente, alvoroço.

TESTE DE H. PHILLIPSON

Percepção da situação da prancha

1) O tempo de reação é variável, o comum é a atitude temerosa, que origina tanto:

a) retardamento mediante bloqueio ou de "dar voltas", "ganhar tempo" (perguntam como devem fazer, não sabem se conseguirão),

quanto

b) resposta rápida; não param para pensar, enfrentam bruscamente e depois se bloqueiam (defesa contrafóbica).

2) A possibilidade de boas percepções, ajustadas ao estímulo perceptual. No entanto, essa possibilidade está influenciada pela angústia: diante de pranchas que "se encaixam" com situações fobígenas, o ajuste formal se modifica surgindo as seguintes alterações:
   a) diante de determinadas pranchas, os pacientes apresentam bloqueios associativos ou rejeição a elas, com expressões muito carregadas emocionalmente: "Eu não gosto, é desagradável, é muito triste, não sei o que lhe dizer."
   b) omitem na história alguma das figuras humanas (por exemplo, na prancha B3 [4] não veem o terceiro personagem na parte inferior esquerda).
   c) acrescentam personagens "acompanhantes" no conteúdo (não visualizados na prancha), por exemplo prancha 1: uma pessoa sozinha que vai ao encontro de uns amigos e que programou uma saída, se encontram etc.
   d) distorções específicas referentes ao conteúdo de realidade: distorção da percepção de "dentro e fora". Na emergência de ansiedades claustrofóbicas, põem os personagens em ambientes abertos, externos, em pranchas que se referem claramente a lugares internos (ou o contrário quando emergem ansiedades agorafóbicas).

Quando o montante de ansiedade é menos desorganizante, não distorcem a percepção: respeitam o conteúdo de realidade ("estão num quarto"), mas tentam resolver no futuro imediato a ansiedade emergente pelo encerramento "fazendo os personagens saírem" (por exemplo, prancha 3: "decidem ir para o jardim", ou no caso de ansiedades agorafóbicas na prancha A3: "encontraram-se e agora vão ao cinema ").

3) Dão maior ênfase ao contexto de realidade que ao conjunto de realidade e personagens (escura, triste, feia). (Necessidade permanente de controlar a angústia.)
4) Atribuem movimento físico aos personagens (caminham, correm, vão em direção a, distanciam-se de), ou lhes atribuem movimento limitado (paralisados, desejando ir em direção a... mas detidos por temor, por outro personagem, por circunstâncias externas).
5) Predominam atitudes de fuga (de evitação), as quais se evidenciam:
   a) na narrativa descrevem personagens em permanente mobilidade física de distanciamento ou evitação (exemplo, prancha 2: "duas pessoas juntas, conversaram, agora cada uma vai para sua casa".)
   b) na modalidade de contato com a prancha: quando a situação interpessoal que a prancha propõe é ansiogênica, tendem a centralizar a história em detalhes secundários, que correspondem às áreas mais claras ou coloridas da prancha (fuga da situação perceptual conflitiva e refúgio em áreas não fobígenas). Outra forma de expressão desse mecanismo durante a administração é o bloqueio diante de algumas pranchas ou a rejeição a elas (evitação do estímulo conflitivo).

Quanto à prancha em branco, as produções variam. O comum é enfatizarem as descrições de lugares tranquilos em companhia de uma pessoa próxima, com acentuação de características tais como serenidade, paz espiritual, vida sem altos e baixos.

As pessoas incluídas na história e suas relações

1) Visto que os outros são percebidos como pessoas que acalmam o medo ou que assustam, observamos, na descrição

das relações apresentadas, permanentes oscilações entre personagens que procuram contato e aproximação, e outros, ou os mesmos, que num segundo momento, se distanciam por temor manifesto ou racionalizado.

2) São enfatizadas as relações "tranquilas" (que não exponham a crise de angústia); uma análise detida permite inferir que isso implica situações interpessoais nas quais não há perigo de surtos sexuais ou agressivos. Por essa razão, os pacientes evitam uniões afetivas intensas nas relações projetadas. Mas, também não toleram a solidão dos personagens e mesmo nas pranchas com uma só pessoa os "fazem ir ao encontro de outros". Portanto os personagens descritos não podem se aproximar intensamente nem se separar, só "estão juntos", falam, entendem-se, acompanham-se. Temem, por um lado, o desbloqueio afetivo tanto libidinal quanto agressivo e, por outro, a solidão e a privação. Assim que percebem o perigo de uma relação a dois (por exemplo, na prancha 2) ou elementos agressivos (cor vermelha, na prancha 3) recorrem a mecanismos de:

1) *Evitação*

    a) bloqueiam-se, não conseguem continuar a história;
    b) distanciam os personagens (separam-se, um deles vai embora);
    c) incluem novos personagens;
    d) terminam a prancha de forma brusca;
    e) distanciam-nos do lugar mediante o movimento físico; ou
    f) manifestam alterações no próprio tratamento do material projetivo, construindo com base nas pranchas histórias vagas, escorregadias, sem esclarecimento do conflito.

2) *Deslocamento*

Interessam-se por áreas secundárias da prancha (áreas claras e coloridas).

3) *Defesa contrafóbica*

Ênfase em traços de fortaleza e valentia dos personagens, que enfrentam sem angústia situações temidas.

Relações objetais inconscientes
O desejado: relação simbiótica com um objeto total, sem genitalidade, que acalme a ansiedade e proteja corporalmente. *O temido*: ficar à mercê de situações de excitação sexual e raiva, com os concomitantes temores retaliativos de abandono, privação afetiva e castração.

Estrutura da história

1) *Caracterização*

a) As condutas evitativas determinam altos e baixos na produção, que alterna histórias curtas, escorregadias, vagas, com outras criativas, de alto nível simbólico e com o predomínio de imagens plásticas.
b) Labilidade afetiva: ansiedade, rejeição de pranchas, críticas afetivas (feias, feitas para assustar). A diferença com a crítica obsessiva é que nesta última predomina a necessidade de fazer críticas racionais baseadas em elementos objetivos, por exemplo, erros de perspectiva, enquanto neste caso são críticas emocionais baseadas em: eu gosto ou é feia, o que significa: "me dá medo".

2) *Acatamento da instrução:* compreensão adequada da instrução de um ponto de vista simbólico; os altos e baixos da produção dependem do maior ou menor "encaixe" da prancha com situações fobígenas.

É importante determinar quais são as situações especificamente fobígenas em cada caso individual. Elas se evidenciam basicamente pela diminuição da capacidade produtiva que se manifesta nas características já descritas (fracasso, bloqueio, rejeição afetiva da prancha, perda de distanciamento, histórias mais vagas, finais bruscos etc.). É preciso procurar saber diante de qual prancha especificamente ocorre essa diminuição produtiva (na inclusão de cor, personagens, na situação triangular, grupal etc.).

Predomínio de ansiedades claustrofóbicas: as dificuldades se tornam mais evidentes nas séries B e C, maior ansiedade na C3. Na história pode não ser explicitada a vivência de fechar-se: o entrevistado vive o sufocamento e o fechamento na situação de teste, e recorre aos mecanismos anteriormente descritos quanto à diminuição de sua produtividade, ou há reiteração de desenlaces como: saem para caminhar, vão para o jardim etc.

Ansiedades agorafóbicas: o mesmo manejo, mas "fazem os personagens irem" para lugares fechados (maior dificuldade na série A).

As histórias contêm uma boa diferenciação entre o presente, o passado e o futuro. Geralmente o presente e o passado são os mais descritos; o futuro é o que apresenta mais diferenças na produção e é a dimensão temporal que apresenta menos conceitualização simbólica: o futuro como dimensão aparece confundido com um "lugar" bom, tranquilizador, que possibilita fugir das situações de ansiedade atuais. O futuro é o "contrário" e melhor que o presente (é uma casa, um cinema, um lugar aberto, um espaço tranquilizador; um lugar que está mais adiante e no qual o ego vai deixar de sofrer ansiedade). Geralmente essa imagem tranquilizadora corresponde ao futuro imediato, e se depreende disso que o futuro é confundido com sonhos de realização de desejos, centrado na busca de objetos continentes ou de objetos que não sufoquem. Por outro lado, o futuro mediato geralmente é evitado na descrição, e quando se interroga a respeito evidencia-se a presença de intensas ansiedades fóbicas centradas no temor de morrer, perder seres queridos, perder conquistas ou situações boas atuais (ansiedades de morte e castração).

O manejo da prancha do ponto de vista espacial revela que a percepção do espaço é muito flutuante e depende absolutamente de implicações emocionais. Os espaços são "tão estreitos que sufocam" ou "tão abertos que despertam temor de perder-se, desorganizar-se; expandir-se perdendo a identidade".

Essa percepção emocional do espaço decorre das tendências animistas nas fobias, baseadas, por um lado, em mecanismos de projeção e deslocamento e, por outro, na permanência de áreas de equação simbólica no manejo com a realidade. No Teste de Phillipson, essas vivências diante do espaço que oferecem as pranchas nem sempre estão explicitadas, mas se evidenciam pelas características antes descritas, na falta de tolerância ao espaço aberto da série A ou, ao contrário, a ambientes fechados, como na C3, que origina descrições de personagens que mudam de lugar, nos altos e baixos da produção, na "fuga" para as zonas secundárias e nas outras características já descritas.

Condutas habituais

a) Exclamações: isto é horrível, não gosto dessa prancha, prefiro uma coisa mais alegre etc. Predomínio de histórias ingênuas, infantis, com bloqueios e repressões.
b) Bloqueios esporádicos ou expressões bruscas de angústia durante a administração.
c) Tentativas de abandonar a realização do teste.

Conflito

A verbalização tem como objetivo evitar situações de ansiedade. Quando conseguem atribuir um papel definitivo aos personagens e aproximá-los afetivamente, perdem distância, angustiam-se e recorrem aos mecanismos de evitação e deslocamento com as características que descrevemos.

Exemplos:
Caso A. Mulher de 35 anos

Prancha 1: Ai! Um homem olhando uma paisagem nebulosa... Não sei o que ele pode estar fazendo ali... é um lugar... digamos, pouco agradável para ficar parado observando... dá a sensação de um lugar frio e úmido, nebuloso, inóspito. Agora me ocorre que é alguém que está numa casa de campo, no parapeito de um grande balcão coberto, como um jardim de inverno, olhando uma paisagem nebulosa. É um homem maduro, provavelmente esteja se reencontrando consigo mesmo num lugar de descanso.

Prancha 2: Uma cena tranquila, os tons esfumaçados dão serenidade. Estão num barco. Ah! É um casal, provavelmente namorados, estão num barco olhando a paisagem de um lago. (?) Não sei, suponho que ela se apoia nele, pode ser que a água lhe cause medo, estão serenos, esperam um futuro sem tropeços.

Prancha 3: Uma reunião para tomar chá. Aconteceu algum imprevisto que os deixou paralisados, cada um pensando em suas coisas. É uma mulher mais velha, uma garota de costas sentada e um homem em pé. Tenho a sensação de uma situação interrompida de repente, tudo se desenrolava e de repente alguma coisa aconteceu, talvez a garota tenha falado alguma coisa ou tocou num tema que não deveria... o homem afastou-se incomodado. Vai custar retomar o diálogo, criou-se um vazio, um cerco. (*O que a garota disse?*) Não sei, não me ocorre nada, com certeza mencionou um velho assunto de família em que é melhor não tocar, alguma coisa em que todos estão comprometidos. Não sei, não sou boa como novelista...

Prancha 5: Ai! Isto é terrível, parece um sonho, um pesadelo... penso no pior... um cemitério, na hora do entardecer e... coisas de filme, não? Como espectros que se incorporam, que se agrupam, almas difusas sem corpo, como restos de seres que não estão. É horrível, essa eu dou para você. Olha, se eu vejo filmes assim depois eu não durmo.

Prancha 8: Ai! Não sei... não me ocorre nada. É triste, não sei, parecem pessoas perdidas em dias de neblina, a noite vai cair, não sei... estão mortos de medo.

Prancha 13 (em branco): Bom, um respiro, não? Algumas eram bonitas, mas outras!... Uma sala acolhedora, grandes almofadões no chão, chá quente e fumegante, um casal, três crianças brincando, não aos gritos como acontece na casa da maioria, não, se é questão de imaginar, crianças serenas, acolhedoras, que brincam, conversam. Música suave, um ambiente sem esperas, sem tensão, uma sexta à tarde, o fim de semana acaba de começar.

Caso B. Mulher de 17 anos

Prancha 6 (B1) Alguém subindo escadas para entrar no quarto, mas há alguém morto e ele vai se assustar, mas vai deixar que outro descubra e não ele porque tem medo; não sabe, mas pressente que alguma coisa aconteceu porque a porta está aberta e antes estava fechada e são as duas únicas pessoas ali na casa.

Prancha 9 (B2): Uma cidade com uma praça, um casal de namorados que pensam que quando se casarem vão poder morar nesta casa, porque gostam dela pelo lado de fora, mas não sabem como é por dentro, nas janelas parece que haveria gente, em uma janela parece que há uma garota espiando e em outra, sim, parece que estariam reunidos.

Prancha 11 (C2): Um homem que entra num quarto onde está uma mulher morta e há umas velas acesas, ele a observa da porta.

Prancha 12 (C1): Uma casa e na janela há alguém olhando, pode ser que esteja entrando pela janela, a casa está sozinha, mas não entra para roubar, entra para ver se pode comer alguma coisa, é um vagabundo, é de uma cozinha.

Prancha 13 (em branco): Um caminho com árvores ao redor, há muitos carros, a paisagem é lindíssima, cheia de montanhas, de uma montanha se vê o mar, ao longe há uma casa estilo inglês, com telhas, há um casal, ela está grávida e ao lado há um campo cheio de trigo, é um dia com sol, muito bonito.

Caso C. Homem de 25 anos

Prancha 1 (A1): Bom, tudo começou numa viagem. Esse é o passado. É um homem que olha as Cataratas de Iguaçu. Está numa montanha com árvores e plantas. Está com os braços cruzados em sinal de paz ou espera. É um dia nublado, pelas cores. A auréola que o rodeia é como quando estamos olhando as Cataratas, e olhando as Cataratas, estamos olhando a alma. Este sou eu. E olhando tudo isto estou pensando: sou uma pessoa boa. Ai! Há mais uma coisa, há dois pássaros aqui. Parecem pássaros, não? E estão cantando. Acho que estou vendo um macho e uma fêmea, e o macho está cortejando a fêmea. O futuro está em branco.

Prancha 3 (C3): (*Responde rapidamente.*) O que pode significar isto vermelho? Quando terminarmos você me diz?... Não sei o que é (*Pausa.*). Eu também estou aqui (sentado de frente). Estamos numa casa de campo minha e estes são meus amigos que vieram me visitar. Este aqui tem vontade de tirar isso vermelho. Este (*o que está na poltrona*) está dormindo. Não estou respeitando o passado, o presente, o futuro. Bom, eu lhes fiz um convite. Presente, o que eu lhe disse. No dia seguinte vamos sair para caçar. (*Pausa.*) Esta xícara de café está cheia e está saindo fumaça. A lareira está acesa. A única luz que existe é a desta lâmpada. A mesa tem uma toalha verde. Tudo isto rosa é fumaça.

Prancha 5 (AG): Isto é neve. O passado é o projeto de uma viagem. Agora estamos em Bariloche num dia nublado. Tudo isto é neve. Aqui estou eu com dois amigos meus. Esta (*figura separada*) é Norma, e este é um casal qualquer. Que coisa! Ela me diz o que me diz sempre: que em vez de ficar com meus amigos, poderia estar com ela fazendo a mesma coisa que este casal. O futuro eu vejo abaixo, onde termina a neve.

Prancha 9 (B2): (*Responde rapidamente.*) Aqui eu saí com a Norma. Estamos na porta da casa dela. Estamos nos despedindo. E me fala para não entrar neste prédio porque está mais interessada na árvore que estou lhe oferecendo. E esta outra árvore que Pedro lhe ofereceu, que é o rapaz com o qual, o que eu lhe contei... O futuro é que eu vou deixá-la.

PRANCHA 12 (C1): Esta é a cozinha da mesma casa de campo que lhe mencionei antes. Minha senhora prepara o café da manhã e eu estou dormindo e não quero acordar. Ela se chateia porque havia preparado o café. Ali (*sombra atrás da janela*) está um amigo meu que me diz: "Vamos para a Europa" e eu daqui dessa cesta — você se incomoda se eu disser uma grosseria?—. Eu lhe digo: pega aqui o que eu tenho pra você.

PRANCHA 13: Isto é o Havaí e estou escutando o disco Paraíso Havaiano e vejo a mesma imagem que desenhei outro dia. E estou aí porque sou uma pessoa com muitíssimo dinheiro e estou viajando. O futuro é que vou ser muito feliz.

Características diferenciais

CASO A: produção neurótica, com bom ajuste perceptual e bom nível simbólico. As respostas afetivas, indicadoras de ansiedade ("ai, não sei, o que pode estar fazendo aí, é triste"), são mais intensas nas pranchas da série A, que situam a temática de relações em lugares abertos e evidenciam ansiedades agorafóbicas intensas. Na prancha 1 essas ansiedades inicialmente impedem o desenvolvimento da história, a entrevistada só consegue questionar como alguém pode tolerar um lugar ambíguo e solitário ("Não sei o que pode estar fazendo aí... é um lugar, digamos, pouco agradável para ficar parado observando".). A vivência dominante, nessa primeira parte, é de solidão e desamparo ("lugar frio, úmido, inóspito") e está ligada ao lugar aberto. Estar num lugar com essas características equivale a estar sem continente materno e exposto, portanto, a desestruturações da identidade ("nebuloso"). Ela só pode "reencontrar-se" consigo mesma, recuperar sua identidade, quando consegue reconstruir um continente protetor ("casa") sem distorcer o estímulo.

Esse mesmo manejo espacial da prancha pode ser observado na A2, em que, sem distorcer o estímulo, consegue acalmar sua ansiedade pondo os personagens em um interior protetor ("barco").

Quando a prancha oferece muito claramente qualidades de algo exterior e não permite reestruturá-la sem distorção (visto que se trata de uma pessoa que percebe bem o estímulo), sofre estados de ansiedade que diminuem sua capacidade criativa, como por exemplo nas pranchas 5 e 8. Nessas duas evidencia áreas fobígenas importantes: 1) temor à noite, crises de pânico que impedem o sono e que 2) estão relacionadas com medo dos mortos, temores intensos aos espaços abertos, referentes tanto ao temor a se perder concretamente como ao temor a perder os limites da identidade, desestruturar-se.

Na prancha em branco cria uma cena na qual evidencia as qualidades do objeto bom necessitado: um continente materno, o peito ("almofadões, chá, música"), que satisfaça necessidades orais de contato e auditivas, em um clima de serenidade. A alusão ao começo do fim de semana remete à necessidade de distanciar o perigo de separação desse interior continente. Separar-se do continente é equiparado com sair para o exterior; os lugares abertos são uma confirmação da falta do objeto necessitado e, portanto, promotores de vivências de solidão e desamparo.

Na verbalização da prancha 3 dramatiza claramente os riscos aos quais estará exposta se fracassar a repressão da temática edipiana ("Aconteceu algum imprevisto que os deixou paralisados", "Quem sabe a garota disse algo... mencionou um velho assunto de família"). Apela então para mecanismos de evitação e bloqueio tendentes a reforçar a repressão. (Bloqueio: "Não sei, não me ocorre nada. Aconteceu alguma coisa que os deixou paralisados". "Vai custar retomar o diálogo, criou-se um vazio, um cerco". Evitação: "Tocou num tema que não deveria... que é melhor não tocar, o homem se distanciou, incomodado").

Caso B: produção neurótica em que o conteúdo das histórias apresentadas explicita tanto as ansiedades dominantes (claustrofóbicas) como as fantasias inconscientes que as promovem. O temor a permanecer ou entrar em lugares fechados (quartos, casas – pranchas 6 e 9 –) responde a um deslocamento de ansiedades e temores referentes ao interior materno e ao interior do próprio corpo, que na fantasia abriga objetos mortos (castração feminina) (pranchas 6 e 9) devido aos ataques vorazes e invejosos (prancha 12).

A elaboração da prancha em branco expressa a fantasia desiderativa tranquilizante, que consiste na conquista de um corpo reparado, harmônico e capaz de produzir bebês e alimento ("gravidez – trigo"), como contraparte de uma fantasia aterrorizante de castração interna. A associação de uma paisagem, lugar aberto com vegetação e montanhas, fértil ("trigo") e de um casal com uma mulher grávida expressa claramente a equiparação inconsciente (equação simbólica) de corpo desejado, reparado e fecundo a lugares (por projeção espacial) abertos e férteis e, em contrapartida, a equiparação de lugares fechados a um interior corporal continente de objetos mortos.

Caso C: a modalidade fóbica de elaboração evidencia-se na necessidade de recorrer reiteradamente à fantasia de viagens (evitação das situações de ansiedade mediante o distanciamento físico) (pranchas 1, 5, 12 e 13), à necessidade de afastar os personagens de ambientes fechados (prancha 3: "no dia seguinte vamos sair para caçar") ou de evitar penetrar nesses ambientes (prancha 9).

As ansiedades dominantes adquirem qualidades claustrofóbicas (temor a ficar fechado em lugares e nas relações interpessoais, prancha 9) que se intensificam ao longo do teste e evidenciam-se numa progressiva necessidade de fantasiar distanciamentos geográficos maiores ("Bariloche, Europa") (ampliação das áreas fobígenas por deslocamento). Quando a evitação das situações fobígenas fracassa, surgem reações agressivas bruscas e inesperadas (tendências impulsivas. Exemplo, prancha 3: "O que significa isto vermelho? Quando terminamos?... Este aqui tem vontade de tirar isto vermelho...").

As perdas de distância em relação à prancha, expressadas como tentativas de ligá-las a pessoas e a fatos da vida do entrevistado, respondem à necessidade de negar o caráter ambíguo e novo destas, que lhe resulta fobígeno, e transformá-las em algo conhecido.

TESTES GRÁFICOS

Características gerais	Localização	Tamanho	Movimento e expressão	Distorções. Omissões. Acréscimos. Ênfases.	Tipo de traço

Figura humana

Figuras completas ou apenas cabeças. Pobreza de conteúdo. Desenhos fracos, vagos, do contorno do corpo. Vazias. Contorno sem detalhes. Rosto de perfil ou traços pouco acentuados, indefinidos, evitando o contexto social (timidez)	Metade superior à esquerda (inclusive com movimento indicando a esquerda).	Média ou pequena.	Indicação do movimento "caminhar" ou de movimento contido, tenso.	1) Omissão do tratamento do corpo em geral ou sobretudo das áreas genitais: ausência do tratamento de traços sexuais secundários. 2) Olhos vazios. 3) Rosto de perfil (timidez). 4) Separação de cabeça-corpo ou só cabeça. 5) Separação tronco--parte inferior do corpo. 6) Pés pequenos e mau apoiados (insegurança). 7) Borrões frequentes em partes do pescoço (mau controle). 8) Tratamento ruim de mãos (evitação de masturbação, agressão e expressão de sentimentos de castração).	1) Fraco, inseguro, vacilante. 2) Com áreas d traço fraco mas sujo, com borrões (ansiedade em áreas conflituosas) 3) Borrões frequentes (por ansiedade)

Indicadores psicopatológicos

Características gerais	Localização	Tamanho	Movimento e expressão	Distorções. Omissões. Acréscimos. Ênfases.	Tipo de traço
Casa					
Pobreza de conteúdo. Preocupação pelo entorno (árvores grandes, protetoras etc.).	Metade superior à esquerda	Média ou pequena		Telhado: mais destacado que o resto da casa. Borrões e fumaça espessa (ansiedade e controle). Preocupação com as janelas (controle, estar alerta).	Apagamentos. Traço fraco.
Árvore					
Pobre, esquemática, vazia, *Gestalt* preservada.	Metade superior à esquerda	Média ou pequena		*Linha do chão*: abaixo do tronco "no ar". *Copa*: levantada, borrada, confusa. *Galhos*: pontas cobertas pela copa. *Tronco*: fino	Apagamentos. Traço fraco.

A estruturação dos desenhos A e B corresponde a quadros histéricos. Os elementos definitórios de uma personalidade dominante fóbica são dados por: divisão dos traços, falta de delimitação dentro-fora, evitação de laços entre os personagens e ataque às partes do corpo com funções de intercâmbio interpessoal (mãos, boca, no caso B; ausência de olhos no caso A e homem no caso B).

Os desenhos C, D e E apresentam índices de maior gravidade que se expressam no caso C em: diminuição do tamanho, infantilismo e tentativas fracassadas de intelectualização (cabeça grande em comparação com o corpo, mas sombreada e cortada por uma faixa. A vivência de solidão, vazio e desproteção expressa-se com maior clareza no Teste HTP.

Nos casos D e E, observam-se índices de despersonalização que evidenciam componentes esquizoides graves. No caso D expressam-se por estatismo, sobre acentuação do olhar e transparências na área genital, posteriormente anulada pelo riscado. (O tratamento dessa área alude a fantasias exibicionistas tendentes a compensar ansiedades de castração.)

No caso E, as falhas de identidade tornam-se notórias na difusão de linhas, na ausência de traços faciais. O movimento dos personagens para a esquerda expressa graficamente um processo de regressão.

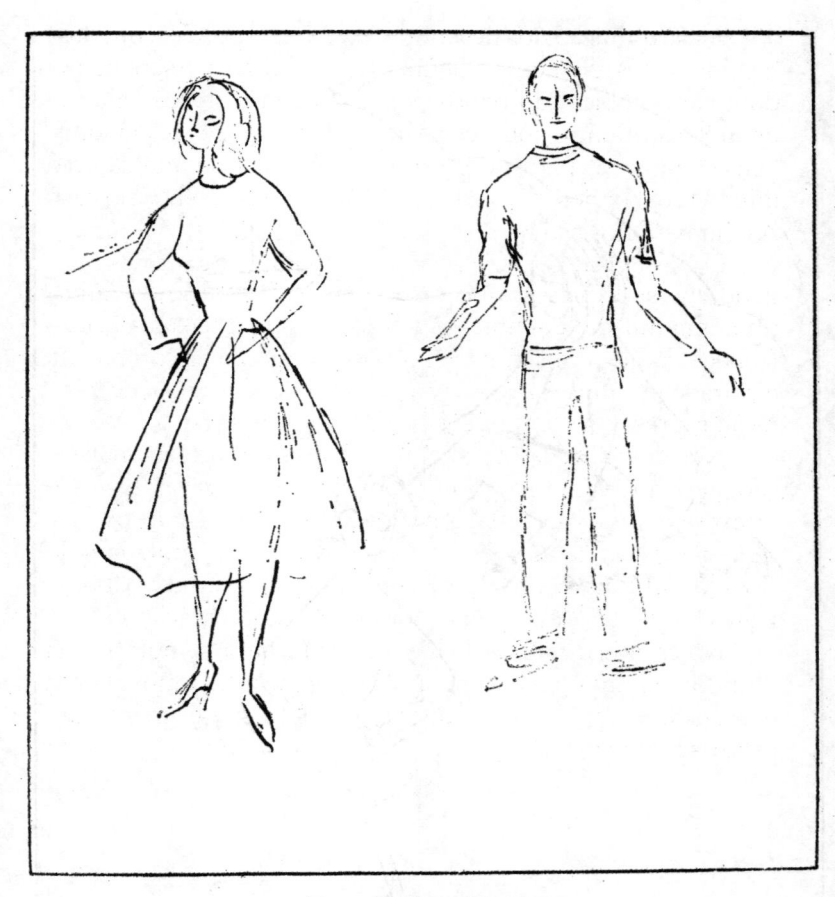

Teste das Duas Pessoas
Caso A. Mulher de 36 anos

Teste das Duas Pessoas
Caso B. Homem de 25 anos

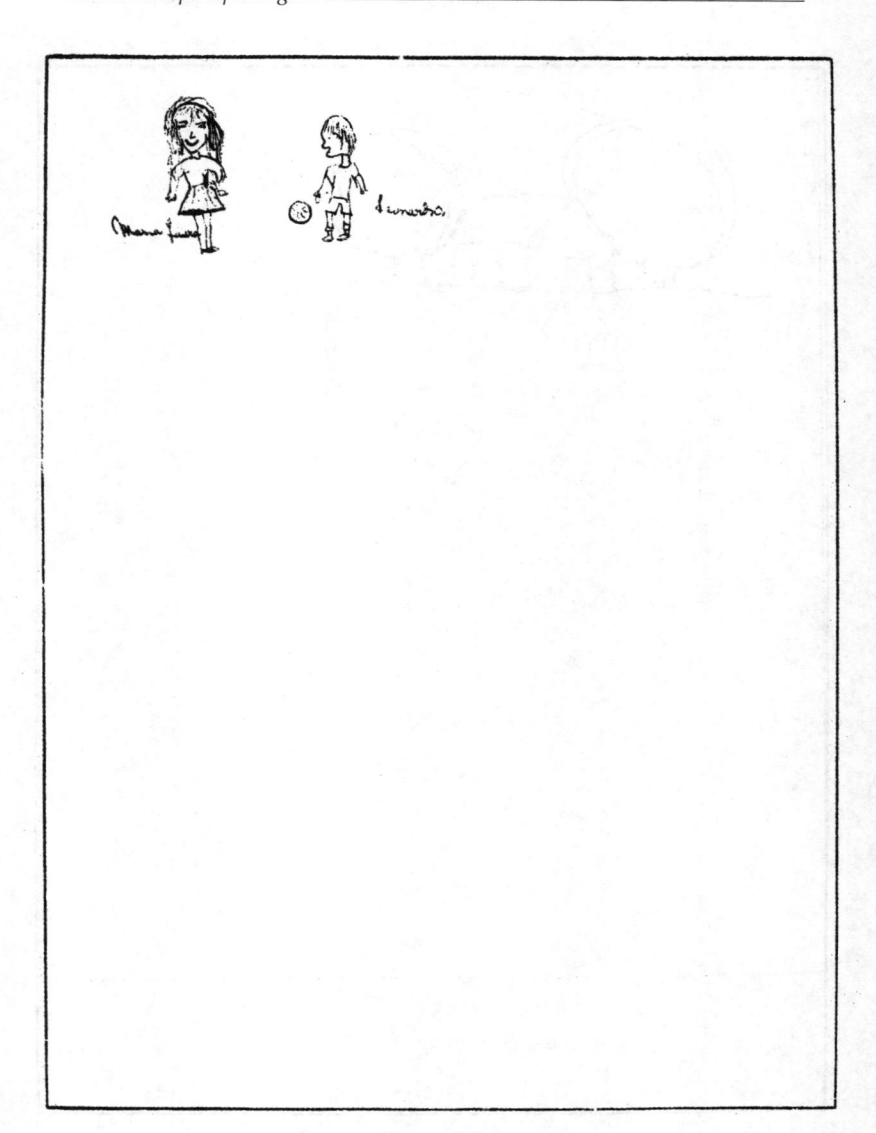

Teste das Duas Pessoas
Caso C. Mulher de 18 anos

HTP
Caso C

Indicadores psicopatológicos 427

Teste das Duas Pessoas
Caso D. Mulher de 19 anos

Teste das Duas Pessoas
Caso E. Homem de 25 anos

PERSONALIDADE DEMONSTRATIVA. HISTERIA DE CONVERSÃO

Indicadores no Teste Desiderativo, Teste de Relações Objetais de H. Phillipson, testes gráficos (Duas Pessoas, HTP)

TESTE DESIDERATIVO

Indicador 1: Qualidades e funções valorizadas e enfatizadas no objeto

Os entrevistados enfatizam as qualidades de forma, cor, movimento expressivo, que por suas relações harmônicas têm a capacidade de provocar uma impressão de beleza, de impacto estético. As qualidades corporais do objeto são consideradas em seu aspecto estrutural (exterior corporal de objetos animais e vegetais, cor, rigidez) e em sua capacidade de realizar movimentos com qualidades plástico-expressivas (pássaros, gazelas, composições musicais).

Omitem e excluem qualquer alusão a necessidades corporais e às funções ou partes do corpo ligadas a elas: digestivas, sexuais, excretoras etc. Evitam toda alusão ao interior do corpo, acentuam a perfeição do exterior corporal.

Enfatizam os canais de percepção distal, especialmente o canal visual. O olhar e o escutar têm um papel explicitamente importante, tanto o ser olhado ou escutado formalmente por "outro", impactado esteticamente, como a satisfação estética de olhar ou escutar algo harmônico.

Ao mesmo tempo em que expressam clara tendência ao "fascínio", com perda da distância e com ingenuidade, esses pacientes expressam grande necessidade de fascinar, provocando um impacto estético.

O erotismo centrado nas sensações provenientes da sensibilidade cinestésica (equilíbrio, balanço) também tem um papel relevante, ainda que de muito menor importância que o prazer visual e o auditivo.

Quando se comparam respostas positivas com negativas, torna-se relevante o fato de que a necessidade de exibir o exterior corporal e o bom funcionamento mental para provocar impacto estético está em relação direta com a necessidade de ocultar o interior corporal e as zonas genitais, destruídas genitalmente ou em excitação sexual, por temor a provocar um impacto de repulsa (temor a oferecer uma visão degradada e grotesca).

No trabalho em colaboração com a psicóloga María Carposi (5), delimitamos as características dos símbolos positivos:

1) Movimento, cor ou forma agradáveis para serem vistos pelo outro e provocar nele um impacto estético (para agradar, porque são bonitos, atraentes etc.).
2) O outro é um espectador deslumbrado. Aparece recebendo um impacto estético.

Indicador 2: Qualidades rejeitadas no objeto

O que é enfatizado como negativo no conteúdo manifesto da racionalização é o caráter feio, pouco harmônico, desagradável ou grotesco do objeto de um ponto de vista visual. Aparecem claras expressões emocionais e sensações de repulsa e nojo à possibilidade de imaginar contatos próximos (táteis) com esses objetos. Essa repulsa ao contato físico é motivada pelo temor a "ter contato" psicológico com aspectos próprios rejeitados e reprimidos que estão contidos no objeto-símbolo e que "devem permanecer" longe do ego.

O que chama a atenção na produção histérica é que a descrição dessas características feias e grotescas tem conotações sexuais tão claras que provavelmente um interlocutor não psicólogo poderia entender o "duplo sentido", do qual, no entanto, o paciente parece estar totalmente alheio.

O que é rejeitado, o não harmônico e feio, alude sempre a aspectos genitais e toma tanto a forma dos genitais do sexo oposto em excitação sexual, como a dos próprios genitais expostos ao olhar de outros em estado de excitação sexual ou de castração, ou a de objetos que simbolizam o intercâmbio sexual vivido, em todos os casos, como algo animal e grotesco que provoca repulsa, nojo e vergonha.

Ao mesmo tempo, surgem ansiedades referentes ao estado de anestesia genital irreversível no qual poderia ficar o sujeito ao conseguir uma repressão eficaz de toda sua genitalidade. Esses temores manifestam-se na rejeição a objetos insensíveis, frios, duros (gelo, pedras, montanhas nevadas, objetos sem vida, animais de sangue frio).

No trabalho citado anteriormente (5), definimos as seguintes características quanto aos símbolos rejeitados:

Se falham as defesas, temem:

a) Ser invadidos por fantasias genitais.
b) Ser atacados genitalmente pelo objeto.
c) Consequências temidas pelas próprias defesas: bloqueio, incapacidade de sentir e fantasiar, inibição e restrição do ego.

Rejeitam:

1) Objetos com forma, cor e perfume desagradáveis etc.
2) Animais, pelo instintivo (com expressões de repulsa ou nojo).
3) Simbolismos fálicos ameaçadores.
4) O que é frio, que não sente, o impenetrável ou o que impede a corrente ou a passagem de alguma coisa, por exemplo: muralha, dique, rocha, gelo etc.

Indicador 3: Qualidades positivas ou negativas omitidas

As produções histéricas conseguem uma síntese adequada na descrição do objeto. Observam-se, no entanto, certas omissões centradas nas sensações táteis, cinestésicas e de equilíbrio dos objetos, especialmente dos animais escolhidos. Por exemplo, é comum que nas escolhas de animais descrevam detidamente movimentos harmônicos e plásticos e deem ênfase, como já vimos, ao prazer de exibir esse movimento ou de vê-lo; por outro lado, referem-se pouco ao prazer corporal que esse tipo de movimento poderia produzir no objeto que o realiza. Também não enfatizam a rigidez ou o prazer referente ao contato tátil com o objeto. Nas respostas negativas, mencionam a possibilidade de contato, mas com relação a animais ou objetos que provocam nojo, portanto em situações nas quais o contato é altamente rejeitado.

Juntamente com essas, observamos omissões de "funcionamento interno" dos objetos; em geral aludem à estrutura externa; por exemplo, um relógio pode ser escolhido por seu *design* bonito ou por seus sons, mas não pela precisão do funcionamento mecânico interno, como ocorre, pode-se dizer, na neurose obsessiva.

Essas omissões são determinadas pelo temor ao fato de que todo contato corporal de proximidade desencadeia situações erótico-genitais proibidas, bem como pelo temor a conectar-se com o interior corporal e enfrentar-se tanto com a excitação genital proibida como com a visão horrorosa da castração.

Indicador 4: Pares de qualidades dissociadas

O objeto bom tranquilizador é um objeto harmônico, corporalmente inteiro, exceto o genital, com capacidade de observar admirando sem invadir com contato corporal.

Quanto ao ego, o ideal está centrado também na conquista de harmonia corporal e movimento estético, excluindo-se necessidades e áreas sexuais.

Observamos a utilização do movimento expressivo corporal e do rendimento intelectual como um modo de seduzir o objeto e ao mesmo tempo mantê-lo imóvel e admirativo.

O objeto perigoso e rejeitado é um objeto com genitalidade aberta e exposta, que provoca pânico e é visualizado como grotesco, invasor e descontrolado (objetos descritos com características claramente sexuais, que entram em contato com o corpo de forma imprevista ou ativa e que têm características escorregadias, pegajosas, que causam nojo).

Quanto às qualidades egoicas rejeitadas, predomina o temor ao desbloqueio sexual que provoca vivências de feiúra e monstruosidade. Os aspectos sexuais são vivenciados como animais ativos e imprevistos que ameaçam descontrolar-se e invadir o ego. Ao mesmo tempo, teme-se que a repressão genital prive o ego de toda a capacidade de sentir (afânise).

Indicador 5: Especificidade das fantasias reparatórias e destrutivas.

As fantasias reparatórias estão centradas na reconstrução dos aspectos genitais danificados; a preocupação está centrada em devolver ao objeto e recuperar ao ego sua capacidade reprodutora (frutos, filhos).

As fantasias destrutivas estão centradas em sentimentos de rivalidade com fantasias de castração dirigidas ao genitor do mesmo sexo, e ressentimento e ódio, pelo fracasso das fantasias edipianas dirigidas ao genitor do sexo oposto, que se expressam também em fantasias de sedução, imobilização e castração.

Indicador 6: Vinculação predominante: com pessoas, com seres vivos ou inanimados

Predomina o interesse pela relação com seres vivos. As outras pessoas estão presentes na verbalização manifesta, como objetos que admiram ou rejeitam. Proporcionar uma imagem estética e ser admirado tem neste quadro o sentido de ser querido.

A relação afetiva com o objeto é descrita de forma rica e intervêm elementos afetivos de necessidade de ligação e ternura. A dificuldade de relação centra-se na genitalidade, e quando esse contato se torna inevitável, a relação é concebida como degradada.

Indicador 7: Defesa dominante e defesas subjacentes

As defesas dominantes são a sedução, a repressão e a conversão. A conversão não se registra como mecanismo no Teste Desiderativo, salvo em casos em que se apresentem sintomas durante a realização do teste (dores de cabeça, enjoos), ou em certas expressões emocionais nas respostas negativas que possibilitem inferi-la: "Acho que se eu vir tal animal eu desmaio, morro, fico paralisada." Quanto aos mecanismos de sedução e repressão, delimitamos sua forma de expressão no trabalho citado anteriormente (5):

Repressão.
1) É detectada em toda a produção mediante desníveis no desenvolvimento das racionalizações desiderativas.
2) Diferentemente do isolamento, são escolhas com alto nível simbólico, que implicam alto grau de condensação. Por exemplo, estrela-do-mar ou libélula, porque eu gosto, ou porque é bonita.

Sedução.
1) Explicitada na catexia. Por exemplo, verbalizam e descrevem a forma, a cor, o movimento do objeto escolhido e a reação do outro a este, ou a finalidade (para ser admirado, olhado, elogiado), ou
2) Não explicitada mas implicitamente contida no símbolo escolhido. Por exemplo: estrela-do-mar, borboleta, libélula, porque eu gosto, porque é bonita.
A possibilidade de explicitação ou não do desejo de ser admirado, unida às características do movimento expressivo do objeto, nos permitiria detectar o interjogo entre sedução e repressão.
Quanto maior a repressão, menor a possibilidade de verbalização do que se refere a movimentos corporais, que ficam somente contidos implicitamente no símbolo.

Indicador 8: Estilo de verbalização

Estilo com alta dramaticidade. Os entrevistados lidam com um alto nível simbólico, oferecem imagens plásticas, metáforas com condensações ricas que permitem relacioná-las a interpretações simbólicas. Normalmente mobilizam emoções variadas durante a realização do teste e transmitem-nas com expressões emocionais, tanto verbais como gestuais. Em alguns momentos na produção, ou às vezes em toda a produção, a linguagem pode ser sintética e a racionalização desiderativa muito bloqueada, do tipo "gosto ou não gosto", "porque é bonita ou porque é feia". Isso, como vimos no item anterior, somado a símbolos ricos e condensadores. No geral esta modalidade responde a bloqueios tendentes a manter a repressão de conteúdos sexuais.

Indicador 9: Ponto de fixação dominante

Genital. Conseguiram elaborar parte da situação edipiana, a relação inclui situações a três nas quais intervêm problemas de acasalamento sexual (rejeitado), rivalidade e ciúme.

Indicador 10: Delimitação da fantasia dominante a respeito da satisfação esperada pelo objeto

A fantasia patológica de cura (submissão ao superego) gira ao redor de um objeto rival do mesmo sexo que condena a sexualidade e exige autocastração. A fantasia adaptativa de cura inclui integrar ao ego as funções sexuais e de procriação, o que implica uma integração concomitante do objeto.

CASO A. MULHER DE 18 ANOS

1+: Uma flor, porque é bonita, tem luz e cor, uma rosa, dessas vermelhas grandes aveludadas. A gente a olha e não precisa tocá-la para saber sua textura.

2+: Uma árvore, porque tem história, porque tem força, anos, experiência e se ergue sempre em direção ao céu.
3+: Um mar, porque também tem anos, experiência e tem vida. É suave, limpo, profundo, sincero, mostra o bem e o mal através de suas águas transparentes e proporciona grandes benefícios ao homem.
4+: Estrela, porque sua visão é bonita, brilha, todo mundo gosta de levantar a cabeça e observá-la.
(*Induzida*):
Um cervo, por sua bela galhada.
1−: Um inseto maligno, *cobra*, porque fazem mal e têm até um aspecto feio; em geral pretos, pequenos, para que ninguém os veja, falsos, daninhos, nojentos.
2−: Um macaco, porque é sujo e tem o rabo colorido, eu não gostaria muito.
3−: Eu não gostaria de ser um revólver.

CASO B. MULHER DE 25 ANOS

1+: Pássaro, um pássaro bonito para voar, ser livre, poder ir de uma árvore para a outra e escolher a mais frondosa, a mais florida.
2+: Um gato, desses gatos caseiros, cuidados, com o pelo brilhante, sedoso, que são muito cuidados e que não precisam fazer nada durante o dia inteiro, ficam deitados e são mimados. Mas, em que pese tudo isso, o gato é sempre não domesticável e, quando se cansa, vai embora para outro canto.
3+: Eu gostaria de ser uma obra de arte, um quadro, uma escultura muito famosa que todos admirassem e olhassem surpresos.
4+: (*Espontânea*) Também gostaria de ser vento, não o vento das ventanias, não o vento forte, mas o suave, uma brisa, porque poderia visitar o mundo. Poderia ir de um lado para o outro sem ninguém me reconhecer, de forma impessoal.

5+: (*Induzida*) Vegetal, não sei, somente essas flores que ficam na água, que não estão presas na terra, que boiam sobre a superfície, ou uma planta que está num vaso e depois é transplantada para um maior na varanda ou no jardim. Porque se eu ficar na água, posso me movimentar com a corrente, o que eu não gosto é de ficar fixa na terra, mas também não é o que mais gosto, pensei em planta de vaso, porque assim me levariam de um lugar para outro, um pouco no sol, outro na sombra.

1—: Ai, aranha! Bichos como as aranhas me causam nojo particularmente, porque não tenho nojo do bicho quando está quieto, mas sim quando anda, quando se mexe. Dos outros bichos não, mesmo que não goste deles, mas tenho nojo das aranhas e repulsa inconsciente quando são grandes e peludas, quando são pequenas, não. Outro dia vi uma dentro de um frasco, tinha patas robustas, levantava-as para cima e eram peludas, dei um pulo e sai correndo, quase desmaiei. Em minha casa dizem que sou boba, meu pai me dá bronca, mas... eu até durmo, na minha casa dizem que desde criança, toda coberta porque o meu medo era que me caísse uma na cabeça ou no rosto, sempre procurei mas nunca caiu nenhuma. Veja, nos outros dias eu dou aulas em uma escola noturna para rapazes e justamente vi um bicho na parede, tive de pedir que o matassem, só de imaginar essas patas pretas e peludas... meu pai me diz: mas você é grande, vai se casar, o que vai fazer em sua casa com os bichos, bem, eu o mato e pronto, ou saio de casa, isso é ponto pacífico, não tenho saída: ou o bicho ou eu. A culpa é do meu pai, porque quando eu era pequena acho que ele me mostrava bichos e os pegava com a mão. Eu sonhava, quando era pequena, que havia uma fila de aranhas no batente da porta e que uma saiu e foi para minha cama, eu tinha 5 ou 6 anos, saí correndo meio dormindo, meio acordada pedindo socorro e entrei no quarto dos meus pais. Sempre grito em sonhos até hoje; meu irmão me diz que sou louca, que vão me internar, mas quando grito é sempre por causa desses sonhos.

2—: Uma coisa inútil por sua insensibilidade, uma pedra, uma rocha tem muitos usos, mas não sei, é que acho que não queria ser alguma coisa não viva, insensível, uma obra de arte sim, porque é outra coisa, tem possibilidade de transmitir.

3—: (*Induzida*) Acho que nenhum vegetal, por causa do que eu lhe disse, porque o pior que podia me acontecer é ficar presa na terra.

Caso C. Mulher de 26 anos

1+: Passarinho: não sei que pássaro... uma gaivota porque fica nas praias... e também uma ave migratória, que está sempre onde é verão... e também para poder me locomover com facilidade... não um ônibus ou avião ou um meio convencional... ser a gente mesma que se locomove... sem depender de um meio de transporte... Voar me fascina. Lembro que de criança me jogava do teto de um galinheiro... no alto... eu adorava me jogar. Andava num muro me equilibrando... pendurar-me de uma rede que tinha barras... brincando de me equilibrar, eu adorava.

2+: Não árvore, porque estão sempre grudadas... não gosto... não gosto de ser um vegetal..., um mineral, menos ainda... Flor, do tipo da margarida, de cor rosa, linda... uma flor meio rebelde, não gostaria de ficar no galho e na terra... não como todas as flores que se conformam em ficar no mesmo lugar e eu não nasci para ser flor, mas sim passarinho... e nem pedra tosca insensível... passam e batem nela... mas que nesse momento, não como flor de sala, mas que têm talo forte, forte porque dura muito, não tem perfume gostoso, mas é uma flor muito vital.

3+: Ser uma criação do homem, uma obra de arte, não sei, alguma coisa que deixasse às pessoas que a visse, que lhe transmitisse alguma coisa, mas não sei o quê... um bom livro ou poesia também... não sei... porque estaria transmitindo alguma coisa às pessoas. Não seria uma coisa morta, seria uma ideia precisa, alguma coisa viva.

1—: Aranha, cobra e um monte de coisas... aranha porque pica, morde, é má... tem veneno... é peluda, feia, faz mal e o homem tem medo dela... cobra: ...por tudo isso... e porque está sempre à espreita ou enroscada numa árvore ou na terra... e, no momento em que pode fazer mal, faz.

2—: Um pé de alface, porque põem a sementinha para a planta crescer... regam-na bastante para ficar forte, adubam a terra... cuidam muito dela e quando está no momento mais bonito da planta, arrancam-na, levam-na para uma quitanda e depois alguém a come.

3—: Um apartamento, porque seria de aço, cal, pedra... sustentando muitas famílias e... não poderia dar a elas toda a comodidade que deveriam ter... acho que ficariam todas muito apertadas.

Características comuns e diferenciais

As características enfatizadas são centradas em elementos visuais atraentes e às vezes olfativos e táteis, mas o canal visual é o que tem maior relevância, projetado no suposto espectador que apreciaria o impacto estético. A busca por boa forma corporal, harmonia e conquista estética está contraposta ao temor de ter ou oferecer uma visão desagradável, centrada em fantasias de olhar genitais em estado de excitação ou expor à visão os genitais de aspectos sexuais vividos como sujos e grotescos.

A exibição do exterior do corpo harmonioso e perfeito evidencia-se em escolhas como:

Caso A

1+: Uma flor, porque é bonita, tem luz e cor, uma rosa, dessas vermelhas grandes aveludadas. A gente a olha e não precisa tocá-la para saber sua textura.

4+: Estrela, porque sua visão é bonita, brilha, todo mundo gosta de levantar a cabeça e observá-la.

Caso B

3+: Eu gostaria de ser uma obra de arte, um quadro, uma escultura muito famosa que todos admirassem e olhassem surpresos.

Caso C

3+: Ser uma criação do homem, uma obra de arte, não sei, alguma coisa que deixasse às pessoas que a vissem, que lhes transmitisse alguma coisa, mas não sei o quê... um bom livro ou poesia também... não sei... porque estaria transmitindo alguma coisa às pessoas. Não seria uma coisa morta, seria uma ideia precisa, alguma coisa viva.

O temor a ficar frente a frente com os genitais do sexo oposto, perigosos por estar ligados a uma ineludível trama edipiana, expressa-se claramente e com absoluta ingenuidade em:

Caso B

1−: Ai, aranha! Bichos como as aranhas me causam nojo particularmente, porque não tenho nojo do bicho quando está quieto, mas sim quando anda, quando se mexe. Dos outros bichos não, mesmo que não goste deles, mas tenho nojo das aranhas e repulsa inconsciente quando são grandes e peludas, quando são pequenas, não. Outro dia vi uma dentro de um frasco, tinha patas robustas, levantava-as para cima e eram peludas, dei um pulo e sai correndo, quase desmaiei. Em minha casa dizem que sou boba, meu pai me dá bronca, mas... eu até durmo, na minha casa dizem que desde criança, toda coberta porque o meu medo era que me caísse uma na cabeça ou no rosto, sempre procurei mas nunca caiu nenhuma. Veja, nos outros dias eu dou aulas em uma escola noturna para rapazes e justamente vi um bicho na parede, tive de pedir que o matassem, só de imaginar essas patas pretas e peludas... meu pai me diz: mas você é grande, vai se casar, o que vai fazer em sua casa com os bichos, bem, eu o mato e pronto, ou saio de casa, isso é ponto pacífico, não tenho saída: ou o bicho ou eu. A culpa é do meu pai, porque quando eu era pequena acho que ele me mostrava bichos e os pegava com a mão. Eu sonhava, quando era pequena, que havia uma fila de aranhas no batente da porta e que uma saiu e foi para minha cama, eu tinha 5 ou 6 anos, saí correndo meio dormindo, meio acordada pedindo socorro e entrei no quarto dos meus pais. Sempre grito em sonhos até hoje; meu irmão me diz que sou louca, que vão me internar, mas quando grito é sempre por causa desses sonhos.

Neste mesmo caso, na escolha

2+: Um gato, desses gatos caseiros, cuidados, com o pelo brilhante, sedoso, que são muito cuidados e que não precisam fazer nada durante o dia inteiro, ficam deitados e são mimados. Mas, em que pese tudo isso, o gato é sempre não domesticável e, quando se cansa, vai embora para outro canto.

Nessa escolha expressa-se claramente a luta entre a busca por contato afetivo, o desejo de identificação feminina e a luta fracassada contra a sexualidade (não domesticável).
O temor a oferecer uma imagem grotesca, centrada na fantasia de expor à visão dos outros a genitalidade suja, a excitação sexual, as atividades masturbatórias e a castração, observa-se no caso A:2—: Um macaco, porque é sujo e tem o rabo colorido, eu não gostaria muito.
Os elementos de luta entre os sexos, de rejeição às funções femininas, tanto no acasalamento como na procriação, e

o ressentimento diante dos homens, vividos como seres que usam, exploram e abandonam, expressam-se em:

Caso A

2+: Uma árvore, porque tem história, porque tem força, anos, experiência e se ergue sempre em direção ao céu.

4+: Estrela, porque sua visão é bonita, brilha, todo mundo gosta de levantar a cabeça e observá-la.

Caso C

2—: Um pé de alface, porque põem a sementinha para a planta crescer... regam-na bastante para ficar forte, adubam a terra... cuidam muito dela e quando está no momento mais bonito da planta, arrancam-na, levam-na para uma quitanda e depois alguém a come.

Nesta escolha fica clara a descrição deslocada do mecanismo de fecundação e a vivência de exploração diante dela, bem como a rejeição à maternidade vivida como uma reedição da castração. Isso gera, por sua vez, uma profunda ansiedade, referente ao temor a não poder ser um bom continente de vida (*bebês*), ficar estéril (castração feminina), e origina a resposta:

3—: Um apartamento, porque seria de aço, cal, pedra... sustentando muitas famílias e... não poderia dar a elas toda a comodidade que deveriam ter... acho que ficariam todas muito apertadas.

A luta contra a sexualidade ocupa um lugar relevante. A sexualidade deveria estar controlada para conseguirem transformar-se em seres harmoniosos, estéticos e admirados visualmente. Ao mesmo tempo, a repressão traz o enorme risco de perder toda a possibilidade de prazer e sensibilidade e surge o temor a ficar insensível, expresso em rejeições como:

Caso A

1—: Uma rocha, porque é dura, insensível, sem vida, amorfa, e além disso é uma mistura.

Caso C

3—: Um apartamento, porque seria de aço, cal, pedra...
1+: Passarinho: não sei que pássaro... uma gaivota porque fica nas praias... e também uma ave migratória, que está sempre onde é verão... e também para poder me locomover com facilidade... não um ônibus ou avião ou um meio convencional... ser a gente mesma que se locomove... sem depender de um meio de transporte...Voar me fascina. Lembro que de criança me jogava do teto de um galinheiro... no alto... eu adorava me jogar. Andava num muro me equilibrando... pendurar-me de uma rede que tinha barras... brincando de me equilibrar, eu adorava.

Nesse último exemplo vemos a necessidade de evitar fobicamente situações de encerramento, mas conservando a capacidade de sentir (ave, mas não avião, não coisa inanimada); essa escolha está centrada em satisfações derivadas da sensibilidade cinestésica (voar, pular, rede).

Elementos diferenciais

Caso A: Observamos nas negativas uma estrutura anal em uma organização de personalidade histérica. O controle obsessivo responde à necessidade de controlar reativamente as fantasias exibicionistas e os aspectos fálicos da luta entre os sexos.

Caso B: Observamos juntamente uma estrutura histérica dominante, que propicia o diagnóstico, uma subestrutura fóbica, centrada em ansiedades e temores claustrofóbicos. O ritmo de produção é maníaco.

Caso C: Apresenta uma subestrutura fóbica, a estruturação de personalidade dominante é histérica. A evitação fóbica expressa-se claramente como defesa contra a ansiedade e culpa provocadas por fantasias exibicionistas, como por exemplo em 2+: diante do desejo de ser uma flor diferente, especial, rebelde, surge a ideia de ser passarinho para fugir do desejo de ser feminina e exibir sua feminilidade, mas aparece então o perigo de ficar insensível (pedra) e novamente reforça a escolha flor; incluindo a ideia do talo forte (identificação feminina fálica).

TESTE DE H. PHILLIPSON

Percepção da situação da prancha

1) Boas percepções totalizadoras. Boa definição da situação total quanto à percepção de conteúdo humano, de realidade e contexto. Ajuste formal ao estímulo. Não há distorções. Pode haver omissões de zonas conflitivas. Os pacientes acrescentam personagens na estrutura da história, mas discriminando claramente que esses personagens não estão presentes no estímulo. Geralmente fazem verbalizações do tipo "Eu acho, a partir disto eu me imagino, ou minha impressão é que..." como forma de expressar a capacidade de estabelecer a diferenciação entre a realidade e a percepção pessoal que têm dela (maior reconhecimento da realidade psíquica).

2) A extensão da produção é variável, encontramos tanto relatos com baixo número de associações, histórias curtas (repressão) mas com alto conteúdo simbólico (condensações), como relatos completos "novelescos", se predomina a necessidade de sedução e exibição intelectual.

3) Ênfase no conteúdo humano correlacionado ao contexto de realidade e nas expressões emocionais diante da prancha (labilidade emocional) (expressões de alegria, aceitação ou rejeição emocional: bonita, feia). Boas percepções do clima emocional dominante, mas dificuldade para desenvolvê-lo quando há implicações genitais.

4) Perda de distância com relação à prancha, que se expressa em angústia, choro, sintomas corporais, náuseas, tontura ou por associações centradas em situações pessoais ou evocações de situações da história pessoal.

5) Os pacientes têm dificuldades com pranchas que conotam situações genitais ou triangulares; diante delas surge um excesso de exclamações emocionais, bloqueios, histórias curtas e sem conteúdo (repressão) ou omissões, por temor ao desbloqueio de fantasias sexuais ou sentimentos de rivalidade e ciúme.

6) Interesse predominante pelas áreas claras e coloridas das pranchas. Possibilidade de integrar as cores com formas específicas (lâmpada vermelha, por exemplo) e com o clima emocional da prancha (clima de tensão emocional), ainda que, quando a prancha se encaixa com situações vividas como perigosas (situações edipianas, de rivalidade, ciúme, exclusão), possam ser dadas respostas envolvendo cor sem que haja possibilidade dessas respostas serem trabalhadas no contexto da prancha (veem a cor e preocupam-se em atribuir-lhe um significado, mas não conseguem).

7) Quando o registro foi feito sob coação: pessoas quietas, sem inter-relação, sem carga emocional, respostas emocionais diretas (este vermelho é sangue), deveria ser considerada a possibilidade de explosões violentas por baixo dessa fachada rígida e inibida.

8) É comum a percepção defensiva da prancha AG como uma situação fantástica e irreal (fantasmas, representações imaginativas, fantasias).

9) A preocupação com os elementos estéticos, harmônicos, pouco dissonantes faz com que os pacientes tenham maior relação com as pranchas da série A e da série C que com as da série B, que provocam neles um choque maior e a vivência de um mundo frio e duro.

10) Prancha em branco: elaborações idealizadas, ênfase na pureza, na beleza, na paz, relações ternas não genitais. As fantasias de reparação na histeria estão muito ligadas a per-

cepções estéticas e harmônicas; na prancha em branco tentam recriar lugares belos com personagens que se movimentam em harmonia e sem tensões agressivas ou sexuais.

As pessoas incluídas na história e suas relações

1) Os personagens são bem descritos, porém com exclusão de implicações genitais na verbalização direta; todavia é evidente que esse é o tema central no conteúdo latente. Muitas vezes as produções histéricas provocam em quem as lê uma resposta hilária, justamente por esta característica: os pacientes propõem com absoluta clareza conflitos com relação ao sexo, à excitação e aos órgãos genitais do sexo oposto, mas fazem isso com total ingenuidade e sem perceber a alusão sexual direta em que incorrem, enquanto se dedicam aparentemente a situações distantes do que é sexual.

Valorizam o contato intelectual e carinhoso não genital entre os personagens. Delimitam a identidade dos personagens quanto a diferenças de sexo e de idade. Incluem personagens "sonhadores", imaginativos (sonhos diurnos).

A preocupação com a beleza é permanente, a busca por objetos belos e harmônicos expressa-se tanto na harmonia de formas como de relações interpessoais, nas quais não estejam presentes elementos de excitação sexual, rivalidade ou ciúme que "a tornem feia". Os objetos e relações boas assumem a forma verbal de lindos, belos; os objetos maus (sentimentos relacionados com a genitalidade, a rivalidade), a de feios, desagradáveis e provocam sensações de nojo e rejeição. A representação mental de pessoas em excitação sexual ou em intercâmbio genital desperta vivências de feiúra e sentimentos de repulsa, vergonha e nojo.

2) Os pacientes criam histórias ingênuas de amor com deslocamentos genitais simbólicos muito evidentes. Na parte manifesta, criam casais idílicos em que predominam a compreensão, a ternura e o contato corporal não sexual.

3) Os personagens mantêm relações idílicas do tipo das descritas anteriormente (2) ou então seduzem-se, abandonam e excluem. No conteúdo manifesto, predomina o controle da agressão referente a situações de ciúme, rivalidade e exclusão.

4) Quando os mecanismos de repressão se incrementam, surgem histórias muito sucintas com personagens muito estáticos e insensíveis corporalmente (estátuas seriam a expressão extrema desse mecanismo, o que indica uma estrutura de base esquizoide grave, da qual a estrutura histérica é somente uma defesa).

Relações objetais inconscientes

O temido: temor à genitalidade. Temor a ser seduzido e frustrado (abandonado) por pessoas do sexo oposto. Temor a situações de exclusão, rivalidade e ciúme. Temor à vingança dirigida ao rival do mesmo sexo, ou proveniente dele. Temor ao descontrole de fantasias genitais; tomar o objeto desejado implica, para este quadro, a exclusão de um terceiro.

O desejado: fantasias inerentes à situação edipiana. Busca de proteção corporal, com exclusão genital e busca de reparação ao objeto interno mediante a procriação e a harmonia.

Defesas: repressão (manifesta-se de forma "muda": "pelo que falta", por lacunas nas histórias ou pobreza de conteúdo). Sedução. Intelectualização. Mecanismos de conversão (podem manifestar-se como sintomas durante a realização do teste ou como sintomas atribuídos aos personagens [sintomas físicos, doenças] em situações de perigo).

Estrutura da história

Atitude. Labilidade afetiva:

a) As personalidades histéricas perdem distância das pranchas e podem dar respostas emocionais diretas ou evocar experiências emocionais durante a aplicação do teste.

b) Insistem no clima emocional da prancha, com exclamações carregadas emocionalmente (meu Deus, que horrível, parece um fantasma) ou com exclamações de assombro, temor ou infantilismo, buscando simpatia e apoio por parte do aplicador do teste.

c) Infantilismo na elaboração de temas. Atribuem nomes aos personagens, fazem relatos em forma de diálogo. Alta teatralidade, tendência a dramatizar a história assumindo alternativamente os papéis (por exemplo, "então ela disse... ele, diante dessa resposta, pensou" etc.).

Ajuste à instrução

1) Geralmente os entrevistados preenchem os requisitos, mas com bloqueios (repressão) relacionados à temática edipiana. Os mecanismos de repressão tornam-se mais evidentes diante das pranchas que se encaixam com situações semelhantes, de terceiros, ou que são percebidas como relações de casais heterossexuais (temor ao desbloqueio genital).

Conseguem diferenciar o passado, o presente e o futuro da história narrada. Tratam de forma equilibrada os três tempos, privilegiando o relato sobre o presente. A noção adequada de temporalidade torna-se evidente também na possibilidade de diferenciar personagens de idades diferentes (crianças, adultos, idosos). Quando incorrem em alterações emocionais da dimensão temporal, isso é verbalmente discriminado como vivência temporal interna, por exemplo: "este personagem deve ter a sensação de que o tempo não passa" ou "estavam tão unidos e próximos que para eles o tempo passou num segundo" (maior consciência de realidade psíquica).

Quanto ao manejo espacial da prancha, os pacientes o fazem com liberdade e os personagens geralmente conseguem realizar movimentos de acordo com os estados de espírito e as decisões enunciadas verbalmente na história. Por outro lado, evidenciam-se coibições ou bloqueios (fóbicos) para desenvolver movimentos nos personagens ou para, durante o teste, conectar-se a áreas da prancha que, por suas características, ameaçam trazer à consciência os conteúdos reprimidos; por exemplo, não gostam e não tentam integrar a terceira pessoa de B3, ou evitam desenvolver o tema vincular das duas pessoas de A2, e, em contrapartida, detêm-se na área branca central, referindo-se à janela, a área aberta que dá para o mar, e desse ponto passam ao futuro do casal.

2) A história apresenta boa organização de um ponto de vista lógico, mas há cortes, irregularidades referentes a fantasias genitais, falta de realização de desejos: enunciam um desejo e finalizam a história sem conseguir descarregar o impulso instintivo.

3) A solução pode surgir sem explicitar sobre como é conseguida, sobretudo em situações triangulares nas quais o final tem por objetivo evitar o enfrentamento de situações de rivalidade e ciúme.

4) A linguagem é muito rica, com grande capacidade dramática. É claramente simbólica, com predomínio de imagens visuais e metáforas que incluem um alto grau de condensação.

5) Há tanto a tendência a deixar-se invadir em demasia pelo estímulo, o que desperta altas respostas emocionais (perda de distância, mimetismo), como a capacidade para discriminar fantasia de realidade. Este último ponto evidencia-se pelo uso de formas verbais como: eu acho, me parece, este personagem se imagina ou eu me imagino, diferentemente do uso de formas antagônicas do tipo "isto é".

EXEMPLOS:
CASO A. HOMEM DE 30 ANOS.

PRANCHA 1: Um homem olhando um entardecer, há uma figura sentada no chão, pode ser uma mulher. Acho que é um casal de meia-idade, saíram para caminhar pelos arredores da cidade. Aproveitaram esse tempo para dialogar intimamente sobre um problema que os está preocupando há algum tempo. Talvez tenha acontecido alguma coisa afetivamente, talvez o desgaste do entusiasmo que cede e deixa só o companheirismo, talvez outro amor. Estou preocupado com a imagem difusa do homem na parte inferior, a imagem se dilui, não sei, me sugere insegurança, falta de... não está bem postado, talvez seja a mulher quem encontrou outro amor... Estão tentando reencontrar o diálogo entre eles.

Prancha 2: Uma imagem terna, um casal adolescente, me atrai a harmonia das linhas, os tons suaves e a claridade central. Um casal de namorados na quietude da tarde, em alguma coisa como uma gruta natural que pode dar para o mar. A imagem é terna e cálida, mas, como na outra, a parte inferior do corpo se esfuma. Podem estar nus na beira do mar, talvez tenham acabado de fazer amor, ele tem um gesto de proteção e cuidado, ela me sugere timidez. Talvez esperem juntos o fim do dia, ambos desejariam permanecer muito tempo, sem tempo, só ouvindo o barulho do mar e contemplando-se.

Prancha 3: Vejo uma família reunida depois de comer, os pais e o filho, e o filho se levantou, parece que furioso por uma discussão. O pai está de costas, eu o imagino como um pai tradicional, bem chefe de família. A mãe é mais suave, parece gordinha, está de frente, é como a intermediária entre pai e filho. Parece que a mãe está constrangida com a reação do filho, porque é a primeira vez que ele se rebela contra o pai. A discussão é porque o filho quer se casar com uma mulher que não agrada ao pai, que não lhe convém, que é alguém de outra classe social. O pai espera, acredita que com o tempo o filho vai criar juízo, típica frase de um pai tradicional. Mas o filho está bem decidido e sabe que tomou uma decisão importante para se mostrar agora tal como é, e que levará adiante essa decisão. Vejo a mãe preocupada pelo problema pai-filho.

Prancha 4: Ai, que fuleira! Essa prancha é pesada, gostei mais das duas primeiras. Bom, é de noite, um casal entrando num quarto, uma figura aqui em primeiro plano, poderíamos transformá-la numa estátua? (*Ri.*) Não, não é por isso, me incomoda mais. Não consigo encaixá-la, acho que é uma pessoa e, se está olhando no escuro, é alguém com raiva e má vontade com esse casal. Provavelmente antes este casal esteve distanciado, conseguiram reencontrar-se e isso não é bem visto por essa terceira pessoa.

(*Quem é essa pessoa?*) Não sei, acho que é alguém de mais idade, da família, mas me preocupa o que pode fazer, parece que esse casal vai ter de lutar muito contra a oposição dessa pessoa, que me parece negativa por sua atitude esquiva e controladora.

PRANCHA EM BRANCO: Vejo o mar, com uma praia muito grande. É de manhã cedinho, aquelas pessoas que arrumam as cadeiras ainda nem puseram os guarda-sóis. O mar está sereno, calmo, não há vento e a única coisa que se ouve é o barulho das ondas. Não há ninguém na praia ainda, só alguns madrugadores passeando pela orla. Eu me imagino caminhando por ali com uma garota, não por sermos madrugadores, mas notívagos, seguramente esperamos o amanhecer. Caminhamos e pegamos conchinhas e pedras que o mar traz. A paisagem e o momento é agradável, tranquilo, e eu gostaria que nunca chegasse gente que corre, fala, incomoda, para podermos caminhar e nadar tranquilos no mar.

CASO B. MULHER DE 24 ANOS

PRANCHA 1: Vejo um homem de costas olhando para o horizonte, imagino que seja um homem jovem, tem porte atlético, costas largas, está num lugar com bosque. Ao seu lado posso visualizar outra silhueta que eu imagino que seja de uma mulher. Ele olha para a frente, não presta atenção nela, não a olha, em contrapartida, há uma certa angústia nela, na escuridão, no chão. Parece que poderia estar suplicando ao homem que a ame, que não a deixe, que está muito sozinha, que ainda que sofra quer estar com ele. Teme que ele acredite que o que ela diz seja muito cinematográfico, mas é sincero. A atitude dele é de distanciamento. Acho que ele vai embora porque o incomoda ter uma mulher infantil ao seu lado, que esteja tão atenta a tudo que ele faça ou diga, seus olhos estão em outro horizonte, em outra perspectiva de relacionamento.

PRANCHA 2: É um casal, estão num quarto, diante de uma janela... parece que estão observando alguma coisa que têm na mão. Esta garota parece olhar entre temerosa e admirada para este senhor que parece mais velho que ela, poderia ser seu professor e que estivesse lendo algo para ela. Sente-se segura ao lado dele... e está contente por estar com ele. Ele gosta dela porque é uma garota bonita e muito mais jovem, mas é uma aluna como todas. Ela não se dá conta disto, que é apenas uma aluna mais para ele e se sente como que deslumbrada. Ele lhe explica carinhosamente sobre a vida, paternalmente digamos, e ela acredita que há algo mais. (*Como termina?*) Bem, acho que ela deveria se dar conta, mas não sei, eu a vejo muito atraída e muito sonhadora, não sei.

PRANCHA 4: Vejo três pessoas. Esta que está aqui (*figura em primeiro plano*) pode ser uma governanta ou empregada que está espiando. Está apaixonada pelo senhor da casa e sofre tremendamente. Ele é um homem que vive sozinho mas às vezes recebe gente em sua casa. Ela escutou a porta abrindo e não conseguiu evitar espiar no escuro esse homem que estava ali com uma mulher.

Não quer que a mulher a veja porque se sente muito mais feia, mais antiga e antiquada que a outra, mas precisa ver detalhadamente como é a outra.

Ao mesmo tempo sente vergonha porque isso de se esconder e espiar é infantil, mas não sabe o que fazer. Fica escondida até que o casal torna a sair da casa. Arrepende-se da curiosidade que a motivou a ver a cena e volta para a cama.

PRANCHA 5: Eu imagino uma situação de que gosto muito. Um dia de manhã, luminoso, cálido, um porto cheio de gente esperando um barco que já está atracando.

Entre todas as pessoas que esperam entre tensas e felizes, recorto a silhueta de uma garota jovem que olha ansiosa esperando ver o homem que ama e que por fim vai chegar hoje. Tem presente em sua cabeça outro dia não tão distante, mas que parece que foi há anos já, nesse mesmo lugar, com muita gente também, mas com tanta tristeza, quando ele se foi. Pensa se o dia realmente estava nublado ou se ela inventou isso; hoje estará tão luminoso? Não sabe. Eles são um casal apaixonado que não consegue se comunicar, no sentido intelectual, bem, não fisicamente. O problema é que ela era muito fechada, aparentava algo diferente do que era na realidade e ele se sentia desconcertado porque não entendia que tipo de mulher era ela. Em alguns momentos parecia estar muito apaixonada e em outros não queria vê-lo. Ele partiu para o exterior para que ela se definisse. Quando o barco se aproximar, ele encontrará a resposta, ela está esperando por ele.

Características diferenciais

Os casos A e B correspondem a configurações histéricas. Em ambos os casos observamos um ajuste perceptual adequado. A temática manifesta está centrada na problemática do casal. No *caso A*, observamos a necessidade de se definir masculinamente. A preocupação pelo possível dano sofrido pelos genitais (castração) evidencia-se na prancha 1: "Estou preocupado com a imagem difusa do homem na parte inferior...", e na prancha 2: "...mas, como na outra, a parte inferior do corpo se esfuma" e traz como consequência dúvidas sobre sua masculinidade, da mesma forma como ocorre na prancha 1: "me sugere insegurança, falta de... não está bem postado", "talvez o desgaste do entusiasmo que cede e deixa só companheirismo... talvez seja a mulher que encontrou outro amor" (temor a ser abandonado por impotência sexual).

A conquista da masculinidade é freada por problemas inerentes à trama edipiana: definir-se e conquistar uma identidade recortada supõe, em sua fantasia, enfrentamento e triunfo sobre o pai (prancha 3). Os aspectos infantis curiosos e controladores, que se opõem à união do casal, são projetados em figuras paternas controladoras que de forma retaliativa impedem a união (prancha 4).

Os ataques de ciúme à união do casal são dissociados e se expressam só pelos efeitos sobre os personagens; prancha 1: o casal de meia-idade assexuado; na prancha 4, a figura persecutória que desejaria paralisar e descorporificar transformando-a em uma estátua; na prancha 3, a mãe constrangida e bloqueada.

As intensas ansiedades persecutórias, mas também depressivas, diante dos pais atacados genitalmente (assexuados, impotentes), originam condutas de enfrentamento contrafóbico (prancha 3) ou então a evitação fóbica do contato social por temor de mostrar sua própria evolução genital (prancha branca).

No *caso B*, a temática edipiana é clara. Domina a idealização e o enamoramento edipiano e a rivalidade culposa com a mãe. A ineludível frustração edipiana juntamente com a dificuldade para assumir uma forte rivalidade, por intensos sentimentos de culpa depressiva, criam riscos permanentes de queda em estados de autodesvalorização. Essas vivências autodesvalorizantes evidenciam-se na prancha 1: "...ele vai embora porque o incomoda ter uma mulher infantil ao seu lado", ou na prancha 4: "...se sente muito mais feia, mais antiga e antiquada que a outra".

A dificuldade para integrar a genitalidade torna-se evidente na temática da prancha 2, na qual são omitidas as qualidades de proximidade corporal e nudez, e na temática da prancha em branco (aproximação, distanciamento, entusiasmo, frieza).

A luta contra o aspecto infantil curioso e controlador da genitalidade do casal evidencia-se na prancha 4. O subcomponente dessa estrutura histérica é depressivo e expressa-se na reiteração de experiências de perda, no controle da agressão e da rivalidade durante toda a produção e na tendência a estados de diminuição da autoestima, acompanhados de autorrepreensões e vivências de fealdade corporal (prancha 4).

TESTES GRÁFICOS

Características gerais	Localização	Tamanho	Movimento e expressão	Distorções. Omissões. Acréscimos. Ênfases.	Tipo de traço
Figura humana					
Simetria alterada. Pobreza de conteúdo total (repressão) integrado (contorno) mas vazio interior. Casal: figuras opostas do mesmo sexo (ex.: freira, bailarina). Deslocamento do valor simbólico (bailarina de perfil, perna levantada, estendida: incorporação fálica).	Central, metade superior.	Média.	Movimento bloqueado (sobretudo nos braços). Tensão. Movimento indicado mas bloqueado.	*Olhos*: vazios, sem pupila, tipo botão. *Globo histérico*. *Corpo-cabeça*: separação. Separação tronco e parte inferior. *Exibicionismo*: Figuras muito vestidas, não demarcação excessiva de detalhes, mas sim alongamento de saias, colarinhos fechados etc. (controle do exibicionismo), da mesma forma que o sombreado das margens da roupa. Minimização da região inferior do corpo. Cabelo abundante	Linhas tênues. Completas.
Casa					
Pobreza de conteúdo. Preocupação pelo entorno.	Central, metade superior.	Média.		Exibicionismo: janelas de vidro, abertas (transparência)	Linhas tênues.
Árvore					
Completa. Estética. Esquemática.	Central, metade superior.	Média.		*Copa*: concêntrica e fechada. Corte marcado de tronco e raízes (repressão)	Linhas tênues.

Teste das Duas Pessoas
Caso A. Mulher de 17 anos

Indicadores psicopatológicos 457

Teste das Duas Pessoas
Caso B. Mulher de 25 anos

HTP
Caso B

Indicadores psicopatológicos 459

Teste das Duas Pessoas
Caso C. Mulher de 18 anos

Teste das Duas Pessoas
Caso D. Mulher de 26 anos

Indicadores psicopatológicos 461

Teste das Duas Pessoas
Caso E. Mulher de 28 anos

Todos os desenhos apresentados mantêm uma estruturação gestáltica, índice de boa integração do aparelho psíquico e de adequada síntese do esquema corporal.

Os casos A, B e C propõem problemas de rivalidade com o sexo oposto. No caso A, expressam-se pela diminuição da idade do homem e pela posição corporal de "homenzinho" da figura feminina. No caso B, pela posição relegada (atrás, menor) da figura feminina em relação com a posição central e "bem firme" da figura masculina. No caso C, pela dificuldade para desenhar um casal heterossexual.

Os problemas referidos à repressão estão representados no caso A pela abertura superior da cabeça da mulher e pela construção do desenho de um casal com um garoto; no caso B, pelos óculos da figura masculina (que não enxerga bem), em contraposição aos fortes desejos exibicionistas expressos na figura feminina e no Teste HTP (casa com grandes janelas através das quais se vê o interior). No caso C, pela rigidez corporal, imobilização.

Os casos D e E apresentam qualidades semelhantes aos anteriores. Diferenciam-se, no caso E, pelo acentuado incremento da repressão ao exibicionismo (vestido longo na mulher) e, no caso D, pela presença de índices gráficos de maior hostilidade com o corpo (riscos nos seios e na zona genital feminina) e maior rigidez corporal, que indicam controles obsessivos graves tanto do exibicionismo como da genitalidade.

Bibliografia

1. Abt, L. E., Bellak, L., *Psicología proyectiva*, Paidós, Buenos Aires.
2. Anderson, H. H., Anderson, G. L., *Técnicas proyectivas del diagnóstico psicológico*, Rialp, Madrid, 1963.
3. Bell, J. E., Técnicas proyectivas, Paidós, Buenos Aires.
4. Brodesky, A., Madanes, N., Rabinovich, D.: "Identificación proyectiva y mecanismos esquizoides en el test desiderativo", in Ocampo. M. L. S. de, García Arzeno, H. E. e col., *Las técnicas proyectivas y el proceso psicodiagnóstico*, Nueva Visión, Buenos Aires, 1976.

5. Carposi, M., Grassano de Piccolo, E., "Índices diagnósticos y pronósticos en el test desiderativo, a partir del estudio de las defensas", in Ocampo, M. L. S. de, García Arzeno, M. E. e col., *Las técnicas proyectivas y el proceso psicodiagnóstico*, cit.
6. Ey, Henry, *Tratado de psiquiatría*, Toray-Masson, Barcelona.
7. Fairbairn, W. R. D., *Estudio psicoanalítico de la personalidad*, Paidós, Buenos Aires.
8. Fenichel, O., *Teoría psicoanalítica de las neurosis*, Nova, Buenos Aires.
9. Grassano de Piccolo, E., "Las defensas en los tests gráficos", in Ocampo, M. L. S. de, García Arzeno, M. E., *El proceso psicodiagnóstico*, Nueva Visión, Buenos Aires.
10. Grinberg, L., "Aspectos regresivos y evolutivos de los mecanismos obsesivos", "El control omnipotente y el control adaptativo", *Revista de psicoanálisis*, vol. XXIV, n° 3, 1967.
11. Liberman, D., *Comunicación en terapéutica psicoanalítica*, EUDEBA, 1962.
12. Liberman, D., *Linguística, interacción comunicativa y proceso psicoanalítico*, Nueva Visión, Buenos Aires, 1972.
13. Liberman, D., Comunicación personal sobre "Estilos comunicacionales".
14. Ocampo, M. L. S. de, García Arzeno, M. E., "Fortaleza y debilidad de la identidad en el test desiderativo", in *El proceso psicodiagnóstico*, Nueva Visión, Buenos Aires.
15. Phillipson, H., *Manual del test de relaciones objetales*, Paidós, Buenos Aires.
16. Phillipson, H., "Una breve introducción a la técnica de las relaciones objetales", publicação interna da cadeira de Técnicas Projetivas I, Faculdade de Filosofia e Letras, UNBA.
17. Rapaport, D., *Tests de diagnóstico psicológico*, Paidós, Buenos Aires.
18. Schafer, R., "The clinical application of psychological tests", in Int. Univ. Press, Nueva York, 1959.

Capítulo IV
A *história pessoal* nos testes projetivos

Agradeço à psicóloga Ana M. Kosak e ao psicólogo Ricardo Antar pelos protocolos que me forneceram.

Introdução

A integração da perspectiva histórica aos indicadores de configurações clínicas e estruturais confere caráter operacional à exploração psicodiagnóstica.

A investigação da incidência da história pessoal na personalidade atual é indispensável para delimitar a abordagem terapêutica posterior. Um psicodiagnóstico é operacional na medida em que consegue descobrir as linhas de acesso e modificação da personalidade.

Toda produção projetiva relata, de modo direto ou simbólico, cenas e episódios históricos, ao mesmo tempo em que refere "modelos" dos métodos de resolução desses episódios e dos conflitos inerentes a eles.

A tentativa de integração da biografia com a produção dos testes leva, às vezes, ao caminho equivocado de utilizar os dados da história pessoal para explicar as respostas projetivas.

Se forem feitas integrações lineares e forçadas com base na história e forem atribuídos aos dados biográficos o valor de "esquema referencial conhecido e seguro", que pode esclarecer as respostas projetivas, "desconhecidas e novas", as possibilidades informativas que os testes oferecem se reduzem ao máximo.

Nesses casos a história do entrevistado obscurece, encobre a informação nova que o teste pode descobrir. Poderíamos tomar como exemplo extremo dessa situação um entrevistador que sabe, pela história relatada, que o entrevistado sofreu reiteradas perdas de pessoas significativas. Posteriormente utiliza essa informação para "explicar" histórias com temática depressiva no Teste de Phillipson. Corrobora, pela reiteração de perdas nos testes, que os lutos históricos foram transcendentes para o sujeito explorado. Nesse caso o valor informativo do teste se empobrece, uma vez que são inferências que o próprio entrevistado poderia fornecer, ou que o psicólogo poderia deduzir da análise da história. Quando o teste é utilizado para corroborar dados, a produção serve mais para dar aval à validade projetiva do instrumento que para aportar dados sobre a pessoa investigada.

O teste tem caráter de informante de novos dados quando, por outro lado, é utilizado para investigar as situações históricas que desencadearam os episódios históricos relatados ou suas consequências. Essa investigação compreende tanto as emoções desencadeadas como os métodos individuais de resolução. No exemplo do entrevistado que passou por reiteradas experiências de perda, interessaria determinar, entre outras questões, qual o grau de representação que esses objetos adquiriram, qual foi o contato tolerado pelo ego com essa experiência de dor, que sequelas afetivas, interrupções na evolução e/ou no desenvolvimento ela provocou.

Esse aspecto da riqueza informativa dos testes, no que se refere à dinâmica inconsciente, é conhecido e adequadamente instrumentado pelos psicólogos treinados na tarefa diagnóstica.

Há outra área de investigação que ainda não foi abordada e que tento considerar neste capítulo. Meu interesse é integrar o vetor dos modelos vinculares dominantes com reconstruções históricas, com base na produção de testes verbais e gráficos.

A história pessoal, presente em toda atividade humana, sem dúvida também está na produção projetiva, que tem qualidades de "objeto" recriado, com características diferenciais e únicas.

Cada produção condensa elementos históricos e episódios vitais em um feixe apertado. A possibilidade de inferir essas configurações permite conexões dinâmicas com a personalidade e a sintomatologia atual.

A possibilidade de reencontrar essas novas versões do passado pessoal nas produções presentes está reservada ao extenso grupo das neuroses e, em algumas oportunidades, a algumas estruturas psicopáticas ou *borderline*.

Nas produções psicopáticas o intenso ataque às funções de contato, vinculação e memória determina uma total desorganização das delimitações temporais (presente-passado-futuro).

Na neurose, ocupa um lugar privilegiado a diferenciação de tempos e espaços passados, que se superpõem às experiências presentes e evidenciam áreas não metabolizadas da história e da experiência emocional. Na psicose, o problema está centrado em outros elementos, nodulares para a vida mental, relacionados à necessidade de construir e delimitar o aparelho psíquico. Passado, presente e futuro carecem de representação intrapsíquica; são, portanto, fatos indiferenciáveis para o paciente. Nas produções não psicóticas, os fatos históricos estão condensados na estrutura presente, e seu recorte e diferenciação são factíveis.

Esses fatos passados-presentes das produções neuróticas não são visualizados de forma direta no material projetivo manifesto. Alguns entrevistados relatam lembranças durante a administração de testes verbais; no entanto é comum que essas evocações não cheguem à consciência ou que, quando cheguem, sejam omitidas no relato.

Estabeleci como hipótese que esses fatos da história estão sempre contidos na produção, de forma direta ou transformada. Elaborei como técnica de investigação um amplo esquema de interrogatórios posteriores à administração do teste: ao final da realização de cada teste seleciono uma parte da produção (Phillipson) ou sua totalidade (Desiderativo, gráficos) e pergunto ao entrevistado se durante a administração do teste, ou naquele momento, ele poderia relacionar suas respostas ou as pranchas a algum fato, episódio ou acontecimento de sua vida. Observe-se que os episódios históricos são evocados com mais facilidade nos testes verbais que nos gráficos, provavelmente porque estes últimos revelam dados sobre níveis mais arcaicos da personalidade e apelam, para a transmissão de significados, a um código alheio à vida consciente do entrevistado.

Esses interrogatórios me proporcionaram informação interessante sobre modelos históricos de relação e permitiram criar hipóteses para as origens precoces de sintomas, conflitos e traços caracterológicos atuais.

Observei que, além disso, a atitude do entrevistado durante o interrogatório, atitude de colaboração consciente e inconsciente, ou, ao contrário, de resistência e fechamento, proporciona informação importante sobre seu prognóstico terapêutico. Oferece uma comprovação clínica tanto de sua disposição para empreender com outra pessoa uma tarefa de investigação de sua personalidade, como de sua capacidade para relacionar aspectos dispersos de sua vida mental e de sua história.

A atitude durante o interrogatório e seu produto associativo permitem elaborar hipóteses prognósticas sobre a capacidade de colaboração, ligação e *insight*. Constituem "modelos" do vínculo terapêutico esperável, em termos de interesse e capacidade para ter contato com a realidade psíquica.

TESTE DESIDERATIVO

A riqueza informativa de cada resposta do Teste Desiderativo aumenta em relação direta com o grau de desenvolvimento do processo de simbolização. Nos níveis neuróticos e nas áreas neuróticas da personalidade as escolhas, tanto as positivas como as negativas, têm o valor de símbolos.

Elas informam tanto sobre o grau de integração e desenvolvimento do ego quanto sobre as características qualitativas das relações de objeto dominantes. Postulo que, além disso, condensam, à maneira dos símbolos oníricos, episódios históricos centrais e fazem referência, de modo direto ou indireto, a períodos vitais.

A racionalização desiderativa, quando alcança um nível simbólico evoluído, está muito distanciada dessas situações históricas devido aos sucessivos deslocamentos. Elas, no entanto, são constitutivas do símbolo e estão contidas nele. Por essa razão é muito difícil inferir esses fatos da biografia, com base na leitura do material desiderativo. Em virtude dessa dificuldade proponho um interrogatório posterior à realização do teste. Após a administração completa de perguntas positivas e negativas, retomo sucessivamente cada uma das respostas e pergunto ao entrevistado se em algum período de sua vida esse objeto teve importância para ele ou para alguém significativo, se despertou seu interesse ou sua rejeição, em que momento, que outras situações emocionais atravessava naquele momento e como evoluiu esse interesse.

Por exemplo, se o entrevistado deu uma resposta como "pássaro", pergunto-lhe se teve pássaros, se alguém de sua família se interessou por eles ou se leu sobre a vida dos pássaros, o que leu, em que época de sua vida, com quem, se nessa época de sua vida houve mudanças ou fatos que considera relevantes e assim sucessivamente.

Muitas vezes o entrevistado associa diretamente o objeto a fatos em que este último ocupou um lugar central. Em outras oportunidades, a escolha está muito distanciada do fato histórico, seja por ser uma referência mais abstrata e simbólica da situação real, seja porque o objeto escolhido estava presente na situação histórica mas era secundário; nesse segundo caso, o símbolo adquire sentido de um "indicador" deslocado daquele acontecimento ou período.

Normalmente o entrevistado não consegue associações esclarecedoras em todas as escolhas, mas só em alguma das positivas ou das negativas. Não encontrei constantes quanto a, por exemplo, corresponderem à primeira ou à terceira negativa ou positiva. Essa possibilidade varia de um caso para outro. Parece-me que todas as respostas contêm elementos históricos, mas nem sempre eles são acessíveis à vida consciente do entrevistado. À medida que avançamos na evolução mental e interrogamos entrevistados que alcançaram maiores conquistas na integração da personalidade, encontramos associações mais claras e abrangentes de todas ou quase todas as respostas. A seguir apresento exemplos de associações para o teste com base no método de interrogatório descrito:

Exemplo 1

Uma mulher jovem deu como terceira resposta negativa: "*Garrafa com uma mensagem dentro, perdida no mar*, por que seria muito feio morrer com algo para dizer."

A entrevistada associa no interrogatório essa resposta a um fato traumático central em sua história: a morte de seu pai e de sua avó com um intervalo de meses, quando ela tinha 8 anos de idade. Esclarece que quando deu a resposta pensou em um barco afundado do qual poderia "ter caído a garrafa", e acrescenta que a morte deles foi para a família uma verdadeira catástrofe (um naufrágio).

Ela não teve, ou não lembra, informação precisa sobre a doença do pai; somente anos mais tarde (15 anos) soube que seu pai morrera devido a um câncer de laringe (mensagens que não podia comunicar).

Essa entrevistada relatou na consulta, como sintomas, "afonias" permanentes e episódios de retração social durante os quais lhe era muito difícil "falar", mesmo com pessoas muito próximas; trata-se, normalmente, de uma pessoa expansiva e demonstrativa. Em outro momento da entrevista inicial relatou que nunca pôde "falar" com sua mãe sobre situações emocionais de qualquer tipo.

Nesse exemplo podemos observar que a escolha (garrafa...) está muito distante da situação de realidade, mas que é claramente simbólica de estados emocionais de desamparo e impotência; refere um fato histórico de perda de objetos centrais e simboliza a parte corporal (garganta) e a função (falar) prejudicadas. Expressa, como elemento central, a identificação com o pai moribundo (travado na possibilidade de transmitir mensagens verbais devido à doença) mediante suas frequentes afonias, retrações e dificuldades para falar. Oferece alguma luz sobre como vivenciou essa perda naquele momento: como a perda abrupta de um continente (barco) que a deixou perdida, "à deriva", e explica sintomas agorafóbicos da paciente, que se expressam clinicamente por breves períodos nos quais tem medo de sair sozinha e prefere ficar em sua casa, os quais coincidem com as épocas de retração.

Exemplo 2

Um homem jovem, de 25 anos, deu como primeira resposta positiva: "*Andorinha*, porque poderia encontrar sempre o clima desejado, poderia ir e voltar e sempre teria meu ninho esperando por mim."

O modelo de inter-relação que essa escolha descreve informa-nos sobre uma modalidade predominantemente fóbica, que provoca secundariamente medo do desenraizamento. Necessita distanciar-se e aproximar-se do objeto, mas por "caminhos" conhecidos e para "lares-objetos que esperam". Expressa sua necessidade de liberdade no vínculo objetal (ansiedades claustrofóbicas), mas precisa prover-se de "rotas aéreas" que o reassegurem, pelo temor a se perder no mundo (ansiedades agorafóbicas) e perder o objeto como continente.

Durante o interrogatório ofereceu a seguinte linha associativa: "As andorinhas têm um dia fixo de partida do lugar em que estão e outro, também fixo, de chegada. Em outros países a chegada das andorinhas é muito esperada e desejada, aqui em Buenos Aires infelizmente essas são coisas em que as pessoas não reparam. No mês de março, no entanto, todas se preparam para a partida; meu pai descobriu um dos lugares de saída, uma árvore que está nas ruas A e B, perto da minha casa.

Durante muitos anos era uma festa particular de nós dois ir a esse lugar e vê-las partir. Fazem coisas incríveis, organizam grupos que fazem um tipo de voo de teste e rastreamento, é toda uma organização complexa. São coisas que eu também, como a maioria das pessoas, depois deixei de lado."

Perguntei ao paciente até que idade ele se lembra que se estendeu essa experiência com seu pai. "Não sei exatamente, mas acho que até meados do primário, na quinta e sexta séries eu lembro que tinha um grupo de amigos e raramente saía com meu pai."

Nesse exemplo destaca-se, de forma relevante, como uma escolha até certo ponto "comum" contém não só uma lembrança importante como uma profunda necessidade de reencontro com o pai. Nesse paciente o restabelecimento do diálogo interno com a figura paterna, tendente a uma identificação adequada, é fundamental para sua evolução, considerando sua sintomatologia fóbica e os problemas referidos a dúvidas internas sobre sua definição sexual.

Pelo restante do material e pela história do paciente pude inferir que a relação com o pai foi muito precoce, houve uma passagem muito rápida, por frustração no vínculo materno, e nesse sentido o vínculo paterno foi um suporte importante em sua evolução. No restante do material projetivo, no entanto, a relação é influenciada por sentimentos de ressentimento, ciúme e despeito. A interrupção da relação com o pai, que o paciente, nas associações dessa resposta, situa entre os 9 e os 10 anos, coincide na história com o nascimento tardio de seu único irmão. Esse nascimento alterou internamente essa relação única de "festa particular".

Dessa perspectiva, a verbalização "poderia ir e voltar e sempre teria um ninho esperando por mim" adquire um matiz diferente: o distanciamento oscilante do objeto teria como motor uma necessidade vingativa infantil de abandonar e recuperar ativamente o objeto de que necessita. Conquistar liberdade de movimento entre a mãe e o pai, situados em dois espaços separados, mas com uma localização geográfica fixa (dois ninhos).

O distanciamento vingativo do objeto tem como consequência o temor a perder, pelo ataque hostil, a representação interna dele (temor a se perder) e o concomitante medo a deixar de estar representado, a deixar de ter um lugar dentro desse objeto ("sempre teria um ninho esperando por mim", não haveria risco de ser desalojado da "festa particular" por um terceiro).

Exemplo 3

Um homem de 30 anos deu como segunda resposta positiva: *"Pomba branca*, porque é símbolo de paz, tem habilidades que tornam possível adestrá-la, é um animal interessante."
Interrogado sobre essa resposta, inicialmente não conseguiu relacioná-la a algo de sua história, mas disse que poderia começar pela imagem visual que teve enquanto explicava por que gostava de pombas. "Na realidade a imagem era de um bando de pombas e de um casal correndo entre elas, alguma coisa assim como a *Plaza del Congreso**, cheia de pombas." "Na realidade não tenho lembranças de fatos concretos; sim, li muito sobre pássaros, porém mais no geral, não especialmente sobre pombas. Meu sonho infantil, isso sim, era poder morar no campo, ter pombas, criá-las, treiná-las e vê-las crescer. Pombos-correios, logicamente, mas foi um desejo que nunca pôde se concretizar e agora estou metido em tantas coisas, que acho que já há muito tempo não me ponho sequer a pensar nisso."
A escolha inicial, do ponto de vista psicopatológico, indica uma modalidade depressiva. O ego deseja o que se apresenta como um ego livre de agressão, capaz de se amoldar às necessidades do objeto sem perder qualidades de valor que diminuam a autoestima ("animal interessante"). O paciente chegou ao consultório devido a uma depressão atual, sente-se

....

* Praça da cidade de Buenos Aires, localizada em frente ao Congresso Nacional da Argentina. [N. da T.]

"sufocado de responsabilidades, esmagado, caído, não consegue desenvolver seus interesses intelectuais devido a problemas econômicos", "precisa abastecer duas casas", dele dependem sua família atual e seus pais, dos quais deve cuidar por ser filho único. Apresenta, também, problemas de relacionamento com pessoas de sua idade, "não sou agressivo, não sei me defender e com o tempo acabam achando que sou tonto".

Se retomamos a associação com a escolha pomba, podemos vinculá-la no nível simbólico com um casal fecundo "cheio de filhos". Possivelmente a falta de irmãos, atualmente, em um momento em que seus pais começam a envelhecer, incide em seu sentimento de sobrecarga. O casal rodeado de pombas representa esse casal rico e produtivo que ele teme ter privado de conteúdos (filhos) que em seu projeto infantil desejava devolver.

A pomba treinada, símbolo de paz, opõe-se ao "correr pela praça" assustando e desalojando, e adquire o sentido de uma restrição da agressão aos temores depressivos de haver prejudicado o casal em seus aspectos procriativos. Esta é possivelmente a raiz dos sentimentos de culpa, que criam a vivência atual de estar sufocado, da inibição da agressividade e da restrição de seu desenvolvimento intelectual.

A ausência de irmãos poderia influenciar, como um dos vetores, nas dificuldades com pessoas de sua idade, tanto pela falta de experiências de rivalidade e luta que essa carência real implica, como com relação ao temor depressivo diante de "irmãos danificados", em face dos quais só tem, como saída possível, a submissão.

Exemplo 4

Uma resposta brincalhona de um homem de 27 anos permitiu esclarecer parte do sintoma de consulta: apresenta náuseas e vômitos durante longos períodos, o último começou há seis meses e perdura no momento da realização do teste. Esses sintomas não têm explicação orgânica e, segundo o paciente, "apresentam-se em qualquer circunstância e lugar sem nenhuma razão". Apresentaram-se pela primeira vez aos 7 anos, depois, em diferentes períodos, na adolescência e por fim agora. Atualmente é casado e vive com seus pais.

Dá a seguinte resposta como segunda negativa: "*Milanesa*, eu gosto, são gostosas, mas seria horrível ser uma milanesa, batem nelas, são jogadas de um lado para o outro, do ovo para a farinha de rosca, e sempre terminam fritas."

No interrogatório o entrevistado responde: "Olhe, era assim, sempre a mesma coisa: cheiro de milanesa fritando, às 6 ou 7 da manhã de algum domingo. Minha mãe prepara o piquenique do dia de folga. Imagina-se um lindo passeio para toda a família, bom: começam a brigar às 7 e meia por causa das sacolas, chegamos às 8 na estação já sem dar um pio, melhor não falar para não levar um sopapo. Continua a confusão, quando finalmente comemos as milanesas já não conversa ninguém com ninguém, só algumas indiretas dessas que fazem o estômago doer ou que são como levar um soco no fígado." (*Em que época da sua vida você localiza essas lembranças?*) "Acho que enquanto fui criança, meus pais achavam quase obrigatório tomarmos sol assim que o calor começava. Meu irmão e eu deixamos de ir quando já tínhamos nossa turma, aos 15, 16 anos. Meus pais até hoje saem para fazer piquenique."

Os vômitos e náuseas que se apresentam "em qualquer circunstância e lugar, sem nenhuma razão", aparecem nessa associação relacionados a "más introjeções (identificações projetivas evacuativas dos objetos) que provocam imobilização corporal e verbal", mas que "são como um soco no fígado ou fazem o estômago doer". A resposta orgânica tem o sentido de uma "indigestão" que ultrapassa a possibilidade de contenção mental do conflito. O conflito está ligado ao contato com os objetos necessitados enfrentados, historicamente o pai e a mãe. A milanesa batida, do ovo para a farinha de rosca, expressa uma luta interna ambivalente e culposa com o pai e a mãe e entre eles. A visão de um dos aspectos parciais do casal, a briga, proporciona duas saídas temidas: a má introjeção no corpo da briga que o divide e precisa reprojetar (vômito), ou outra, mais distante da consciência (o final da milanesa, além de terminar "frita", é terminar comida), ficar preso por identificação projetiva no interior dos pais para repetir e evitar a briga e com isto perder toda possibilidade de crescimento e autonomia.

Exemplo 5

Um homem de 42 anos, arquiteto, deu a seguinte resposta como terceira positiva: "Um brinquedo educativo. São os que escolho quando quero presentear meus filhos. Não sei se são os de que eles mais gostam, mas acho que os ajudam a desenvolver suas possibilidades enquanto brincam." (Algum brinquedo em especial?) "Não, acho que não, que seja educativo: de montar, compor, relacionar."

No interrogatório, perguntei ao entrevistado se ele havia tido algum brinquedo desse tipo que tivera significado especial: "Na minha época não havia muitos brinquedos didáticos propriamente ditos... a não ser o Cérebro Mágico... algum com mecanismo e, não, o que mais me interessava era o Pequeno construtor (*ri*), parece que eu já tinha minha vocação, não sei se você sabe o que é, vinha com pranchinhas de madeira onde se encaixavam uns suportes, e também tinha paredes, portas, janelas. Lembro que eu gostava de fazer torres altas e casas que parecessem espaçosas por dentro, sem muitas divisórias (*?*). Foi um presente do meu pai, mas quem às vezes me ajudava na construção era a minha mãe, ela realmente gostava." (*Em que época de sua infância isso lhe interessou? Isso coincide com que situação geral da evolução de sua família?*) "A época exata não sei, eu ainda ia à escola, com certeza, mas quando era maior continuava me interessando, e veja só, ainda me interessa, poderia conseguir algum para o meu filho (*ri*), inclusive minha mãe talvez o tenha guardado. E coincide com momentos familiares difíceis, eu lhe contei que meu pai passou uns mal bocados e todos, quando eu era criança, morávamos nessa casa com toda a família da minha mãe, com problemas de espaço, de dinheiro, com muitas reclamações da minha mãe para o meu pai, porque ele não progredia. Foi uma época difícil. Conseguimos nos mudar logo que minha irmã completou 15 anos, então eu tinha 14."

Essas associações permitem rastrear o aspecto biográfico do interesse vocacional, situação que o próprio entrevistado descobre durante as associações (*"Parece que eu já tinha minha vocação"*). A escolha vocacional aparece nesse caso ligada à necessidade de construir um espaço interno grande e sem divisórias (restrição obsessiva de sua personalidade). Além disso, tem como finalidade procurar uma saída reparadora para os seus pais sufocados por problemas de "espaço" e econômicos que, de sua perspectiva infantil, considera o motivo do rancor e das disputas. Cada criação em arquitetura parece adquirir para essa pessoa o sentido de construir, com um instrumento legado pelo seu pai, um espaço onde não haja brigas. Esse elemento oferece luz sobre um relato do paciente na entrevista: um estado de frustração em sua profissão desde que começou a construir edifícios em regime de propriedade horizontal. Eles "me proporcionam mais lucro, mas tenho saudade da época em que fiz as primeiras 'casinhas'". Na devolução, correlacionando esse fato à sua resposta ao Teste Desiderativo, pôde ver que nas "casinhas" ele proporcionava esse lugar, tão esperado, a uma família concreta, com a qual estabelecia um forte vínculo emocional. A propriedade em regime horizontal, para famílias "anônimas", distancia-o da função reparatória direta que ele atribuiu a sua profissão.

O temor latente de perder distância entre suas próprias necessidades reparatórias e as necessidades dos outros, o temor de confundir umas com as outras e proporcionar algo que ele acredita ser importante para os outros, mas porque o é para si mesmo, pode ser observado na racionalização da escolha "São os que escolho quando quero dar um presente para os meus filhos. *Não sei se são os de que eles mais gostam, mas...*".

Exemplo 6

Mulher de 35 anos, profissional liberal com bom desempenho. Encaminhada ao consultório por um médico de pele por causa de um processo eczematoso agudo. Como primeira resposta negativa rejeita: "*Caderno de um menino*: porque é maltratado."

Interrogatório: "Pensei em meus primeiros cadernos, os de meus filhos não, porque são caprichosos, bons alunos, gostam da escola. Eu cheguei a gostar dela, mas no início tive muitos problemas de adaptação." (*De que tipo?*) "Não conseguia aprender, era muito descuidada, fazia uns borrões, tentava apagá-los e acabava rasgando a folha, cometia inúmeros erros de ortografia. Depois, consegui aprender."

(*Acha que esse mau desempenho inicial poderia estar vinculado a alguma situação que a preocupava ou angustiava de forma especial?*) "Não me lembro, nunca fui uma garota muito complicada."

(*Sua iniciação escolar coincidiu com algum fato importante em sua família?*) "Para começar o primeiro grau eu vim para Buenos Aires morar com minha avó, minha mãe tinha se casado de novo há pouco tempo e como se mudaram para o campo, bem, eu vim morar aqui. Claro, aqui tudo era muito diferente, minha avó era uma pessoa de idade, tinha muito trabalho, eu acho que sempre me virei sozinha, como era uma garota responsável, dócil."

Na entrevista, essa paciente descreveu uma vida sem grandes conflitos nem altos e baixos emocionais, apesar de evidências de perdas sérias, como a morte do pai quando tinha 2 anos de idade e posteriormente a perda definitiva do lar materno.

O caderno maltratado refere e simboliza a época mais difícil e penosa de sua vida devido à experiência de desraizamento e perda. As dificuldades escolares aludem a um momento depressivo sério que depois deu lugar a uma evolução sobreadaptada, que deixou como única via de expressão desse núcleo a reação somática (eczema).

Na associação posterior, quando diferencia "seus cadernos" dos "cadernos de seus filhos", alude à vivência interna de ter sido ela, como filha, objeto de maltrato, abandono e falta de cuidado. Conserva daquela época os "buracos" que simbolizam tanto as lacunas emocionais pelas experiências de luto, como as lacunas de pensamentos que observamos, por exemplo, quando não pode unir, relacionar, no interrogatório, a perda do lar materno ao seu problema escolar.

Ao mesmo tempo em que a dor pelas sucessivas perdas é *"splittada"*, também o são o ódio e o ressentimento com relação ao objeto, expressos de forma deslocada na resposta nos ataques (orais e anais) ao caderno.

O caderno rasgado contém a época de maltrato do objeto para com ela e suas críticas sórdidas a ele. Esse vínculo hostil e destrutivo, dissociado da vida mental, atualmente, está localizado em sua pele "manchada" e "esburacada".

TESTE DE RELAÇÕES OBJETAIS DE H. PHILLIPSON

Herbert Phillipson inclui, como parte final na administração do teste, um interrogatório sobre algumas pranchas. Esse interrogatório tem por finalidade esclarecer pontos obscuros ou difusos da produção do entrevistado, promover novas associações sobre conflitos ou resoluções e esclarecer falhas perceptuais como acréscimos ou omissões (Exame de limites. Distorções: Onde viu essa figura? Como a viu? Omissões: Pode ver alguma outra pessoa na prancha? Algumas pessoas veem um homem ou uma mulher aqui, você consegue ver isso? e outras.).

Phillipson seleciona somente algumas pranchas para o interrogatório, devido ao tempo que demandaria interrogar sobre todas. Investiga normalmente a prancha 1 para medir as variações de produção depois da experiência total com o teste. Interroga também sobre pranchas confusas, pobres ou aquelas que apresentam uma estrutura emocional ou uma caracterização de personagens qualitativamente diferente com relação ao restante da produção.

A informação coletada aumenta a possibilidade de compreensão dinâmica do material. Normalmente proponho esse interrogatório, mas também pergunto ao entrevistado se as pranchas selecionadas evocam nele alguma situação vivida, se a lembrança dessa situação esteve presente durante a criação da história, se, no caso de não produzir uma evocação direta, poderia ter alguma semelhança com fatos históricos, com fantasias ou sonhos.

Em todos os interrogatórios, uso a prancha 1 e a prancha em branco. A prancha 1 tem o valor projetivo de um "cartão de apresentação individual", que contém sempre referências diretas às vivências pessoais atuais (personalidade clínica). A prancha em branco, pela ausência de estímulos, é um elemento projetivo total que exige do entrevistado um grande esforço de recriação. É a que permite observar com mais eficácia as características de organização da personalidade (estrutura), as áreas de desenvolvimento, paralisação ou fracasso de funções mentais. Seleciono depois duas ou três pranchas em cada produção individual. O critério que utilizo é o mesmo proposto por Phillipson: as pranchas que apresentam diferenças com o restante da produção; essas diferenças passam a ser indícios de maior mobilização emocional. Clinicamente, esses indícios são histórias mais dramáticas, completas e desenvolvidas, ou, ao contrário, construções mais distorcidas, bloqueadas ou restritivas. Após o interrogatório, pergunto ao entrevistado se alguma outra prancha provocou nele impacto emocional ou evocou-lhe alguma lembrança durante a administração.

A história pessoal está inevitavelmente presente na estrutura das histórias e incide tanto na encenação, na descrição dos personagens e papéis como nos conflitos e soluções propostos.

Muitas vezes os fatos históricos são evocados conscientemente pelo entrevistado durante a administração. Essa evocação pode ser verbalizada durante a administração, seja com perda da distância com relação à prancha (este sou eu, esta é minha mãe etc.), seja diferenciada da prancha ("isso me lembra"). Na maioria dos casos, no entanto, o entrevistado não verbaliza a lembrança, e não o faz necessariamente como expressão de resistência, mas sim de reserva sobre suas associações pessoais para cumprir a instrução, que sugere criar uma história com personagens imaginários.

Muitas vezes as rejeições de pranchas, os bloqueios ou as crises de ansiedade são motivados pela lembrança muito "presente" de situações que a prancha evoca e que, pela carga emocional que implicam, interferem na tarefa manifesta (corresponde ao que Phillipson denomina "situações de encaixe").

As lembranças que o entrevistado pode aportar no interrogatório compreendem uma gama muito variada: podem ser fatos centrais e nodulares na história pessoal, lembranças encobridoras que esclarecem a origem e o momento evolutivo de estruturação da modalidade clínica, sonhos ou fantasias reiterativas ou relevantes em algum momento histórico, sintomas infantis que não foram descritos na entrevista ou que não estavam claramente ligados a motivações emocionais; também podem ser "relatos" de episódios mentais anteriores, mas semelhantes aos atuais em sua estrutura.

Em qualquer um dos casos, fornecem sempre elementos relacionais que permitem integrar as situações atuais ao desenvolvimento histórico. Algumas vezes permitem estabelecer reconstruções das situações históricas como hipóteses e modelos que incluem mais informação, tanto sobre os detonantes emocionais dos conflitos como sobre os "métodos" de resolução mental desses conflitos.

A seguir apresento e discuto uma série de exemplos sobre os resultados desses interrogatórios e sua integração com a dinâmica individual.

Exemplo 1

Mulher de 35 anos (capítulo III, Histeria de angústia, caso A). Casada, profissional liberal. Consulta encaminhada pelo profissional que trata analiticamente de seu filho mais velho, de 10 anos, para entrevistas de orientação. A criança apresenta como sintomas dificuldades para separar-se de sua mãe e bronquite asmática. Descrevo as pranchas selecionadas para o interrogatório, as pranchas A1, 3 (C3), 5 (AG) e 8 (A3):

PRANCHA 1: Ai! Um homem olhando uma paisagem nebulosa... Não sei o que ele pode estar fazendo ali... É um lugar... digamos, pouco agradável para ficar parado observando... Dá a sensação de um lugar frio e úmido, nebuloso, inóspito. Agora me ocorre que é alguém que está numa casa de campo, numa saliência de um grande balcão coberto, como um jardim-de-inverno, olhando uma paisagem nebulosa. É um homem maduro, provavelmente esteja se reencontrando consigo mesmo num lugar de descanso.

PRANCHA 3: Uma reunião para tomar chá. Aconteceu algum imprevisto que os deixou paralisados, cada um pensando em suas coisas. É uma mulher mais velha, uma garota de costas sentada e um homem em pé. Tenho a sensação de uma situação interrompida de repente, tudo se desenrolava e de repente alguma coisa aconteceu, talvez a garota tenha falado alguma coisa ou tocou num tema que não deveria... O homem afastou-se incomodado. Vai custar retomar o diálogo, criou-se um vazio, um cerco. (*O que a garota disse?*) Não sei, não me ocorre nada, com certeza mencionou um velho assunto de família em que é melhor não tocar, alguma coisa em que todos estão comprometidos. Não sei, não sou boa como novelista...

PRANCHA 5: Ai! Isto é terrível, parece um sonho, um pesadelo... penso no pior... um cemitério, na hora do entardecer e... coisas de filme, não? Como espectros que se incorporam, que se agrupam, almas difusas sem corpo, como restos de seres que não estão... É horrível, essa eu dou para você. Olha, se eu vejo filmes assim depois eu não durmo.

PRANCHA 8: Ai! Não sei... não me ocorre nada. É triste, não sei, parecem pessoas perdidas em dias de neblina, a noite vai cair, não sei... estão mortos de medo.

Associações durante o interrogatório:

PRANCHA 1: A saliência da casa que descreveu é como uma que havia na casa de uma tia materna. Havia um lugar semelhante, ela se lembrou dele durante a administração do teste, redondo, envidraçado, com plantas, mas não era uma casa de campo e sim uma localizada nas redondezas da cidade. Acha que suas lembranças mais bonitas têm relação com esse lugar; era um lugar de reunião familiar, em que sua tia tricotava, seu tio lia ou jogava xadrez e as crianças brincavam. Que época de sua vida essas lembranças compreendem? "Muitos anos, porque eu, inclusive agora, visito esse lugar como se fosse a minha casa. Morei ali durante a doença do meu pai, depois ia passar os fins de semana e parte das férias."

PRANCHA 3: Não consegue associar, acha que deveria mudar os personagens. Qual seria o assunto que a ela pessoalmente causaria ou teria causado tensão? "Que falassem do meu pai ou de sua doença, sempre tinha medo de chorar ou de que a minha mãe chorasse; preferia mudar de assunto."

PRANCHAS 5 e 8: Não consegue associar com fatos reais. Associa a prancha 5 a um sonho reiterativo: "Estou em um lugar desolado mas tranquilo, de repente descubro que uma parede que fica no lado da calçada por onde vou é um cemitério. Sinto um temor enorme, uma sensação de calafrio, muito pânico, e acordo. É um sonho que tenho de vez em quando e lembro que o tinha quando menina."

Interpretação

No capítulo III analisei esse material; destaca-se a modalidade vincular dominante: a necessidade de reencontrar um continente diante das intensas ansiedades de ficar dispersa ou perdida, e a localização espacial do objeto protetor em lugares fechados e do objeto aterrorizante em lugares abertos (modalidade fóbica).

Nas associações da prancha 1 o espaço continente (balcão envidraçado) é cheio de pessoas e adquire sentido na trama histórica: o continente desejado é uma família inteira, com papéis diferenciados, com um "lugar" claro para pais e filhos. Opõe-se à vivência de desestruturação familiar devido à morte de seu pai (lugar frio, úmido, inóspito) e ao enfrentamento da orfandade e dos sentimentos de solidão e desamparo. As fantasias reparatórias nessa paciente estão centradas na reestruturação desse "espaço" continente, que é a reestruturação de uma família e, de fundo, um seio continente, tal como desenvolvido no final do teste na prancha em branco (ver Capítulo III).

Na Prancha 3, a forma como trabalha com a situação triangular revela uma modalidade fóbica tanto de resolução da situação edipiana como da comunicação intra e interpessoal em geral. A associação que surge no interrogatório recentraliza a situação no modo de elaboração das situações de luto: a morte e perda do objeto é conceitualizada como uma perda brusca e imprevista que provoca um estado de choque. A falta do objeto deixa um estado de interrupção, um vazio e a impossibilidade de aproximação posterior (evitação fóbica). A perda do pai arruinou toda a confiança no continente materno, e podemos inferir que a raiz disso é uma situação de culpa persecutória, recriminação e autocrítica que se expressa na prancha 3 "...alguma coisa em que todos estão comprometidos". O sonho reiterativo esclarece a permanência de uma equiparação entre pensar ou falar sobre a morte e morrer: descobrir-se perto dos mortos (parede do cemitério) equivale a sofrer subitamente um calafrio e depois pânico, como expressão do temor a ser pega pela morte da qual tenta se defender acordando.

A impossibilidade de vivenciar em seu momento histórico e atualmente (o vazio, a interrupção como lacuna de associações) os sentimentos dolorosos de perda e, sobretudo, a angústia de desamparo pela orfandade, dá originem à repetição sintomática dessa vivência real: temor a se perder no espaço, a ficar sozinha. Esse temor é verbalizado na prancha 8 e é o temido estado infantil de orfandade que tentou resolver substituindo, sem diferenciar um continente de outro (casa dos tios). O temor a se perder, que é "sem continente, sem família", origina nessa paciente sintomas agorafóbicos que desconhece parcialmente e que se expressam em "Não gosto de sair sozinha, sou falante, prefiro estar acompanhada".

Podemos inferir, a título de hipótese de abordagem dessa paciente, um travamento muito precoce para conter ansiedades depressivas e vivências de desamparo, com uma concomitante dificuldade para conseguir uma comunicação adequada desses estados emocionais, por temor a encobrir ou desestruturar o continente (assuntos que não devem ser tocados para não chorar ou provocar choro).

Esse travamento precoce torna-se relevante diante da perda do pai, mas já ali ela utiliza um modelo de contato (evitamento e negação) cristalizado previamente.

A figura paterna é vazia de conteúdos, ela percebe que é um suporte que lhe falta mas do qual não consegue "sentir falta" visto que não conseguiu conhecê-lo, investigá-lo, tê-lo como representação interna.

Provavelmente seu filho mais velho foi o depositário central do aspecto órfão e desamparado. Ela o retém e asfixia numa tentativa de lhe dar o continente, exclusivamente materno, que sua parte infantil necessita. O filho retido passa, por sua vez, a ocupar o papel de objeto acompanhante necessitado. A separação do filho ameaça com a reintrojeção da vivência da orfandade, do desamparo e do pânico que tentou manter cindida de sua vida mental.

Exemplo 2

Homem de 30 anos (capítulo III, Histeria de conversão, caso A). Consulta por causa de dificuldades para terminar seu curso universitário. Retomou seus estudos após uma interrupção de cinco anos e atualmente, quando lhe faltam quatro matérias para se graduar, tem dificuldades de concentração que o impedem de prestar os exames. Apresenta episódios esporádicos de impotência.

PRANCHA 1: Um homem olhando um entardecer, há uma figura sentada no chão, pode ser uma mulher. Acho que é um casal de meia-idade, saíram para caminhar pelos arredores da cidade. Aproveitaram esse tempo para dialogar intimamente sobre um problema que os está preocupando há algum tempo. Talvez tenha acontecido alguma coisa afetivamente, talvez o desgaste do entusiasmo que cede e deixa só o companheirismo, talvez outro amor. Estou preocupado com a imagem difusa do homem na parte inferior, a imagem se dilui, não sei, me sugere insegurança, falta de... não está bem postado, talvez seja a mulher quem encontrou outro amor... Estão tentando reencontrar o diálogo entre eles.

Interrogatório

"Acho que uma coisa que eu desejaria muito saber são os motivos que causaram a separação dos meus pais (*Quando sua mãe estava grávida dele*). Depois dessa separação, meu pai se mudou tão rápido (*para o exterior*) que nunca tive uma relação profunda. Quando o vi (*14 anos*), era um desconhecido e continua sendo, ainda que eu o veja mais agora. Nunca tive uma versão clara e sempre me chamou a atenção que nenhum dos dois refizesse sua vida amorosa. Chama minha atenção, também, que depois de trinta anos minha mãe tenha tanto ressentimento."

No capítulo III (Histeria de conversão, caso A) descrevi a modalidade vincular dominante. Centrei a atenção nas dúvidas do paciente sobre sua masculinidade em razão de ataques de ciúme à figura paterna em seus aspectos genitais e da equiparação entre genitalidade conseguida e triunfo sobre o pai.

Na associação posterior à prancha, a imagem difusa da figura masculina tem como contraparte mental consciente a carência de experiências e de contato próximo com o pai como objeto real. A prancha condensa a fantasia reparatória e de cura centrada na necessidade de reconstruir uma imagem interna paterna que avalize sua masculinidade.

A dificuldade para completar essa representação interna, em parte construída, tem uma determinação histórica externa, a privação real do pai como modelo de identificação. Mas a associação sugere outra linha, a enorme necessidade de saber mais, de perguntar "a fundo" para seus pais, está presente como tema de preocupação consciente e, no entanto, insatisfeita por bloqueio da investigação. Inferimos que possivelmente essa investigação seja inibida pelo temor a confirmar que ele pode ter interferido muito precocemente (gravidez) na relação do casal (o "outro amor da mulher que provocou o desgaste da relação e a separação").

Teme descobrir uma ligação de fundo entre eles ("por que não refizeram sua vida de casal, ressentimento da mãe mesmo depois de trinta anos") e passar a vivenciar sentimentos de responsabilidade por uma separação da qual, em contrapartida, sempre se sentiu vítima.

Exemplo 3

Mulher de 25 anos. Profissional liberal, solteira, segunda de três irmãs. Consulta por causa de sintomas de conversão, crises de angústia e dificuldade para posicionar-se em sua profissão.

Selecionei para o interrogatório a prancha 1, porque nela a entrevistada faz um relato com elementos claramente paranoides que não estão presentes no restante do material. E também a prancha 12, sobre a qual interroguei a entrevistada quando terminou de construí-la, por ela haver pedido para interromper naquele momento a realização do teste por causa de angústia.

PRANCHA 1: Um homem se vai e deixa outro ferido ou morto no chão. Um lugar o mais tenebroso possível... hum... Não sei o que aconteceu antes, deve tê-lo ferido ou matado... Não sei... Está morrendo, não vejo um porquê. Eu o vejo saindo da luz, de um lugar mais claro. Como se buscasse refúgio na escuridão, para depois ir para a luz livre de toda culpa. O lugar me parece uma espécie de bosque ou água com um salgueiro-chorão. Não sei, penso num ambiente de máfia, um assunto de traição que faz com que este o mate, me ocorre isso porque está tudo esfumaçado. Não sei, tenho pouca imaginação.

Interrogatório

Fiquei muito travada porque pensava em algo que atrapalhou muito a minha vida: que meu irmão era o culpado pela morte de meu pai. (*Quando a paciente tinha 8 anos.*) O acidente aconteceu num lugar como este e ele estava dirigindo, era de noite e não viu um caminhão estacionado. Por muito tempo eu não conseguia me aproximar dele, tinha medo, estava convencida de sua culpa. Mais que isso... na realidade... pensava que ele o havia matado de propósito, já não acho isso, mas a barreira com relação a ele continua.

PRANCHA 12: Uma pessoa entra em seu quarto depois de uma viagem, esteve muito tempo fechado. Morava antes nesse lugar. Foi embora há muito tempo. Deixa tudo igual, como estava antes, e torna a sair.
(*Aqui pede para interromper por cansaço e enjoo. Dá mostras de ansiedade intensa que tenta controlar. Concordo em interromper, mas lhe proponho o interrogatório sobre essa prancha, para determinar as situações emocionais mobilizadas e como tentativa de alívio.*)
"Fiquei angustiada pela ideia de um lugar fechado, fez eu me lembrar de nossa casa quando meu pai morreu. Minha mãe, meu irmão, minha irmã e eu fomos morar na casa de minha avó. Era uma casa velha, com esses quartos escuros, assim como isto, triste, escura como eu enxerguei isto. Não nos acostumávamos. Faltava de tudo."

Na construção inicial da história sobressai a dissociação entre um aspecto moribundo deteriorado e outro homicida oculto, com ausência de sentimentos de responsabilidade e culpa. A temática do relato supõe elementos psicopáticos que, no entanto, entram em contradição com os índices de angústia e rejeição da paciente (pausas e comentários "Um lugar dos mais tenebrosos, ambiente de máfia").

A elaboração do material é paranoide, a modalidade central revela uma personalidade de nível histérico, com tendência a estruturar áreas fóbicas (localiza espacialmente os conteúdos persecutórios e refere, como detonante da estruturação da história, o caráter escuro e ambíguo da prancha).

A associação posterior permite relacionar essa elaboração paranoide a uma construção infantil delirante com base na situação de luto. A intolerância à dor da perda imprevista leva a uma interpretação paranoide na qual consegue evacuar, na figura fraterna, os sentimentos homicidas geradores de culpa persecutória. A morte oculta, perigosa e ameaçadora está concentrada e espacialmente localizada no irmão, o que leva a uma nova privação objetal, mas alivia de sentimentos mais aterrorizantes em face de algo intangível e, portanto, mais temível.

A ambiguidade de identidade dos personagens da prancha denota que latentemente a paciente se pergunta ainda quem é o homicida e por quê; isto deixa claro o profundo temor de ter algum grau de responsabilidade por essa morte. Distanciar-se da luz como expressão simbólica para evitar o *insight* está relacionado com a situação central, de temor a não poder tolerar sentimentos sufocantes de culpa, com relação a objetos internos danificados.

Na elaboração inicial da prancha 12 repete-se a tendência a evitar qualquer investigação da vida mental por temor a descobrir aspectos e objetos internos danificados e irreparáveis ("Deixa tudo igual, como estava antes e torna a sair".).

No interrogatório, no entanto, oferece colaboração e consegue associar com fatos importantes. Novamente evitar a ligação com o objeto interno, mais que um ataque ativo à função de conhecimento, revela-se como uma evitação fóbica de sentimentos depressivos intensos e sufocantes. A capacidade de estabelecer ligação está, no entanto, preservada e é muito intensa: justamente porque a lembrança histórica tornou-se "muito presente" e consciente durante a criação da história foi que surgiu a crise de ansiedade e o bloqueio.

A construção delirante sobre o homicídio salvou o ego e ao mesmo tempo impediu o trabalho doloroso de reconhecimento da dor e da dimensão da perda à qual esteve exposta. Provavelmente essa paciente não sabe ainda o que perdeu, tende a situar as perdas em espaços, casas e lugares, assim como situa a perseguição em outros. Custa-lhe admitir a perda humana vincular sofrida, que provavelmente compreenda sentimentos depressivos de tal intensidade que a vida perca sentido. ("faltava de tudo" contém "Não havia nada interessante, o mundo estava vazio".)

Exemplo 4

Mulher de 37 anos. Consulta por causa de uma depressão atual com abulia, cansaço e falta de interesse. Quarta filha de cinco irmãos. Casada, tem três filhos pequenos.

PRANCHA EM BRANCO: O branco para muita gente pode ser pureza, mas para mim é hospital, é uma coisa ruim. Imagino um quarto branco, uma garota sentada, muito pálida, olhando ao longe pela janela, em um entardecer tranquilo. Está sentada, parece que não consegue caminhar, não sei se é uma paralisia definitiva ou temporária.

Associações durante o interrogatório

"Houve uma época, entre os 13 e os 15 anos, em que eu fiquei muito mal, vi a mim mesma aí. Estava isolada e triste, me custava sair de mim, falar, fazer amigos. Engordei muito, me sentia feia com relação às outras garotas, sentia muita vergonha... temor ao ridículo, não me atrevia a fazer esportes, nem sequer a dançar."

(*Esse ambiente que você imaginou, com uma janela, ele lhe evoca algum lugar em especial?*) "O lugar não coincide com a lembrança, no meu quarto, que era onde mais ficava, não havia um lugar assim que desse para fora, no quarto de meus pais sim, havia uma janela que dava para o jardim de trás."
(*Nessa época estava acontecendo alguma coisa importante em sua família?*) "Não, acho que não... havia entrado no ensino médio... queria ficar na minha casa... não me integrava bem... em minha casa havia muito movimento porque quando eu tinha 12 anos nasceu meu irmão mais novo, ele era pequenininho e eu me entretinha com ele, gostava de brincar com ele, trocá-lo..."

A análise da história tal como a entrevistada a construiu inicialmente expressa dúvidas a respeito da capacidade de autorreparação (cura) e crescimento pela percepção inconsciente dos intensos mecanismos de bloqueio e restrição do ego (paralisia). A passividade do personagem, no interjogo com o entorno criado (hospital-doença), refere uma depressão clínica. A capacidade de encenar e limitar o personagem em breves traços permite inferir um subcomponente histérico, com predomínio de fenômenos de devaneios e métodos defensivos de tipo esquizoide (tentativa de paralisar a passagem do tempo e o contato com a realidade e os afetos mediante o refúgio na fantasia "olhando ao longe, pela janela").

A associação informa, em um primeiro nível de análise, sobre uma depressão prévia, com sintomas semelhantes à depressão atual mas com um elemento a mais: uma relação hostil e desvalorizadora com o próprio corpo.

A associação posterior oferece luz sobre os motivos situacionais e dinâmicos subjacentes às suas crises depressivas. A paralisia da pessoa na prancha opõe-se ao "movimento familiar" e permite inferir a presença de um aspecto hostil, rivalizante e controlador da união do casal em seus aspectos genitais. O ataque hostil ao interior corporal materno ("sentada no quarto dos pais", "gravidez materna") aparece voltado contra o próprio corpo, que passa a ser objeto de críticas cruéis e desvalorizadoras. Os sentimentos de vergonha e temor ao ridículo que refere, junto com a gordura dessa época, permitem pensar em reações de índole invejosa diante da gravidez materna, que passou a ser indício, para a paciente, da vida sexual ativa (movimento) dos pais.

A depressão atual, com predomínio de imobilidade mental e física tem o sentido de dique de contenção de estados emocionais rivalizantes e invejosos com pessoas de seu sexo. O desejo inconsciente de controlar e imobilizar por rivalidade e inveja toma como objeto seus próprios aspectos vitais.

Exemplo 5

Homem de 28 anos. Consulta por causa de dispneia e episódios de bronquite asmática. Sofreu de asma em sua infância e até os 11 anos, depois os ataques cederam até um ano atrás.

PRANCHA EM BRANCO. Eu gosto da ideia de imaginar o quarto de uma criança pequena, provavelmente o cômodo que queremos fazer para nosso filho (*Sua mulher está grávida*), mas na imagem é com criança e tudo (*ri*). Um quarto com paredes coloridas, com papel de parede com desenhos infantis, móbiles, estantes com brinquedos, um trenzinho, bolas, bom é um quarto de um menino, lógico (*ri*). Imagino um bebê com um pijama listrado, está deitado e a mãe o cobre, dá um beijo de boa noite nele, depois apagará a luz e lhe desejará um bom sono.

Associação

"Bom, mais que lembranças, é uma ideia sobre o futuro."

(*Poderia associar alguma coisa com o momento de dormir, acha que pode ter algum significado especial para você ou evocar alguma coisa?*)

"Acho que sempre fui um pouco insone, me custava dormir, acho que comecei a dormir a noite inteira quando me casei (*ri*). Dormia, mas demorava horas, nunca gostei que apagassem a luz, mas nunca disse nada..."

(*Lembra o que acontecia durante esse tempo em que não conseguia dormir?*)

"Pensava coisas horríveis, ouvia barulhinhos, imaginava ladrões, tinha uma imagem muito feia do Super-Homem, com uma cara horrível, entrando e voando pela janela. Tentava dormir sentado, bem, isso era por causa da asma."

A análise da estrutura da prancha manifesta uma personalidade infantil. A estrutura de base contém elementos depressivos em que enfatiza a necessidade de proteção e contato. As cores, os brinquedos referem mecanismos maníacos centrados predominantemente na necessidade de negar sentimentos dolorosos despertados pela separação e pela solidão.

A associação posterior permite comparar com clareza a imagem desejada de si mesmo (uma criança serena, acompanhada e capaz de tolerar separações) com a criança real que ele foi e o aspecto atual rejeitado de sua personalidade (aterrorizado diante de separações).

A associação permite ter acesso ao mundo de fantasias aterrorizantes referidas à intensa angústia de morte diante da solidão (escuridão, separação da mãe). A insônia tem o sentido de uma defesa paranoide extrema (hipervigilância, controle) diante de objetos persecutórios incontroláveis. Sua alusão à incapacidade de comunicar seus medos indica não só sua impossibilidade de fazer os outros conhecerem suas necessidades, mas sua incapacidade atual para entrar em contato com as situações emocionais aterrorizantes. A asma aparece conectada no relato aos ataques de perseguição (medo do Super-Homem: "tentava dormir sentado, por causa da asma"). A asma e dormir sentado estão conectados com crises de pânico que não pode "mentalizar" nem transmitir.

Possivelmente sua "sobreadaptação" infantil fez com que fosse visto externamente como o garoto da prancha, ainda que sozinho e na escuridão fosse um garoto aterrorizado. A reiteração dos ataques asmáticos há um ano alertam para uma sobreadaptação atual. As mudanças vitais atuais, às quais se adaptou eficazmente no plano formal, têm como contraparte o caráter de experiências aterrorizantes. Podemos inferir uma dissociação muito precoce entre seu *self* autêntico (aterrorizado e exposto a vivências de desorganização) e um falso *self* (sereno e adaptado) que tem o sentido de uma fachada rígida mas facilmente desorganizável.

Exemplo 6

Homem de 36 anos. (capítulo III. Neurose obsessiva, caso A)

PRANCHA 13 (EM BRANCO): É uma reunião com certa quantidade de pessoas sentadas ao redor de uma grande mesa, num momento de conversa após a refeição ou na sobremesa. Estão fazendo diversos comentários sobre vários assuntos, de política e economia e às vezes arte. As pessoas que comparecem a essa reunião são pessoas que nas especialidades mencionadas ocupam cargos ou realizam atividades de certa relevância.

O motivo da reunião foi o de poder trocar opiniões sobre as diferentes atividades que cada um desempenha. As pessoas que compareceram a essa reunião denotam ser pessoas de boa posição, nota-se pelo tipo de roupa que cada uma delas usa, pelo ambiente em que se realizou a reunião e pelo serviço que se presta nesse lugar. Os comentários que estão fazendo na reunião não ocorrem de forma organizada devido à variedade de temas de que tratam, ficando às vezes interrompidos pelo tom de zombaria que alguns dos assistentes tentam dar às diferentes respostas que são obtidas.

PRANCHA EM BRANCO. Cena: associa com "múltiplas cenas formais pelo tipo de atividade que eu desempenho que me leva a organizar esse tipo de reunião e em muitos casos a atuar como moderador e elo entre pessoas que não se conhecem bem, com qualquer uma destas cenas, não com uma em especial".

(*Pode associar isso com algum outro fato de sua vida?*)

"Se eu remontasse ao passado, falaria das reuniões de sábado à noite, meu pai e seus amigos jogando pôquer. As crianças em geral não podíamos dar nenhum pio, as regras eram rígidas e a educação dura, mas correta. Lembro-me de um episódio que para mim foi demolidor: acho que eu tinha 6 ou 7 anos e estava sentado num banquinho no canto da mesa, perto do meu pai, que normalmente estava na cabeceira. As fichas, as cores me atraíam tremendamente, mas eram coisas em que nós crianças não podíamos mexer. Num momento, não sei o que aconteceu, fiz algum movimento, o banco se inclinou, perdi o equilíbrio e quando caí levei comigo a caixa de fichas e parte das fichas de um jogador, que nesse momento, sendo bem honesto, não lembro quem era. Não sei o que aconteceu, se me repreenderam, se me deram castigo ou não, nesse ponto se apaga a lembrança, mas o que é vívido é estar de joelhos olhando os pés da mesa, sabendo do estrondo que havia provocado e com uma sensação demolidora de vergonha e espanto."

No capítulo III, analisei a modalidade predominantemente obsessiva desse material. Destaquei um elemento de sobreadaptação formal que implica para essa pessoa um excessivo controle de violentas emoções hostis e que teria como risco possíveis descompensações orgânicas.

A associação do paciente relata um episódio de descontrole involuntário e surpreendente que tem o valor de uma lembrança encobridora. A primeira parte da associação contém um relato de esforço e sofrimento do ego na tarefa de moderar os impulsos ambivalentes em jogo. A lembrança infantil contém uma descrição modelada de sua estrutura familiar real e de seu funcionamento mental ideal com normas "firmes e rígidas".

O episódio relata um descontrole e refere fatos anteriores relacionados à perda involuntária e imprevista do controle do esfíncter anal. A sensação "demolidora de vergonha e surpresa" concomitante com o "estrondo e as fichas caindo" relata a vivência dolorosa diante de um descontrole superegoicamente criticado.

Essa experiência emocional é o modelo do risco de descontrole emocional que essa pessoa vive permanentemente, descontrole que está diretamente equiparado com um descontrole anal. Esse descontrole é acompanhado de outro sentimento que o entrevistado não verbaliza mas transmite por meio da imagem: humilhação ("estar de joelhos olhando os pés da mesa", estar por baixo e responsabilizando-se por ter sofrido um descontrole).

O episódio permite também cotejar a prancha em que domina o aspecto moderador, controlado, formal do entrevistado com o garoto rivalizante e descontrolado que ataca o lugar preferido do pai. Os elementos de forte rivalidade e ambição que essa pessoa mantém em controle permanente são os que põem em risco seu equilíbrio interno.

A necessidade de triunfo rivalizante sobre o objeto é imperiosa, no entanto permanece travada na vida do sujeito. O sofrimento inerente a essa limitação não é percebido pelo sujeito, por isso é alto o risco de uma descarga somática neste caso.

Exemplo 7

Homem de 29 anos. Vem à consulta por causa de estados de angústia desorganizantes. Passou por um psicólogo há alguns anos e naquela ocasião fez o Teste de Phillipson. Quando o entrevistador entregou-lhe a prancha 1, reconheceu-a e durante todo o teste aludiu à primeira vez.

PRANCHA 1: É alguém que está sozinho. Aquela vez me pareceu que estava diante de um caos. Agora me parece que está à beira de um precipício ou saindo de uma caverna. Tenho de lhe dizer tudo? Porque vejo uma terceira situação que me ocorre agora. Muda toda a situação, e a história poderia ser a de alguém que estava sozinho e que vem de uma parte muito fria e úmida e pode entrar num palácio ou casa e está pensando angustiado, como se a cabeça lhe pesasse. Está mais angustiado que preocupado, pelo menos tem força, tem as costas largas. Poderíamos terminar aqui, não? Porque se eu continuar olhando a prancha ele poderia estar caminhando, descobri que tem uma perna. Ou poderia terminar a história: "e por fim decide entrar".

Associações

Perguntamos de que outras coisas se lembra daquela vez em que passou em consulta.

Há quatro anos e meio foi a um psicólogo por causa de problemas com a garota com quem saía. Tinha ejaculação precoce. Estava muito assustado. Não suportava encontrar muitas pessoas. Uma amiga da namorada lhe contou que havia dormido com "sei lá quantos caras" e isso ele não podia sequer pensar. Não conseguia falar com ninguém. Falava por silogismos, "estava marcado pelo seminário". Um dia entrou em um "bordel" com a ideia de que, se dormisse com muitas mulheres, ficaria curado.

Quando entrou no seminário, isso o ajudou muito. Anteriormente havia se consultado no Borda, porque "estava desesperado", "uma depressão horrível". "Quando penso como estava há quatro anos, era terrível." "Pensava que não ia para lado nenhum, que estava podre da cabeça e do pênis."

(*Quando fez essa primeira história há 4 anos e pensou que era o caos, como descreveu isso?*)

"O cara estava angustiado, praticamente estava para se matar. Não sabia se devia se atirar no precipício. Ah, não! Não sabia se devia continuar caminhando ou não porque não sabia o que havia do outro lado.

Esta é a prancha que mais raiva me dá, me irrita!"

PRANCHA 12: É impressionante como a gente pode se lembrar de detalhes. Eu a fiz há vários anos e me lembro deste cano retorcido e amarrado, que acumula muita pressão. Procurei mais alguma coisa para me familiarizar e vi essa pessoa que não sei o que quer fazer. Acho que quer abrir a janela e não consegue. Dentro é um quarto quente, cama limpa, há comida. Essa pessoa quer entrar e não consegue, porque quer entrar pela janela.

O que continua chamando minha atenção é este cano retorcido, junta muita água de chuva. A história termina com o cara tentando abrir a janela do lado de fora. Não sei, a mesa está posta, a comida servida e tudo.

Associações

(*O que lembrou de quatro anos atrás?*)
"Não me lembro, eu estava muito angustiado e começava a chorar. O teto ia cair sobre mim. Era um lugar muito pobre, eu falava da cama. Sei que falei do nó, teve muita importância. Não me preocupa tanto que estejam tentando abrir a janela, em suma, é uma situação de tensão porque está fechada. O que me preocupa é esse nó que está juntando água de chuva do teto e que de algum jeito deve ser destapado."

Observamos a presença de histórias alternativas como expressão de mecanismos obsessivos de controle primários. A aparente diferenciação entre o percebido anterior e o atual indica uma permanente queda na indiferenciação (confusão temporal). Impressiona como uma personalidade *borderline* luta entre sua necessidade de sair do isolamento esquizoide severo e o temor de cair em uma situação de desorganização mental pior. Está à beira do precipício, à beira da loucura ou da morte.

No próprio relato da prancha faz referência a "um antes"; esse antes não se refere à primeira vez que fez o teste, mas sim "quando estive muito doente." O temor constante do paciente é a percepção da permanência do estado de doença mental que ele desejaria dissociar de seu presente e pôr no passado.

O interrogatório tem, neste caso, a finalidade de esclarecer as vivências psicóticas atuais do paciente. A diferenciação entre passado e presente não tem a mesma validade que nos casos anteriores. Passado e presente não são, para esta pessoa, categorias temporais diferenciadas, mas sim somente lugares, espaços nos quais abriga as experiências de desorganização mental. Não temos indícios seguros para considerar como lembranças as verbalizações sobre o que viu antes. Mas podemos estar seguros de que ele, neste presente, "vê" pela primeira vez ou novamente esses conteúdos na prancha. A necessidade de separar "o que viu" de "o que vê como novo" é mais o resultado da necessidade de pôr no passado o caos mental, a loucura, a ameaça de suicídio que o produto de uma diferenciação temporal adequada.

A percepção atual, ou a reiteração da mesma percepção de quatro anos atrás, implica o risco de reconhecimento da doença atual. O paciente tenta manter esse conhecimento dissociado de sua consciência, mas fracassa reiteradamente.

O valor informativo dessa tentativa de diferenciação temporal do paciente está na descrição das características tanto das crises atuais de angústia, como dos episódios prévios e dos métodos que utilizou anteriormente para contê-las.

Nessas crises coexistem momentos de retiro paranoide com estados de desespero ansioso, com risco de atuações psicopáticas de índole destrutiva (na prancha 1 encontra como saída tranquilizadora o refúgio nos aspectos de estrutura corporal e na motilidade). A homossexualidade como método de compensação da estrutura psicótica fracassou anteriormente (amiga que dormiu com vários caras, ir a um bordel para "curar-se"). Provavelmente a entrada no seminário teve o sentido de uma hospitalização, o que lhe permitiu superar a intensa desorganização mental, que deixava como única saída o suicídio ou o homicídio.

A vivência de desorganização mental, iminente na atualidade, e pela qual já passou em outras épocas de sua vida, é descrita na associação da prancha 12 como "um teto que vem abaixo".

É curioso o interesse que desperta no paciente o "nó no cano". Trata-se de uma área da prancha que reúne dados sobre o clima emocional mas que normalmente não tem tanta importância nas histórias de outros entrevistados.

O cano que "acumula pressão" é um modelo de agressão violenta e incontrolável que o entrevistado acumula, de forma dissociada, durante o interrogatório. O risco é a explosão violenta e desorganizativa de sua vida mental e da do entrevistador.

Além desse modelo de funcionamento emocional, "relata" um problema orgânico do paciente que coincide com o período de crise mental ao qual alude. Há quatro anos sofreu de varicocele, que no entanto o entrevistado descreve como um problema grave "no pênis", devido ao qual sofreu uma intervenção cirúrgica. A saída orgânica por meio da crise mental alerta sobre possíveis descargas corporais por incontinência do problema. No modelo oferecido pela prancha tomam a forma de provável crise de hipertensão.

TESTES GRÁFICOS

A produção gráfica, como representação simbólica obtida, condensa e transmite tanto os modelos dominantes de vínculo objetal como os dados sobre a configuração física atual e passada, fatos traumáticos (acidentes, doenças) sofridos no corpo e acontecimentos de qualquer índole que incidiram na estruturação da personalidade.

Nos capítulos anteriores, discorri a respeito da informação sobre os modelos dominantes de vinculação objetal e de integração da personalidade.

A possibilidade que o produto gráfico tem de transmitir as características da estrutura do corpo do entrevistado, seus déficits ou qualidades presentes ou passadas, foi investigada por muitos autores.

Machover e Hammer, entre outros, investigaram detidamente a constância com que as características físicas do entrevistado aparecem vinculadas às figuras humanas desenhadas. As figuras humanas apresentam semelhanças marcantes com o entrevistado em características como ser alto ou baixo, magro ou gordo, nos traços faciais, no aspecto corporal frágil, delicado, desajeitado etc. As alterações corporais também são desenhadas com clareza. Por exemplo, os pacientes amputados têm sérios problemas para desenhar as pernas, que aparecem tolhidas, incompletas, difusas ou cortadas na região dos pés. Nesses pacientes o desenho de pessoas sentadas é um sinal de tolerância e aceitação da limitação física.

A constância de traços na produção gráfica de pessoas que padecem das mesmas doenças psicossomáticas permite caracterizar a forma como elas se "relatam" no desenho. Em pessoas asmáticas, por exemplo, as dificuldades respiratórias são indicadas por figuras humanas com tórax dilatado, sombreado, pescoço curto e largo ou ausência de pescoço. As casas apresentam janelas em profusão, mas muito pequenas e localizadas em partes altas, em alguns casos até no telhado.

Os episódios históricos de transcendência aparecem simbolicamente indicados no desenho. Os gráficos referem vivências nodulares da história pessoal e indicam fatos que deixaram marcas e incidiram de forma traumática ou benéfica na estruturação do ego. Têm o caráter de indícios desses episódios as estruturas globais ou de detalhe que diferem do restante da produção do sujeito, ou que apresentam um tratamento diferencial marcante com relação a produções de outros entrevistados: 1) áreas do desenho adequadas mas originais, ou estranhas, arbitrárias, distorcidas; 2) áreas sombreadas, riscadas, danificadas, com falhas estruturais ou excessivamente sobrecarregadas de detalhes; 3) detalhes adicionais, como objetos nas mãos das figuras humanas, animais no Teste HTP, folhas, frutas na árvore, detalhes ornamentais especiais na casa etc.

A investigação histórica nesses testes supõe dificuldades específicas. Pelo tratamento gráfico diferencial esses testes "assinalam" áreas corporais, épocas históricas ou amplas categorias de experiências emocionais (perdas, crises mentais sérias, agressões provenientes do mundo externo). Não têm, diferentemente dos testes verbais, a possibilidade de "relatar" de forma dramática e detalhada os episódios ou situações particulares.

Além disso, nos testes gráficos os entrevistados adultos estabelecem uma "consciência de ligação" diferente da dos verbais. Diante da própria produção gráfica mostram poucas possibilidades para estabelecer relações com sua história pessoal ou seus conflitos atuais. Têm maior dificuldade para reconhecê-los como transmissores de informação pessoal. Consideram-nos expressão exclusiva da habilidade ou da inabilidade para o desenho.

A dificuldade para visualizar "o relato" dos fatos históricos nos testes gráficos decorre: 1) do nível de experiências emocionais que esses testes investigam e 2) das qualidades do desenho como meio de comunicação.

1) Como já afirmei em outros capítulos, os testes gráficos revelam as estruturas básicas de integração da personalidade. Referem, em sua estrutura, modelos de relação muito primários e estreitamente ligados às ansiedades de conexão próxima, corporal, com os objetos. Permitem a reconstrução de modelos de relação precoces referidos ao contato objetal tátil e oral. Por exemplo, fantasias muito prematuras e cristalizadas em modalidades de relação oral hostil e crítica, ou de avidez e passividade, expressam-se na estrutura gráfica de boca e mãos. Justamente por revelar experiências muito prematuras, as possíveis linhas associativas estão muito distantes do nível consciente do entrevistado.

2) O desenho tem qualidades de transmissão diferentes dos testes verbais. É uma representação plástica de experiências e fatos emocionais. Supõe uma transformação complexa de representações internas em imagens plásticas capazes tanto de contê-las quanto de ser objetivadas por meio do desenho.

O desenho, para se transformar em meio de transmissão eficaz, exige uma intensa tarefa inconsciente de simbolização. Seguramente cada elemento gráfico contém em si condensações da evolução pessoal. Mas o acesso a esse mundo de significados é difícil. A interpretação meramente simbólica não é a adequada, e não podemos apelar para o entrevistado como decodificador, ainda que contemos com seu interesse consciente. O gráfico, por suas qualidades plásticas, supõe um código de transformações às quais o entrevistado adulto não consegue ter acesso na tarefa psicodiagnóstica.

Por esse motivo, um interrogatório direto (como o que proponho nos testes verbais) a respeito das lembranças que o objeto gráfico evoca no entrevistado não provoca associações na maioria dos casos. A produção é muito distanciada, devido à mudança de código, das lembranças históricas conscientes.

O psicólogo conhece algo mais desse código gráfico, em razão de investigações anteriores que lhe fornecem informação a respeito das formas constantes de transmissão de certos fatos. No entanto, a investigação nesse terreno ainda é pobre e circunscrita. À medida que ela progride no estabelecimento das constantes gráficas de transmissão, conseguimos relacionar um maior número de conteúdos a características do desenho.

Penso que o interrogatório para esses testes deve conter um passo intermediário: o psicólogo deverá decodificar previamente as "zonas sinais" como indícios possíveis de doenças, experiências de perdas e maltrato, desenvolvimento alterado etc. e depois interrogar o paciente sobre os fatos delimitados. O indício gráfico indica fatos que na linguagem verbal poderíamos transformar em: "Aqui, nesta área corporal ou em tal época, aconteceu uma coisa lesiva para mim, algo que deixou marcas, cicatrizes ou vazios." Em outros casos, alerta sobre situações mais gerais: "Houve perdas de grande importância em minha vida", "sofri danos, ameaças, maltratos".

Exemplifico essa situação com o teste da árvore. Koch demonstrou empiricamente que tratamentos especiais do tronco da árvore, como sombreados, cicatrizes, nós ou buracos, aludem a episódios traumáticos. Confirmou que esses fatos estão inconscientemente fixados com tamanha precisão que se tomarmos o tamanho total da árvore como equivalente à idade do entrevistado, e dividirmos a árvore em anos de acordo com essa escala, podemos localizar o período vital em que esses fatos ocorreram. Se no interrogatório pedíssemos ao entrevistado que associasse o tratamento especial do tronco com algum episódio pessoal, não obteríamos a informação procurada. A resposta aludiria mais às suas dificuldades para desenhar que ao fato histórico. Em contrapartida, se o psicólogo sabe que esse tratamento está vinculado a episódios emocionais de índole traumática e pode localizá-los em um período vital determinado, poderá interrogar o entrevistado sobre esse momento cronológico, averiguar o que aconteceu nessa época, que lembranças tem, como se descreveria nesse momento etc. Mesmo que, após obtida a informação, tentássemos explicar a um entrevistado qual é a "área do desenho pela qual nos interessamos", obteríamos uma resposta cética ou de assombro, mas não uma resposta real de conexão entre seu produto gráfico e sua lembrança histórica.

Em resumo, observo todas as áreas gráficas que tenham recebido tratamento especial. A seguir, infiro os conflitos inerentes a zonas corporais, linhas do desenvolvimento correspondentes a essas zonas, situações emocionais prevalecentes de perda, maltrato, instabilidade e insegurança por falta de continentes, vivências de solidão, desproteção ou desamparo. Com base nessas inferências peço ao entrevistado que relacione essa nova informação a fatos de sua história. Por exemplo: "Em sua produção você revela vivências de desproteção, solidão e desamparo, pode relacionar isso a sua situação atual? Houve algum momento de seu passado em que essa vivência foi intensa? Esteve relacionada com alguma mudança familiar significativa? E outros."

EXEMPLO 1. MULHER DE 37 ANOS

O desenho da árvore corresponde ao exemplo nº 6 do item anterior sobre o Teste Desiderativo, do qual analisei a escolha negativa "caderno".

Nesse caso o tratamento do tronco da árvore revela uma época histórica em que a entrevistada sofreu uma perda central, representada como uma marca dolorosa, um "vazio" na estrutura da personalidade.

O tratamento gráfico (sombreado, riscado) indica ataques anais e orais prevalecentes nessa época de crise emocional. Situa a perda objetal no período entre 3 e 9 anos e a crise emocional até 10 ou 12 anos. A investigação dessa época de sua vida recebeu a mesma referência histórica que a obtida na escolha "caderno".

A área esburacada representa graficamente o vazio simbólico do objeto, as falhas de representação e, por conseguinte, de pensamento.

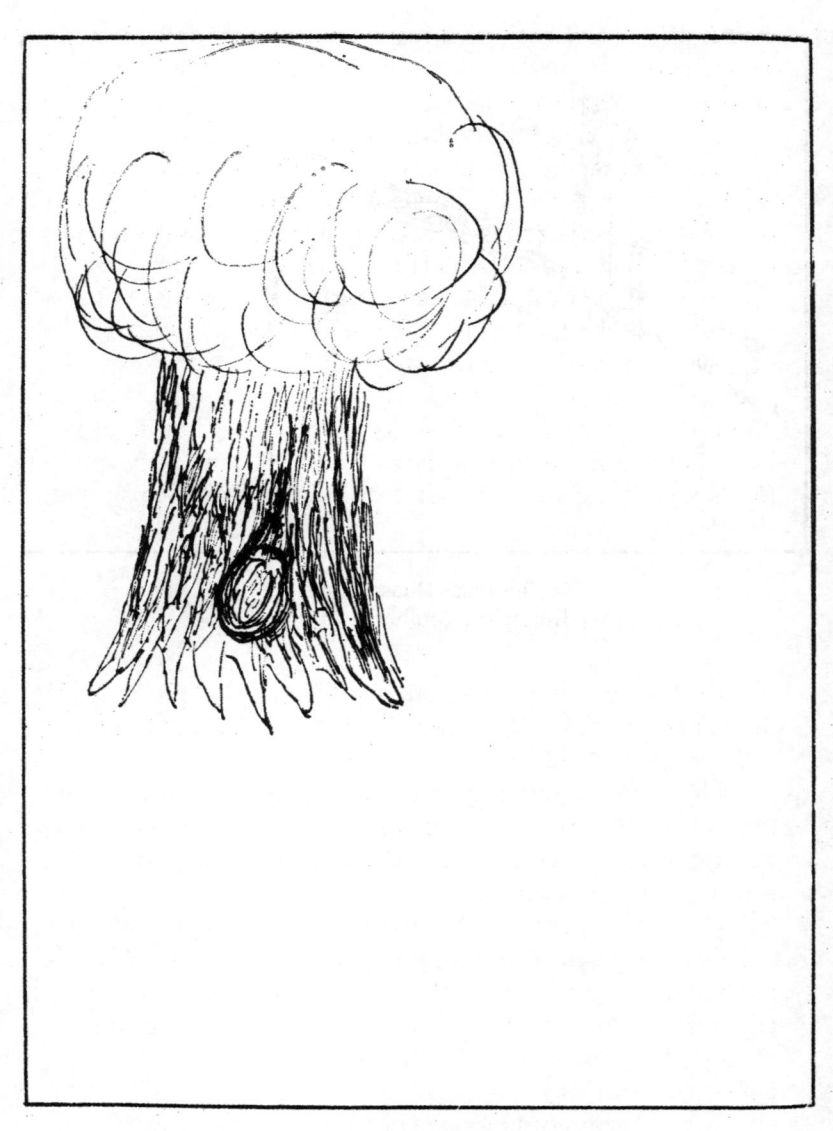

Teste da Árvore
Exemplo 1. Mulher de 37 anos

Teste das Duas Pessoas
Exemplo 2. Mulher de 25 anos

EXEMPLO 2. MULHER DE 25 ANOS.

Na representação gráfica observam-se evidentes experiências de perda nas folhas e ramos caídos da árvore e na bolsa da mulher que pode cair. Essas perdas diferem daquelas que aparecem desenhadas como cicatrizes, marcas ou buracos no tronco. Quando a estrutura do objeto gráfico é alterada, trata-se de perdas nodulares que afetaram o ego em sua estrutura, que provocaram danos no desenvolvimento. O ego transmite a percepção dolorosa de uma zona mental vazia, carente de um objeto ou situação necessitados.

Contudo, o tipo de desenho deste caso alude a perdas passivas, objetos ou situações que são perdidos de forma reiterada, diante das quais o ego está alheio ou impotente.

A bolsa que pode cair, desenhada na área genital, indica perda de gravidez (ou gravidez interrompida) e medo de que esta leve à perda do aparelho genital (reprodutor) completo.

O interrogatório neste caso girou sobre quais foram as situações ou pessoas que ela havia perdido ao longo de sua vida e se essas perdas haviam produzido vivências de vazio ou desvalorização (árvore empobrecida).

As associações da paciente foram pobres. Informou que "perdeu muitas coisas, mas em troca de conquistar outras melhores". No entanto é uma pessoa que em sua história revela muito mais experiências dolorosas de perda e fracasso, as quais não pode assumir por fortes mecanismos de negação e dissociação da dor. Entre as perdas relatadas encontramos reiteradas mudanças para diferentes cidades do interior do país por causa do trabalho de seu pai; abandono do magistério, apesar de seu bom desempenho, por mudanças para uma região distante de escolas de ensino médio; ruptura de um namoro de seis anos, por decisão de seu noivo; mudança para a capital há um ano, devido ao seu casamento; perda de uma gravidez de 4 meses.

Como segundo momento do interrogatório, pergunto-lhe sobre sua adaptação à cidade; tomo como ponto de partida o ambiente que criou para o casal: o campo, como alusão a sua necessidade de reencontrar esse lugar conhecido. A paciente refere dificuldades para locomover-se pela cidade e grande timidez para relacionar-se com as pessoas da cidade, que sente como "muito diferente, muito mais fria, indiferente e egoísta".

Essa paciente foi encaminhada à consulta por um gastroenterologista por causa de episódios de diarreia alternados com constipações que originaram a formação de bolos fecais. O sintoma está representado graficamente e deslocado nos "nós" dos postes da cerca de arame. O broto incipiente da árvore pode aludir a algum desenvolvimento interrompido da paciente ou presumivelmente à aprendizagem truncada.

Neste caso, a perda da gravidez aparece claramente situada na área corporal genital; em outros casos pode sofrer deslocamentos. Um tipo de transmissão gráfica constante de abortos pessoais ou maternos é proporcionado por desenhos inconclusos que o entrevistado abandona porque "ficou ruim", mas, estranhamente, não o apaga ou corrige, mas sim risca, de forma a ficar registrado no desenho, como podemos observar no exemplo 3 a seguir:

Teste das Duas Pessoas
Exemplo 3. Mulher de 27 anos

EXEMPLO 4. MULHER DE 18 ANOS

Crise esquizoide severa. A estrutura corporal das figuras humanas evidencia um crescimento assincrônico, adquire o caráter de uma mensagem: "cresce até a altura correspondente mas sem base e sem desenvolvimento das estruturas que avalizem isso". A finura do tronco unida ao sombreado destacam o aparelho digestivo como região de intenso conflito e, por outro lado, pela dominância que adquire, é a região ao redor da qual organiza seu esquema corporal.

A árvore indica problemas precoces de contato e vinculação (marcas na origem do tronco), bem como marcas de danos graves no período compreendido entre 3 e 9 anos.

Na casa refere, pela janela no teto, "lacunas", problemas de memória. Descarto o problema das ausências porque não há dados de organicidade no material.

A figura incompleta refere-se a um aborto materno quando ela tinha 10 anos, sobre o qual a paciente teve informação há dois anos.

Interroguei a paciente sobre problemas gastrointestinais. "Não tenho apetite, como por obrigação; ficaria contente no dia que inventassem comprimidos. Eu gosto de poucas comidas: bifes, batatas cozidas, frutas. Não suporto ensopados ou comidas muito elaboradas." "Nunca como em restaurante, quando muito um sanduíche ou um bife (?). Acho que a cozinha pode estar suja." "Sempre tive problemas, quando pequena vomitava muito." "Tinha horror à escola, acho que vomitava todas as manhãs antes de ir." "Por isso não quis continuar."

Pergunto se na escola tinha problemas para recordar o conteúdo das lições: "Tinha problema com tudo, tinha horror, uma pessoa com horror não se lembra de nada, agora isso ainda me acontece se fico nervosa, por isso não quis continuar." "Minha mãe sempre pensava que foi devido a uma batida forte que dei com a cabeça por causa de uma rede, caí da rede e bati a cabeça."

(*Lembra-se de como você era entre os 3 e os 9 anos e que dificuldades tinha, além do problema com a escola?*) "Engasgava, era

HTP
Exemplo 4. Mulher de 18 anos

nervosa, mas quieta, muito isolada das crianças. Deixavam-me muito assustada. (*Quem?*) Não sei, corriam atrás de mim com uma marionete com cara de velha que abria a boca, não tinha cabelo. (*Quando acontecia isso?*) À noite, tinha calafrios e me enfiava debaixo da cama."

As associações revelam ansiedades orais prematuras com relação à alimentação. O temor a comidas elaboradas e a restaurantes informa sobre forte desconfiança oral, por temores de envenenamento.

As associações corroboram um quadro esquizoide grave. Núcleos paranoides intensos adquiriram caráter clínico durante esses episódios, nos quais sofreu experiências de alucinação visual.

A paciente situa sua patologia muito cedo no relato manifesto; no latente, refere-a ao próprio nascimento, a danos sofridos por um nascimento, que significou perda brusca do continente e ataque hostil ("caí da rede e bati a cabeça").

Chama a atenção, no entanto, a colaboração da paciente, considerando a gravidade do quadro. Esse elemento favoreceria a evolução terapêutica. O elemento negativo desse prognóstico é seu aspecto de "alguém que não gosta de se alimentar".

Exemplo 5. Homem de 29 anos

Corresponde ao material do Teste de Phillipson exposto neste capítulo, no exemplo 7.

Diferentemente de produções anteriores, nas quais a área de crise emocional ou processo traumático está delimitada e circunscrita, essa produção compreende todo o desenvolvimento da personalidade.

Demarca um processo dissociativo mas com qualidades igualmente danificadas em todos os aspectos de sua personalidade. A área escura do galho direito refere a crise psicótica que descreveu no Teste de Phillipson. Sobre esta produção não foi interrogado devido ao prévio esclarecimento desse episódio no interrogatório do teste verbal.

Teste da Árvore
Exemplo 5. Homem de 29 anos

Teste das Duas Pessoas
Exemplo 5

No desenho das duas pessoas refere alucinações auditivas mediante o tratamento peculiar das orelhas. Mas o paciente não ofereceu informação sobre esse aspecto, por *splitting* da experiência ou por ocultamento consciente, temor a confrontar-se com a gravidade de seu estado mental.

EXEMPLO 6. MULHER DE 26 ANOS

A estruturação do objeto gráfico evidencia transtornos na organização do esquema corporal. O estatismo da figura unido à má implantação do cabelo e seu aspecto desorganizado indicam áreas psicóticas com risco de produzir crises desorganizativas em uma personalidade infantil. As conquistas intelectuais, por um lado, e a genitalidade, por outro, estão alienadas da personalidade.

Nessa produção podemos isolar duas áreas para investigar com a entrevistada: 1) quais problemas tenta relatar com o encurtamento e posterior alongamento dos braços; 2) o pescoço estreito da mulher e a gravata do homem indicam a garganta como área de conflito; 3) os botões demarcam o aparelho digestivo; 4) quais dificuldades poderá referir sobre sua integração genital.

1) Sofreu alguma lesão ou fratura em seus braços? Relata que ela não, mas seu irmão, sim, 4 anos mais novo. Quando ela tinha quase 5 anos, deixou o irmãozinho de 6 ou 8 meses cair. "Eu o tinha levantado do colo, sentada numa poltrona, o bebê se mexeu bruscamente para frente e caiu tão de mal jeito que quebrou um braço. Teve de ficar com o gesso durante 'um tempo enorme'. Por sorte isso não lhe deixou nenhuma sequela." Não recorda sua vivência emocional, "supõe que deve ter se assustado".

2) Não se lembra de problemas especiais com a garganta. Só que quando está muito angustiada, tem a sensação de "garganta fechada, parece que não consigo engolir".

3) Sofre normalmente de problemas digestivos, come muito, tem "ataques de fome", e isso lhe faz mal. Os problemas

Teste das Duas Pessoas
Exemplo 6. Mulher de 26 anos

comuns são de acidez. Na infância não, essas dificuldades surgiram na adolescência. Quando criança teve períodos de constipações graves. "Quando tinha 1 ou 2 meses estive a ponto de morrer. Não sei muito bem o que aconteceu comigo, minha mãe me contou que tive um nó intestinal. Já me davam por morta. Não fazia cocô, nada, nada. Ah! Tive um espasmo intestinal, não sei o que fizeram comigo para me salvar." "Quando maior me faziam lavagens porque nem laxantes adiantavam."

4) Não sabe, acha que a dificuldade que ainda tem é frigidez. Iniciação sexual precoce. Sofreu vários abortos, prefere "não falar sobre isso".

A crise intestinal precoce, muito minimizada na referência gráfica, e que compreende parte de sua infância, expressa intensas ansiedades de morte por esvaziamento. A vivência de vazio (ataques de fome) é neutralizada pela ingestão voraz, ambivalente, de alimentos-objetos que termina atacando em seu interior.

Os aspectos fortemente agressivos de sua personalidade, relacionados a fantasias de esvaziamento e retenção do objeto, estão dissociados do resto de sua personalidade.

O episódio infantil revela o risco de descontrole desses aspectos agressivos, que provocam intensos sentimentos de culpa persecutória e levam a identificações com os objetos danificados.

O ataque a seu interior, concebido como um lugar de controle e destruição do objeto, é provavelmente o motivo da busca voraz de sexualidade (comida) com incapacidade de prazer (frigidez) e os reiterados ataques masoquistas à sua genitalidade (abortos).

EXEMPLO 7. HOMEM DE 27 ANOS.

O elemento que chama a atenção nessa produção são as duas casas em um teste que pede uma casa, uma árvore e uma pessoa. Essa produção refere-se a um problema extensamente descrito pelo paciente: depois da separação de seus pais e do novo casamento deles, passava períodos alternados em ambas as casas.

Esse material é representativo de um problema conhecido em parte pelo paciente; e lhe pedi, portanto, que me desse mais detalhes sobre sua vida em ambas as casas e que fizesse associações com a bomba d'água e com a pessoa que caminha pela trilha.

Pareceu-lhe que "se misturavam coisas", quando fez o desenho pensou em uma paisagem de Córdoba, as casas de seus pais estavam na cidade. Sua lembrança dessa época era que tinha duas casas e que não tinha nenhuma, andava como "cachorro sem dono". "Ficava um pouco em cada lugar, cada vez que acontecia uma confusão eu ia embora." "Acho que sentia a casa de minha mãe mais como minha casa, afinal fiquei ali, agora os irmãos que mais sinto como meus são os filhos de minha mãe." O lugar o faz recordar uma época breve em que moraram no interior devido a uma transferência profissional do pai, antes da separação. Sobre essa época restaram-lhe incógnitas, por exemplo, por que os mendigos são mendigos? Sempre despertaram nele curiosidade e medo. Teria desejado aproximar-se deles em alguma ocasião, mas também eram um pouco como "o homem do saco".

A representação gráfica refere parte da situação histórica real, os dois lares e o perambular de um para o outro. Contém, no entanto, tanto o desejo oculto quanto parte da verdade histórica temida. O desejo refere-se a reconstruir um lugar de cidade pequena, que simboliza reestruturar a situação anterior à separação, com sentido de recuperação de um continente estável. A verdade temida está contida num mendigo, que não é definido como tal na expressão gráfica. A versão manifesta é: "Eu mudava de casa quando aconteciam confusões." Um mendigo descreve a vivência dolorosa de não ser verdadeiramente acolhido ou contido por nenhum dos dois pais (como "cão sem dono"). A perda da estrutura familiar original acarretou como resultado doloroso a falta de amor de seus objetos significativos. Essa falta

HTP
Exemplo 7. Homem de 27 anos

de amor, seguramente, era posta à prova pelo paciente mediante as "confusões" que criava e que provocavam não o seu distanciamento voluntário, mas seu desalojamento.

Esse tipo de produção com duas casas é comum em pessoas adotadas. Em problemas de adoção observamos outras produções peculiares: casas que apresentam detalhes correspondentes a estilos diferentes, ou portas e janelas com formas díspares (janelas redondas coexistem com outras quadradas ou triangulares). No caso de uma menina de 7 anos pudemos, por meio do desenho, inferir a adoção, omitida pela mãe na entrevista: tratava-se de uma menina com um bom nível intelectual e bom ajuste à realidade que, no entanto, desenhou uma árvore frutífera da qual pendiam bananas, peras, maçãs e um sapato. Nesse caso (como no das casas com estilos e detalhes de estrutura variados e coexistentes) podemos interpretar a mensagem gráfica assim: os filhos que estão presos ao objeto mãe (casa-árvore) têm origem díspares. No caso da menina é: "Esses frutos tão diferentes da árvore original não são filhos dessa árvore." "É tão absurdo para minha percepção da verdade eles insistirem que são meus pais, como uma mesma árvore poder produzir desde peras até sapatos."

Exemplo 8. Mulher de 38 anos, profissional liberal

A construção gráfica corresponde a uma personalidade *borderline*.

O aspecto que chama mais a atenção é o rosto da mulher e o desenho do cabelo como estrutura rígida e superagregada.

A paciente fez espontaneamente uma associação histórica com sua produção. Quando ela terminou o teste gráfico, que foi muito trabalhoso e tomou-lhe 40 minutos, disse: "É horrível, é espantoso." Teve uma crise de choro. Quando conseguiu recompor-se relatou de forma espontânea o seguinte: "Não consigo olhar esse rosto, o rosto da mulher, me saiu igual ao que eu não queria nem lembrar. Quando meu irmão

Teste das Duas Pessoas
Exemplo 8. Mulher de 38 anos

morreu (4 anos mais novo) no acidente, meu irmão mais velho vazou um molde do rosto em parafina para fazer uma escultura. O rosto da mulher é idêntico ao aspecto da máscara."
Interrogada sobre o que a figura masculina poderia evocar para ela, respondeu: "É uma ideia sobre ele (seu marido), ele é assim por dentro. Tem uma cabeça pequena onde não cabe nada, não sabe pensar. Tem um corpo grande, não porque seja grande, mas sim porque tudo o que sabe fazer é dominar, levar pela frente, esmagar e assustar."

A crise de choro decorre provavelmente da evidência com que percebeu a desorganização de sua imagem corporal, que conectou muito vivencialmente com ela, por falhas nos processos instrumentais de dissociação e repressão.

O fato traumático, morte do irmão em um "acidente" confuso, muito ligado a um possível suicídio no relato da paciente na entrevista, revelou-se para ela como algo muito presente e incorporado a sua vida mental por indiferenciação entre o objeto e o ego. A relação referida no vínculo matrimonial toca um problema conhecido-desconhecido pela paciente e que está centrado na compulsão a oferecer-se como vítima masoquista de personalidades sádicas.

A crise de angústia por enfrentar "o que não queria nem sequer lembrar" refere o intenso temor a reconhecer partes destrutivas ativas de sua personalidade, tendências suicidas semelhantes às que levaram seu irmão à morte.

Apêndice

Agradeço o material projetivo dos alunos de Técnicas Projetivas I, período 63-66, de Técnicas Projetivas II, período 68-71, e os protocolos que me foram enviados pelas psicólogas Susana Mascheroni, Sara Bozzo, Ana M. Kosack, Sara Barcina, Berta García, Silvia Soler, Renée Tula e María Elena Prudent.

Introdução teórica

As produções projetivas infantis, tanto gráficas como verbais, apresentam configurações diferenciais que permitem sistematizações semelhantes às realizadas com material de adultos. Na sistematização das produções de crianças, no entanto, deparamos com o vetor evolutivo, de importância central na elaboração do material visto, que dele dependem a aquisição de funções mentais e as conquistas intelectuais. Por isso, uma sistematização completa deveria conter um modelo das configurações verbais ou gráficas esperadas em razão da idade cronológica.

Em toda abordagem interpretativa do material projetivo infantil é indispensável trabalhar com esquemas claros do desenvolvimento evolutivo normal e, por conseguinte, das conquistas de pensamento e adequação à realidade de cada momento cronológico. Com base nesses "modelos evolutivos" podemos comparar a produção obtida e recortar rendimentos adequados ou patológicos nas áreas de funcionamento que demarquei no psicodiagnóstico de adultos: as funções de diferenciação, juízo e teste de realidade, a capacidade de simbolização, *insight* e elaboração, bem como a investigação de modalidades clínicas e latentes na estruturação da personalidade.

Os testes que receberam um tratamento por idade mais sistemático e dos quais podemos encontrar um maior número de pesquisas são sem dúvida os testes gráficos (5,1,6).

Nas produções gráficas, assim como nas verbais, crianças de uma mesma idade cronológica apresentam configurações com claras qualidades diferenciais referentes a tipos de personalidade. Podemos encontrar configurações nas histórias do CAT, nas respostas desiderativas e nas gráficas que permitem referi-las a modalidades esquizoides, depressivas, histéricas, obsessivas, fóbicas ou psicopáticas, que mantêm características semelhantes às configurações adultas no que se refere, por exemplo, aos tipos de símbolos no Teste Desiderativo, à temática ou ao tratamento das pranchas nos testes de elaboração de histórias.

Parte desse interesse na diferenciação de configurações infantis foi abordada por mim no trabalho sobre defesas nos testes gráficos, no qual realizei o agrupamento diferencial com base nos mecanismos de defesa dominantes (4). Neste trabalho levo a cabo uma sistematização de indicadores diferenciais de traços de personalidade a partir do teste de apercepção temática infantil de um grupo de crianças entre 6 e 11 anos.

Trata-se somente de uma tentativa de abrir uma pesquisa no campo do psicodiagnóstico infantil, que sem dúvida necessitará ser abordado mais detidamente, incluindo "modelos" gráficos e verbais de respostas por idade.

ESQUIZOIDIA

A história do ponto de vista da percepção e da estrutura

As crianças esquizoides evidenciam grande riqueza imaginativa. A expressão das fantasias é, no entanto, bloqueada pelo isolamento do mundo externo. A percepção da situação--estímulo é adequada, conseguem boas definições da situação total e descrições adequadas de detalhes.

Percebem os personagens quietos, com pouca atividade lúdica e motora e enfatizam a vida de fantasia. O clima emocional das pranchas é baixo, em razão da distância afetiva. Os rendimentos variam de um caso para outro, ou no mesmo caso, com relação ao conflito mobilizado pelo estímulo. Essas variações referem-se a: 1) incremento da distância emocional, desafetização, que origina descrições sucintas das pranchas; 2) distanciamento progressivo da situação-estímulo; boa percepção inicial desta e posterior distanciamento fantástico (inclusão de personagens, situações de objetos que respondem mais a implicações internas que ao material projetivo).

Estrutura da história

Boa possibilidade de compreensão e ajuste à instrução. Têm tendência a elaborar histórias completas e imaginativas. Apresentam, como traço característico, acentuada distância emocional da produção, mesmo quando podem atribuir sentimentos aos personagens imaginados (dissociação). Isso se expressa na atitude observada durante a construção das histórias: tomam a tarefa projetiva como uma atividade puramente intelectual e, portanto, o interesse e a preocupação estão centrados em conseguir um bom rendimento neste sentido (é comum criarem suas histórias com a estrutura dos contos infantis: título-desenvolvimento-fim). Em contrapartida, as pranchas parecem não despertar na criança nenhuma ressonância afetiva, o que parece muito contraditório, porque as situações relatadas têm grande carga emocional (dissociação-isolamento).

Características da história quanto ao conteúdo

Quando a criança consegue se manter emocionalmente distante da situação-estímulo (uso instrumental da dissociação), pode criar histórias imaginativas, ricas e originais, nas quais se observa grande capacidade de fantasia. Por exemplo, menino de 8 anos, prancha 6: "... este ursinho costumava dar longos passeios noturnos, gostava da cor das folhas por causa do brilho da noite e do barulho dos inúmeros pássaros que habitam o bosque. Costumava falar com as árvores, ele contava suas coisas para elas, que respondiam com o murmurar das folhas...". Quando a dissociação falha, surgem: 1) histórias bloqueadas quanto ao desenrolar fantástico, mesmo que com boa descrição do estímulo (isolamento defensivo) ou 2) histórias com temáticas excessivamente sádicas e acréscimo de personagens perseguidores e onipotentes (identificação projetiva evacuativa). No segundo caso, mantém-se, no entanto, a distância emocional, expressa na falta de empatia e de ressonância afetiva na criança, para com os supostos perigos e sofrimentos dos personagens.

Predominam os personagens isolados, sozinhos, com pouca mobilidade e falta de respaldo protetor dos personagens adultos.

Os temas expressam fantasias onipotentes de autoabastecimento alimentar, refúgio na fantasia e vínculos com objetos imaginários. A contraparte dessa elaboração é o temor a perecer por abandono, desatenção e fome, ou a ser devorados ou destroçados fisicamente por personagens com grande poderio sádico.

ESQUIZOFRENIA INFANTIL

A história do ponto de vista da percepção e da estrutura

Percepções distorcidas. Acréscimos numerosos e indiferenciados. Substituição indiferenciada de percepções que inicialmente podem ser adequadas. Por exemplo, na prancha 2 podem ver ursos e depois continuar a história com cachorros, lobos etc.; a substituição responde às associações inconscientes despertadas por um aspecto parcial do urso, por exemplo, o morder, e por causa disso é substituível ou totalmente equivalente a outros animais oralmente perigosos.

Apresentam negações perceptuais exageradas. As associações são tênues, tangenciais. As histórias são confusas, vagas, distantes das histórias comuns elaboradas pelas crianças. A história e a descrição da prancha apresentam desajustes com relação ao estímulo, são projeções totais da criança. Os pacientes podem perceber bem no início, mas depois se distanciam e associam não com o estímulo, e sim com a primeira associação.

As histórias contêm fabulações e contaminações com elementos da mesma prancha ou de outras.

São constantes os conteúdos inusitados, tomados de pranchas anteriores. Evidenciam ilusões de semelhança pela necessidade de evitar mudanças. Isso origina ligações entre todas as histórias ou o reaparecimento de personagens de pranchas anteriores.

Surgem palavras sem sentido aparente, incompreensíveis (neologismos).

Quando a criança tenta controlar defensivamente a doença, pode manifestar traços obsessivo-compulsivos patológicos em algumas pranchas, e em outras nas quais predominam a confusão, a perda de limites e as projeções excessivas.

Algumas produções empobrecidas podem ser confundidas com produções de crianças com evidente déficit intelectual; no entanto, diferentemente destas últimas, predominam um alto nível verbal, uma preocupação com números, com o espaço e o tempo. Os pacientes contam os objetos das pranchas, preocupam-se em situar os personagens no tempo e desenvolvem temáticas sádicas.

Predominam personagens com altíssimo grau de perseguição e maldade, bem como outros excessivamente idealizados, mas paralisados. Os personagens são claramente "maus" devido ao que fazem, mas a criança que relata parece não poder defini-los como maus. (Alteração da capacidade de diferenciação e conceitualização.)

Características da história quanto ao conteúdo

Falta de adequação ao estímulo. As histórias são vagas, confusas, distantes do estímulo real (negação da realidade externa e deficiente prova de realidade).

Faltam figuras boas e protetoras, e os finais geralmente são ruins. As figuras são más ou "enganosamente" boas. Os personagens pequenos são perseguidos, atacados, devorados, mortos por personagens monstruosos e com enorme poder (bichos, fantasmas, animais ferozes, devoradores e sanguinários).

Os impulsos, tanto sexuais como agressivos, podem aparecer expressos diretamente na verbalização. Aludem a temas sádico-orais (devorar, ser devorado) e a temas anais-expulsivos (sujo, desorganizado, com mau cheiro). A agressão expressa-se de forma punitiva e brutal (sangue, vísceras, interior do corpo rasgado). Personagens que se devoram, matam.

O personagem infantil aparece confuso, perseguido e não desenvolve condutas coerentes para se proteger ou satisfazer suas necessidades. Geralmente se dá mal e termina destruído ou permanece na mesma situação de perseguição.

Quando a criança tenta controlar sua preocupação apela para defesas do tipo obsessivo, mas chega a situações ritualistas ao extremo (conta os objetos da prancha, descreve parte por parte cada um dos elementos que compõem o estímulo).

Esse controle obsessivo patológico evidencia-se também em histórias com reiteração de relatos de atividades cotidianas que têm sucessão temporal: levantar-se, ir à escola, comer, brincar, dormir etc.

Exemplos:
Caso A. Menino de 9 anos

Prancha 1: Três pintinhos ao redor da mesa. Estão esperando a comida. O galo está um pouco mais longe e se aproxima para dar comida para eles. Têm tigelas bem grandes mas ainda estão vazias, ele vai ter de preparar vários pratos. Ele diz para eles se sentarem com calma, para não fazerem confusão, senão de tanto se mexer vão provocar algum acidente, as coisas podem cair e se quebrar. Mais nada.

PRANCHA 3: Um rei leão que ficou sozinho. É um rei solitário que costuma se reclinar em sua poltrona para recordar sua vida e escutar música. Uma vez, há muitos anos, ele era o rei da floresta e tinha muitos animais que cuidavam dele e ofereciam comida para ele. Mas era muito tirano e muito mandão, e pouco a pouco foi ficando sozinho. Agora passa longas horas recordando, mas há alguns animaizinhos que passam horas conversando com ele, que agora é um animal pacífico.

PRANCHA 6: Era uma vez três ursos numa caverna. Os pais ursos dormiam profundamente. O ursinho estava acordado e decidiu dar um passeio noturno. Ele costumava falar com as arvorezinhas do bosque, que eram suas amigas, e, quando mexiam suas folhinhas e fazia barulho, ele entendia o que estavam dizendo. Nessa noite caminhou, falou com as árvores, iluminado pela lua, mas se assustava cada vez que pisava nos galhos que estalavam alto. Decidiu voltar para a caverna, mesmo não tendo sono, mas sim muita fome, ia ser muito difícil para ele esperar até de manhã quando só então os pais sairiam para caçar.

PRANCHA 8: Uma família de macacos. Alguns amigos, a mamãe e o macaquinho. Há uma foto de um antepassado. Os macacos do sofá aproveitam para cochichar segredos, enquanto a mãe faz recomendações ao macaquinho. Mais nada. (*Que segredos estão contando?*) Que a mamãe macaca é muito rigorosa com o macaquinho, mas que o macaquinho é muito arteiro. A mãe, com o dedo levantado, diz que é para ele ficar calmo.

CASO B. MENINO DE 8 ANOS

PRANCHA 1: A galinha está procurando comida e encontrou trigo, então ela plantou o trigo, depois com um ancinho cobriu ele de terra, depois levou para a padaria e moeu. Depois fez um bolo e aqui estão os pintinhos comendo.

Depois, com a farinha que sobrou, a galinha fez bolos. E então chegou o galo, e o galo e a galinha comeram. Depois os pintinhos foram dormir, descansaram e à tarde comeram os bolos.

PRANCHA 2: Estão brigando por causa da corda, o urso (o que está sozinho) soltou a corda e os dois caíram no chão, depois se levantaram, agarraram a corda, amarraram o urso e puseram fogo ao redor dele, o urso queria fugir e pôs fogo na corda, começou a queimar o seu pelo, depois se soltou e pegou os outros dois ursos e pôs fogo neles. (*Eles os queimou?*) Não, só queimou o pelo deles, depois eles brigam por causa de mel e atiram mel na cara do urso. Depois fizeram as pazes e convidaram o urso para comer na casa deles. Comeram muito, descansaram e comeram outras coisas.

PRANCHA 3: O leão já estava velho e todos os animais fizeram um trono para ele descansar, fizeram também uma bengala e um cachimbo. Ele estava se sentindo mal, então veio a fada e disse para ele "O que você tem?". "Estou me sentindo mal" e a fada lhe disse "Eu vou curar você" e curou. E ele ficou todo jovenzinho, porque antes estava velho. Depois todos os animais subiram em cima dele, que antes era mau e agora era bom e não brigava com o tigre. Depois todos fizeram uma festa para ele. Vieram ursos, girafas, macacos e tucanos. Todos comeram amendoins, bolachinhas, doce (*silêncio*)... rosquinhas (*silêncio*)... e carne também.

PRANCHA 5: Ai! Que susto!.. O que é isto? Uma casa vazia? A mãe, o pai e as crianças foram passear e deixaram a janela aberta e então entraram por ali. (*Quem?*) Os ladrões. E junto chegaram a mamãe, o papai, e os ladrões se esconderam na cama. (*Onde?*) Um na cama grande e o outro no berço. Quando o papai foi se deitar, achou que era a mulher, e a criança pensava que era o ursinho grande que ele tinha. Quando todos dormiram, os ladrões saíram, mas o papai acordou, agarrou os ladrões, levou para a polícia e eles pegaram 100 anos de prisão. Quando saíam fecharam a janela, nunca mais abriram (*Quem?*), o pai porque ele sempre a deixava aberta.

PRANCHA 6: É um Bambi?... Era uma vez a mãe do Bambi e um Bambi pequenininho. Havia neve, estavam com frio e não tinham nada para se cobrir. Veio o caçador e os cobriu com uma manta grande. Cuidava bastante deles, na primavera dava frutas para comerem. Depois o Bambi ia caçar. Um dia os caçadores pegaram a mãe e veio o caçador, o bom, e disse para eles soltarem ela porque era boa, e então soltaram e viveram felizes. Quando chegou o outono, deu comida para eles e os cobriu.

PRANCHA 7 (*Olha para mim e sorri.*) O tigre vai pegar o macaquinho que sobe na árvore e não consegue. Depois o macaco, quando o tigre estava distraído, subiu no lombo dele. O tigre queria pegar o macaco mas não conseguia, e o macaco caçoava dele. O tigre corria e caíram na areia movediça. O macaco segurava o tigre pelo rabo, queria tirá-lo de lá e conseguiu e salvou o tigre. Depois ficaram amigos. Depois o tigre dava comida ao macaco. Eles ficaram amigos e não brigaram mais. O tigre defendia o macaco dos perigos.

PRANCHA 9: Era uma vez um coelhinho que vivia sozinho numa linda casa. Um dia ele se fez um bercinho de madeira, se deitou e dormiu. Caía uma tempestade e ele fechou a porta, mas não tinha chave e então fez uma com madeira e trancou. Estava dormindo tranquilo e de repente apareceu um monte de coelhos, eles acordaram o coelhinho e quebraram seu bercinho. Ele expulsou os coelhos mas ficou um, pequenininho, e ficaram amigos e comeram juntos. Um dia a mãe do pequenininho veio buscá-lo, mas, como viu que davam comida para ele, deixou ele ficar e viveram e comeram os três juntos e nunca mais foram incomodados.

CASO C. MENINA DE 11 ANOS

PRANCHA 1: Era uma vez uma galinha mágica e uma vez o filhinho – esta é a mamãe (o do meio), este é o papai (direita) e este é o filhinho. Uma vez a galinha estava fazendo comida porque era... era a empregada, né? E ela era pobre, pobre e a família dela... uma vez a família dela apareceu... não, não, ponha que ela tinha um problema... e ela não podia acreditar que era a família porque ela nunca viu a família... Nunca tinha visto a família, bom, viu mas não se lembra, porque agora já está bem grande, tem 25 anos e... ela não podia acreditar e a família disse: "Quem somos?" e ela não podia acreditar e ela disse: Não sei, não sei... Não sei uma vez, hein? (*Esclarece-me e controla o que anoto*), e disseram que eles eram a família, ela estava tão contente, mas tão contente que desmaiou e a mamãe e o papai-galinha, o papai-galo e a mamãe-gala se transformou numa enfermeira e o papai se transformou em um médico. Gostou da minha historinha? (*como termina?*) Não me lembro (*sugiro que continue*). Esta (a galinha)... Não estava aqui, não, não, ponha que eles eram os pais mas transformaram a mamãe em... (*Em quê?*) Em pintinhos, a galinha e o galo... O pai se transformou em um galo e a mãe se transformou em uma gala, galinha, e o pintinho vê alguma coisa: Papai! Mamãe! Filho! Como você sabia que éramos nós? Porque eu vi você se transformando. E entrou por uma porta e saiu pela outra, quem quiser que conte outra.

PRANCHA 2: Ai, quanto falta ainda. Vamos fazer tudo isto. Este vai onde..., este vai aqui. O que nós fizemos vai aqui (*refere-se à localização das pranchas*)... Posso contar a história da Chapeuzinho Vermelho uma vez? (*como você quiser*) Era uma vez três ossos, ossinhos, ursinhos*... e a mamãe disse... E a mamãe disse: Vocês estão com fome? Vou misturar um pouco, tá? Sim, estamos com fome. Bem, então vou dar para vocês um pouco de... como se diz... de minha... sopa, estou mudando um pouco, né?... Disseram: Está bem, e o papai falou: a sopa está muito quente (*enfatiza mudando o tom de voz*), falou assim, a sopa está muito quente, como se estivesse bravo; e a mamãe disse:

....

* No original em espanhol: "tres huesos, huesitos, ositos..." [N. da T.]

A sopa está muito quente para mim também, e o filhinho: para mim não, eu vou experimentar, então ele provou uma colherinha cheia de sopa e disse: Ai, ai, ai, ai (*grita como se estivesse imitando o choro de um cachorrinho*)... ai... está muito quente... br... br... br... e foi, e tinha um tanque, né? Então o filhinho foi até o tanque e se afogou... pulou dentro, então o filhinho disse: Por que não vamos dar um passeio? E falou isso o dia inteiro. Então o papai disse: Está bem e a mamãe disse: Está bem. E foram passear... E depois como foram passear... depois a Chapeuzinho Vermelho veio e disse: Toc-toc, toc-toc... toc-toc... e ninguém respondeu, então ela entrou, e disse, e pegou, estava com fome: Ai, que gostoso! Então pegou a sopa do papai e disse: Ai, que quente! E pegou o papai... e depois disse... então provou a da mamãe e disse: Ai que quente também, e disse vou provar do outro, do menino, do filhinho, meu pequeno, meu filhinho (*canta.*)... e disse... (*comenta "quanto já fizemos?" olhando o que escrevo*) (*como continua?*) E disse: Ai, que gostoso! E tomou tudo, e depois foi até as cadeiras e de... e depois foi até as cadeiras e disse: Que grande esta cadeira!, e foi à da mamãe e disse: Que cadeira confortável! Então pegou e foi até a do menininho e disse: Que cadeira confortável! Então se sentou um pouco e cinco minutos depois escutava isto (*faz barulhos com a boca*) tic... tic... tic... tic... e... veja... sabe o que aconteceu? Este barulho é da cadeira que quebrou e ela ... ploft, ploft! e caiu no chão e se cortou e disse quando veio ...não... e pegou e foi até o quarto, está quase terminando... então disse o papai, foi até a cama do papai e disse: Que cadeira desconfortável! Então foi até a da mãe, a mesma coisa, e foi até a do garoto: Que cama confortável, acho que vou dormir e dormiu. Veio a mamãe, o papai e o filhinho, disseram: Quem esteve tomando esta sopa? Quem esteve tomando esta sopa? Quem esteve tomando esta sopa? E tomou tudinho, tudinho. (*imita o choro*), não me deixou nenhuma gota, e... não, não... e foram para o e foram para o... como se fala? Para o quarto e disse: Quem estava dormindo na minha cama? O papai: Quem estava dormindo na minha cama? A mamãe: Quem estava dormindo na minha cama? E está bem aqui... e depois acordou e foi para casa correndo, correndo e foi embora correndo. Colorín, colorado, este conto está encerrado*. (*Canta a música Colorín Colorado e me pergunta: Você conhece esta música?*)

PRANCHA 3: Ai, não estou com vontade... era uma vez um rei, esta pode ser curtinha? (*como você quiser*) E o rei não sabia, não sabia que o rei era mágico, e... e... e uma vez chamaram os três patetas e era um castelo como do Drácula, de Drácula, e... você sabe quem era o Drácula, o rei dos três patetas. Olhe em meus olhos e então você vai dormir. (*vira os olhos para dentro e chama a minha atenção, diz três olhos, três copos, três bocas*) Pode ser Co-lorín, e depois encontraram o Drácula e disseram: Ah!... e disseram: Eh!... É o rei e o levaram para a prisão, e Colorín, Colorado, este conto está encerrado... (*que rei foi levado para a prisão?*) O rei Drácula... Porque ele era malvado, era Drácula. (*o que ele fazia?*) Matava gente assustada.

PRANCHA 4: Mas este vai ser comprido... como você quiser porque...: É canguru, a mamãe canguru, o filho, o filho, que lindo é o filhinho (*beija-o*). (*qual é o lindo?*) Este é lindo (*o pequeno*), este é feio. Este é Skippy... e não sabia que era Skippy... (*quem era?*) O filho e a filha... e... e uma vez o dono Skippy, olha o dono estava aqui, não... e o dono estava aqui então, o filho estava olhando, não, não estava brincando. O dono que era o menino disse: vou pintar você um vez, assim ganho muito tesouro, dinheiro (*como assim?*). Pintar Skippy num papel... escreveu como você, como você sabe escrever, eu vou mudar de ideia, mas não apaga... Tão lindo, mas tão lindo, mas tão lindo, mas tão lindo, tão lindo que o papai e toda a família desmaiam, então ele não sabia o que fazer, então ele chamou o médico, o médico disse: não é nada, já vai passar. Ele pensava que o mé-

....

* No original *Colorín Colorado, este cuento se ha acabado*, verso com que é costume encerrar uma história infantil em espanhol. Equivalente, no uso, à parlenda *entrou por uma porta, saiu pela outra. Quem quiser que conte outra*. [N. da T.]

dico estava (*toca a própria cabeça*) estava enganando ele, e ele pensava que estava morto e não queria dizer para ele e ele pegou o menino, ficou louco, também maluco, e o médico veio no outro dia e disse: Mãos ao alto, agora me diga a verdade, meu papai, minha mamãe e minha família estão mortos ou não? E foi até lá e disse: Mamãe, mamãe, estava tão triste, não tinha vocês. O outro estava enganando ele, porque ele tinha medo de que fosse matá-lo e no outro dia peg... estava tomando chá e a mamãe e o papai, veio alguém, o médico disse que estava morto mas não é certo, porque eu estava com um rifle, mamãe, mamãe, mamãe, papai, e disse: papai, papai, papai e *Colorín Colorado*, este conto está encerrado.

Prancha 5: O que é isto? Um boneco?... Um ursinho... Era uma vez um ursinho e (*escuta um barulho na rua e diz: É o meu carro*) é muito dorminhoco e a mãe... muito contente, né?, disse: acorda, acorda, outra vez (*o quê?*) acorda, acorda, e... ele disse: tá certo, tá certo, eu acordo mas... que coisa mãe, não posso dormir sossegada... e depois a mãe foi embora, né? E pôs a roupa e... ai... ai... ai...que coisa, estou com um sono (*gestos*) que se deitou por um segundo e adivinha o que aconteceu, dormiu com roupa e tudo. *Colorín Colorado*, este conto está encerrado. Gostou da história? Falta mais.

Prancha 6: Era uma vez três ursinhos, o papai, a mamãe e o filho, espera, e uma vez não tinham nada para comer e uma vez disse ele, a mamãe e o papai ... e o filhi...nho disse: eu estou com fome! A mamãe também falou, o papai também falou, e então foram acampar e depois viram os pés onde fica a marca e viram uns, uns corpos gigantes (*gestos*) até o apartamento, até onde está este hotel, o hotel da outra esquina (*refere-se ao edifício da frente*) e Colorín Colorado. (*sugiro que acrescente mais alguma coisa*) E... sabe o que era? Era um... um... urso tão grande, mas tão grande, mas tão grande, mas tão grande, mas tão grande, mas tão grande, mas tão grande, mas tão grande que o ursinho pobrezinho era amigo e fazia assim (*faz carinho em mim*) e pegou ele e pôs aqui, para ele os pequenininhos eram assim (*gesto indicando algo pequeno*), e eles disseram: coitadinho, papai, levamos ele para casa, papai disse que sim e deram tanta comida para ele, mas tanta comida, mas tanta comida, mas tanta comida, que era maior que o apartamento da esquina e para ele os carrinhos seriam assim, e *Colorín Colorado*, este conto está encerrado.

PRANCHA 7: Ai, o tigre, estou com sono, quero dormir... (*tapa os ouvidos*) Era uma vez um gorila que se chamava King-Kong e ele era bonzinho coitadinho, ele era bonzinho, era o animal da ... da família Soto... terminou? Soto? Então... e ele foi ao ao... e viu... escutou um animal e era um tigre. (*toca o próprio peito*) gigantesco e ... estava com medo, estava tremendo assim (*gestos*) como um ataque, não, como um revólver (*emite sons*), tr... tr... tr... e subiu na árvore, aplaude e pegou e pegou umas pedras maiores que a cama e pegou e jogou na cabeça do leão, do tigre e *Colorín Colorado*, este conto está encerrado. (*Como terminou?*). O urso ganhando, não, a gorila ganhando e... morreu... (*quem?*) o tigre, o malvado.

PRANCHA 8: Este é curtinho assim, tá? Era uma vez outros... quatro macaquinhos, um era o tio, o avô, a tia e o filhinho e terminou não, não, e terminou brigando, mas veio a mamãe, a mamãe disse: O que vocês estão fazendo com meu filho pequeno e puseram ele de castigo eram, e sabe de uma coisa? O tio, o avô e a tia são maus (*diz isso muito devagar*) e não eram maus, não eram macacos, estavam vestidos de macacos, mas eram ladrões, então *Colorín Colorado*, os levaram para a polícia, e *Colorín Colorado*, então a polícia disse: Muito bem, vão para o xadrez e *Colorín Colorado*, este conto está encerrado. (*o que faziam ao macaquinho?*) Batiam nele e tiravam onda com ele (*?*). Faziam coisas ruins, como eu não tenho vontade.

PRANCHA 9: Este nós já fizemos. Era uma vez... era uma vez um coelho e estava muito sozinho... e uma vez, e... e uma vez... disse: para ele sozinho, como eu queria uma amiga, como eu gostaria de brincar com alguém, como eu queria fazer alguma coisa, já sei que vou fazer, disse o coelho (*pula*) disse: vou comprar frango com o meu dinheiro! Como estou contente! Então pegou o frango e vai ter um ossinho da sorte e no outro dia... a sorte veio e no outro dia vieram um milhão, mais um milhão, mais um milhão, 3 milhões, mais 4 milhões, mais 5 milhões, mais 6 milhões, mais 7 milhões, mais 8 milhões, mais 9 milhões, mais 10 milhões, mais 11 milhões, mais 12 milhões, mais 13 milhões, mais 14 milhões, mais 15 milhões, mais 16 milhões, mais 17 milhões, mais 18 milhões, mais 19 milhões, mais 20 milhões, mais 21 milhões, mais 22 milhões, mais 23 milhões, mais 24 milhões, mais 25 milhões, mais 26 milhões... coelhos e ficaram amigos e *Colorín Colorado*, este conto está encerrado. Gostou? Quantos?

PRANCHA 10: Era uma vez... havia dois cachorrinhos... e .. o filho disse: Mamãe, mamãe, mamãe, mamãe... E a mamãe disse: O que você quer, o que você quer? O menino disse... Quero banheiro, quero banheiro e a mamãe disse: Está bem, está bem, e o levou e depois no outro dia estava na cama doente, estava com um milhão de febre e tinham que levar ele ao hospital, e depois levaram, depois falou: ei... ei... este seu filho tem que ser operado (*abaixa a cabeça*) e falou: não quero, não quero, não quero, e no outro dia o médico falou: está certo, não tem que ser operado, desculpe-me senhora, pode levá-lo para casa e disse: Mamãe, mamãe, filhinho, filhinho. *Colorín Colorado*, este conto está encerrado.

CASO A

A produção apresenta características esquizoides. A percepção da prancha é ajustada, as distorções de conteúdo estão muito permeadas por conflitos emocionais, como por exemplo na prancha 1: galo em vez de galinha.
Em todo o material predomina a luta entre intensas necessidades orais, de proximidade e contato com o objeto, interferidas pela atitude ausente deste último e pelo temor a destruí-lo com uma voracidade desmedida. Isso se evidencia no

temor a "quebrar" na prancha 1, unido à necessidade de preparar "vários pratos".

A prancha 6 é a que mostra com maior riqueza a privação de contato corporal e satisfação de necessidades intensas e a substituição dessa necessidade de contato com objetos reais pelo refúgio no mundo de fantasia e pela relação com objetos inanimados. Animiza as árvores e o bosque como tentativa de evitar o contato voraz e faminto com seres vivos, aos quais poderia machucar (pranchas 1, 3, 6, 8).

A luta contra os impulsos orais e os desejos destrutivos e tiranizantes do objeto o leva à criação de um mundo de fantasia compensatório (pranchas 3, 6) e, de forma correlata, à evitação do contato com o objeto real. Essa defesa força-o ao isolamento e à solidão: fica hipnotizado e sozinho (pranchas 3, 6, 8).

Caso B

Trata-se de um quadro esquizoide grave. Evidenciam-se fantasias mágico-onipotentes de controle (pranchas 3 e 7) e mecanismos obsessivos (prancha 1, plantou, moeu), como defesa diante das intensas ansiedades persecutórias, de natureza oral. Para reforçar a defesa apela para um conto infantil conhecido: "A galinha ruiva".

O controle obsessivo tem por finalidade, nesse caso, evitar vivências de confusão e dá à criança certa possibilidade de ordenamento e ajuste à realidade. Esse ajuste é formal e precário (prancha 1, a enumeração da ordem lógica da obtenção do alimento em detrimento da construção de uma história). Quando falha, observamos a irrupção de mecanismos excessivos de identificação projetiva sob a forma de condutas impulsivas sádicas (prancha 2) e de fobias (pranchas 5 e 9: relatam intensos temores durante a noite, fobias ao dormir e à escuridão).

Caso C

É um protocolo com características nitidamente psicóticas. As histórias tomam como ponto de partida só o estímulo;

Apêndice

depois prevalecem identificações projetivas evacuativas de conteúdos altamente persecutórios. Evidencia intensas experiências de despersonalização e estranhamento (prancha 1), temores hipocondríacos (prancha 4), fantasias criminosas (prancha 3) e suicidas (prancha 2) e possíveis alucinações auditivas durante a realização do teste (prancha 7, tapa os ouvidos, dramatiza barulhos estranhos em relação arbitrária tanto com o conteúdo da prancha, quanto com o do relato).

DEPRESSÃO E TENDÊNCIAS MANÍACAS

A história do ponto de vista da percepção e da estruturação

Percepção da prancha

A criança deprimida inibe sua capacidade de associação, fica contida, quieta, limitada. Sente-se inferior e teme arriscar associações que não sejam aprovadas por serem ruins (insegurança). Percebe pouco, restringe-se aos aspectos gerais da prancha. Pode persistir em um mesmo tema (sua fantasia é que se esse tema foi aceito, ao repeti-lo não corre riscos de fracasso).

A produção é pobre, oferece poucas associações que se reduzem aos sentimentos dos personagens (não às características do conteúdo de realidade, como na neurose obsessiva). Por exemplo, na prancha 5: "Um urso está triste... não sei... foi abandonado pelos pais (?) uma viagem (?) talvez não voltem."

Estrutura da história

Durante as crises depressivas as histórias são curtas e bloqueadas. Explicitam poucas emoções. Não desenvolvem o conflito. Detêm-se na necessidade (passado, presente). Falta, no entanto, prospectiva futura otimista (as coisas continuam igual ou propõem o tema e não tentam uma solução). Os finais são pessimistas.

Tendências maníacas

Rápida resposta à prancha, grande número de associações, todas com um ritmo rápido. Os pacientes têm dificuldade para continuar num só fio de associação, surgem permanentemente associações secundárias que distraem. As descrições são coloridas, aludem a flores, sol, dias luminosos, comida, beleza, posses. Observamos grande ênfase na comida.

Eles omitem ou distorcem os elementos do estímulo que detonam situações depressivas (a escuridão, o quarto vazio, a solidão, a exclusão). A criança nega essas características e se aferra aos estímulos que lhe permitem construir histórias oralmente gratificantes e divertidas (por exemplo, na prancha 4: são enfatizados o chapéu com flores, o cesto com comida, o bosque com árvores etc.) Entretanto, não fazem alusão à expressão ou aos sentimentos do canguruzinho no triciclo).

Os personagens não toleram a inatividade nem a depressão, sempre estão fazendo alguma coisa, consertam, solucionam ou "ajeitam tudo" magicamente. Os pacientes acrescentam figuras boas e gratificantes. Insistem em personagens infantis bons que se comportam bem, dão presentes e recebem prêmios como passeios e comidas gostosas.

Características da história quanto ao conteúdo

Temas

Predominam os temas referentes a fome, comida, satisfação. Os personagens vivem uma emoção geralmente não prazerosa (fome, tristeza, raiva, solidão); não surgem espontaneamente condutas ativas para resolver a tensão ou a privação descritas. Por exemplo, na prancha 1: Pintinhos. Estão com fome... (?) estão esperando a comida... a galinha está ali. A mãe fala para o menorzinho não bater com o garfo.(A necessidade mostra-se como oral-receptiva, não há busca nem pedido de comida.

A satisfação não é descrita. A figura materna necessita proteger-se do ataque oral-sádico: garfo.)
Os personagens são passivos receptivos, sem movimento corporal. As figuras paternas que proveem o alimento guardam-no para si, estão doentes, saíram de viagem (morte) ou exigem controle de ataques sádicos.
Não existem tentativas de resolução dos conflitos. Os temas centrais são de necessidade oral, fome, pobreza, solidão, separações, viagens, inibições para aprender, ter amigos.
As fantasias de agressão sádica expressam-se por meio de personagens doentes, machucados, comida derramada, alusão a elementos cortantes ou perfurantes.
Persistem em alguns temas.
Os personagens infantis são fracos e estão à mercê da vontade dos adultos.

Tendências maníacas

Caracterizam-se pelo "entusiasmo" excessivo na descrição das pranchas, pela tentativa de transformar as situações conflituosas e as dificuldades e ansiedades da situação de teste em algo divertido e agradável. Predomina a inversão de papéis, os personagens infantis são os que têm o poder, a comida, podem distanciar-se dos objetos (fogem) e depois voltar (controle de objeto necessitado).
São característicos os finais felizes, em que tudo se ajeita e os personagens infantis conseguem a gratificação esperada, que geralmente é do tipo oral (comida gostosa, presentes etc.).
As oscilações na história ocorrem entre personagens passivos, pobres, abandonados e personagens ricos, poderosos. O conflito pode ser negado desde o início (por exemplo, na prancha 4: Olha que bonito, é um dia de sol, tem flores, uma mãe com um cesto cheio de comida. Estão muito contentes etc.) ou explicitado e rapidamente resolvido e compensado ("Os pintinhos com fome, a mamãe brava mas depois os desculpou e trouxe muita comida, como se comportaram bem fizeram uma festa").

Defesa predominante: negação, controle onipotente, identificação com o objeto idealizado.

Vínculo com o objeto

Controle do objeto para evitar sentimentos depressivos, culpa, temor à solidão e ao abandono. Expressa-se por meio de personagens infantis autônomos e ativos que se distanciam de seus pais, fazem travessuras (são atacados) e depois voltam e são perdoados (são recuperados internamente, de forma mágica e sem sofrimento psíquico).

Nesses casos a defesa maníaca não é excessiva, posto que se mantém a união com o objeto e o reconhecimento da dependência para com ele (o objeto, ainda que ambivalente, é necessitado, portanto, é valioso).

Quando tomam a frente sentimentos de desprezo e triunfo (personagens infantis inteligentes e hábeis que enganam e manipulam os personagens adultos, ou personagens infantis que vivem sozinhos, conseguem comida, crescem de forma vertiginosa), a defesa adquire características patológicas e subjazem situações melancólicas intensas.

Exemplos:
Caso A. Menina de 6 anos

Prancha 1: Três pintinhos comendo. A mãe está cuidando deles. Como não estão com muita fome, eles brincam com o garfo, a mãe diz que não devem bater com o garfo... Mais nada (?) vão dormir porque estão cansados.

Prancha 3: Um leão velho... com uma bengala porque tem de caminhar com apoio... está muito cansado... Estava caminhando com sua bengala e ele sabia de tudo, de uma coisa ao lado do trono, onde tem uma ratinha olhando (?). Mais nada. Vão se comportar direito. (*quem?*) A ratinha... não vai incomodá-lo porque está cansado.

Apêndice

PRANCHA 5: Neste conto um menino tinha dois ursinhos. Gostava muito deles e também cuidava deles. Eles lhe faziam companhia. Mais nada (?) O menino está sozinho, bem, alguém cuida dele, mas a mamãe está doente.

PRANCHA 6: Três ursos encontraram um lugar para passar a noite. Estão tristes porque se perderam e não têm casa, mas não perdem a esperança de encontrar seus pais ... (?) não sei mais ... vão dormir aí.

CASO B. MENINO DE 7 ANOS

PRANCHA 4: A mãe feliz vai procurar caça, disse com os olhos sorrindo: vamos caçar, vamos caçar! Depois teve uma ideia: vamos fazer uma cabana! Num cesto levava as coisas para comer e beber. Em sua bolsa bem grande tinha de tudo, levava também grandes tijolos e com tudo isso fizeram a casa. A mãe disse temos de enfeitar, mas disse com os olhos furiosos: não temos dinheiro! Temos de procurar alguém que nos dê dinheiro! E logo encontraram um velhinho que tinha uma cabana e dinheiro e a mãe muito triste disse para ele: pode me dar dinheiro? Sim, sim, senhora. A mãe ficou sorrindo e enfeitou sua casa e prepararam suas comidas, e depois passaram toda a vida felizes e alegres. (*aqui na prancha, em que momento eles estão?*) Aqui estão num bosque cheio de névoa e neve. Tem um que está num triciclo e que está só como acompanhante. E aqui um bebê, só o vi agora há pouco, não, vi, é que não tinha pensado em pôr ele na história.

PRANCHA 6: Pobre urso velhinho que sempre no inverno dormia como um tronco! De manhã cedinho procurava caça e sua caverna ficava cheia de comida. Viviam aflitos, sempre dormindo e dormindo, então o urso pensou fazer com suas pedras bonitas uma casa luxuosa. Levantou quatro paredes e um teto e depois não sabia como continuar. Perguntou para um velho: o senhor sabe construir? Sim, sim, disse o velhinho, vou ajudá-lo Senhor Urso. E assim construíram uma casa luxuosa.

Colocaram lareira para sempre ter calor, lenha, armários para guardar comida, caçaram muitos animais, e pedras preciosas para enfeitar. Não tinham luz, só uma vela muito velha e quase quebrada e a partir de então viveram felizes (*aqui na prancha, em que momento estão?*) Na prancha? Dois ursos numa caverna, um grandão e outro... Ah! Podem ser dois grandões e um pequenininho. O grandão é um urso, a ursa morreu de... de uma doença faz muito tempo. Aqui está triste e está com a caverna suja, cheia de aranhas e bichos... Não sei mais nada.

Caso C. Menina de 8 anos e nove meses

Prancha 2: Ai... esta é muito feia, vamos deixar por último? (*depois prefere fazê-la*)
Era uma vez três ursos. Este é o pai (*mostra*), a mãe e o filho. Os três ursinhos, que eram o papai, a mamãe e o filhinho, já tinham almoçado e foram brincar um pouco no parque. Levaram uma corda e ficaram brincando por lá. Tinham deixado o filhinho por último e ele caiu e se machucou. A mãe aflita diz ao esposo: Ai! Você sempre com essas brincadeiras brutas... Que tipo de homem você é... Não sei por que me casei com você...! Agora mesmo vou me separar de você... E se separaram; foram ao cartório e se divorciaram e no outro dia a mamãe não tinha nada de dinheiro e disse para o filhinho: Ah!... por que me divorciei de seu pai... por causa daquela travessura que você aprontou, eu me divorciei. E agora não temos o que comer. Temos de viver dos frutos das plantas, e quando chegar o outono não tem mais flores, não tem mais frutos e não vamos comer flores. Chegou o outono e as folhas já estavam caindo e estava chovendo muito, muito. E os ursinhos, mamãe e filho não tinham casa. Os ursinhos morreram de fome e morreram. Chega o pai arrependido na casa, e procura pelos filhinhos, grita, a mãe se chamava, como ela pode se chamar? Mônica e seu filhinho Carlos... Mônica!... Carlos...! Estava gritando muito e de repente os dois mortos aparecem para ele, a

mamãe e o filhinho e todos se abraçaram de alegria, e ficaram... né?... tão contentes.

PRANCHA 6: Vamos ver... Que feia...! Uma vaca? Um lobo? Os lobos; essa eu também vou fazer curtinha. Era uma vez dois lobos, o pai e o filho, porque a mãe tinha morrido na guerra. Dormiam profundamente quando passou uma cobra, dessas malvadas (não escreve dessas malvadas, hein...), e picou a perna do pai do filhinho. O pai, furioso, acordou e correu atrás dela. Ele matou a cobra pelas costas e ela não morreu; matou pela cabeça, não, deu-lhe uma chicotada na cabeça e ela morreu. Todos ficaram muito contentes, mas assim que apareceu o lobo, acabou toda a alegria deles. O pai, que era muito malvado, perseguiu o urso e matou ele também (não, não escreva isso também). E estavam muito alegres cantando outra vez, corriam, brincavam, e o filhinho em algumas partes ficava triste pensando na sua mãe e outras vezes ficava alegre. Por que você está assim tão triste, se antes estava tão contente? Porque quero ver minha mãe... Mas sua mãe está morta, ainda não sabe que ela morreu? Sim, mas quero vê-la. Então eu agora vou matar você e você vai ver a sua mãe.

PRANCHA 9: Era uma vez uma casa num bosque onde morava um coelho chamado Tim. Era uma casa muito luxuosa, e o coelho se preocupava muito em limpar porque ele era muito asseado e higiênico. Tinha uma linda sacada e na sacada tinha uns vasos muito bonitos e uma cortina bonita de luxo. O coelhinho estava com sono e foi direto para a cama. Ficou sentado lendo a revista e pouco depois adormeceu. Batem na porta e é a mãe que de repente apareceu no mundo porque estava morta. O coelho Tim abre a porta e vê muito surpreso a imagem de sua mãe. A mãe, quando viu o coelho, não reconheceu que era ele, e o coelho Tim deu um abraço nela e a mãe disse para ele: "Quem é você?" Eu sou seu filho chamado Tim, e a mãe por uns momentos não o reconheceu. O filhinho Tim disse para ela:

Entre em minha casa, vou dar coisas gostosas para você comer porque você está com cara de fome. E fez ela entrar e deu muitas coisas gostosas para ela. Viveram tanto tempo tranquilos, mas depois Tim morreu e a mãe ficou muito triste quando se viu tão sozinha na casa.

Caso A

É uma produção que evidencia intensa inibição expressa 1) na dificuldade para criar histórias com conteúdos imaginativos, 2) nas características pouco vitais dos personagens projetados (quietos, cansados, doentes, com pouca energia, sem capacidade de ação ou para brincadeiras).

O vínculo com objetos paternos doentes e desvitalizados (prancha 3: leão velho... muito cansado; prancha 5: a mãe doente) que teme ter machucado oralmente (prancha 1: "não batam com o garfo") provoca sentimentos intensos de tristeza, solidão e orfandade (prancha 6).

Predomina a falta de confiança na capacidade reparatória, há um átimo de esperança na prancha 5, mas só no plano da fantasia, já que não origina condutas ativas de busca ou de planejamento por parte dos personagens, que se afundam outra vez na depressão (dormir).

Caso B

As histórias são uma descrição das fantasias defensivas, tendentes a negar as implicações depressivas de solidão, dor e impotência mobilizadas pelas pranchas. A percepção da prancha e sua interpretação dolorosa é negada imediatamente, originando elaborações de fantasias maníacas e tentativas de reparação maníaca (prancha 4, na história não faz referência ao "bosque cheio de neblina e neve" que aparece no interrogatório; prancha 6, só no interrogatório emerge a fantasia: "Mãe ursa morta"). Evidencia-se uma intensa necessidade de reparação maníaca do interior materno (necessidade de construir coisas luxuosas e enfeitadas, continentes de calor e pedras preciosas, cestos [seios] cheios de alimento) tendente a fazer frente às fantasias melancólicas que consistem na relação com um objeto materno destruído anal e oralmente (prancha 6: mãe morta, "caverna suja e cheia de aranhas e bichos"). Defende-se de intensos sentimentos de dor e carência (pranchas 4 e 6: preocupação com o alimento) e de sentimentos de impotência reparatória (prancha 4: "não tinham dinheiro"; prancha 6: "e já não sabia o que fazer"). As tentativas reparatórias fracassam devido ao intenso sadismo (equiparação entre conseguir alimento e a caça) e ao triunfo sobre o objeto paterno, o qual necessita para poder reparar o interior materno, mas que, por intensa inveja, desvitalizou e desgenitalizou com seus ataques (prancha 4: "Temos de encontrar alguém que nos dê dinheiro, e então encontraram um velhinho..."; prancha 6: "Perguntou para um velho: o senhor sabe construir?")

A depressão e os sentimentos de impotência e castração impõem-se apesar do esforço defensivo. A negação da realidade dolorosa é intensa, mas pode, no entanto, conectar-se com ela quando consegue restabelecer o contato com o objeto externo (percepção ajustada da prancha diante de perguntas da entrevistadora).

Caso C

As características das histórias correspondem a uma produção maníaca, tanto pelo número de associações como pela intensificação de mecanismos oral-incorporativos (prancha 9). A defesa maníaca fracassa reiteradamente, tanto na negação da depressão, da solidão e do medo à morte como na negação e no controle da agressão (prancha 6).

A prancha 6 mobiliza fantasias criminosas diante do objeto materno e relata as consequências: perseguição interna diante do objeto atacado, onipotentemente persecutório e retaliativo, e claudicação do ego sob a forma de identificação melancólica com o objeto ("Eu agora vou matar você e você vai ver a sua mãe").

TENDÊNCIAS IMPULSIVAS. TRAÇOS PSICOPÁTICOS

Percepção da prancha

1) Os pacientes têm um curso associativo rápido, dificuldade para analisar a prancha detidamente.
2) Impaciência, conduta motora durante a realização do teste (levantam-se, tocam objetos, pedem água, fazem perguntas). Distração, dificuldades de concentração.
3) Distorção das características da prancha em razão de projeções desejadas (atribuição de maior poder a figuras indefesas, busca de gratificação imediata, como negação das situações de privação sugeridas pela prancha e transformação destas em situações de gratificação e poder). Desenvolvimento de fantasias desiderativas compensatórias.
4) O conteúdo é pobre, com pouca possibilidade criativa, apesar de a verbalização ser "enfeitada" por associações secundárias fantasiosas.
5) Os pacientes omitem situações de perseguição.
6) Acrescentam personagens (fuga do estímulo que inicialmente consideram, mas para evitar ansiedade constroem histórias alheias às situações presentes).
7) Enfatizam as ações, os personagens "fazem".

Estrutura da história

Observamos dificuldades no acatamento da instrução, que implica análise e adiamento da atuação para organizar coerentemente as associações, a proposta, o desenvolvimento e a elaboração do conflito. Os pacientes deixam passar ou omitem situações presentes e passadas, para chegar rapidamente à satisfação da necessidade que está em perigo de privação na prancha.

(O agressor é agredido, os personagens infantis atiram, rompem, apropriam-se, desenvolvem condutas motoras de incorporação ou expulsão.)

Características da história quanto ao conteúdo

As situações persecutórias ou depressivas resultam intoleráveis, o ego tenta expulsá-las de forma imediata, por meio da ação. O personagem infantil assume as características poderosas e violentas do objeto temido. O personagem desvalido transforma-se, por sua astúcia, no poderoso agressor que ataca, engana, agride, mata, rouba ou devora. Predominam as fantasias desiderativas sobre a realidade; essas fantasias implicam sempre poder ou controle sádico e originam descargas agressivas.

Em suas fantasias desiderativas, os pacientes equiparam poder com violência e triunfo sádico sobre o objeto, daí o predomínio de temas de roubo, agressão, perigo e repressão mediante castigo corporal. O castigado, no entanto, não experimenta culpa nem muda sua conduta (como se observa na neurose obsessiva ou histeria), mas elabora novas fantasias vingativas (ausência de sentimentos de culpa e de empatia com o objeto).

Mecanismos de defesa

1) Defesas maníacas (negação do desvalimento, onipotência centrada no poder egoico destrutivo, no poder reparatório; controle do objeto necessitado e desprezo por ele, idealização das qualidades fortes e violentas do objeto persecutório, com o qual se identifica).
2) Identificação projetiva evacuativa: identificação com o objeto persecutório onipotente e depósito dos aspectos necessitados e sofredores do ego.

O déficit fundamental está centrado na falta de sentido de realidade. Os controles egoicos são fracos, os pacientes são incapazes de tolerar sentimentos de culpa, frustrações e privação. Não conseguem adiar gratificações; por esse motivo transformam imediatamente as situações de frustração em situações de gratificação oral-incorporativa e anal-sádica. O mundo é hostil, é um lugar de luta permanente do tipo "olho por olho, dente por dente".

Predominam temas de rebelião e engano, temas de "complô", por exemplo na prancha 3: o ratinho organiza um complô para que ninguém leve comida ao leão que está inválido. O leão desesperado de fome deixa o trono. O rato ocupa o trono, põe o leão atrás das grades etc. (supercomplacência sádica).

Situações de engano

1) A criança é superior ao adulto, ri do adulto, é mais inteligente que ele, engana-o, movimenta-se furtivamente, esconde-se dele, escapa às escondidas, espiona.
2) O adulto engana a criança, não é o que aparenta ser.

Os sentimentos de pobreza e de desvalia não parecem explicitados diretamente, mas são inferidos mediante as situações temidas às quais deseja submeter os objetos das pranchas (*acting-out*, promover no objeto de forma ativa o que o ego padece passivamente).

EXEMPLOS:
CASO A. MENINA DE 10 ANOS

PRANCHA 3: Pode-se falar muitas coisas sobre este leão sem que estejam aqui. Este é um rato? Não sei, parece um gato. Era uma vez um leão que era rei, que não gostava de ser incomodado quando estava aborrecido, era muito orgulhoso do que era e do que tinha. Tinha como servo um gato que quase não lhe servia porque era muito pequeno comparado ao seu tamanho. Tinha o costume de fumar cachimbo e isso era algo típico dele. Era muito rabugento e qualquer barulho que ouvia o incomodava. Passava o dia sentado em seu trono enquanto seus escravos ficavam trabalhando. Tinha um palácio muito bonito e muito bem construído, mas não por sacrifício dele, mas sim pelo de seus escravos. Gostava de ser obedecido e quando não era dava castigos muito severos. Como era um pouco manco, quando se levantava costumava usar sua bengala, e ele era muito cuidadoso com ela, porque, apesar de ter muito dinheiro, era muito avarento e só gastava com o mais necessário e às vezes matava de fome os seus escravos.

Prancha 6: O que são esses animais (*mostra os ursos grandes*). De nenhum dos três. Não sei o que são. Este, que animal é? Não sei (*mostra o menorzinho, olha para o outro lado*). São dois cachorros e uma doninha. Eram muito maus amigos, passavam o dia brigando e se xingando. Só sabiam fazer isso. Às vezes pensavam em ser amigos, mas logo se iam as ilusões. Os cachorros odiavam a doninha porque ela interferia em tudo o que faziam. Os cachorros decidiram armar uma briga porque assim teriam certeza de que a doninha ia se intrometer. E assim foi, a doninha veio e os cachorros se cansaram de tanta generosidade que tinha e por fim decidiram acabar com ela, mas não de forma rápida, mas dando maus conselhos para ela, assim os cachorros pensavam que iam conseguir eliminá-la, mas não era como eles pensavam, ela era muito mais viva do que parecia, e ela antes, imaginando as intenções dos cachorros, decidiu não dar bola a nenhum conselho que eles dessem. Dessa forma os cachorros ficariam inquietos e deixariam de perturbá-la, porque o que ela quer é fazer o bem e não o mal, mas os cachorros fazem isso porque interpretam errado, até que um dia ficaram amigos de verdade.

Prancha 7: Esta história fala de um tigre que queria matar um macaco sem ele ter feito nada para o tigre, mas o macaco era mais vivo que o tigre, e quando via que ele estava vindo se escondia em lugares seguros, desta forma o tigre nunca conseguia encontrá-lo, até que um dia se cansou e passou um dia inteiro procurando por ele mas nunca conseguia encontrar, porque o macaco procurava lugares muito seguros onde sempre se escondia. Era uma selva muito densa, mas para esses animais não dava trabalho atravessá-la porque já estavam acostumados com ela. Uma vez o tigre conseguiu encontrar o macaco, mas com suas ideias astutas ia trair o macaco e ser amigo dele por um tempo até ver o momento certo para poder matá-lo, mas por coincidência o macaco tinha pensado a mesma coisa com as mesmas ideias, mas com a diferença de que o macaco tem muito menos poderes e não tem tanta força como o tigre, até que um dia os dois se cansaram e decidiram brigar. O tigre perdeu o combate por causa de sua maldade, ou seja, o macaco ganhou, e todos os animais da selva festejaram e fizeram uma grande festa de comemoração por sua valentia e vitória diante daquela fera.

Prancha 8: Era uma vez uma família de macacos que chegou a hora do lanche e começaram a tomar chá. A dona da casa disse ao seu filho se ele podia sair um pouco e além disso não era certo uma criança de sua idade ficar entre gente grande, então a mãe falou para ele ir brincar com seus amigos. E assim foi, mas ao anoitecer a mãe ficou muito preocupada, porque seu filho não voltava. Depois de ficar esperando por duas horas, seu filho voltou cansado e doente. Imediatamente a mãe chamou o médico, que curou o menino, mas ele teve de ficar vários dias de cama sem poder ir para o colégio. Ele fez isso de propósito porque justamente naqueles dias tinha prova e para não ir ele ficou doente. Dessa forma podia justificar para os professores, mas a mãe ficou sabendo disso por meio dos colegas e mandou o menino para o colégio com febre e tudo. Depois, como ele tinha brincado muito, veio mais doente ainda. E assim ele aprendeu a não desobedecer aos seus pais quando falam alguma coisa e a não tentar enganá-los.

Prancha 10: Era uma vez dois cachorrinhos. A mãe sempre dava banho no seu filho, mas pouco tempo depois ele já estava todo sujo. Tinha o costume de entrar no banho, atirar-se no barro (eu me enganei, banho com barro) e sujar-se todo para que sua mãe voltasse a lhe dar banho, mas ela não dava e quando no dia seguinte tinha de ir ao colégio, ela o levava todo sujo. Sempre amolavam o cachorrinho, mas ele não ligava, até que um dia de tanto que lhe incomodavam ficou com vergonha de ir assim, mas ainda não tinha aprendido totalmente a lição. Até que chegou um dia em que sua mãe se cansou e disse para ele: se você quer ficar sempre assim, não vou mais lhe dar banho, para você passar vergonha na frente dos seus amigos. Sua mãe fez isso até que um dia ele se arrependeu de ficar tão sujo, e quando sua mãe dava banho nele não se sujava mais, porque já sabia que do contrário ia ter castigos muito ruins, que iam doer muito.

Caso B. Menino de 8 anos

Prancha 1: Era uma vez uns pintinhos, que primeiro foram ao bosque caçar para comer, ao lado da mãe, está muito borrada, você me dá uns lápis para eu pintar? ... Eram os três muito arteiros. Pam, Pim e Pum (*bate na mesa e dá risada*)... ... estavam procurando animaizinhos para brincar, eu quero brincar com massinha, você tem? (*tenta pegar as outras pranchas*) (*?*) e procuraram animaizinhos e ta-ta-ta (*larga a prancha e aponta com o dedo imitando o barulho de uma metralhadora*) e todos morreram (*?*). Mais nada, morreram, o que você quer que eles façam (*ri*).

Prancha 2: Estes estão brincando (Brinca com o relógio de pulso, levanta-se, senta-se, aspecto entediado.), um se chamava Grandão, o que está com o menorzinho eu não sei e o menorzinho Chita. Não sei, poxa. O que é isso que você está escrevendo? Não sei mais nada.

Prancha 3: Se você tiver canetinha eu faço uns bigodes nele. Era um que se chamava rei da selva. Ele mesmo se elegeu o rei do palácio, ninguém votou nele (*ri*). Durante um tempo fez todos os seus escravos trabalharem como loucos, mas um dia as madeiras já estavam quebradas e os ratos fugiram para suas tocas. Ficou furioso, dava pulos, rugia. Saíam chamas dos seus olhos (*dramatiza zombeteiramente e dá risada*). Foi buscar uns guardas e ordenou: "Tragam ratos". "Sim, amigo, vamos trazer, você vai ver como trazemos." E eles obedeceram e trouxeram milhões de ratos, coelhos, lebres e o leão satisfeito disse: "tragam mais, tragam mais", "coma mais, amigo leão, coma esses lindos animais de estopa venenosa". Não quero mais comida, disse e estourou. E assim o senhor leão entrou para a história.

CASO C. MENINO DE 5 ANOS E 7 MESES

PRANCHA 2: Esta era uma história de três ursos. Um dia, os três ursos, que eram selvagens e malvados, brigaram entre eles. Então começaram a puxar uma corda para ver quem rebentava ela. Quem rebentava matava o grandão (*olha fixamente para mim*), me explica e não sei como fazem, porque é maior que este (*mostra o menorzinho*), então outro menorzinho, que estava atrás, começou a puxar. Soltou a corda, foi devagar, pegou o urso grandão, amarrou as mãos dele e as patas também, para ele não poder se mexer. O outro estava livre e trouxe uma faca e um garfo e cortaram a barriga dele, a cabeça, as patas e as mãos.

Então quando estava todo cortado não podia mais brigar, não podia atacar (*tom de triunfo*). Trouxeram uma churrasqueira, puseram a cabeça, as mãos e as patas e comeram ele. Comeram o grandão que estava morto (*mostra o que está ao lado do menorzinho*).

PRANCHA 3: É uma história de um leão que se chamava Jorge. Um dia o leão se sentou num banco. Porque tinha ido passear, andou, andou e se cansou, e teve de correr. Quando procurou uma coisa onde não podiam amarrar ele, encontrou uma cadeira e se sentou. Tinha um cachimbo e começou a fumar até ficar gordo. (*faz um grande arco com os braços*) E conforme ele ficava grande, foi para o céu e estourou como um balão (*ri às gargalhadas*). E então esse leão estava morto, e um dia veio uma leoa que era sua esposa. Procurou até que achou ele, todo ensanguentado (*mostra o rosto como se estivesse gotejando, com os olhos fechados*). Ficou furiosa porque não sabia quem tinha matado ele. Quando viu o cachimbo, percebeu e disse: já sei o que aconteceu, fumou muito e estourou.

Apêndice

PRANCHA 4: Era uma vez uma canguru e um canguruzinho que estavam de bicicleta atrás de sua mamãe tranquila, com bolsa, touca e sacola, vinham da feira. Quando voltou para sua casa, encontrou canguruzinhos e disse: Como, eu me esqueci de um canguruzinho. Então, antes de entrar, se escondeu na janela atrás de uma árvore e viu alguma coisa se mexendo. Pensou "é um canguru", foi rápido. Entrou. Então o lobo disse com voz de canguru: você esqueceu um canguru. O lobo tirou a pele e a canguru começou a tremer, a tremer (Faz como se estivesse tremendo.), porque acreditava que iam comer seus filhinhos. E o lobo comeu todos eles.

PRANCHA 8: Este é o circo dos macacos. Um dia toda a família, o papai macaco disse para o filhinho: você tem que ir ao bosque caçar. O macaquinho disse: eu tenho medo do leão malvado. O macaco disse para ele, mas o leão é amigo e a leoa também. Foram todos os macacos para o bosque caçar. Quando já tinham matado todos os animais da aldeia disseram: temos um churrasco gostoso. Eu vou começar pelo tigre – disse o macaquinho. Eu, pelo leão – disse o macaco. Depois pegaram uma máquina e tiraram o couro e a pele para fazer tapetes. E *Colorín Colorado*.

PRANCHA 9: É uma cama sozinha sem um coelho (*olha para mim e dá risada*). Esta é uma história de um coelho. Um dia, de noite, um coelhinho que se chamava Pedro. A porta de seu quarto ficou aberta. Então de manhã o papai e a mamãe foram brincar no bosque. Quando voltaram encontraram a casa e tudo mais quebrado. Foi o lobo. Mais nada (*parece aborrecido*).

No caso A, observa-se o predomínio de vínculos internos carregados de hostilidade, desconfiança e intenso ressentimento, o que explicita o vínculo com um objeto paterno tirânico, que submete, com baixa capacidade de empatia (prancha 3) e com um objeto materno invasor, dominante e voraz (prancha 6: doninha).

Desenvolve fantasias vingativas em que domina a tendência a assumir condutas pseudoamistosas (impostura) tendentes a enganar e controlar a periculosidade dos objetos perseguidores, para conseguir atacá-los depois, de forma encoberta e sub-reptícia (identificação projetiva indutora: pranchas 6 e 7). Os personagens descritos têm baixa capacidade de tolerância à frustração (prancha 3: "era rabugento, qualquer barulho o incomodava", "gostava de ser obedecido e quando não era dava castigos muito severos"), tendência ao engano, à falsidade e à mentira nas relações (prancha 6: "decidiram acabar com ela, mas não de forma rápida, mas dando maus conselhos para ela"; prancha 7: "com suas ideias astutas ia trair o macaco e ser amigo dele por um tempo até ver o momento certo para poder matá-lo"; prancha 8: "ele tinha feito isso de propósito porque nesse dia tinha provas..."), tendência a induzir papéis em outros (prancha 6: "decidiram armar uma briga...") e há um predomínio de linguagem de ação (os personagens mandam, ameaçam, executam planos para obter determinadas condutas em outros: pranchas 6, 7, 8 e 10).

Os finais das histórias respondem a tentativas precárias de controle, que referem a necessidade de aplacar o objeto perseguidor e evitar castigos, carece de elaborações baseadas em sentimentos depressivos diante dos objetos.

No caso B, observa-se uma permanente tendência a resolver as situações de ansiedade mediante ações, como forma de controlar e anular as fontes de perseguição. Devido à marcante incapacidade de elaborar na fantasia as situações de ansiedade, recorre a *acting-out* na situação projetiva: invade e controla a entrevistadora, tenta pintar a galinha da prancha 1 para evitar os sentimentos dolorosos diante de uma imagem materna ausente e atacada (borrada), "metralha" a prancha pela impossibilidade de descrever e desenvolver as fantasias agressivas mobilizadas.

A prancha 3 descreve as situações de descontrole e loucura às quais teme ficar exposto se fracassar o controle onipotente que exerce sobre os seus objetos e sobre as fantasias de ataques sádicos sub-reptícios ao objeto perseguidor (impostura, identificação projetiva evacuativa tendente a destruir o objeto).

No caso C, predomina um intenso sadismo, dominam as fantasias de ataque anal-expulsivo (prancha 3) e de incorporação oral-sádica do objeto perseguidor (pranchas 2 e 8). Essa fantasia de incorporação origina uma marcante identificação com um objeto pretensamente bom, mas muito destrutivo oralmente (pranchas 4 e 8). As situações de exclusão, solidão e ciúme mobilizam fantasias agressivas que originam descargas violentas e dissociadas (*acting-out*) (prancha 4: o canguruzinho abandonado é substituído no relato pelo lobo assassino; prancha 9: não descreve os sentimentos do coelho diante da situação de solidão e abandono, a atuação agressiva ["a casa e tudo mais quebrado"] aparece novamente dissociada dos personagens.)

TRAÇOS OBSESSIVOS

A história do ponto de vista da percepção e estruturação.

Percepção da prancha

Crianças com traços obsessivos preocupam-se em perceber "objetivamente" a realidade externa (controle das emoções). São meticulosas, organizadas e tentam observar o objeto de todos os pontos de vista (por exemplo, inspecionam a prancha: giram-na, olham todos os seus detalhes). Essa necessidade geralmente as leva a fazer descrições em que não valorizam nenhum elemento em particular, ou a perder de vista o elemento central que dá significado ao estímulo e detêm-se em detalhes acessórios (deslocamento a minúcias, insignificâncias, por exemplo, descrição detalhada da paisagem e não dos personagens). Quanto maior é a ansiedade causada pelo conflito reativado, maior a tendência a fazer esses deslocamentos defensivos.

Descrevem adequadamente os objetos presentes, não há distorções perceptuais. A descrição é uma maneira de manter distância dos conteúdos emocionais. O controle dos sentimentos mobilizados pelo estímulo provoca bloqueios criativos e origina produções empobrecidas, não do ponto de vista formal, mas sim do ponto de vista dramático e imaginativo.

Estrutura

O controle emocional avança em detrimento da riqueza de conteúdo e fluência das histórias. Os entrevistados ajustam-se à instrução no aspecto formal (passado – presente – futuro), mas não conseguem criar uma verdadeira história na medida em que não podem incluir conflitos ou emoções com naturalidade.

Sua verbalização é controlada e minuciosa ("como se estivessem fazendo uma redação"). Preocupam-se mais com o "como dizer" que com o conteúdo. Tentam controlar o entrevistador, como escreve, o que deve ou não mencionar, às vezes lhe ditam ou corrigem a pontuação.

A distância emocional manifesta-se pela atitude cautelosa para com o estímulo, pelo temor a mostrar emoções e pela necessidade de circunscrever-se ao que "se vê" na prancha. Podem também contar histórias conhecidas, comuns. A preocupação com a coerência pode ser perturbada por dúvidas obsessivas que os levam a oferecer soluções alternativas (mecanismo de anulação).

Presença de condutas compulsivas e rituais

Em patologias obsessivas graves, as características descritas anteriormente (distância emocional, detalhismo, controle do entrevistador) manifestam-se de forma marcante. Não conseguem construir histórias. Predominam os mecanismos de anulação e isolamento sobre os de formação reativa e intelectualização.

Podem surgir: 1) a necessidade de contar objetos da prancha (por exemplo: as varetas da grade do berço, as flores do chapéu etc.); 2) a impossibilidade de desprender-se da prancha; 3) a reconfirmação (por exemplo, necessidade de tornar a ver a prancha); 4) as manifestações de rituais. Formas estereotipadas de manipulação motora da prancha. Formas verbais estereotipadas para o início da prancha, seu desenvolvimento, sua finalização etc.

Características da história quanto ao conteúdo

A criança com tendências obsessivas mostra em suas histórias uma luta permanente para manter dissociados os impulsos sádico-anais, luta que o ego deve levar a cabo para conseguir a aceitação de um superego exigente e despótico. Nessa luta o ego recorre às seguintes defesas: formação reativa, isolamento e anulação.

Essas defesas evidenciam-se no relato mediante: 1) histórias em que se enfatiza que os personagens são bons, limpos, não fazem a mamãe ficar brava, não se comportam mal, ou o contrário, 2) que os personagens são maus, se sujam, quebram, esparramam a comida, são teimosos, rebeldes, desobedientes, e por isso são castigados (são repreendidos e ameaçados com o abandono) e, depois do castigo mudam totalmente e decidem ser para sempre bons e respeitosos. Na formação reativa os personagens infantis são sempre bons ou mudam de identidade e se transformam em "bons". O mecanismo de anulação expressa-se por reiterações verbais como: "não são maus", "dessa vez em diante nunca mais".

A *formação reativa* evidencia-se por: reiteração de temas de bondade, mudanças estáveis de identidade, descrição de personagens da mesma idade que se comportam de maneira radicalmente oposta, discrepâncias entre o tom emocional do relato verbal e o conteúdo, aparente obediência formal à instrução e o não cumprimento real desta, visto que as crianças descrevem em vez de criar histórias.

Isolamento: expressa-se pelo excesso de distância emocional da prancha; contam histórias comuns, circunscrevem-se aos elementos "reais" do estímulo, só fazem descrições, dividem rigidamente o relato (princípio, fim, título). Os personagens são muito maus ou muito bons, há alguns que se perdem, fogem, vivem sozinhos, não têm família nem amigos. Faltam reações afetivas nos personagens (passam por diferentes experiências, mas não reagem afetivamente).

Anulação: manifesta-se nas histórias alternativas em que uma anula a outra. Os entrevistados descrevem o personagem com base na negativa ("Não é um coelho desobediente"), querem anular totalmente uma história e fazer outra porque lhes saiu ruim, consideram que alguma coisa que disseram não é adequada e pedem ao psicólogo que não anote, que risque, que apague.

A luta permanente para controlar esses impulsos, que se impõem frequentemente, manifesta-se pela reiteração desses temas e pela necessidade de transformar e anular (soluções mágicas) ao longo de todo o teste.

Surgem também temas referentes a personagens que necessitam acumular objetos, juntar (dinheiro, alimento etc.) (mecanismos retentores de controle).

Características das imago parentais projetadas

São exigentes e controladoras. Manifestamente são idealizadas e exigem metas justas. Latentemente são figuras agressivas e submetedoras: dão amor se os personagens infantis controlam sua agressão e transformam-se em adultos em miniatura ("convencem-se com argumentos", são bons, estudiosos etc.). Os personagens infantis, às vezes, rebelam-se, são maus, mas em face do castigo concreto ou da ameaça de perder o amor, transformam-se e oferecem objetos ou conquistas intelectuais (apaziguamento) (presentes, dinheiro, boas notas etc.).

Neuroses obsessivas graves

A criança perde a possibilidade de obter uma boa adaptação formal à realidade e sua capacidade intelectual fica perturbada por ideias compulsivas, dúvidas e rituais.

Nesses casos, a possibilidade de manter sob controle os impulsos agressivos (por formação reativa) fracassa. Surge uma permanente luta contra estes últimos, que reduz a possibilidade de criar histórias.

A criança necessita fazer permanentemente anulações, não consegue sequer um final "pseudofeliz" com uma mudança radical e "para sempre" mediante a qual recuperaria o amor. As histórias têm finais pessimistas em que o personagem infantil se frustra, não consegue satisfazer necessidades instintivas; além disso é abandonado, tratado cruelmente, castigado por seus pais. A permanência dos impulsos sádicos e o uso constante de mecanismos de anulação impedem a criança de criar histórias coerentes de um ponto de vista lógico-formal.

Os personagens infantis estão sozinhos, isolados, são indecisos, cheios de dúvidas e, em alguns casos (ideias compulsivas, rituais), obrigados a fazer coisas incômodas, entediantes, absurdas (por exemplo, como castigo devem ir e voltar um número x de vezes, juntar coisas pequenas, limpar tudo etc.). A criança faz alusão aos personagens terem ideias estranhas, querem fazer uma coisa e fazem outra involuntariamente.

EXEMPLOS:
CASO A. MENINO DE 7 ANOS

PRANCHA 1: Aqui estão, hum... mas são animais! Comendo na mesa... tem três... estão sentados em bancos. Dois têm guardanapos, os pratos têm uma faixa preta aqui, como era o nome disto? Uma travessa e aqui uma faixa com flores. Aqui uma galinha ou alguma coisa assim... um pássaro e mais nada (?) Três pintinhos. (?) Não sei mais.

PRANCHA 3: Um leão está sentado, tem um lápis e um cachimbo na mão. O rabo dele sai por baixo da perna... Ao lado tem uma bengala... Atrás dele uma toca com um rato... O piso é decorado, quer ver, tem risquinhos, desenhos, a cadeira é grande. (?) Não sei o que ele está fazendo... deve estar aborrecido, ou pensando ou está cansado... Não sei o quê mais.

Prancha 4: São cangurus. Uma bicicleta, uma bolsa e uma cesta com coisas e aqui tem uma montanha e árvores e grama. Uma casa com uma chaminé que está soltando fumaça. Aqui leva maçãs e mais nada. (?) Estão passeando (*antes?*) Saíram de casa e já não vão voltar.

Prancha 5: Tem uma cama e um berço e uma mesinha ao lado da janela. Dentro do berço não dá para ver direito... eu não consigo descobrir. A cama tem alguma coisa atrás que é de madeira e na frente também, tem cortinas nas janelas. Não deve ter ninguém na casa.

Prancha 8: Dois macacos numa poltrona, não, um num banco e outro no chão. Tomando alguma coisa. O que está na poltrona diz algo para o outro. Mais nada (*o que diz?*). Não posso saber, conversa. O banco é grande, na parede tem um quadro, tem uma porta.

Prancha 10: Uma cachorra grande sentada e outra pulando. É menorzinha. Tem uma toalha, com uma privada e uma descarga. Não estão no banheiro, estão ao lado do banheiro.

Caso B. Menino de 8 anos

Prancha 1: Neste momento estão comendo uma sopa de... milho. Não dá para ver direito. Mas como são pintinhos devem estar comendo milho.
　　Antes disso se levantaram. Depois vão dormir de novo para tirar uma soneca. E esta galinha? Estou vendo ela ali atrás. Achei que estava na mesma prancha e não está.

Prancha 2: Estão puxando uma corda. Primeiro deram as instruções: O que puxasse mais forte ganhava. Segundo: ganhavam os dois que estão juntos. Por serem dois e por um ser o outro apesar de que parece mais forte (*quem são?*). Três ursos.

PRANCHA 3: Sua majestade o rei está sentado numa poltrona pensando... este. Primeiro, vamos ver... queria ficar tranquilo (pensar tranquilo, perdão) E terceiro se levantava para ir procurar animais para comer. Depois não sei o quê...

PRANCHA 4: Um canguruzinho está andando num triciclo e a mãe está, vai com seu filho o canguruzinho fazer compra no armazém. Primeiro, antes disso, os dois filhinhos estavam brincando. Depois foram os três para o armazém. E depois voltaram, fizeram a comida e comeram.

PRANCHA 7: O tigre vai para cima do macaquinho para pegar ele e depois levar para sua casa para comer. Eu falei a segunda e a terceira. A primeira é que se levanta da cama e chegou de caçar no bosque para procurar animaizinhos. Vamos ver se me sai a quarta. Depois de comer o macaquinho, se deitou para descansar. (*distrai-se. Joga o lápis que havia pegado, levanta-se. Torna a sentar-se*)

PRANCHA 9: O coelhinho acorda e vê a porta aberta. Então, como vê que a mamãe está fazendo o leite para ele, vai ao banheiro e lava as mãos. Primeiro todos estão dormindo. Não dá para ver o rosto da mamãe. O papai está em outro quarto. Estavam dormindo e era de manhã. Agora... Não tire! (*não fiz nenhuma tentativa de tirar a prancha*) O quarto é que depois de lavar as mãos, levantou para ir para a escola,o que ele gostava muito, como eu.

PRANCHA 10: A mamãe cachorra está batendo no filhinho porque ele fez uma travessura feia. Agora eu vou dizer para você o que acontece primeiro. A travessura que o cachorrinho fez foi jogar uma pedra..., uma bola e quebrar o vidro da casa deles. E em terceiro, que prendeu ele no banheiro. (*brinca com o lápis, distrai-se completamente da prancha*)

Os protocolos A e B correspondem a neuroses obsessivas graves.

No caso A, observa-se uma marcante restrição egoica, restrição da fantasia, ataque à capacidade de síntese (incapacidade de elaboração gestáltica da prancha, impossibilidade de definir a situação total). A enumeração e o detalhismo indicam mecanismos de isolamento e respondem à necessidade de evasão das situações conflituosas mediante o refúgio em pequenos detalhes ou em detalhes secundários e acessórios (por exemplo, faixa da travessa na prancha 1, piso decorado na prancha 3). Resulta uma produção pobre, desarticulada, sem conteúdos emocionais (*splitting* e isolamento).

No caso B: observa-se uma forma estereotipada de construção formal das histórias (em primeiro, em segundo, em terceiro). O ordenamento sequencial lógico e o ajuste à instrução (passado, presente, futuro) são substituídos por uma enumeração verbal caricata de ordem (em primeiro, em segundo etc.). Esse tratamento particular das pranchas indica a presença de rituais (e é em si mesmo um ritual). A tentativa defensiva, por seu caráter rígido e inadequado, implica a presença latente de emoções violentas e impulsos sádicos que ameaçam irromper de forma desorganizadora. (Nas pranchas 3 e 7, por exemplo, a falta de afeto é absoluta pelo uso de mecanismos extremos de isolamento e dissociação em uma situação percebida como extremamente persecutória.)

TRAÇOS FÓBICOS. FOBIAS

A história do ponto de vista da percepção e estruturação

Percepção da prancha

Chama a atenção um rendimento alternante entre pranchas bem vistas e pranchas rejeitadas ou distorcidas. O rendimento produtivo ou improdutivo diante das pranchas é regido pela ansiedade. As pranchas que se "encaixam" com situações fobígenas (solidão, escuridão, algum animal, em especial fobígeno) produzem:

1) bloqueio total, falta de associações;
2) e/ou rejeição emocional da prancha (desta eu não gosto, não sei, esta eu não quero);
3) omissão de partes importantes e significativas, para evitar situações que provocariam medo, por exemplo, omissão do rato na prancha 3 como tentativa de evitar o enfrentamento com um objeto temido, fobígeno (o leão), sozinho em uma situação de desamparo;
4) distorções perceptuais: a distorção não se refere à deformação formal do objeto, mas a usá-lo para projetar conteúdos emocionais inadequados ou não concordantes com as características reais do objeto (atribuição de qualidades persecutórias a elementos secundários e minimização de situações centrais persecutórias);
5) acréscimo de personagens bons, acompanhantes (não na percepção da prancha mas na história; por exemplo, inclusão de um amiguinho, da mamãe, em pranchas de personagens sozinhos);
6) ênfase em detalhes secundários, como expressão de fuga em situações fobígenas (por exemplo, na prancha 5 insistência na janela estar fechada. Diferentemente da conduta obsessiva, em que o interesse é centrado em descrever as características formais da janela, na fobia o interesse centra-se em confirmar que está aberta, e portanto é possível sair, ou que a porta aberta "significa" que os pais saíram um pouco e já voltam);

Quando a prancha reativa sentimentos de segurança, companhia e atua como tranquilizante, a produção se enriquece, os pacientes percebem bem, podem brincar com a fantasia e fazer um uso adequado dos afetos.
Se predominam defesas contrafóbicas, respondem rapidamente sobre as pranchas que evocam situações de angús-

tias fóbicas e atribuem poder, capacidade de luta e valentia aos personagens menores e indefesos.

Características da história quanto ao conteúdo

As histórias são regidas pelo temor e pela ansiedade, o que se evidencia no rendimento da criança e provoca bloqueios e fracassos (falta de associações por evitação de situações vividas como perigosas).

O personagem infantil esconde-se diante do perigo, foge por medo, sonha com o perigo, tem pesadelos com fantasmas, com animais ferozes. Tem medo do escuro. Tem medo das forças exteriores (vento, fantasmas, caçadores, monstros).

O progenitor morre, vai embora ou abandona a criança. A criança sempre desenvolve atividade física de distanciamento ou fuga (caminha, corre, levanta-se e sai do quarto, corre para sua casa).

Descrição de situações que assustam e busca de personagens que protegem.

O personagem infantil que foge planeja formas complexas de vingança e enfrentamento futuro do perigo (o enfrentamento do perigo é adiado para um futuro desejado).

Quando predominam defesas contrafóbicas, são reforçadas as qualidades do personagem infantil: mais inteligente, vivo, esperto, valente que os adultos e capaz de enfrentar sem medo os perigos externos (fantasias de realização de desejos).

Encontramos elementos simbólicos que correspondem a fantasias de castração e ataques uretrais: cadeiras quebradas, chuvas, tempestades, água, inundações, berço quebrado, corda que se parte, quedas.

EXEMPLOS:
CASO A. MENINA DE 8 ANOS

PRANCHA 3: (*observa-a bem*) Tem um leão bem velho, está triste porque sempre tem de ficar no trono pensando e com problemas. Ele estava com vontade de sair para passear pela selva, mas não conseguiu porque os guardas do palácio não deixavam ele sair.

PRANCHA 6: (*observa-a muito, depois me pergunta:* "*O que é isto?*"*, e responde*) Um ursinho. Era uma vez um ursinho muito triste porque tinha sido abandonado pela mãe numa caverna, quando estava passeando encontrou sua mãe e ficou muito contente e voltou para a caverna, e a partir desse dia nunca deixou a mãe sair sozinha com medo de que ela fosse embora outra vez.

PRANCHA 7: Tem um tigre e um macaco. Era uma vez um tigre e um macaco. O tigre estava passeando pela selva. Estava faminto e pulou sobre o macaco, não alcançou e o macaco escapou. Pronto! (*fez esta história falando muito rápido, anunciou que tinha terminado e pôs a prancha sobre as outras, algo que até esse momento eu havia feito*)

PRANCHA 8: (*Agora não espera que seja posta na mesa, pega-a de minhas mãos e a arruma*) Um coelho morava sozinho numa casinha e um dia deixou a porta aberta sem perceber; quando acordou achava que tinham entrado ladrões, mas revistou a casa e estava tudo em ordem; desde então sempre fechava bem a porta. Pronto! (*coloca-a no lugar*)

CASO B. MENINO DE 5 ANOS

PRANCHA 1: Estão todos comendo, e pegavam a comida e comiam até que a barriga ficou cheia e não comeram mais; e foram procurar sua mamãe e encontraram e levaram ela, porque havia um lobo mau que queria comer a mamãe; e o lobo caiu dentro do fogo e *Colorín Colorado*...

PRANCHA 3: Era uma vez um leão, um papai que se vestiu de leão; e nesse dia veio um caçador e viu e foi embora correndo para sua casa; e correu, e correu e não viu mais o caçador e vestiu uma roupa de tigre e depois uma de elefante, e pisou em cima do caçador. Tem uma coisinha aqui, um esquilinho; e se matarem ele morre porque os esquilinhos são pequenininhos e os elefantes têm a pata maior e acabou.

PRANCHA 4: A gente estava andando de bicicleta e *Colorín Colorado*, este conto está encerrado (?). É um menino que se fantasiou de mulher, esta bicicleta anda muito rápido e vai na água e caiu na água e foi embora para casa e levou a bicicleta, vai rápido com a bicicleta e ficou do lado do rio e *Colorín Colorado*.

PRANCHA 5: Esta eu não gosto; não posso falar nada, não sei nada dessa história. Tem duas camas e um criado-mudo.

PRANCHA 6: É um bicho, não gosto desse rato porque é feio. Eu não gosto da entrada da casa porque não gosto.

PRANCHA 7: Era uma vez... um bicho grande e quase que ele comia o macaco e foram por uma árvore e o último quase foi comido, porque o leão vinha rápido e os macacos vinham rápido mas o último ficou para trás.

PRANCHA 8: Havia um mico relojoeiro e o mico caiu na água fria e era o mais pequenino e foi embora correndo e se secou e colocou uma camiseta limpa e uma calça comprida.

CASO A: as vivências de fechamento na situação de entrevista projetiva agudizam-se a partir da prancha 7 provocando aceleração do ritmo verbal e distanciamento rápido da prancha como medida evitativa. A relação fobígena está relacionada com o objeto paterno (por projetar nele fantasias de ataque e roubo ao interior materno); quando enfrentá-lo é inevitável, a criança recorre a mecanismos de minimização da periculosidade e projeção de seu fechamento e impotência (prancha 3) ou à negação desse objeto persecutório (omissão de um dos ursos na prancha 6). Quando esses recursos defensivos fracassam, a evitação toma a frente (prancha 7).

A hostilidade intensa à cena primária, dissociada e projetada, promove fobias à solidão e ao abandono (prancha 6, prancha 9: explicitam as fantasias fobígenas).

Podemos inferir o desenvolvimento secundário de condutas manifestas de reasseguramento obsessivo tendentes a controlar as fobias (prancha 6: controle da mãe como objeto acompanhante – "nunca mais deixou sua mãe sair sozinha" – e prancha 9: reconfirmações obsessivas – "revistou a casa" "e sempre fechava bem a porta").

Caso B: dominam como recursos defensivos a evitação, expressa no conteúdo (escapando, correndo, pranchas 3, 4 e 7), em bloqueios durante a realização do teste (pranchas 6 e 7) e em deslocamentos (prancha 1: lobo depositário do sadismo oral mobilizado pela prancha; prancha 3: o caçador depositário dos aspectos perseguidores paternos).

O uso defensivo da motricidade (com fins de evitação) fracassa nas pranchas em que o enfrentamento de situações de solidão e exclusão diante do parceiro é ineludível, dando passagem ao bloqueio e a rejeições fóbicas abertas, com intenso montante afetivo (pranchas 5 e 6).

Os temores dominantes referem-se a fantasias de castração (acréscimo de um elefante que esmaga na prancha 3, um menino disfarçado de mulher na prancha 4, o temor latente ao genital feminino na prancha 6: "não gosto da entrada da casa"), por ataques oral-sádicos (lobo) e uretrais (pranchas 4 e 8).

Traços históricos

A história do ponto de vista da percepção e estruturação

Percepção da prancha

A percepção total da prancha é interferida pela repressão; as situações que encaixam com os conflitos sexuais, o ciúme e a ansiedade inerente a ela necessitam ser negadas, omitidas, para evitar o levantamento da repressão.

São frequentes as omissões perceptuais ou o bloqueio da fantasia, a descrição sucinta e pobre da prancha sem explicitação do conflito ou os fracassos completos (falta de associações).

Estrutura

Há ajuste aos três momentos do relato, boa diferenciação de presente, passado e futuro. As crianças criam histórias com alta dramaticidade, imagens plásticas, adjetivações amplas. Em geral relatam histórias começando por "Era uma vez", criam clima de suspense e é bastante comum darem nomes aos personagens.

Apresentam altos e baixos na produção, fundamentalmente nas pranchas que tocam a problemática triangular e os problemas de exclusão. Diante delas, adotam atitudes de indiferença e desenvolvem histórias pobres, ou apresentam índices de perda de distância emocional, que se evidenciam por exclamações e comentários: que feia, não gosto, coitadinho, por que está sozinho? etc.

Mesmo em produções empobrecidas como resultado do incremento dos mecanismos de repressão, observamos verbalizações ricas em imagens plásticas e com condensações claras.

Características da história quanto ao conteúdo

As fantasias dominantes são edipianas. Temem-se as situações triangulares e de exclusão, com os concomitantes ciúme, fantasias vingativas e culpa.

Quando a situação da prancha encaixa-se excessivamente com essas situações (pranchas 2, 4, 5 e 9), suscita bloqueios, rejeição da prancha ou descrição indiferente, com pobreza de conteúdo, ou descrições "floridas", "lindas" sobre sonhos dos personagens infantis ou sobre a atividade realizada no dia.

Devido ao predomínio dos mecanismos de repressão e ao temor à figura paterna do mesmo sexo, o personagem infantil é descrito como bom no sentido de obediente, ingênuo, respeitoso com relação ao adulto, capaz de aceitar o destino que os mais velhos estabelecem para ele. A figura paterna do mesmo sexo é descrita como desvalorizada e incapaz sexualmente. (Meninos: "leão velho, tem bengala, um grande trono, mas não pode se movimentar e o ratinho precisa ajudá-lo"; o ratinho bom triunfa dessa forma sobre o leão impotente.) No entanto, no fundo, são figuras idealizadas e castradoras (por exemplo, depois dessa história, bloqueio total diante da prancha 7).

Nas meninas com traços histéricos são comuns histórias semelhantes à da Cinderela (dissociação entre uma mãe boa mas que morreu, ou foi embora, ou reduz-se somente a funções de alimentação, e mães malvadas que atacam as crianças).

Os sentimentos de culpa inerentes às fantasias de vingança e triunfo expressam-se por castigos prolongados ou castigos adiados. Os finais relatam castigos ou a modificação da conduta do personagem infantil que "aprendeu a lição".

A repressão expressa-se em bloqueio associativo; também pode aparecer descrita no relato mediante personagens que esquecem ou perdem alguma coisa. Mesmo em relatos curtos e bloqueados, surgem verbalizações que simbolizam claramente o que a criança tenta evitar; por exemplo, prancha 5, crianças brincam na cama; prancha 2, "a corda se parte"; prancha 3, a bengala quebra; prancha 9, o berço está quebrado, há fogo, tempestades.

Exemplos:
Caso A. Menina de 7 anos

Prancha 3: Era uma vez um senhor don Leão sentado em seu trono. Tinha um cabelo comprido e lindos olhos escuros. Tinha como companheira uma ratinha. Uma vez, fazia muito tempo que estavam de mal porque ela era tão arteira que aprontava com ele, fazia cócegas e uma vez mordeu o rabo dele. O leão ficou tão bravo que ela desmaiou de susto. Pronto. Não sei mais. (?) Agora são amigos, e ele está mais velhinho.

Prancha 5: Era de noite, e dois irmãozinhos tinham se perdido no bosque e tinham sido encontrados por duas pessoas muito malvadas que não queriam os meninos. Foram levados para uma casa feia, muito feia, puseram eles num berço e mandaram dormir sem dar um pio, e nada de incomodar (*dramatiza, muda o tom de voz*). Como eles eram muito grandes e com caras de muito maus, as crianças, os ursinhos, ficaram quietos mas com os olhos bem abertos e as orelhas atentas a qualquer coisa que acontecesse. No final, estavam tão cansados que dormiram. Quando foram acordados, que susto! Mas era a mamãe deles que estava chamando para tomar o leite. O que tinha acontecido! Estavam sonhando e aquela casa tão feia que eles viram era imaginação.

Prancha 6: O que é isto? Esta prancha é feia... Não sei nada disso. (?) São ursos, mas não sei nada...

Caso B. Menina de 5 anos e 6 meses

Prancha 1: Que engraçada! Vamos ver, vamos ver (*bate na própria cabeça dramatizando*). "Vamos funcionar, cabecinha." Um galinho estava passeando e nunca botava um ovo. Um dia o galinho esperto tirou o ovo de outro galo que não estava em seu ninhozinho. A galinha bateu na cabeça da outra que não botava ovos para ajudar ela a botar, mas em vez de ser ovos com gema saíram pintinhos inteiros.

Prancha 2: Dois ursos puxando uma corda. Não me lembro de nenhum desses.

Prancha 3: Um leão sentado e um ratinho saindo da toca. Um leão velho estava sempre sentado vendo TV. Um rato saiu e pegou da sua geladeira o queijo, o leão quando viu colocou a ratoeira na portinha, o rato veio devagarinho e pegou o queijo com um martelinho e deixou a ratoeira para o leão. O senhor estava com seus netinhos, o avô punha uma pedrinha na toquinha do rato e o avô comeu todo o queijo.

PRANCHA 5: Dois ursinhos, um bercinho e uma cama da mamãe e agora vou contar uma história. Era uma vez dois ursinhos, como a mamãe não estava, foram nesse dia para a cama da mamãe e, quando a mamãe voltou, se esconderam debaixo dos lençóis e assustaram a mamãe. Até de manhã, ficaram a noite toda fazendo a mesma coisa e a mamãe tirou o lençol e descobriu eles. A mamãe desculpou os ursinhos, deu banho neles e eles ficaram muito resfriados mas sararam com remédios.

CASO C. MENINA DE 10 ANOS

PRANCHA 3: (*Sorri*) Bom, este é o senhor Leão (*cruza os braços*) que já está muito velho e está muito triste porque não recebe mais a visita de seus amigos da floresta. Ele está pensando em como seria feliz se brincasse com as crianças e se divertisse, mas ele está velho, sentado em sua cadeira com sua bengala e seu cachimbo. Então, um dia o leão foi caminhando com sua bengala até o parque, e então viu seus amiguinhos e disse para eles: "Meninos, vocês não querem vir para a minha casa que eu leio uma história para vocês? Do que poderíamos brincar?", porque o leão disse para eles: "Eu estou muito triste e sozinho", e as crianças disseram sim, sim para o vovozinho, então as crianças foram mais vezes e ficaram contentes, então o vovozinho estava feliz e sentiam como se ele fosse um verdadeiro avô. As crianças não estão no desenho, mas eu imaginei. São coelhinhos, tartarugas, bichinhos da floresta.

PRANCHA 5: (*Olha-a*) Aqui tem dois ursinhos, sim, está tão escuro! Começo?... Eram dois ursinhos irmãos que tinham saído de sua casa para brincar, um se chamava Ping e o outro se chamava Pong, eram chamados de irmãozinhos Ping Pong, Ping e Pong. A mãe estava sempre brava com os dois, porque sempre se comportavam mal, ela dizia que os dois são uns desobedientes, não gostam de mim e por isso se comportam mal. Então o Ping diz para o Pong "e se a gente for pegar umas flores e dar para a mamãe falando que a gente gosta tanto dela". Então o

Pong diz "muito boa ideia, amigo! Vamos fazer isso", então foram caminhando pelos campos, passaram por parques, e como o Pong era muito comilão, quando passaram pelo parque disse :"Vamos ficar por aqui? Vamos comprar chocolates e guloseimas?" Então seu irmão Ping diz para o Pong... "Pong, eu tenho vergonha de ser seu irmão, como pode pensar em fazer essas coisas quando a mamãe está, ficou brava com a gente várias vezes e você nem ligou", então caminharam, passaram parques, de novo caminharam muito, muito, muito, até que se perderam. De repente Pong diz para o Ping, "Ping, onde estamos?", Ping: "Onde estamos?" "Ai, a gente se perdeu", então os dois começaram a chorar, chorar, as lágrimas cobriam o rosto inteiro, então um pouco depois continuaram caminhando e encontraram uma grande casa enorme e entraram nela porque estava chovendo e eles estavam se molhando, então entraram, a porta era enorme, continuaram entrando, comeram as sobremesas que estavam lá, deitaram os dois num berço branco. Então o Ping disse: "Pong, eu estou com medo e você?" "Eu também estou com medo." Dormiram tranquilos a noite inteira. No outro dia os dois acordaram, comeram sobremesa e foram caminhando pelo mesmo caminho que tinham vindo, então foram pegando flores e já bem contentes porque conseguiam ver o caminho que ia para casa, então, começaram a correr e encontraram a pobre casinha que eles tinham, onde a mãe estava esperando por eles na porta. Então o Ping entrega a flor para sua mamãe e o Pong entrega a flor para sua mamãe, então os dois juntinhos disseram: "Mamãe, a gente nunca mais vai fugir de novo nem se comportar mal com você."

PRANCHA 7: (Um) bom...., um dia fui para a selva, era feia, eu tinha horror dela, esses animais selvagens (*ficou vermelha*), eu tinha uma macaquinha, mamãe e papai me deram ela de presente de aniversário, se chamava Pakitán, era muito feinha mas muito linda (?) (porque os macacos são feios, mas de tão engraçadinhos são lindos). Um dia fiquei brava com a Pakitán, ela comeu todo meu *alfajor*: pus ela de castigo, disse que hoje ela não ia dormir comigo, ela ficou muito ofendida e foi embora andar por toda a selva. Eu estava triste no fundo. Não gosto de castigar os animais, porque são como meus irmãozinhos. No outro dia, quando fui procurar por ela na sua caminha, ela não estava (ela tinha sua caminha, mas, ah!, sempre dormia comigo). Assustei-me *errores*, falei ao papai e à mamãe. Fomos juntos de caminhonete procurar a Pakitán. Eu sabia que era muito difícil encontrar ela. Mas minhas esperanças eram espantosas. Ouvi o barulho de um tigre, me assustei e então vejo a louca fazendo gracinha para o tigre. Pronto, mais nada. Depois ela veio embora comigo.

(*Olhou pela porta, é a primeira vez que olha para trás, como temendo ser escutada*)

PRANCHA 8: Bom, esta é linda. Era uma vez um macaco, se chamava "macaco ralés". Todas eram macacas e todas também eram ralés. Um dia a dona Catarina (a da flor) chamou a dona Josefa para tomar chá na sala de jantar, ela com todas suas flores na cabeça, desceu para tomar chá na sala com sua amiga. Um pouquinho depois chega dona Joana, que era a mais decente de todas as ralés, tinha um filho: o macaquinho que se chamava Lorencino. Lorencino brincava com os macacos das outras ralés, e quando a dona Joana desceu com seu filhinho se sentou numa de suas luxuosas poltronas e começou a falar com as outras ralés, pouco depois veio Lorencino (*era assim que ele se chamava?*) depois de brincar e viu a dona Catarina e a Josefa falando mal da mãe. Então a mãe pegou o braço dele e disse: A palavras loucas, ouvidos moucos.

Os protocolos anteriores correspondem a meninas com capacidade de adaptação adequada e contato com a realidade. A presença de bloqueios (prancha 6, caso A; prancha 2, caso B) ou omissões perceptuais (prancha 3, caso C) em algumas pranchas contrasta com as características gerais da produção, na qual sobressaem a capacidade lúdica, a tendência a dramatizar, a atitude demonstrativa, a ênfase nos afetos e a possibilidade de verbalizá-los.

Destaca-se a necessidade de manter uma clara dissociação tanto entre os aspectos agressivos e os amorosos como entre os ternos e os sexuais. A fantasia de periculosidade do objeto está centrada em seu aspecto genital. Diante desse aspecto demonstram como defesa comum a minimização do perigo pela desgenitalização. (Esse mecanismo expressa-se nas elaborações da prancha 3: nos três casos, o leão perde suas qualidades genitais persecutórias – orais no estímulo – ao ser transformado em velhinho ou vovozinho.)

No *caso C*, é intensificada a sedução como mecanismo de aplacamento e controle do perseguidor (prancha 7: "... ouvi o rugido do tigre, me assustei e depois vejo a louca fazendo gracinha para o tigre"); nos *casos A e B*, predomina, por outro lado, a repressão e a conversão. Por exemplo, no *caso A*, prancha 3: "o leão ficou tão bravo que ela desmaiou de susto. Pronto. Não sei mais..."; no *caso B*, prancha 3 "... o avô punha uma pedrinha na toca do rato...").

A dissociação entre pais bons e maus em razão da genitalidade expressa-se nas elaborações da prancha 5. Nelas, essa dissociação é mais claramente referida às qualidades boas e protetoras, atribuídas à mãe com características nutrizes, e às qualidades abandonantes, feias e destrutivas, atribuídas à mãe com características genitais.

No *caso A*, essa dissociação é descrita com clareza. (As duas pessoas "más que não gostavam das crianças", "grandões e com caras de maus", dissociadas da mãe real "que chamava para eles tomarem leite".) Os "maus" são os pais genitais da noite, do terreno dos sonhos e fantasias. Os bons são os pais nutrizes.

Como recurso defensivo secundário observa-se negação e repressão do aspecto genital perigoso ("e essa casa tão feia que eles achavam que era uma imaginação".)

No *caso B*, predomina a busca de identificação com os pais em coito como forma de evacuar o susto e a raiva intoleráveis na mãe real ("como a mamãe não estava foram para a cama da mamãe e quando a mamãe voltou se esconderam debaixo dos lençóis e assustaram a mamãe...").

No *caso C*, essa necessidade defensiva, de inversão de papéis, assume características mais intensas; no entanto, predomina a interpretação oral da relação genital, a recuperação fantasiada do interior nutriz da mãe e o triunfo sobre a mãe real, na qual projeta sentimentos de raiva e pobreza ("estava sempre brava com eles porque sempre se comportavam mal"... "encontraram uma grande casa enorme, entraram nela porque estava chovendo e eles estavam se molhando, então entraram, a porta era enorme, continuaram entrando, comeram as sobremesas que estavam lá..., começaram a correr e encontraram a pobre casinha que eles tinham, onde a mãe estava esperando por eles na porta").

No *caso C*, observa-se, como traço diferencial com relação às outras duas produções, a intensificação de fantasias de triunfo e reparação maníacas (pranchas 3 e 5) e a utilização de mecanismos de evitação fóbica (prancha 3: omissão do rato e acréscimo na fantasia de outros animaizinhos; prancha 5: evitação completa da situação perceptual). Isso confere à produção características mais patológicas com relação aos dois casos anteriores. Fica evidente um sub-componente depressivo como estrutura de base.

Bibliografia do apêndice

1. Anderson, H. H., Anderson, G. L., *Técnicas proyectivas del diagnóstico psicológico*. Rialp, Madri, 1963.
2. Bellak, L., *Test de apercepción infantil – Manual del CAT'S*, Paidós, Buenos Aires, 1959, 1966.
3. Bellak, L., Bellak, S. S., *Test de apercepción infantil con figuras humanas (CATS)*, Manual. Paidós, Buenos Aires, 1966.
4. Grassano de Píccolo, E., "Las defensas en los tests gráficos", in *Las técnicas proyectivas y el proceso psicodiagnóstico*, Nueva Visión, Buenos Aires.
5. Machover, K., "Diferencias sexuales en el patrón del desarrollo infantil en el dibujo de la figura humana, in Rabin, A., Hayworth, M., *Técnicas proyectivas para niños*, Paidós, Buenos Aires.
6. Rabin, A., Hayworth, M., *Técnicas proyectivas para niños*, cit.

IMPRESSÃO E ACABAMENTO
YANGRAF
GRÁFICA E EDITORA LTDA.
WWW.YANGRAF.COM.BR
(11) 2095-7722